中经国典 国际经典教材 中国版系列

投资学
分析与行为

■ 〔美〕马克·赫斯切（Mark Hirschey）
■ 〔美〕约翰·诺夫辛格（John Nofsinger）／著
■ 　　林海

Investments
Analysis and Behavior

北京市版权局著作权合同登记　图字:01－2008－1730
图书在版编目(CIP)数据

投资学:分析与行为/(美)赫斯切(Hirschey,M.),(美)诺夫辛格(Nofsinger,J.),林海著. —北京:北京大学出版社,2011.1
(国际经典教材中国版系列)
ISBN 978－7－301－14516－6

Ⅰ.投… Ⅱ.①赫…②诺…③林… Ⅲ.投资学－教材 Ⅳ.F830.59

中国版本图书馆 CIP 数据核字(2009)第 082737 号

Mark Hirschey, John Nofsinger
Investments:Analysis and Behavior
ISBN:0－07－353064－6
Copyright © 2008 by The McGraw-Hill Companies, Inc.
Original language published by The McGraw-Hill Companies, Inc. All Rights reserved. No part of this publication may be reproduced or distributed by and means, or stored in a database or retrieval system, without the prior written permission of the publisher.
Simplified Chinese adaptation edition jointly published by McGraw-Hill Education (Asia) Co. and Peking University Press.

本书中文简体字改编版由北京大学出版社和美国麦格劳-希尔教育(亚洲)出版公司合作出版。未经出版者预先书面许可,不得以任何方式复制或抄袭本书的任何部分。

本书封面贴有 McGraw-Hill 公司防伪标签,无标签者不得销售。

书　　　名:	投资学:分析与行为
著作责任者:	〔美〕马克·赫斯切(Mark Hirschey)　〔美〕约翰·诺夫辛格(John Nofsinger)　林　海　著
策划编辑:	张　燕
责任编辑:	张　燕
标准书号:	ISBN 978－7－301－14516－6/F·2045
出版发行:	北京大学出版社
地　　　址:	北京市海淀区成府路 205 号　100871
网　　　址:	http://www.pup.cn
电　　　话:	邮购部 62752015　发行部 62750672　编辑部 62752926　出版部 62754962
电子邮箱:	em@pup.cn
印　刷　者:	河北滦县鑫华书刊印刷厂
经　销　者:	新华书店
	787 毫米×1092 毫米　16 开本　24.75 印张　526 千字
	2011 年 1 月第 1 版　2011 年 1 月第 1 次印刷
印　　　数:	0001—5000 册
定　　　价:	58.00 元

未经许可,不得以任何方式复制或抄袭本书之部分或全部内容。
版权所有,侵权必究
举报电话:010－62752024　电子邮箱:fd@pup.pku.edu.cn

出版者序言

知识是无国界的。很多基础性的理论在全世界都是共通的,这在经济学和管理学领域体现得尤为明显:除了理论上的共通性以外,在课程体系、教学方法上也存在国际借鉴的必要。随着经济全球化的不断深入,推动我国经济学与管理学教育的国际化,培养具有国际化水平的人才,已经成为国内诸多高校和学者不懈努力的目标。而教材是一个最基本的遵循。一本好的教材,不仅有助于理论的传播和传承,为授课教师带来全新的教学理念,也有助于激发学生学习和思考的兴趣。因此,教材的国际化理应成为教育国际化的一个重要途径和载体。

我国经管类教材的国际化,可谓经历了从无到有、从有到多、从粗放到精约的发展历程。

20 世纪 90 年代中期之前,我国的经管类教材中,引进版教材还是凤毛麟角。当时,无论是在教材内容、课程体系,还是在教学方法和理念上,中国的经济学、管理学教育都与世界一流大学存在较大差距。在这种情况下,适当引进和借鉴国外知名大学通用的主流经管类教材,无疑是一条与世界接轨的捷径。在国内一些具有远见卓识的学者和出版人的推动之下,一些翻译版教材开始进入读者的视线,为国人了解国外的经济学、管理学教育打开了一扇窗口。

从 20 世纪 90 年代中期起的十几年间,国内经管类引进版教材以蓬勃之势迅速崛起。西方发达国家的主流经济学和管理学教科书、经典的学术著作相继被大量引介入中国。品种不仅包括翻译版,也包括英文影印版。其规模之大、范围之广,几乎遍及经济、工商管理、会计、金融、营销等经管各个领域。国内经管类引进版教材市场经历了前所未有的繁荣。这些经管类教材的引进,成功地将西方成熟的理论体系和教学理念带入了中国,推动了国内相关学科的教学改革和人才培养,对中国经济学和管理学教育的国际化做出了独特的贡献。

然而,随着实践的发展,传统的单纯翻译版和影印版教材也逐渐显露出其弊端:一是篇幅一般较长,内容过于庞杂,教师难以在有限的课时内全部讲授完,学生也难以消化;二是教材本身的质量虽然比较高,但完全立足于发达市场的制度背景,对于各项制度和政策安排尚处于转型期的中国来说,缺乏理论与实践的相关性。如何使这些优秀的教材摆脱"水土不服"的问题,使其与中国的社会制度背景和转型实践相结合,真正实现吸收、消化和创新,成为摆在国内教师和出版人面前的一个现实而迫切的问题。与此同时,随着国际交流的不断深化和国内教学科研水平的不断提高,当前,国内的很多年轻专家学者也具备了参与编写一流的国际化教材的能力。时代呼唤着同时具有"国际经典性"和"中国特色"的创新型教材。

正是考虑到上述客观需要和现实可行性，北京大学出版社尝试策划和推出了这套"国际经典教材中国版系列"丛书。本丛书是在翻译国外经典、前沿教材的基础上，由国内长期从事一线教学、学术研究方面有突出成就的教师学者，根据国内的教学需要，对其内容进行本土化改编，成为独具特色的"中国版系列"。

作为一套创新型教材，本丛书具有两个主要特色：

一是选书上的独特视角。在选书过程中，我们不仅关注那些在同类书中具有广泛持久影响力、选用面最广的教材，同时也更青睐于最新的、具有明显特色、符合教学发展趋势的教材。比如，《投资学：分析与行为》一书，便融入了行为金融领域的最新的、令人振奋的研究成果。

二是出版形式上的创新。每本"中国版"教材都由原作者与一名国内的专家学者共同完成，部分教材的编写大纲是由国内外作者经深入探讨后确定的。所做工作并非局限于对原著作的简单删减，而是在结合国内学者教学经验和学术研究成果的基础上，所进行的实质性改编。改编的重点在于应用性的内容，即在保留原书基本理论框架和体系的基础上，增加了介绍中国特定制度和实践的内容，包括原创性的中国案例。为了便于学生理解，并学以致用，还对各章的图表、数据、示例等内容作了非常细致的替换。此外，也将一些重要的教辅资料进行了汉化。为了不破坏原著作的整体性，在改编过程中，尽量保持了与原著作一致的体例和写作风格。

如同中国特色的市场化道路是在摸索中不断走向成熟，中国特色的国际化教材的建设也并非一朝一夕之功。本丛书还仅仅是一个摸索和尝试，还存在着诸多不足之处。我们真诚期待着来自专家学者的宝贵意见和建议，并欢迎更多的一线教师和青年学者加入这一意义非凡的事业中来。同时，我们更希望这套丛书的出版能够抛砖引玉，在不久的将来，迎来国内的专家学者能够独立撰写出优秀的国际化教材，并真正"走出去"的时代。果真如此，将是国内教育界和出版界的一大幸事。

北京大学出版社
经济与管理图书事业部
2011 年 1 月

前　言

  2006 年 3 月 24 号,星期五,市场对谷歌(Google)股票的追逐已经陷入了狂热。开市伊始,这个坐落在加利福尼亚州山景城的互联网免费搜索和广告服务供应商的股价已经狂涨了 7.8%,达到惊人的每股 26.73 美元。到底是什么利好消息让投资者争相抢购谷歌,即使这个公司的交易价格已是年前收益的 75 倍?耐人寻味的是,没有任何消息。

  交易者抢购谷歌股票的原因是他们得知标准普尔 500 指数中将添加这个网络搜索公司。由于股票在公开市场上可实现的价值决定了该公司在指数里的贡献程度,因此那些跟踪标准普尔 500 指数的基金需要及时购进谷歌的股份。就谷歌的情况而言,其公司股票中有很大一部分无法在公开市场购买到,而是由公司的创始人 Larry Page 和 Sergey Brin 以及其他内部人员所持有。标准普尔最初提供的消息,使得很多华尔街的投资人以为谷歌公司的所有股票——包括那些内部持有的——将可自由交易。然而,内部交易者的那部分没有被算入,指数基金需要购入的是 1880 万股,而不是他们以为的 2800 万股。当标准普尔更正了投资者们这个错误的印象以后,一阵恐慌性的抛售使谷歌的股价回落了 1.2%。一周以后,与指数相关的交易又使谷歌的股价比公告前上升了 14.1%。

  如此疯狂的上涨和回落在一个完全有效的市场中肯定不会发生。谷歌不是一个没有保障、广受误解、资本单薄的公司。自 2004 年 8 月上市以来,它的商业战略以及市值(惊人的 1 087 亿美元)就一直是分析员和市场专家津津乐道的话题。与 2000—2004 年科技股泡沫的破裂一样,谷歌的近况证明了股价并不总是对公司长期盈利能力的合理、理性的估计。

  虽然谷歌股票的历史市场表现表明投资者并不总是理性的,但这也并不能证明市场就是极度没有效率的,也不能证明所有的投资者都是疯子。事实上,赚取平均收益以上的超额收益非常困难。标准普尔的报告指出,过去的 5 年中,其指数的表现好于 65.4% 的大型共同基金、81.3% 的中型基金以及 72.4% 的小型基金。天才且勤奋的专业投资人发现,想要持续地跑赢均值很困难。即便他们真做到了,获取的超额收益也往往还不够弥补管理费用和交易成本。对一个典型的投资者来说,指数投资是一个明智的长期投资策略。跟踪指数对一般投资者而言是如此地简单合理,以至于人们不禁要问,为什么还有这么多人喜欢高成本、表现却不佳的共同基金?实际上,小额投资者的心理偏差解释了为什么他们在高风险的股票(比如谷歌)上进行投机,并且聘请昂贵的金融顾问来帮助他们把退休金投资于高成本、表现差的共同基金。类似地,心理偏差也解释了为什么幼稚的投资者通常偏爱特别昂贵的指数基金,并且(或者)参与愚蠢的市场择时交易策略。

要理解股票市场、债券市场、房地产市场,以及其他的资产交易市场,投资者不仅需要理解金融资产的经济基础,还需要有投资者心理方面的知识,并且需要明白心理偏差如何破坏了投资者的成功。《投资学:分析和行为》是第一本全面且均衡地将行为金融领域中令人振奋的新成果与投资学基础知识结合起来的教材。

本书结构

目标

本书将帮助您实现以下目标:
- 清晰地理解金融理论的实际含义。
- 构建起理解金融资产(包括股票、债券、金融衍生品)收益的框架。
- 熟悉金融机构和金融专业术语,以有助于更好地建立个人投资策略。
- 理解并回避很多投资者都犯有的心理偏差。

对于想在金融行业工作的学生来说,本书提供了有关金融理论与实践的主要基础知识。对于所有学生来说,本书展示了金融理论和分析如何用于理解金融市场,并指出了如何解决关键的投资决策问题。

贯穿全书的重点是金融理论在投资领域的**实际**应用。对于读者来说,最重要的是应避免陷入常见的误区,即只关注于易懂但次要的事实。比如,一个学生可能很详细地了解了纽约证券交易所的交易时间、交易证券的数目,以及交易所专家制度方面繁复的细枝末节,但却对如何考察一只个股的价值一窍不通。有投资领域知识的学生应该理解各种投资产品的表现如何,以及它们的表现为何会是这样。

论题展开

对金融理论或者商业领域其他任何理论的检验,依赖于这个理论对于现实世界行为的解释能力。本书强调了金融理论和投资实践的互补关系:金融理论可用于理解资深投资人和投资新手的投资经验;实际投资经验的学习也很重要,因为这能引发更好的理论。好的理论能成功解释并预测实际情况。像复利、风险-收益关系、分散化这样的概念之所以长盛不衰,正是因为它们非常有用。

第1章("概述")介绍了投资的基本工具。投资者需要知道如何运用理论来指导实际策略,为自己和他人创造财富,并守住财富。对投资学理论的实际理解,应包含对人类情感和心理偏见是如何导致错误决策的认识。

第2章("股票市场")解释了美国和中国的金融市场机构设置,包括股市的组织结构和金融监管。该章还介绍和解释了常见的股票指数,比如道琼斯工业平均指数、上证综合指数等。

第3章("风险和收益")集中于一个基本的理念:金融市场上没有"免费的午餐"。更高期望收益的代价就是更大的预期波动。该章叙述了如何衡量投资的收益和风险、它们之间的联系,以及这些概念如何用于构建分散化的投资组合。需要避开的心理陷阱有：对于短期价格变动的非理性关注，以及不能把投资决策置于合理的未来预期的基础之上。

第4章（"资产定价理论与绩效评价"）探讨了这个理念：股价是在一个买家和卖家理性预期公司未来盈利的市场环境中形成的。资产定价理论的思想框架提供了客观评价投资实践和资产组合绩效的必要基础。有趣的是，传统的资产定价模型有时不能预测风险和收益的关系。因此，这些模型加入了行为金融理论来进行拓展，以发挥更好的作用。

投资学领域一个最为广泛讨论，同时引起诸多争议的概念就是市场是完全有效的。**第5章**（"有效市场假说"）讨论了这一基本思想。我们细致地探讨了支持和反对"有效市场假说"的证据。总的看来，尽管金融市场的高度竞争性是毋庸置疑的，但市场依然包含非有效的元素以及投资者的偏见。

第6章（"市场异象"）强调了对传统的资产定价理论和有效市场假说预测的有趣偏离。市场异象信息的作用在于它澄清了传统理论的优势和劣势，并指明了理论改进的方向。行为金融领域的理论和证据通常有助于解释现实市场中的异象。

第7章（"心理学与股票市场"）解释了心理学和人类情感方面的研究成果如何有助于我们更好地理解投资者行为。我们解释并阐明了一些行为金融领域的理论，比如"前景理论"、"心理捷径"、"心理账户"、"自我欺骗"以及"社会影响"。在投资分析和行为的研究中，这是一个快速发展、令人振奋的全新领域。

对许多人来说，股票分析是投资领域最让人兴奋的话题。**第8章**（"商业环境"）由上至下描述了公司的竞争环境和宏观经济背景。我们还讨论了描述投资者和消费者情绪的指标，以及公司治理方面的一些重要问题。

第9章（"财务报表分析"）介绍了如何评估一个公司的财务状况和运作情况。营利性、公司规模以及成长性这些关键指标可以有效地度量公司的基本价值。这些指标的强弱综合决定了这个公司的经济价值和投资者信心的水平。

第10章（"股票投资分析"）介绍了两种投资分析方法：价值型股票投资和成长型股票投资。价值投资者遵循一种反向交易哲学，他们寻求交易不热门的股票。投资者有时对于成长型股票过于乐观，因为他们错误地将股票过去的表现外推至未来。投资分析师也倾向于看好成长型股票，他们乐观的估计偏差也可能会影响投资者。

第11章（"债券工具与市场"）和**第12章**（"债券估值"）讨论固定收益证券。大多数投资者不了解固定收益证券。其实，债券市场无论在规模上还是在经济重要性上都可以和股票市场相媲美，因此值得引起投资者的重视。对于具有这方面知识的投资者来说，债券的类型、风险特征、债券的动态交易，都是很重要的考虑因素。这些投资者也应该很熟悉与固定收益相关的重要概念，比如久期和凸性。

第13章（"共同基金"）涵盖了共同基金投资的基础知识，包括开放式基金、封闭式基金、交易所交易基金以及对冲基金。这些被托管的投资组合提供了长期参与股票和债券市场投资的极具吸引力的途径。但遗憾的是，投资者往往受制于同样的情绪和心理偏差，他们像选择股票一样选择基金，使得利润降低。除此之外，共同基金的基金经理的个人动机和偏见，也可能给他们的投资决策带来负面的影响。

第14章（"全球化投资"）讨论在全球经济环境下的投资机会和投资策略。全球性的风险和回报机会日益重要,可以提供全球投资的金融工具数目激增,都值得我们特别关注。就像在国内市场一样,在研究投资者在全球投资环境中的偏好和行为的时候,行为金融学提供了有用的见解。

最后,这本书将注意力转移到使人着迷的金融衍生品和有形资产投资机会的世界里。**第15章**("期权、期货、房地产与有形资产")探究了期权、期货、房地产和有形资产的一些主要概念和投资策略。

教辅资源

教师可免费获得配套的教师手册、习题答案、题库、教学幻灯片(英文版及汉化版)等教辅资源,请填写本书最后一页的《教师反馈及课件申请表》申请。

此外,本书还设计了丰富的在线学习资源,学生可登录 www.mhhe.com/hirschey2e 免费获取。

由于中文版在英文原书的基础上进行了删节和改编,请读者在使用英文教辅资源的过程中,注意根据下面的章节对照表进行查询。

原书章节	对应中文版章节	原书章节	对应中文版章节
第1章	第1章	第10章	第9章
第2章	第2章	第11章、第12章	第10章
第3章	删除	第13章	删除
第4章	第3章	第14章	第11章
第5章	第4章	第15章	第12章
第6章	第5章	第16章	第13章
第7章	第6章	第17章	第14章
第8章	第7章	第18—20章	第15章
第9章	第8章		

Mark Hirschey(美国堪萨斯大学)
John Nofsinger(美国华盛顿州立大学)
林 海(新西兰奥塔哥大学)

目　录

第1章　概述　1
1.1　投资的本质　2
- 1.1.1　低买高卖　2
- 1.1.2　利用时间构建财富　3

1.2　金融资产的种类　5
- 1.2.1　现金储备　5
- 1.2.2　债券　5
- 1.2.3　股票　5
- 1.2.4　金融衍生工具　6
- 1.2.5　各类金融资产的历史收益　6

1.3　投资目标　8
- 1.3.1　为退休而投资　8
- 1.3.2　为实现其他财务目标而投资　9
- 1.3.3　投资绝不是游戏　9

1.4　金融理论　10
- 1.4.1　金融理论为投资提供了路线图　10
- 1.4.2　与投资相关的重要概念　10

1.5　投资分析与投资者行为　11
- 1.5.1　投资明星　11
- 1.5.2　资产估值　12
- 1.5.3　股票市场参与者的行为　13

1.6　信息——成功投资的关键　14
- 1.6.1　互联网中的金融信息　14
- 1.6.2　金融报纸和杂志　14

1.7　如何成为专业投资者　15
- 1.7.1　金融业就业市场概览　15
- 1.7.2　证券经纪　16
- 1.7.3　投资管理　17
- 1.7.4　理财规划　17
- 1.7.5　投资银行　18

总结　18
习题　19

第2章　股票市场　20
2.1　主要的证券交易所　21
- 2.1.1　资本市场　21
- 2.1.2　纽约证券交易所　21
- 2.1.3　全美股票交易所　24
- 2.1.4　上海证券交易所　25
- 2.1.5　深圳证券交易所　26

2.2　场外交易市场　26
- 2.2.1　纳斯达克全国市场　26
- 2.2.2　纳斯达克小市值市场　28
- 2.2.3　场外柜台交易系统　29
- 2.2.4　电子通信网络　29

2.3　公司股票指数　30
- 2.3.1　道琼斯工业平均指数　30
- 2.3.2　标准普尔500指数　31
- 2.3.3　纳斯达克综合指数　34
- 2.3.4　罗素2000指数　34

2.4　中国的证券市场指数　35

2.4.1 上证综合指数	35	
2.4.2 上证180指数	35	
2.4.3 沪深300指数	36	
2.4.4 深证综合指数	36	
2.4.5 深证成分股指数	37	

2.5 证券市场的监管　37
　2.5.1 重要的法规　37
　2.5.2 监管组织　39
　2.5.3 市场监察　40
　2.5.4 证券仲裁　40
　2.5.5 交易限制系统　41
2.6 投资者协会　42
　2.6.1 美国个人投资者协会　42
　2.6.2 投资俱乐部　43
总结　43
习题　44

第3章　风险和收益　46

3.1 金融资产的收益率　47
　3.1.1 收益率　47
　3.1.2 算术平均与几何平均　48
　3.1.3 收益率的比较　48
3.2 历史收益率　50
　3.2.1 股票与固定收益证券的收益率　50
　3.2.2 通货膨胀　52
　3.2.3 累计收益率　53
3.3 税收与投资收益　53
　3.3.1 税收成本　53
　3.3.2 资本利得税和股息税　54
　3.3.3 延期纳税的好处　55
3.4 风险的概念及其度量　55
　3.4.1 风险的评估　55
　3.4.2 风险的度量　56
　3.4.3 持有期收益率　59
3.5 市场波动的来源　61

　3.5.1 公司风险　61
　3.5.2 股票市场风险　61
　3.5.3 债券市场风险　63
3.6 投资组合理论　63
　3.6.1 基本假设　63
　3.6.2 组合的风险与收益　64
　3.6.3 最优投资组合的选择　67
3.7 投资者对风险的认知　68
　3.7.1 选择金融资产　68
　3.7.2 盈亏之后的决策　69
　3.7.3 比较不同风险的投资　69
　3.7.4 心理账户　70
总结　71
习题　72

第4章　资产定价理论与绩效评价　73

4.1 资产定价　74
　4.1.1 传统的定价理论　74
　4.1.2 基于行为的新方法　74
4.2 资本资产定价模型　75
　4.2.1 CAPM模型的历史　75
　4.2.2 CAPM模型的基本假设　75
　4.2.3 CAPM模型中的借贷问题　75
4.3 预期收益和风险　77
　4.3.1 资本市场线　77
　4.3.2 证券市场线　78
　4.3.3 证券特征线　80
　4.3.4 利用CAPM模型寻找被低估的股票　82
　4.3.5 投资组合风险与CAPM　82
4.4 贝塔的经验估计　83
　4.4.1 模型的设定问题　83
　4.4.2 数据的频度问题　85
　4.4.3 贝塔的时变问题　86
4.5 多因素模型　87
　4.5.1 多因素CAPM或者APT方法　87

4.5.2　Fama-French三因素模型　89
　　4.5.3　行为影响　89
4.6　投资组合绩效评价　90
　　4.6.1　投资组合的特征　90
　　4.6.2　阿尔法和贝塔　90
　　4.6.3　阿尔法和贝塔是否提供了有价值的信息　91
4.7　风险调整绩效　92
　　4.7.1　夏普比率　92
　　4.7.2　特雷诺指数　92
　　4.7.3　夏普比率和特雷诺指数的比较　93
总结　94
习题　95

第5章　有效市场假说　97
5.1　有效市场的概念　98
　　5.1.1　抛硬币的故事　98
　　5.1.2　有效市场　99
5.2　有效市场假说　99
　　5.2.1　基本假定　99
　　5.2.2　市场有效性的层次　100
5.3　股票市场价格的时间序列　102
　　5.3.1　股票指数的相关性　102
　　5.3.2　日收益率　103
　　5.3.3　繁荣与衰退　106
5.4　随机游走理论　107
　　5.4.1　随机游走的概念　107
　　5.4.2　股价走势与赌徒谬论　107
　　5.4.3　数据挖掘问题　108
5.5　投资业绩　108
　　5.5.1　相对业绩的度量　108
　　5.5.2　失败者的游戏　109
　　5.5.3　投资专家的角色　110
5.6　有效市场假说面临的挑战　111
　　5.6.1　过度波动　111

　　5.6.2　资产价格泡沫　112
5.7　投资中的欺诈行为　115
　　5.7.1　小市值公司的欺诈行为　115
　　5.7.2　互联网上的欺诈行为　116
总结　116
习题　117

第6章　市场异象　119
6.1　对有效市场假说的检验　120
　　6.1.1　理论只是工具　120
　　6.1.2　联合检验问题　120
　　6.1.3　实用相关性　121
6.2　基本面异象　121
　　6.2.1　小盘股效应（小盘股之谜）　121
　　6.2.2　价值效应　123
6.3　日历异象　125
　　6.3.1　一月效应　125
　　6.3.2　日效应　125
　　6.3.3　年度周期现象　127
6.4　事件研究　127
　　6.4.1　公告效应　127
　　6.4.2　累计异常收益　129
6.5　公告异象　130
　　6.5.1　收益公告　130
　　6.5.2　股票拆分公告　131
　　6.5.3　指数成分股效应　133
6.6　有效市场假说成立吗？　135
　　6.6.1　有效市场假说之谜　135
　　6.6.2　行为金融学的视角　137
总结　138
习题　139

第7章　心理学与股票市场　141
7.1　行为金融学　142
　　7.1.1　新的观点　142
　　7.1.2　认知错误　142

7.1.3 前景理论	144
7.2 心理捷径	146
7.2.1 熟悉性偏误	146
7.2.2 代表性偏误	148
7.3 赌徒谬误与心理账户	150
7.3.1 赌徒谬误	150
7.3.2 心理账户的后果	151
7.4 心理局限	152
7.4.1 后悔厌恶	152
7.4.2 行为资产组合	154
7.5 自我欺骗	155
7.5.1 过度自信	155
7.5.2 认知失调	156
7.6 社会影响	157
7.6.1 社会互动与投资	157
7.6.2 羊群效应	158
7.7 如何避免投资错误	159
7.7.1 成功投资的经验法则	159
7.7.2 为投资成功做规划	160
总结	160
习题	162

第8章 商业环境 163

8.1 经济环境	164
8.1.1 宏观经济环境	164
8.1.2 微观经济环境	164
8.2 经济增长要素分析	165
8.2.1 人口	165
8.2.2 生产率	167
8.2.3 国际贸易	168
8.3 宏观经济预测	170
8.3.1 商业周期	170
8.3.2 经济指标	171
8.3.3 情绪调查	173
8.3.4 预期的改变	174
8.4 产业与部门	175
8.4.1 产业划分	175
8.4.2 竞争环境	177
8.5 法律环境	180
8.5.1 政府监管	180
8.5.2 反垄断政策	181
8.6 公司治理	182
8.6.1 所有权与控制权	182
8.6.2 激励薪酬	183
8.6.3 管理层监控	184
8.6.4 所有权结构	185
总结	186
习题	188

第9章 财务报表分析 189

9.1 股票投资者	190
9.1.1 企业所有权	190
9.1.2 投资与投机	190
9.2 公司财务报表分析	191
9.2.1 资产负债表	191
9.2.2 利润表与现金流量表	193
9.2.3 附注与审计意见	196
9.2.4 会计信息的一些问题	197
9.3 财务比率	198
9.3.1 利润的度量	198
9.3.2 ROE的要素	199
9.4 公司业绩评估	200
9.4.1 经营效率	200
9.4.2 财务杠杆	201
9.4.3 财务流动性	202
9.5 行业地位	202
9.5.1 市场价值	202
9.5.2 行业比较	203
9.6 估值指标	204
9.6.1 市盈率	204
9.6.2 市净率和股息收益率	205
9.6.3 经济价值	206

9.7 财务报表可信度 207
    9.7.1 会计造假 207
    9.7.2 重编财务报表 208
总结 209
习题 210

第10章 股票投资分析 212
10.1 价值型股票 213
10.2 基本价值分析 214
    10.2.1 基本价值估算 214
    10.2.2 未来股价的估算 215
    10.2.3 股利贴现模型 216
    10.2.4 固定增长模型 216
    10.2.5 预期收益率估算 217
10.3 股利与价值投资 218
    10.3.1 股利降低了风险 218
    10.3.2 股利增长率 219
    10.3.3 股利和利润率 221
10.4 价值投资策略 222
    10.4.1 寻找价值股票 222
    10.4.2 追求合理价格 223
10.5 执行价值投资策略 224
    10.5.1 选股专家 224
    10.5.2 优势与局限性 226
10.6 成长型股票 227
    10.6.1 前瞻性分析 227
    10.6.2 寻找机会 227
10.7 成长型股票的特征 228
    10.7.1 基本特征 228
    10.7.2 增长的沃土 228
    10.7.3 销售额增长 229
    10.7.4 每股收益增长 230
    10.7.5 股利增长 231
    10.7.6 保守的财务结构 232
10.8 股票成长性估值分析 233
    10.8.1 可变增长模型 233
    10.8.2 市盈-增长比率(PEG) 234
    10.8.3 现金流模型 236
总结 238
习题 239

第11章 债券工具与市场 241
11.1 债券市场概述 242
    11.1.1 债券市场的现状 242
    11.1.2 债券市场及其交易活动 242
11.2 公司债券 244
    11.2.1 公司债券的作用 244
    11.2.2 公司债券的特征 244
    11.2.3 债券评级 245
    11.2.4 高收益债券(垃圾债券) 246
    11.2.5 中国公司债的发展现状 247
11.3 政府证券 248
    11.3.1 美国的国债市场 248
    11.3.2 短期国库券、中期国债与长期国债 248
    11.3.3 中国的国债市场 250
11.4 机构证券与资产支持证券市场 252
    11.4.1 机构证券和抵押贷款支持证券 252
    11.4.2 其他资产支持证券 253
    11.4.3 中国的机构证券和资产支持证券市场 254
11.5 货币市场 255
    11.5.1 货币市场的特征 255
    11.5.2 货币市场工具 255
11.6 市政债券 256
    11.6.1 税收优惠 256
    11.6.2 市政债券的类型 257
11.7 债券市场信息与创新 258
    11.7.1 债券信息 258
    11.7.2 债券创新 258

| 总结 | 259 |
| 习题 | 260 |

第12章 债券估值   261

- 12.1 债券估值的相关概念   262
  - 12.1.1 债券的经济特征   262
  - 12.1.2 债券的现值   262
  - 12.1.3 债券定价   263
- 12.2 到期收益率   265
  - 12.2.1 到期日   265
  - 12.2.2 预期收益率的计算   265
  - 12.2.3 可赎回条款   267
- 12.3 利率风险   268
  - 12.3.1 市场条件的变化   268
  - 12.3.2 影响当前利率的因素   270
  - 12.3.3 利率的期限结构   270
- 12.4 久期与凸性   272
  - 12.4.1 久期   272
  - 12.4.2 久期与债券价格   273
  - 12.4.3 凸性   275
- 12.5 可转换债券   277
  - 12.5.1 可转换债券的特征   277
  - 12.5.2 可转换债券的定价   277
- 12.6 债券投资策略   279
  - 12.6.1 为什么要投资债券？   279
  - 12.6.2 资产配置   279
  - 12.6.3 基于到期期限的策略   280
- 总结   281
- 习题   282

第13章 共同基金   284

- 13.1 共同基金概述   285
  - 13.1.1 什么是共同基金？   285
  - 13.1.2 中国基金业的发展现状   286
  - 13.1.3 共同基金的类型   287
  - 13.1.4 共同基金信息的来源   288
- 13.2 共同基金的优点和缺点   290
  - 13.2.1 共同基金的优点   290
  - 13.2.2 共同基金的缺点   291
- 13.3 共同基金的业绩   292
  - 13.3.1 投资收益的来源   292
  - 13.3.2 共同基金的费用   292
  - 13.3.3 共同基金的成本如何影响收益   294
  - 13.3.4 基金风格箱   296
  - 13.3.5 评价基金的业绩   298
- 13.4 共同基金的组织形式   299
  - 13.4.1 治理结构   299
  - 13.4.2 共同基金竞赛   300
  - 13.4.3 赢家是否总是赢？   300
- 13.5 专业化基金   301
  - 13.5.1 交易所交易基金   301
  - 13.5.2 封闭式基金   302
  - 15.5.3 对冲基金   303
- 总结   304
- 习题   305

第14章 全球化投资   307

- 14.1 全球化投资的好处   308
  - 14.1.1 诱人的商机   308
  - 14.1.2 分散化的好处   309
- 14.2 全球市场概览   310
  - 14.2.1 全球市场指数   310
  - 14.2.2 摩根士丹利资本国际公司   312
  - 14.2.3 发达市场和新兴市场   315
  - 14.2.4 国家分散化和行业分散化   316
- 14.3 全球化投资的风险   317
  - 14.3.1 市场波动性   317
  - 14.3.2 流动性风险   318
  - 14.3.3 政治风险   319
  - 14.3.4 货币风险   319
  - 14.3.5 投资者保护   321

14.4　本土偏见　　　　　　　　　321
　　　14.4.1　熟悉程度的影响　　　321
　　　14.4.2　外国偏见　　　　　　322
　14.5　全球化的投资机会　　　　　323
　　　14.5.1　跨国投资策略　　　　323
　　　14.5.2　美国存托凭证　　　　323
　　　14.5.3　外国债券　　　　　　325
　　　14.5.4　全球共同基金　　　　326
　总结　　　　　　　　　　　　　　327
　习题　　　　　　　　　　　　　　329

第15章　期权、期货、房地产与有形资产　330

　15.1　期权市场　　　　　　　　　331
　　　15.1.1　期权市场的起源及发展　331
　　　15.1.2　期权合约及期权类型　　332
　　　15.1.3　期权策略　　　　　　335

　15.2　期货市场　　　　　　　　　340
　　　15.2.1　期货合约及期货种类　　340
　　　15.2.2　期货交易机制　　　　343
　　　15.2.3　期货市场策略　　　　343
　　　15.2.4　中国的期货市场　　　345
　15.3　房地产市场　　　　　　　　346
　　　15.3.1　房地产的特征　　　　346
　　　15.3.2　房地产证券　　　　　347
　15.4　有形资产　　　　　　　　　350
　　　15.4.1　贵金属　　　　　　　350
　　　15.4.2　艺术品和收藏品　　　351
　　　15.4.3　拍卖　　　　　　　　352
　总结　　　　　　　　　　　　　　353
　习题　　　　　　　　　　　　　　355

术语表　　　　　　　　　　　　　357

第 1 章
概述

本章学习目标
- 学习通过长时间投资来构建财富
- 了解金融资产的性质和表现
- 辨别投资者的一般目标
- 练习获取重要的金融信息
- 熟悉金融服务业的工作

奥马哈的伯克希尔-哈撒韦公司(Berkshire Hathaway, Inc.)的主席兼首席执行官沃伦·巴菲特(Warren Buffett)在1956年以100美元成立了一家公司,以此累积了超过400亿美元的个人净资产。作为股票市场上最成功的投资者,巴菲特总是强调基本投资概念的重要性。比如,在2005年的冬天,有学生问巴菲特他是否认为股票市场是完全有效的。巴菲特回答,在大多数时间,大多数股票的价格是合适的。巴菲特并不能指出纽约证券交易所的每只股票的价格是偏高还是偏低。巴菲特说股票价格大多数时间是正确的,但并不是永远正确的。如果你了解自己的行为决策,那么你就可以利用偶尔被低估的股票赚大钱。

虽然股票价格大部分时间是合适的,但偶尔被高估的股票的确会使许多投资新手亏损。实际上,许多投资者关注愚蠢的短期投机而不是可信的长期投资。结果,投资者的平均表现会不如市场的平均表现,并且许多投机者都会亏损。投资者需要有常规投资的原则性计划以实现其长期投资目标,比如为未来的退休做准备。

投资分析与行为告诉我们任何投资的长期表现都是与经济运行状况相联系的,这就是为什么要很熟悉商业运行的金融评判标准和股票市场的估值的原因。成功的投资者还需要避免可预测到的心理趋势以及投资者错误的行为决策,因为这两者会导致低于平均水平的投资结果。

1.1 投资的本质

1.1.1 低买高卖

投资过程比"低买高卖"这个简单的投资目标要复杂很多,尽管如此,一个成功的投资项目仍会有更多的股票和债券在低价位买入并在高价位卖出。但这个简单的投资目标还是不容易实现的。考虑个人投资者投资在共同基金上的资金流。图 1-1 表明了从 1998—2006 年间每个月流入股票共同基金的净现金流规模同标准普尔(S&P)500 指数的关系。注意到在平均水平上,投资者在 2000 年 3 月的泡沫顶峰附近将资金注入股票基金,这说明他们买高了。价格持续下跌三年之后,投资者开始大量抛售股票基金,说明他们卖低了。

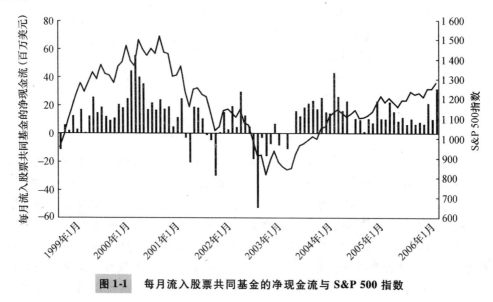

图 1-1 每月流入股票共同基金的净现金流与 S&P 500 指数

数据来源:www.ici.org。

投资者把他们从股票基金上撤出的钱投到哪里去了呢?投资者在 2002 年将 240 亿美元以及在 2003 年前六个月把将近 650 亿美元投入债券基金。这与债券价格的波峰是相符的(同样,与利率的下降也是相符的)。投资者们又买高了吗?

这本书解释了能够用来创造成功投资项目的概念和分析工具。其中的大部分思想对投资者来说已是耳熟能详了,然而投资者还是经常因为心理因素和情绪因素做出错误的决策。投资理论的用处在于它能够提供有助于投资者理解资产定价原理的框架。相关领域(比如心理学)的理论的用处在于它们能够解释为什么投资者有时会做出错误的决策。一般情况下,很有必要深刻地了解这些理论,因为它有助于我们了解和预测金融市场投资者以及投资专业人士的行为。做出正确的决策并避免由于情绪因素而导致的大错误,能够帮助投资者获得更多的财富。

1.1.2 利用时间构建财富

构建投资财富需要时间。最重要的三个因素是投资回报率、投资的时间长短以及投资的规模。投资回报率越高,投资时间越长,带来的财富就越多。

在表1-1中,当只考虑一年的投资收益时,10 000美元在6%、9%、12%的收益率下的盈利差别不大。从10 000美元开始,6%的投资收益率会使你在一年后获得10 600美元;同样从10 000美元开始,9%和12%的投资收益率最终产生的价值分别是10 900美元和11 200美元。一年过后,6%、9%、12%的收益率所带来的收益额差别很小。

表1-1 复合利率带来的惊人增长　　　　　　　　　　单位:美元

投资年数	以下投资收益率将使得10 000美元变成:		
	6%	9%	12%
1	10 600	10 900	11 200
2	11 236	11 881	12 544
3	11 910	12 950	14 049
4	12 625	14 116	15 735
6	14 185	16 771	19 738
8	15 938	19 926	24 760
12	20 122	28 127	38 960
16	25 404	39 703	61 304
20	32 071	56 044	96 463
24	40 489	79 111	151 786
28	51 117	111 671	238 839
32	64 534	157 633	375 817
36	81 473	222 512	591 356
40	102 857	314 094	930 510

随着时间的推移,这种情况就会发生变化。比如,在12年以后,6%的利率会带来双倍的投资总额。观察表1-1中6%那一栏,你可以发现10 000美元在12年后变为20 122美元,基本上翻倍了。24年后,10 000美元在6%的利率下增长为40 489美元,基本上是4倍了。36年后,10 000美元在6%的利率下增长为81 473美元,基本上翻了三番。资金以6%的利率在12年里增长了一倍,在24年里增长了4倍,在36年里增长了8倍。

如果利率变为9%又会发生什么样的情况呢?投资收益率为9%会使资金每8年就翻一倍。在8年后资金从10 000美元增长为19 926美元;再一个8年,投资又从19 926美元增长到39 703美元,基本上增长了4倍;再一个8年,投资又增长到了79 111美元,将近80 000美元。在9%的收益率下,每年的回报基本上比6%的收益率下降50%,而在

24年后,9%的投资收益率创造的价值是6%的投资收益率创造的价值的两倍。很小的收益率差别在时间的作用下却导致了财富上如此大的差别!

当年收益率为12%时,复合利率的差异在投资总量上的效应会更为明显。在1年期,12%的收益率带来的回报是6%的收益率带来的回报的两倍。如表1-1所示,24年过后,10 000美元会变为151 786美元,几乎翻了16倍。在24年的基础上,12%的利率带来的回报绝不仅仅是6%的利率所带来的回报的两倍。在一个更长的期限上,复合利率带来惊人的增速。9%的收益率产生的回报远远比6%带来的回报大得多。12%的收益率在一个较长时期内带来的回报会是大得惊人的。

然而,许多人在最开始投资的时候并没有太多的资产,成功的投资者一般都以小数目的资金开始,然后按时间进行常规投资。考虑一个年轻的投资者每个月仅投资100美元,或每年1 200美元。在40年后,投资组合收益率为12%会使资产增长到920 510美元。由于有时间的优势,他与一个想累积到类似金额的中年投资者相比,只需要更少的初始投资。考虑中年投资者每年投资12 000美元来为退休做准备,即年轻投资者投资的10倍。一个中年投资者每年在收益率为12%的普通股票组合上投资12 000美元会将财富累积到864 629美元。这就意味着,在为了退休而进行的投资中,较长的投资期限使这个年轻投资者获得了比年长投资者多10倍的好处。

作为一名学生或者没有经验的投资者,也许你并没有足够多的资金用来投资。尽管存在这个缺陷,但所有年轻投资者们拥有的一个不可否认的优势就是拥有足够长的投资期。这个优势能弥补没有大量投资金额这个暂时的劣势。表1-2表明,每月1 000美元的投资,在40年后会累积到9 205 097美元。这个财富水平在我们国家是很少见的。构建足够多的退休财富需要你在延迟消费方面做出很大的牺牲。

表1-2 常规投资的长期报酬:即使投资本金不高,年轻投资者也能累积大量的财富

每年投资的金额 (美元)	投资年数	不同的收益率下的财富累积(美元)		
		6%	9%	12%
年轻投资者				
300	40	46 429	101 365	230 127
1 200	40	185 714	405 459	920 510
2 000	40	309 524	675 765	1 534 183
6 000	40	928 572	2 027 295	4 602 549
12 000	40	1 857 144	4 054 589	9 205 097
中年投资者				
300	20	11 036	15 348	21 616
1 200	20	44 134	61 392	86 463
2 000	20	73 571	102 320	144 105
6 000	20	220 714	306 961	432 315
12 000	20	441 427	613 921	864 629

人们是怎样获得6%或是12%的收益率的呢？投资者必须要持有多样的金融资产投资组合。这些组合包含现金储备、债券和股票，其资产配置决定了你可能承担的风险和获得的收益。

1.2 金融资产的种类

1.2.1 现金储备

金融资产的一个重要类型是**现金储备**（cash reserves），或者短期货币市场工具。现金储备最主要的吸引力在于它们在保证本金的基础上提供了一定的收入。虽然投资于现金储备保护了人们的初始资产价值，但现金储备带来的回报却比较低。而且现金储备带来的收益会随着短期利率而波动。

1.2.2 债券

债券（bonds）是公司、联邦政府和代理机构、国家以及地方政府发行的带息债务。债券代表发行人的债务，并提供一个保证到期日偿付本金的承诺。虽然债券产生的收入一般比现金储备更高也更稳定，但它们的价值会随着利率的变化而波动。一般来说，当利率上升时，债券价格下降；当利率下降时，债券价格上升。

1.2.3 股票

第三种重要类型的投资资产是**普通股**（common stock）。股本证券代表公司的所有权。图1-2显示了20世纪三四十年代在天津发行的"天津意商运动场"股票证书。股票提供了从股息获得收入以及随着时间价值上升而带来的资本增值的可能性。虽然普通股在长期提供了优越的回报率，但股票存在短期价格风险。股票价格会在短期内波动。有时候这种波动率会很大。一些公司（比如安然）甚至会破产，失去它们全部的价值。

普通股代表了对公司的所有权。普通股股东可以按比例分享公司的资产、利润和股息。在收购的时候，每一个股东都有权按照比例份额分享收购价。随着时间的推移，因为一些已实现的利润会再投资到企业中，股东的投资价值得以增加。在任何时间，公司普通股的市场价值都取决于很多因素，包括公司目前的利润率、成长前景、利率、对股票的需求以及整个股票市场的状况。股票以其有竞争力的收益率（通过分红和资本利得实现）而吸引长期投资者。在长期内，股票通常能为投资者提供战胜通货膨胀的最好机会，实现其投资的增值。

图 1-2 20 世纪三四十年代在天津发行的"天津意商运动场"股票证书

1.2.4 金融衍生工具

最后一种金融资产是**金融衍生工具**。金融衍生工具是基于或衍生于现货市场标的资产的派生金融产品。与其他金融工具不同的是,衍生工具自身并不具有价值,其价格是从标的资产的价值衍生出来的,很大程度上取决于标的资产价格的变动。它的基本特点主要是跨期交易、具有杠杆效应、不确定性和高风险、套期保值和投机套利共存。由于许多金融衍生产品交易在资产负债表上没有相应科目,因而也被称为"资产负债表外交易"(简称"表外交易")。目前,在国际金融市场上运用最为普遍的衍生工具有远期、期货、期权和掉期四大类。

1.2.5 各类金融资产的历史收益

表1-1与表1-2中的数字不仅代表了复合利率创造的增速,还反映了美国股票和债券投资带来的收益。考虑表1-3中的数据,注意2004年7月到2008年4月,中国上证指数股票市场的平均月收益率是2.49%,债券市场的平均月收益率是0.39%。股票市场最高的收益率是在2006年12月,达到了27.45%,同月债券市场的收益率为0.35%。股票市场收益率最低的月份是2008年3月,跌落到-20.14%,同月债券市场收益率为0.08%。

表 1-3　中国股票市场和债券市场的历史收益

日期	股票（上证指数）	债券（国债,000012）
2004-7-14	-0.93%	-0.59%
2004-8-2	-3.18%	0.79%
2004-9-1	4.07%	0.03%
2004-10-1	-5.45%	-0.08%
2004-11-1	1.53%	0.55%
2004-12-1	-5.54%	1.75%
2005-1-3	-5.90%	1.45%
2005-2-1	9.58%	1.52%
2005-3-1	-9.55%	1.69%
2005-4-1	-1.87%	1.26%
2005-5-9	-8.49%	2.12%
2005-6-1	1.90%	2.00%
2005-7-1	0.19%	0.06%
2005-8-1	7.36%	1.10%
2005-9-1	-0.62%	-0.44%
2005-10-10	-5.43%	-0.80%
2005-11-1	0.59%	1.59%
2005-12-1	5.62%	0.93%
2006-1-4	8.35%	0.05%
2006-2-6	3.26%	-0.01%
2006-3-1	-0.06%	-0.23%
2006-4-3	10.93%	0.36%
2006-5-8	13.96%	-0.55%
2006-6-1	1.88%	-0.16%
2006-7-3	-3.56%	0.58%
2006-8-1	2.85%	0.84%
2006-9-1	5.65%	0.46%
2006-10-9	4.88%	-0.01%
2006-11-1	14.22%	-0.12%
2006-12-1	27.45%	0.35%
2007-1-4	4.14%	-0.06%
2007-2-1	3.40%	0.02%
2007-3-1	10.51%	-0.29%
2007-4-2	20.64%	-0.68%
2007-5-8	6.99%	-0.96%
2007-6-4	-7.03%	0.26%
2007-7-2	17.02%	0.38%
2007-8-1	16.73%	-0.38%
2007-9-3	6.39%	0.06%
2007-10-8	7.25%	0.20%
2007-11-1	-18.19%	0.64%
2007-12-3	8.00%	1.10%
2008-1-2	-16.69%	0.32%
2008-2-1	-0.80%	0.58%
2008-3-3	-20.14%	0.08%
2008-4-1	2.45%	0.14%
平均	2.49%	0.39%

图 1-3 表明了 2004 年分别在股票、国债上投资 100 元的累积价值。虽然图 1-3 表示的业绩说明投资者可以达到这样的水平,但并不意味着每一个投资者都能获得这样的回报。许多个人投资者做决策时会受到情绪和心理偏差的影响,除非股票市场已经繁荣了较长一段时间,否则他们不会对市场有足够的信心。在投资之后,如果市场在短时间内下跌,许多投资者会变得气馁并卖掉股票,这些行为会导致高买低卖(见图 1-1)。这并不是构建财富的方式!为了达到一定规模的收益率,投资者需要投资股票并在市场下跌时仍坚持留在市场中。

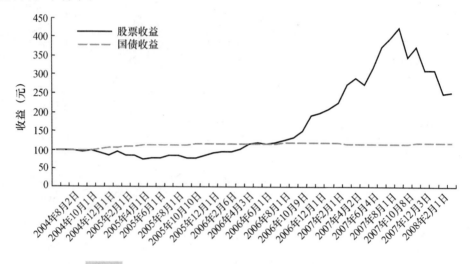

图 1-3 投资 100 元在股票和国债上的收益,2004—2008 年

复合利率带来的惊人增速让我们对投资的性质有了一个初步的认识。这不能反映全貌,却是一个有用的起点。投资与金钱有关,但它并不仅仅是简单地积累金钱然后使其增值,它还与人们如何感受金钱有关。因此,投资理论还涉及经济学和心理学知识。华尔街是一个真实而有趣的地方,很值得我们研究。

1.3 投资目标

1.3.1 为退休而投资

通过学习投资理论与行为,评估投资者所要求的回报并选择合适的资产将变得可能。为了家庭未来的支付而存钱就是一个很好的例子。利用高收益率的货币市场工具,个人储蓄者能获得比在商业银行或者存贷机构存款更高的收益。对于那些寻找获得更令人满意的退休金的机会的投资者,投资于股票和债券是一个重要的选择。30 年前,很多公司都为雇员提供**确定给付的退休计划**(defined-benefit retirement plans)。在这样的退休计划下,雇员会获得以他们工作年数乘以最后一年年薪计算出来的固定退休金,而建立退休基金并进行投资是雇主的责任。

随着时间的推移,确定给付的退休计划被**确定供款的退休计划**(defined-contribution retirement plans)所代替。在确定供款的退休计划下,雇员的退休收入取决于他在退休组合中积累的总量。假定个人投资者每年为他与雇主的退休计划供款6 000元,或每月500元。如果这些基金投资于年收益率为6.4%的债券,那么雇员会在20年后累积到230 443元。如果投资于年收益率为13.3%的普通股,那么在20年后,退休组合将积累到503 035元。通过投资于普通股而不是债券,雇员能够得到一个比债券投资更高的退休收入。

因为雇员逐渐采取了确定供款的退休计划来代替确定给付的退休计划,他们就有必要承担起管理自己的退休资产的责任。在确定供款的退休计划下,雇主不对积累到雇员个人退休账户的资金负责。如果雇员没有理解风险和预期收益的基本关系,以及影响股票和债券长期涨跌的因素,那么他可能会为此付出惊人的成本,从而减少他的退休收入。

1.3.2 为实现其他财务目标而投资

当然,了解投资的重要性远远不只在于制订一个好的退休计划,许多父母也希望帮助孩子承担一所好大学的教育费用。仔细选择股票和债券投资对偿付大学教育的费用很有帮助,尤其当有可能延长投资期限的时候。

比如,如果有一个新生婴儿的父母将10 000元投资在年收益率为12%的普通股组合上,20年后会积累到96 463元。这对于支付一所私人大学的学费绝对够了。或者,如果这个新生婴儿的父母每月投资100元,或者每年投资1 200元于收益率为12%的普通股组合,20年后会增长到86 463元。同样,这笔钱对于支付本科教育的学费也足够了。

这些简单的例子表明,无论何时,只要投资者有一个长期投资目标,股票和债券投资在实现这些目标的过程中就都扮演着重要的角色。从这个角度出发,可以说努力学习投资理论和实践对于所有学生来说都是有益的。一个人管理退休组合、大学学费组合或任何长期投资的能力哪怕只有很小的提高,也会带来显著的回报。

1.3.3 投资绝不是游戏

投资者经常把投资当做游戏来对待,实际上,投资看起来更像是一场竞争,投资者拿自己的收益同他们在电视上看到的、在报纸上读到的和从邻居还有朋友那里听来的收益进行比较。媒体对各种投资(比如共同基金、对冲基金和个人股票)表现的排名更加强了这种气氛。这种类似于游戏的环境让投资者关注短期并一直在问:"我现在做得怎么样?"不幸的是,这种对短期的关注会导致心理上和情绪上的陷阱以及投资障碍。真正的挑战是达到你自己的投资目标。如果你达到了这个目标,你就赢了!但你怎样才能避免被像游戏一样的环境所影响呢?那些懂得数量分析方法的人能运用这些技巧来做出好的决策,而那些不懂得财务理论的人只能运用心理偏好来做决策。通过正确的财务理论来做决策,并避免偏差和情绪的影响,将指引你获得投资成功。

1.4 金融理论

1.4.1 金融理论为投资提供了路线图

许多投资新手主要关注两个简单的问题。第一,如何获得投资信息?网络和传统的金融出版物都免费为投资者提供了很多有价值的投资信息和分析。第二个普遍并重要的问题是,如何将信息转化为智慧?这就是金融理论起作用的地方。金融理论为分析投资问题提供了有用的路线图或内容。金融理论提供的路线图解释了经济力量是如何决定股票、债券和其他资产(房地产、艺术、收集品等)价格的。正如本章所例证的,首先和最重要的投资概念就是复合收益。金钱根据经济基本面的情况随着时间而增长。复合利息能使公司价值或投资价值在长期内实现令人惊讶的增长。

1.4.2 与投资相关的重要概念

除了复合利息以外,投资理论中另一个关键的概念是**投资组合**(portfolio)的概念。一个投资组合是包括股票、债券以及其他资产的多样化组合,投资者创建资产组合的目的是提供稳定的回报率。投资组合理论告诉我们,分散化能够为给定的期望收益降低预期风险。每一个公司都有许多影响风险的因素,主要的高管人员离开公司或去世,重要产品泄露给新的竞争者,重要的品牌遗失,这些都与企业特定风险紧密联系。通过投资组合,企业特定风险可以被消除。

更深一层的投资理论是这样一种思想:**风险**(risk)和**预期收益**(expected return)是相联系的。预期收益越高,其风险越大。这意味着如果低风险的国库券收益率为6%,那么收益率高于6%的债券就肯定不是国库券。如果你想获得一个比无风险利率更高的收益率,你就必须承受更高的风险。认识风险和收益之间关系的重要性在于,当投资期限长度一致时,更高的预期收益必然伴随着更大的波动性。表1-3中股票收益率与债券收益率的比较证明了这种观点。

另一个重要的投资概念是**有效市场假说**(efficient-market hypothesis)。有效市场假说表明每个时点上的每只证券都是被合理定价的,价格没有偏低(低估)也没有偏高(高估)。这是一个非常富有争议性的理论。该假说的赞同者指出,专业投资者的平均收益并不能战胜市场。研究表明,多达90%的专业管理的共同基金和养老基金在10年的时期内比市场的平均表现要差。另一方面,该假说的反对者则指出了一些投资者成功的案例。这些投资者在很长一段时间内都击败了市场。

1.5 投资分析与投资者行为

1.5.1 投资明星

投资者在平均水平上并不能击败市场。只有非常优秀的投资明星,其表现才能好于市场。在投资管理业有诸如沃伦·巴菲特、彼得·林奇(Peter Lynch)、约翰·邓普顿(John Templeton)之类的投资巨星。在大联盟棒球赛中,有巴里·伯茨(Barry Bonds)这样的球星,他能通过打出全垒打而获得额外的收益。巴里·伯茨每年能赚得几百万美元并不意味通过打棒球来赚几百万美元是一件容易的事情。他的超额收益反映了他作为一名球员的超强能力。同样地,像巴菲特这样的投资巨星们的超额收益,反映了他们在投资界高人一筹的能力。

巴菲特作为伯克希尔-哈撒韦公司(Berkshire Hathaway)的主席和首席执行官,总是在寻找可以卖出合理价格的行业,一个很不错的选择就是那些能使投资于企业的资本产生高利润率的行业。在会计信息方面,**股本回报率**(return on equity, ROE)最能衡量公司运用经营杠杆及财务杠杆获利的能力。股本回报率是净收入与股东权益之比,或每股账面价值。美国股本回报率的平均水平基本都在10%—12%之间。达不到10%—12%水平的公司会发现,很难为扩建和改善公司而筹集到新的资金。结果,低利润率的公司被迫要么改善其经营,要么收缩公司规模。为了吸引更多的资金以进行扩张,公司必须提供高于平均收益率的回报率。因为竞争,公司很难在长时间内都获得较高的股本回报率,因此,在历史上有着较高利润率的公司,当越来越多的资金投入到企业中时,收益率都会随着时间推移而下降。或者,随着投资者将资金重新配置到其他更具盈利性的用处上,低利润率的公司会发现它们的利润率随着时间推移而上升。这种收益率趋于行业或整个经济的长期平均水平的重复模式或者趋势,被称为**均值回归**(regression to mean)。

当巴菲特寻找高利润的行业时,他都是寻找那些能持续获得20%—25%(甚至更高)的股东权益回报率的公司。当巴菲特说他在寻找能以合理价格卖出的股票时,他是在寻找那些价格还没有完全反映公司超额利润率的公司。一个合理的价格通常根据**市盈率**(price-earnings ratio, P/E)来定义,P/E被定义为公司市场价值除以净收入。从每股的角度来说,P/E是公司股价除以每股收益。P/E为20说明股价是每股收益的20倍,它意味着公司每1美元的市场价值可以获得5美分的利润。巴菲特在平凡并且没有魅力的行业,如保险业、煤气管道业和家具零售业中发现了这些公司。

另一个投资界的传奇人物是富达投资的彼特·林奇,他把麦哲伦共同基金从几百万美元做到了140亿美元,因而著称于世,他通过计算公司的P/E值成功选取了在一定的价格上具有快速增长率的股票,因而成为我们这个时代最成功的共同基金经理。当林奇寻找优秀的增长率股票时,他是寻找那些每股收益每年增长10%、15%甚至20%的公司。和巴菲特一样,林奇喜欢便宜的东西。然而,他偏好那些比市场平均P/E值低的具有可靠的行业模式的高成长公司。

第三个传奇人物是富兰克林-邓普顿集团(Franklin-Templeton group)的约翰·邓普顿,他被誉为"全球投资之父",他提倡尽可能广泛地寻找被低估的股票。以邓普顿的观点,最好的被低估的股票来自那些将有形资产以比账面价值低的价格出售的公司。他的推理是:当账面价值上升时,公司盈利也增多,账面价值越高,股票价格也就越高。

在这三个案例中,沃伦·巴菲特、彼特·林奇、约翰·邓普顿都是把股票看做对其公司所从事业务的部分所有权而获利,从而成为成功的投资家。他们并不认为股票只是简单的一张纸,他们也不利用技术分析,相反,他们通过将公司的经济前景同行业中其他公司相比较来做出独立的判断。在培养自己的股票选择技巧之前,建议个人投资者多了解一下那些投资传奇人物的成功故事。

1.5.2 资产估值

投资明星们是如何对股票进行估值的?虽然每个人的技巧存在差异,但是他们通常都是在标的资产的经济价值的基础上来对股票进行估值的。

考虑表1-4中的例子。这个例子说明了爱荷华州一英亩地的经济收益率和经济价值。简单来看,假设一英亩地能生产150蒲式耳的玉米,每蒲式耳玉米的价钱是2.5美元,这意味着爱荷华州一英亩地能从种玉米中获得375美元的收入。此外,假设种植和耕地成本、种子和肥料成本、收割成本、税收等一共为每英亩225美元,这意味着每英亩地的净利润是150美元。为了获得6%的收益率,投资者对每英亩地的投资应该不超过2 500美元(=150/0.06)。这意味着这样的土地的经济价值是每英亩2 500美元。当然,2 500美元对于农田来说是很高的价格。它表明爱荷华州是所有农业土地中产量最高的地方。如果土地的产量比较低,它就会以较低的价格出售。

表1-4 爱荷华州农地的经济价值

每亩地生产玉米的蒲式耳数	150
每蒲式耳玉米的价格(美元)	×2.50
每亩地的总收入(美元)	375
种植与耕地成本(美元)	−75
种子和肥料成本(美元)	−40
收割成本(美元)	−90
税收、保险(美元)	−20
每亩净利润(美元)	150
利率	6%
每亩经济价值(美元)	2 500

因为农田的高产量,需要6%收益率的投资者会为每英亩地支付2 500美元。如果投资者以每英亩1 000美元的价格买下这些地,他的收益率就会达到15%(150/1 000)。这是一项有利可图的协议。如果有人借了很多钱,将每亩地抬到4 000美元,他就会破

产,因为这样的农业用地并不值4 000美元。这都是农地的经济价值在起作用。

股票也是一样。有时候,没有经验的投资者会将某些网络股的价格抬高,与公司的收入、盈利和账面价值完全不匹配。当有许多不确定因素的时候,这种现象更可能发生。然而,在长期,收入、盈利和账面价值的重要性会显现出来。如果高价生物科技股的盈利在未来几年肯定会上升,那目前的股价也会有调整,它们应该会上升。如果这些公司的盈利没有增加,那这些股票的价格会下跌。在长期,投资者不会比他们所投资的公司表现更好。如果公司发展得很好,投资者也会跟着富裕。如果公司没有产生高于平均水平的利润,投资者也就不能得到高于平均水平的收益。

基本的观点是金融资产(比如农地)的价值是由经济因素决定的,股票、债券和所有类型的投资都是一样的。任何一种资产的价值都是由它所能产生的利润和投资者要求的利润率来决定的。最成功的投资者对股票和债券的看法同那些农民对投资房地产的看法是一样的。

1.5.3 股票市场参与者的行为

股票市场可以看做是人们之间的互动系统。投资过程的每个部分都包含着人们之间的互动。投资者同邻居、亲戚、朋友以及同事交换信息,讨论股票。顾问、分析家、银行家和计划者提供建议,买卖交易传递给经纪人,经纪人又将交易传递给股票交易所里的交易商、专家和交易员。

短期目标和长期目标的不同有时候会造成**激励**(incentives)冲突。比如,股票经纪人的工作建立在向客户提供好的建议以及互相信任关系的基础之上。然而,因为经纪人的薪水来源于交易委托,促使客户多进行交易能增加经纪人的短期收入。结果,客户的交易行为会被股票经纪人的短期激励所影响。同样,考虑共同基金经理的激励。共同基金的投资者都关注表现优异的基金,在这种基金上多投资可以增加经理的薪水。如果基金经理在上半年表现不好,那经理就有强烈的激励去承担额外的风险,试图在下半年弥补之前不好的结果。反之,在上半年打败了其他竞争者的经理会变得比较保守,不会拿自己领先的地位来冒险。结果,短期激励会对共同基金经理的表现产生反转的影响。

除了个人激励的差异之外,投资决策还受**投资者心理**(investor psychology)因素的影响。投资者要在结果出来之前做出投资决策。心理学家发现,当决策变得越难并包含越高的不确定性时,其决策会在更大程度上受情绪和感觉的影响。比如,投资者都不愿意亏本卖出股票,他们经常希望持有股票直到它的价格超过他们的成本为止,无论这需要花多长时间!这样的决策不是建立在股票是投资机会的观点上,而是建立在避免因犯错误而产生的糟糕感觉的愿望上。

成功的投资者都了解这些不利的心理因素的影响并能克服它们。这在当人们的心理因素对整个市场都产生影响的时候尤为正确,比如20世纪90年代后期美国出现的网络股泡沫和80年代后期日本股票市场出现的泡沫。羊群行为的发生,比如"非常流行的错觉和群众的疯狂",在各个市场上都能被观察到,这对于投资者的财富是尤其危险的。

1.6 信息——成功投资的关键

1.6.1 互联网中的金融信息

能否获得有价值的信息对于投资者的成功是很重要的。毕竟，决策的质量和做决定时使用的信息质量有很大关系。比如，投资者会在交易日里关注实时的股票报价好几次。在搜寻财务新闻和资料时，网络是个很好的工具。表1-5是国内关于投资信息的一些重要网站。

表1-5　国内的主要投资证券网站

中国证券网 www.cnstock.com	《上海证券报》主办，最权威的证券财经资讯网站
中金在线 www.cnfol.com	提供7×24小时股票资讯
证券中国 securities.zgjrw.com/	每天第一时间报道中国金融资讯
证券之星 www.stockstar.com	在线免费实时行情最快、用户最多的提供商
东方财富网 www.eastmoney.com	资讯最全，规模最大
金融界 www.jrj.com	目前唯一上市的证券类网站
和讯股票 stock.hexun.com	理念比较新颖
六大门户网站财经版： 新浪财经 搜狐财经 腾讯财经 网易财经 TOM财经 雅虎财经	

1.6.2 金融报纸和杂志

财务新闻和资料的另一个重要来源就是传统的金融出版物。和许多行业一样，金融出版业正迅速地向互联网渗透。在这方面，金融业可能是走在最前面的，因为杂志和报纸出版商已经首先见证了类似于雅虎的互联网搜索引擎的迅速崛起。

在国际上，最早也是最重要的每日华尔街的信息来源就是《华尔街日报》（*The Wall Street Journal*），由道琼斯公司出版。当股票和债券投资者需要财务资料时，《华尔街日报》是他们每日必读的报纸。你可以在线阅读《华尔街日报》。在网页上你可以看到印刷版第二天的头条新闻。对于寻找公司的消息和资料而言，《华尔街日报》是很有用的工具。也许你已经知道，其印刷版在B2页都有在新闻故事里提到的所有公司的公司指数。比如，如果你想在网上找英特尔公司的资料，你可以很快地转到包含有与该公司相关的新闻、文章和其他资料的特定网页上去。《华尔街日报》对于投资专业人士来说,是一份必读的报纸。

投资资料的另一个有用来源是《巴伦斯道琼斯商业与金融周报》(*Barron's*),也是由道琼斯公司出版的。它是《华尔街日报》的姊妹刊。《巴伦斯道琼斯商业与金融周报》每周六出版,《华尔街日报》则是每日出版。正因为它是每周一期,所以它更加关注市场评论和投资组合分析,而不是特定的公司消息。

《巴伦斯道琼斯商业与金融周报》是技术股票、共同基金行业或其他投资的趋势方面的顶级信息来源。每周发行保证了它在美国或其他市场(比如亚洲)的股价和利率的变动、特定行业新闻和信息方面有大量的消息。一个最重要的特点是它每周的投资统计部分(称为"市场实验室"),这个实验室给出了大量财务统计数据以及股票、债券、信贷条件和经济的估值比率。

在中国,相对比较出名的金融杂志有《财经》、《经济观察报》等。《财经》被广泛地评论为目前中国国内仅见的高级财经类新闻性出版物,秉承"独立立场、独家报道、独到见解"的理念,以"封面文章"的深度报道而获得其权威性,你可以从这本杂志上看到对中国经济改革的重大举措、政府高层的重要动向、市场建设等重要事件的第一时间的评论和建议。《经济观察报》是新锐经济文化产品,它以新闻、社论、财经、公司、观察家、商业评论、生活方式、产业、研究院、阅读、IT、金融、管理等版面为读者提供各方面的经济咨询。这两份杂志对于关注中国经济市场动态的投资者来说,也都是推荐阅读杂志。

《中国证券报》、《上海证券报》、《证券时报》是中国的三大证券报。《上海证券报》由新华通讯社主办,是新中国第一份以提供权威证券专业资讯为主的全国性财经类日报,是中国证监会指定披露上市公司信息和中国保监会指定披露保险信息的报纸。《中国证券报》是新华通讯社主办的全国性证券专业日报,它除了披露上市公司信息和保险信息外,还是中国银行业监督管理委员会指定的披露信托公司信息的报纸。《证券时报》创办于1993年11月28日,是中国证监会指定披露上市公司信息的报刊。《证券时报》与上述两份报纸相似,都是以报道证券市场为主、兼顾经济金融信息、面向国内外公开发行的财经类专业日报。

1.7 如何成为专业投资者

1.7.1 金融业就业市场概览

每个人都很关注如何才能为未来的退休而准备足够的财富,所以投资对于所有学生而言是一门实践性的学科。另外,许多学生都希望在投资领域过上富裕、精彩的生活。金融服务业的工作机会近年来增长很快。另外,由于金融混业经营,对专业与非专业人士的需求都大大增加。比如,公司的财务人员和首席财务官如果想有效地为公司的增长融资,就必须懂得金融理论和实践,以及资本市场的情况。人力资源管理者为了帮雇员制订复杂的退休计划,也要懂得投资理论和实践。这些在财务与非财务职位方面的工作的市场前景将越来越好,另外,在投资行业本身,就业机会也越来越多。

表1-6表明了在金融服务业中的各种就业机会。其中,商业银行、储蓄机构、保险业和房地产公司提供的就业机会是最多的。就银行和储蓄机构而言,许多投资领域的工作机会只涉及简单的信息处理。然而,许多银行和储蓄机构都倾向于提供财务计划和投资建议。保险公司为爱好设计变化年金和不变年金的产品的人们提供就业机会,这些产品将卖给个人和机构投资者。保险公司持有大量的投资组合,作为那些可能发生的需要大量赔偿的灾难的准备,投资专家则管理这些组合。

表1-6 美国投资领域的就业机会

行业种类	公司数量	雇员数量	总薪资（10亿美元）	平均工资（美元）
商业银行	80 400	1 630 000	69.8	42 822
储蓄机构	17 300	263 000	10.7	40 684
信用合作社	16 300	211 000	6.8	32 227
非存款信贷机构	53 000	662 000	37.1	56 042
房地产信贷	21 900	267 000	17.7	66 292
信用中介	28 800	234 000	11.5	49 145
投资银行	7 100	165 000	27.7	167 879
证券经纪	32 800	443 000	47.2	106 546
证券及商品交易所	200	7 000	0.7	100 000
投资组合管理	11 300	178 000	21	117 978
直接人寿保险运营商	9 800	478 000	24.9	52 092
直接健康医药保险运营商	2 900	320 000	16	50 000
直接财产和人身意外伤害保险运营商	13 000	602 000	31.4	52 159
保险代理与经纪人	125 200	641 000	30	46 802
共同基金及信托	3 500	34 000	2.4	70 588

资料来源:U.S. Census Bureau, *Statistical Abstract of the United States*, 2006,表1155。

房地产业也是具有投资背景的人士的主要雇主。当然,房地产业雇用的大多数人直接同客户就房子或商业不动产的买卖事宜打交道。还有一些投资领域的就业机会是为该业务的行政管理人员提供的。最后,甚至国家和地方政府都雇用投资专家来管理其公共退休金计划。

1.7.2 证券经纪

金融服务业最有趣的领域之一就是股票经纪业务。作为一个**股票经纪人**(stockbroker)(有时候也称为账户执行者),通常是为个人投资者和机构工作,为个人的普通股票和债券提供建议和执行命令。虽然经纪人会得到一个基本薪水,但他们收入的大部分还是来源于佣金收入。

一般情况下,个人经纪人会获得总佣金收入的 35%—50%。这意味着如果个人经纪人带来了每年 200 000 美元的总佣金,他就会得到 70 000—100 000 美元的净收入。比如在美林证券(Merrill Lynch),一个典型经纪人每年的收入超过 100 000 美元。这意味着这个经纪人每年带来的佣金将为 200 000—285 000 美元。如果佣金率是投资总量的 1%—0.5%,就意味着经纪人管理着很大规模的投资活动。为了说明这一点,以经纪人试图赚取 100 000 美元的收入为例。如果总佣金是交易总量的 1%,那么经纪人需要让客户每年的买卖交易量至少达到 2 000 万美元。使客户每年的交易量达到并维持 2 000 万美元的水平其实是件很难的任务。

典型的股票经纪人并不仅仅是高学历、聪明并有天赋的,他们的工作也极其努力。所有顶尖的金融公司都在帮助个人客户经理成功的方面投入了不少资源。大多数股票经纪人能靠为客户提供高质量的建议来取得成功。然而,佣金系统的补偿结构刺激股票经纪人鼓励交易,而不是鼓励"买入并持有"战略。有时候你可能会听说经纪人有时在没有经过客户允许的情况下,在客户账户上进行了许多交易,这被叫做**"反复买卖"**或**"挤油交易"**(churning),它的唯一目的只是产生佣金收入。这样做的经纪人最终会被解雇。

1.7.3 投资管理

证券业最热门的职位包括**证券分析师**(security analysts)和**投资组合经理**(portfolio managers)。分析师和投资组合经理为共同基金、保险基金和对冲基金工作,然而,这些岗位只雇用很少的人。表 1-6 表明美国证券经纪人的总数量为 440 000 人。与此同时,共同基金管理公司的雇员只有 34 000 人。此外,共同基金管理公司中的大部分人只负责接电话。真正的证券分析师和投资组合经理的数量屈指可数。

为了得到顶尖的分析师和投资组合经理的工作,必须得到注册金融分析师(CFA)的认证。这些考试每年举办一次,分三个等级。因此,获得 CFA 的证书需要三年时间。更多的信息可以参见举办机构的网站:www.cfainstitute.org。

1.7.4 理财规划

对于有投资背景的学生而言,一个相对较新的领域是理财规划业务。这个服务行业要求规划者了解客户,并用各种合适的投资机会来尽量满足客户对风险和收益的偏好。上千位满足了注册理财规划师标准委员会要求的人已经拿到了注册理财规划师(CFP)证书。这些要求主要包括道德、教育、考试以及工作经验。为了成为一名合格的注册理财规划师,申请人必须通过全面的培训和考试来证明自己在以下五个领域的精通程度:财务规划处理和保险、投资规划、所得税规划、退休规划和职工福利,以及房地产规划。

关于 CFP 的信息,可参见举办组织的网页(www.cfp.net),或直接写信给 CFP 委员会。也可以从举办 CFP 课程以及项目的大学和学院那里获得相关信息。CFP 是理财规划领域的认证,而 CPA(注册会计师)是会计领域的认证。

1.7.5 投资银行

股票经纪人和理财规划师主要处理个人投资者的业务,而**投资银行家**(investment bankers)主要处理机构客户的业务。他们主要通过向公众发行证券来为公司筹集资金。

有资金需求的公司会雇用投资银行家,他们设计如何向公众出售债券或者股票,并扮演个人投资者和发行公司之间的中介。投资银行家同样为公司客户提供财务技术方面的建议,经常帮助它们进行兼并与收购。投资银行家通常很聪明、努力并极具进取心。投资银行是一个有着高风险和不菲报酬的"高压"行业。个人投资银行家每年可以获得数以千万美元计的薪水,但另一方面,失败的惩罚也是很重的。行业低迷时期,大范围的失业也是很普遍的。

投资和金融服务行业的就业机会概览并不能列举穷尽,因为金融服务业是一个正在成长的行业。但仍然建议学生记住,投资领域的报酬是建立在业绩表现的基础上的。成功的回报是巨大的,但失败的损失也是立刻就会显现的。

总结

◎ 金融资产的一大类是现金储备,或短期货币市场工具。债券是一种重要的投资资产种类,包含公司、联邦政府和政府机构、国家以及地方政府发行的计息的负债。第三种重要的投资资产类型是普通股。普通股所有权赋予持有者按比例分享利润的权利。最后一种重要的投资资产类型是金融衍生工具。

◎ 在确定给付的退休计划下,雇员会获得以他们工作年数乘以最后一年年薪计算出来的固定退休金。在确定供款的退休计划下,雇员的退休收入取决于他在退休组合中积累的总量。在确定供款的退休计划下,雇员必须对自己的退休资产负责。

◎ 投资组合是股票、债券以及其他资产的多样化集合。投资组合理论告诉我们,分散化能够为给定的期望收益降低预期风险。风险和预期收益是相关的。预期收益越高,风险越大。或者说,更高的收益率要承担更多的风险。

◎ 有效市场假说表明每个时点的每只证券都是被合理定价的,价格没有偏低(低估)也没有偏高(高估)。

◎ 在会计信息方面,股本回报率(ROE)最能衡量公司营运及财务杠杆获利的能力。股本回报率是净收入与股东权益之比,或每股账面价值。

◎ 从每股的角度来说,P/E是公司股价除以每股收益。P/E为20说明股价是每股收益的20倍,它意味着公司每1美元的市场价值可以获得5美分的利润。

◎ 股票市场参与者的行为通常影响投资决策的制定。其他人的动机以及投资者心理都会影响你的决策。

◎ 能否获得有价值的信息对于投资者的成功是很重要的。当考虑到财务新闻和资料时,网络是个很好的工具。财务新闻和资料的另一个重要来源就是传统的金融出版物。

◎ 金融服务业最有趣的领域之一就是股票经纪业务。作为一个股票经纪人(有时候也称为账户执行者),通常是为个人投资者和机构工作,对个人的普通股票和债券提供建议和执行命令。证券业最热门的职位包括证券分析师和投资组合经理。然而,真正从事这些职位的人是很少的。

习题*

1.1 假设某人 12 年后将继承 10 万美元的遗产,若年利率(按复利计算)为 6%,请问将来的 10 万美元现在值多少钱?
(原书1.2)

1.2 微软的普通股(MSFT)在 1986 年 3 月 13 日首次进入纳斯达克市场,首次公开发行(IPO)的价格为每股 21 美元,19 年后的 2005 年 3 月 13 日 MSFT 收盘价为 25.11 美元。在这 19 年中,MSFT 经过 9 次拆分使得原来的 1 股变为 288 股,这意味着,最初以 21 美元购进的 1 股,19 年之后的拆分调整价格为 0.0729 美元。试用年复利的方法计算微软股东在这一时期获得的资本利得年收益率(除息前)。
(原书1.5)

1.3 假设你从 20 岁开始每年投资 2 000 美元于普通股,年收益率为 12%。40 岁后,你不再增加新投资,而是将原有投资再保持 25 年,请问当你 65 岁退休的时候原有投资将带来多少财富?
(原书1.9)

1.4 Altria Group, Inc.(MO)是一家领先的消费品制造公司,以向股东支付高额增长的股息流而著称。1995 年,MO 支付的普通股股利为每股 1.22 美元,到 2005 年每股股利增长到 3.02 美元。请利用年复利的方法计算这 10 年期间 MO 股息的年均增长率。
(原书1.15)

1.5 John Deere & Co.(DE)1994 年 12 月 31 日的普通股股价为 15.35 美元,到 2004 年 12 月 31 日股价变为 74.40 美元。假设 DE 公司每年的股息收益率为 5.4%,试计算买入并持有该股的投资者在这 10 年间的总收益。如果一个投资者要求的收益率为 20%,买入该股是否合算?
(原书1.16)

1.6 某个投资者想在 20 年后退休时拿到 100 万美元,如果她的投资年收益率(按复利计算)为 10%,那么她今天应该投资多少才能实现上述目标?
(原书1.18)
    a. 100 000 美元   b. 117 459 美元
    c. 148 644 美元   d. 161 506 美元

1.7 某个人决定,从今天开始,在接下来的 10 年中每年年初都将 1 万美元存入某账户,该账户支付 9% 的年复利收益率,请问在 10 年后该账户余额为多少?
(原书1.19)
    a. 109 000 美元   b. 143 200 美元
    c. 151 900 美元   d. 165 600 美元

---

* 章后习题在英文原书的基础上进行了筛选,括号中为英文原书中的题号,请教师在使用相关教辅资料时按原书题号查询。以下各章同。

第 2 章
股票市场

本章学习目标
- 学习证券是在哪里交易以及如何进行交易的
- 知道如何衡量股票市场的表现
- 熟悉地区、行业和全球指数
- 理解管理投资行业的相关法规

证券交易所之间的竞争十分激烈。什么才是交易所最好的运作形式呢？历史上纽约股票交易所(NYSE)是以私人合伙制来组织的，然而，新的竞争压力和筹集更多资金的需要迫使 NYSE 跟随纳斯达克的潮流，变为公众持有的上市公司。有组织交易的最好方式是什么呢？电子交易比场内交易更好还是更坏？还是电子交易与场内交易的混合最好呢？这些都是市场做市商和监管机构应该考虑的问题。在过去几十年里已经发生了巨大的变化，并且变化正在加速。

中国证券和证券市场自 19 世纪 40 年代产生后，经历了四十多年的萌芽阶段，于 19 世纪末 20 世纪初初步形成。在 1990 年和 1991 年沪、深两个证券交易所设立以后，中国证券市场发展更为迅速，用 10 年的时间走完了成熟市场经济国家一百多年的发展历程。中国内地的交易所只有深圳证券交易所与上海证券交易所两家，它们两者之间有着密切的联系，同时也有很大的不同。1990 年 12 月 1 日，深圳证券交易所试营业。由于扶持上海证券交易所的发展，2000 年 9 月深圳证券交易所停止了新股发行。2004 年 5 月 17 日设立中小企业板(简称中小板)后，2004 年 6 月 25 日新和成等八家公司挂牌上市，标志着深圳证券交易所又重新恢复了新企业上市，但是只包括中小企业。从此，上海证券交易所侧重于国有大中型企业，而深圳证券交易所则侧重于创投和中小企业。按照目前的定位，上海证券交易所定位为主板市场，主要为大型企业服务，因此上市公司以大盘为主。深圳证券交易所定位为中小板市场，主要为中小企业服务，因此上市公司以中小盘为主。事实上，自从深圳证券交易所恢复发行新股以来，所发新股全部为中小板股票。

2.1 主要的证券交易所

2.1.1 资本市场

在市场经济体系下，人们和公司拥有土地、农场、工厂和设备，他们运用这些资产去获取利润。拓展一项新的业务通常需要更多的资金或资本。在市场经济体系里，获得资金的途径是很重要的。

谁拥有这些资本呢？人们拥有自己的储蓄，也有愿望将他们的储蓄进行投资以参与分配经济活动所产生的利润。因此，公司可以通过向投资者发行股票和债券来筹集资金。这种获取资金的方式使很多企业家都把公司变为了股份公司，比如微软的比尔·盖茨、苹果的斯蒂夫·乔布斯、甲骨文的埃里森。投资者最近几年从这些公司里赚了不少钱。另外，由于这些公司生产一些重要的产品并雇用大量的劳动力，会对经济产生很大的影响。

如果操作得当，使用投资者的资金会使大家都获利。但只有当人们知道他们购买的公司证券能随时转为现金时，他们才会去投资。这就是资本市场的作用所在了。股票和债券交易所允许人们买卖证券，正是这里的流动性使人们有信心去投资。在全球，声望最高的股票交易所是纽约证券交易所。在中国，最主要的两个证券交易所就是上海证券交易所和深圳证券交易所。

2.1.2 纽约证券交易所

纽约证券交易所（New York Stock Exchange，NYSE）在以私人合伙制存在了213年以后，购买了电子股票交易商群岛公司（Archipelago），变身为纽约证券交易所集团公司（NYSE Group Inc.）——一家上市公司。纽约股票交易所的会员在2005年12月6日达成一致意见，同意这项交易，新公司于2006年开始交易。纽约证券交易所位于纽约华尔街与百老汇街的交界处，它为普通股和优先股提供了竞价市场。纽约证券交易所的营业时间为美国东部时区的早上9点半到下午4点，大概每年交易252天到254天。纽约证券交易所的市场形式是**代理商竞价市场**（agency auction market）。在这里发生的交易都是以交易所会员买卖报价的形式来进行的，交易所会员扮演机构和个人投资者代理人的角色。买卖口令直接发送到交易场内，一旦需求和供应相互满足，价格也就立即确定下来了。相反，在场外交易市场，是由投资者自己买卖股票，在网络上来决定股票价格。

在纽约证券交易所，每一只上市股票都有特定的人员来管理其交易过程。纽约证券交易所的会员将所有指令通过场内经纪或者电子口令传递到交易大厅，因此，每一只股票的买卖口令都被引向某个特定的位置。指令流是交易所的一大优势，它提供了流动性——这样证券就能以波动不太大的价格进行买卖。当投资者的交易完成时，最好的价格也会通告给一系列可能的买家和卖家。就上市公司价值和交易量而言,纽约证券交易所是美国最大的证券市场,也是世界上最大的股票市场。虽然其他交易所也许有更多的上市公司,但最大型的公司总是愿意在纽约上市。

表 2-1 纽约证券交易所(NYSE):全球最大的股票交易市场

	2005
NYSE 平均每日股票成交量(百万)	1 604
NYSE 年周转率(%)	102%
NYSE 每股交易的平均价格	$34.93
NYSE 每笔交易的平均规模(股数)	334
NYSE 中非美股的数目	453
NYSE 交易的美元价值(十亿)	$56.1
NYSE 平均每日计划股票交易量(百万)	913
NYSE 计划交易量占成交量比例	56.9%
道琼斯工业平均指数	10 718
S&P 500 指数	1 248.29
NYSE 综合指数	7 753.95
NYSE 每年债券成交量(百万)	$1 291
NYSE 平均每日债券成交量(百万)	$5.1
NYSE 上市的公司	2 779

资料来源:The NYSE Group, www.nyse.com。

为了在纽约证券交易所上市,国内和国外的公司都需要满足某些治理和报告的要求。在决定合格的上市公司的时候,交易所通常尤其关注该公司对国家利益的体现程度、在行业内的相对位置和稳定性以及商业前景等方面的信息。

纽约证券交易所对本国公司的上市要求包括公司的最小规模和公司股权在美国的分配。股权分配可以通过国内公开发行、收购或者其他类似的方式来进行。正如表2-2所示,最低的上市数量标准包括最低**整份持有人**(round lot holder)数量(整份持有人即至少持有100股同一股票的股东),以及交易量的最低水平。上市公司必须满足盈利、经营现金流或者全球市场的资本标准。国外公司的上市标准使得大多数国外公司可以在纽约证券交易所发行它们的股票,其主要标准集中于世界范围的流动性而不是在美国的股权分配。非美国公司可以选择是满足非美国公司的上市标准还是纽约证券交易所的国内上市标准。然而,申请公司必须满足它所申请上市标准的所有内容。

表 2-2　NYSE 的上市标准

A. 美国公司的最低上市标准		B. 非美国公司的上市标准	
整份持有人(同一证券 100 股以上持有人)	2 000	整份持有人(同一证券 100 股以上持有人)	5 000
或者		公共持股	全球 2 500 000
全部持股人	2 200	公共市场价值	全球 $100 000 000
同时还满足:			
平均月交易量(最近六个月)	100 000 股		
或者			
全部持股人	500		
同时还满足:			
平均月交易量(最近十二个月)	1 000 000 股		
公共持股量	1 100 000 在外流通		
公共持股量的市场价值:			
公共公司	$100 000 000		
IPOs、资产分割、权益分割	$60 000 000		
最低数量标准:			
财务准则收益			
最近三年的累积税前收益达到	$6 500 000	税前收入	$100 000 000
分别达到:		最后三年加总	
最近一年	$2 500 000	同时还满足:	
之前的每个两年	$2 000 000		
或者		最近两年中的最小值	$25 000 000
最近一年(三年必须都为盈利)	$4 500 000	或者	
或者			
公司在全球市场上的经营现金流不少于三年的经营现金流加总(每一年必须为正)	$500 000 000 $25 000 000	公司在全球市场上的资本不少于 最后三年总的现金流	$500 000 000 $100 000 000
或者		同时还满足:	
		最近两年中的最小值	$25 000 000
		或者	
全球市场资本			
最后一个财务年的收入	$250 000 000		
平均全球市场资本	$1 000 000 000	市场资本	$1 000 000 000
REITs(少于三年的操作历史)	$60 000 000	并且	
股东权益			
基金(少于三年的操作历史)			
净资产	$60 000 000	收入	$100 000 000

资料来源:www.nyse.com/listed/listed.html。

纽约证券交易所是世界上最有声望的交易所,有最高的上市标准。另外,一个上市公司必须支付上市初始费用和继续上市费用。国内公司必须支付的上市初始费用包括一个固定的费用和与流通股数目相联系的变动的费用。比如,一个有 500 万普通股股票的公司的上市初始费用为 84 600 美元,此外每年还须支付 5 790 美元的继续上市费用。纽约证券交易所对非美国公司收取的上市费用也采取了类似的方式。那么,在纽约证券交易所上市的公司得到了什么好处呢? 一般来说,上市公司通过媒体以及财经分析家的传播获得国内的和国际的知名度。公司的投资者也得到一个高流动性和低交易成本的交易场所。

如图 2-1 所示,纽约证券交易所创办了一个信息量庞大的网站。投资者可以通过这个网站去了解股票报价以及最新的上市公司的信息,并且学习纽约证券交易所和投资团体是如何运作的。在这个网站上还可以找到有关全球市场的价格和交易量的大量信息。

图 2-1　NYSE 网站:投资者的一个重要信息来源

资料来源:The NYSE Group, www.nyse.com。

2.1.3　全美股票交易所

作为全美第二大的场内股票交易所,全美股票交易所(American Stock Exchange, Amex)在股票和股票衍生证券上市方面有很大的规模。如今,Amex 在开发成功的新投资产品以及为公司和投资者提供创新性的服务方面处于行业领先地位。

在 Amex 上市的常规财务规则包括:最近会计年度的税前收入不低于 750 000 美元;

或者在最近三年的其中某两年中,公众持股量达到300万美元,股票价格达到3美元,且股东收益达到400万美元。公众持股量不包括发行公司的管理人员或董事以及持有超过10%流通股的股东所持有的股票。换句话说,公众持股量就是被不相关的机构和个人投资者持有的普通股的数量。稍微宽松的可替代财务标准包括公众持股量达到1500万,股价达到3美元,3年的经营历史,以及股东权益达到400万美元。在所有的情况下,在Amex上市的公司对公众提供的股票数量必须达到50万—100万,并且有400—800个公众持股者。

2.1.4 上海证券交易所

1990年11月26日,经国务院授权、由中国人民银行批准建立的上海证券交易所正式成立,这是新中国成立以来内地的第一家证券交易所。交易所采用现货交易方式,不搞期货交易,开业初期以债券(包括国债、企业债券和金融债券)交易为主,同时进行股票交易,以后逐步过渡到债券和股票交易并重。现在可以在上海证券交易所挂牌交易的证券主要包括:股票、基金、债券、债券回购、权证以及经证监会批准的其他交易品种。截至2008年3月9日,在上海证券交易所上市的公司已经达到861家,上市的证券有1138只,其中有905只是股票,总股本已经达到14303亿元,总市值达到223316亿元。

上海证券交易所的市场交易在周一至周五进行,时间为上午9点半至11点半,下午1点至3点。投资者可在证券商下属营业部进行买卖委托,营业部工作人员通过电话将委托指令报给驻上海证券交易所交易大厅内的交易员(俗称"红马甲"),由其将买卖指令输入交易所的电脑主机。投资者也可以在营业部自助委托电脑终端上直接输入委托指令,通过空中卫星传输网和地面光纤数据传输网将指令传输到上海证券交易所电脑主机,电脑主机在接收到买卖指令后,按照"价格优先、时间优先"的原则自动撮合成交。目前交易主机的撮合能力可达每秒5000多笔,每天1000万笔。

上海证券交易所的主要业务包括:提供证券交易的集中场所、上市证券的过户或几种保管服务以及证券市场的信息服务,管理上市证券的买卖,办理上市证券交易的清算交割。经中国证监会批准,已公开发行股票的公司可申请在上海证券交易所上市。获准上市公司须在挂牌交易日前两至三天在指定报刊上刊登"上市公告书",并与上海证券交易所签订"上市协议书"。公司上市后应履行持续信息披露义务,在规定的时间内向上海证券交易所递交年度及中期报告,经审核后向投资者公告。为完善证券市场功能,促进投融资工具的多样化,上海证券交易所还接受国债、企业债券、投资基金等证券的上市申请。

发行人首次公开发行股票后申请其股票在上海证券交易所上市,应当符合下列条件:股票经中国证监会核准已公开发行;公司股本总额不少于人民币5000万元;公开发行的股份达到公司股份总数的25%以上;公司股本总额超过人民币4亿元的,公开发行股份的比例为10%以上;公司最近三年无重大违法行为,财务会计报告无虚假记载;以及上海证券交易所要求的其他条件。类似于纽约证券交易所,在上海证券交易所上市的证券,除了要满足上市条件外,还要向交易所缴纳上市费,包括上市初费和上市月费两种。

上市初费按照发行面额总值的0.3‰缴纳,不得低于3 000元,也不能高于10 000元。上市月费按照发行总面额的0.01‰缴纳,不高于500元,不低于100元。

上海证券交易所实行会员制,为非营利性的事业法人。交易所不吸收个人会员。会员须缴纳交易费,其中包括年费和经手费。兼营经纪业务和自营业务的证券商以及专营自营业务的证券商每年缴纳年费50 000元,专营经纪业务的证券商每年缴纳交易年费10 000元。除此之外,证券商还要按照成交额的0.3‰缴纳交易经手费。

2.1.5 深圳证券交易所

深圳证券交易所成立于1990年12月1日,与上海证券交易所一样,也是不以盈利为目的、实行自律性管理的法人。在主要职能和业务、上市规则等方面,深圳证券交易所都与上海证券交易所类同,是中国内地第二大证券交易所。深圳证券交易所主要为深圳市和附近新兴城市的快速发展提供证券交易和集资设施。截至2008年3月9日,在深圳证券交易所上市的公司已经有699家,上市证券共有887只,总市值达到55 809亿元。

为了扶持上海证券交易所的发展,2000年9月深圳证券交易所停止了新股发行。2004年5月17日设立中小企业板(简称"中小板")后,2004年6月25日新和成等八家公司挂牌上市,标志着深圳证券交易所又重新恢复了新企业上市,但是只包括中小企业。

深圳证券交易所与上海证券交易所的区别主要在于,上海证券交易所侧重于国有大中型企业,而深圳证券交易所则侧重于创投和中小企业。按照目前的定位,上海证券交易所定位为主板市场,主要为大型企业服务,因此上市公司以大盘为主。深圳证券交易所定位为中小板市场,主要为中小企业服务,因此上市公司以中小盘为主。事实上,自从深圳证券交易所恢复发行新股以来,所发新股全部为中小板股票。

2.2 场外交易市场

2.2.1 纳斯达克全国市场

纳斯达克股票市场(NASDAQ)是全球第一个电子股票市场,其交易始于1971年。如今,纳斯达克市场是美国成长最快的股票市场,并吸引着许多快速成长的高科技公司。在总交易量方面,纳斯达克在全球证券市场中排名第二,仅次于纽约证券交易所。在纳斯达克上市的公司超过了3 600家。上市的市场资本总额超过了6万亿美元。纳斯达克的平均日股票总额大约为15亿股。电子交易网络每秒能管理大约5 000笔交易。

表2-3比较了美国三所最大的股票交易所的情况。从中可以注意到,成交量最高的是纳斯达克,纽约证券交易所紧随其后。纽约证券交易所的平均股价比较高,所以其交易的所有股票的总价值也比较高。全美股票交易所(AMEX)的交易量大概是纳斯达克的5%。

表 2-3 股票市场日报（2006 年 1 月 3 日）

	最新收盘	上一收盘日	一周之前
NYSE 市场日报			
交易股票数	3 504	3 450	3 497
上涨数	2 559	1 350	1 040
下跌数	841	1 957	2 335
持平	104	143	122
新高	221	44	127
新低	43	76	65
上涨成交量	1 535 593 750	305 238 380	229 734 260
下跌成交量	364 725 620	762 270 640	894 127 890
总成交量	1 908 069 270	1 083 874 830	1 152 752 260
NASDAQ 市场日报			
交易股票数	3 227	3 227	3 210
上涨数	1 906	1 325	849
下跌数	1 209	1 750	2 233
持平	112	152	128
新高	94	33	87
新低	37	41	40
上涨成交量	1 478 689 366	337 573 179	318 824 436
下跌成交量	472 067 125	894 290 211	910 184 410
总成交量	1 977 700 962	1 269 259 236	1 242 872 116
AMEX 市场日报			
交易股票数	1 054	1 060	1 058
上涨数	654	469	370
下跌数	323	496	605
持平	77	95	83
新高	56	32	46
新低	15	22	21
上涨成交量	73 177 000	31 572 835	17 019 820
下跌成交量	12 497 458	33 817 899	42 716 878
总成交量	87 100 058	70 757 534	63 287 648

资料来源：*The Wall Street Journal Online*，2006。

纳斯达克的一大特色是，它运用电脑和巨大的电信网络来创造一个电子交易系统，允许市场参与者在电脑上进行交易而不是面对面进行交易。自从建立了全球第一个电子股票市场，纳斯达克就站在了创新的前沿，运用技术让成百上千万的投资者一起交易全世界领先公司的股票。

纳斯达克的另一大特色是运用复杂的金融中介。纳斯达克是一个**议价市场**（negotiated market),投资者直接和**做市商**(market makers)进行交易。做市商都是纳斯达克的会员公司,运用他们自己的资本资源和其他交易者竞争,买卖他们代表的股票。有超过500家的会员公司在纳斯达克担当做市商。

纳斯达克股票市场和纽约证券交易所的一个主要区别是纳斯达克竞争性做市商的结构。每一个做市商通过为特定数量的股票报出买卖报价来竞争**客户指令流**(customer order flow)。一旦一条指令被接受,做市商便会立即从它自己的财产中买入或者卖出。这些都发生在很短的时间内。做市商愿意买入证券的价格和公司愿意卖出证券的价格之间的差额叫做**做市商价差**(market-maker spread)。每一个做市商随时都要决定自己是买入还是卖出资产,每一个单独的做市商差额并不能完全反映市场的整体情况。**内部市场**(inside market)是在所有纳斯达克竞争的做市商的最高和最低报价。在纳斯达克,一只典型的股票有十家做市商在为投资者的指令流而竞争。

当一家公司申请加入纳斯达克市场的时候,他需要支付一次性的上市费用5 000美元,加上在所有在外流通股基础上计算出来的费用。比如,要发行不超过100万股流通股股票的公司,在纳斯达克的最低上市费用是34 525美元。对于超过1 900万股流通股的公司,纳斯达克的上市费用是90 000美元。公司同样也要支付一个根据每次发行的流通股总数计算出来的年费。对于不超过100万股的流通股,最低的纳斯达克年费是10 710美元。对于超过1亿股流通股的公司,纳斯达克的年费是50 000美元。但是,为了和纽约证券交易所竞争,获得想要的上市公司,纳斯达克市场的管理层也会选择推迟或者放弃全部或者部分的年费。条件是公司必须要有显著的有形资产净值或者营业收入,公众持股量最低达到500 000股,最少400个股东,报价至少为5美元。纳斯达克市场的营业时间为美国东部时间早上9点半到下午4点,在SelectNet上时间扩展为美国东部时间早上8点到下午5点15分。纳斯达克国际服务是对纳斯达克股票市场交易系统的扩展,允许早上交易,从每一个美国交易日的美国东部时间凌晨3点30开始,到早上9点结束。你可以在www.nasdaq.com上看到有关纳斯达克的详细信息。

2.2.2 纳斯达克小市值市场

纳斯达克小市值市场(Nasdaq Smallcap Market)由超过800家的公司组成,这些公司寻找纳斯达克做市商的赞助,申请上市,满足特定的财务要求。纳斯达克小市值市场的最低上市要求比任何一所国内市场的上市要求都宽松很多。普通股和优先股的最低报价都只需要1美元,这个1美元的报价主要是为投资者提供保护,使其免受某些低价格股票的不道德市场活动的伤害,增强市场的可信性。对于第一次上市,公司必须拥有价值400万美元的固定资产,或者5 000万美元的市场资本,或者在最近三年中的某两个会计年度内,净收入达到750 000美元,同样还要求公众持股量至少为100万股,价值至少为500万美元,报价最低为4美元,三个做市商,以及300个整份持有人。上市公司还需要满足最低公司治理的要求,比如年度报告和中期报告的发布,最少两个独立董事,以及会计审计委员会中独立董事超过半数等。

2.2.3 场外柜台交易系统

场外柜台交易系统（OTC Bulletin Board，OTCBB）是一个受监管的系统，对在OTC市场上交易的各类证券实时公布报价、最新交易价及成交量等情况。通常，在OTC市场上交易的是那些还没有在纳斯达克或其他全国性证券交易所进行交易的证券。在OTC市场上进行交易的金融品种包括美国国内外各类股票、证券、认购权、基金单位、美国存托凭证（ADR）以及直接参与计划（DPPs）等。

1990年6月，在试点的基础上，作为增加OTC市场透明度结构改革的重要部分，场外柜台交易系统开始运作。根据美国证券交易委员会（SEC）1990年《便士股票改革法》的要求设立电子系统，以符合交易法的"17B"规则。该系统设立的目的是便于广泛发布最新报价及成交价格信息。

场外柜台交易系统通过超过330家做市商为投资者提供了超过3 300种证券。场外柜台交易系统通过电子系统传输实时报价、交易量、认购意愿和前一天的交易活动。场外柜台交易系统是注册会员的报价中介，不提供发行上市的服务。场外柜台交易系统的证券由做市商通过复杂的计算机网络系统进行报价交易。与纳斯达克股票市场不同的是，场外柜台交易系统没有上市标准，也不要求提供自动交易系统，维持同证券发行人的关系，或者要求做市商具有同样的责任。

场外柜台交易系统是由美国证券交易委员会和全国证券交易的在线市场监察系统管理的，纳斯达克与场外柜台交易系统中挂牌交易的证券发行人之间没有业务关系。纳斯达克股票市场有限公司以及全美券商协会对这些公司没有备案和报批的要求。不过，场外柜台交易系统中所有报价证券的发行人都必须向美国证券交易委员会或其他权威机构定期备案。

更多关于场外柜台交易系统的信息，详见 www.otcbb.com。

2.2.4 电子通信网络

大型机构投资者通常偏好直接同另一个投资者交易，因为向场内股票交易所发送指令会影响市场价格。一条大额的买入指令会使市价升高，而一条大额的卖出指令则会使价格下跌。有时候，当大型机构投资者直接同其他大型机构投资者交易的时候，大额的买入或卖出指令的价格效应会得到缓解。它们完成这个过程的一个方法便是通过电子通信网络（electronic communications networks，ECNs）。电子通信网络是以指定价格将买卖指令自动对盘的电子交易系统。

加入电子通信网络的机构投资者、经纪商和做市商可以直接进行交易。电子通信网络将指令放在它的系统上等待配售，以方便订购者观看。电子通信网络自动对买卖指令进行交易。如果一个订购者想通过电子通信网络购买股票，但是没有卖出指令而不能进行对盘，这个指令便不能得以交易。如果一条指令在正常交易时间内在电子通信网络上等待配售，而该电子通信网络不能找到一个可以与之对盘的指令，那么它会把这条指令放到另一个电子通信网络上或者股票交易所内以进行交易。

从1997年开始,美国证券交易委员会允许在电子通信网络上交易股票,以打击在20世纪90年代对做市商之间共谋行为所作调查中发现的市场滥用。Instinet和Island ECN都是拥有相当高成交量的电子通信网络。所有电子通信网络的总成交量已经达到了在纳斯达克上市股票的成交量的35%—40%,构成了一股重要的竞争力量。

2.3 公司股票指数

2.3.1 道琼斯工业平均指数

1882年,查尔斯·H.道(Charles H. Dow)与爱德华·琼斯(Edward Jones)成立了道琼斯公司。在一个紧挨纽约证券交易所的地下办公室,他们出版了叫做《客户下午信札》(*Customer's Afternoon Letter*)的刊物,也就是《华尔街日报》的前身。当时,华尔街的人发现很难辨别股票是普遍上涨还是下跌。为了解决这个问题,道在1884年发明了第一个股票指数,是由11只股票组成的,大多数是铁路行业的股票。第一个股票指数的机制是很简单的,仅仅用笔和纸就可以计算,道简单地将11只股票的价格相加,然后除以11。用指数来区分个股的短期变动与市场长期趋势的想法是很独特的。那时,道把他的平均指数比作插在沙滩上的木棍,以确定在潮涨潮退后,海潮是靠近了还是远离了。如果平均指数的最高点和最低点都显著升高,那么说明是牛市;如果最高点和最低点都越来越低,则说明是熊市来了。

起初,道琼斯公司股票指数的出版是不定期的,但是从1896年10月7日起,《华尔街日报》开始每天报道股票指数。到1916年,工业平均指数扩展到由20只股票组成,在1928年10月1日,扩展到30只股票,并一直保持到今天。同样在1928年,《华尔街日报》的编辑开始用特定的权数(而不是用股票的数量)来计算股票指数,这样可以避免由拆股或公司整合引起的股票指数不准确。道琼斯公用事业平均指数于1929年诞生,也就是道过世后四分之一个世纪。根据惯例,道琼斯公司指数一般是指平均指数,即使在技术上并非如此。

道的简单发明是很成功的,它提供了一个比较个股和市场的便捷的基准,也给出了一个比较市场和其他经济指标的基础。如今所说的**道琼斯工业平均指数**(Dow Jones Industrial Average, DJIA)同样也给投资者一个共同的焦点。投资者们经常会问:"市场今天怎么样?"而答案似乎总是由道琼斯工业平均指数来反映的。

如今,道琼斯工业平均指数的30只股票代表了美国证券市场12万亿美元资金的约30%。由于它建立在数额如此巨大、交易如此频繁的股票上,道琼斯工业平均指数能在交易日每分钟内做出非常精准的衡量。但对于那些由交易不太频繁的股票组成的指数来说,情况就不是这样了。道琼斯工业平均指数是美国股票市场历史最为悠久的连续晴雨表,并且到目前为止,也是美国股票市场上最重要也最广泛的报价指标。

道琼斯工业平均指数是价格加权指数,这意味着成分股的相对权重是根据它们的每股价格来确定的。最初,道琼斯工业平均指数是通过加总 30 只成分股的价格然后简单地除以 30 来计算,虽然这样的计算方法到今天还是有它的意义,但现在是用 30 只股票的总价格除以一个称为**道指除数**(DJIA divisor)的数字。这个除数过去几年一直在下降,目的是减少拆股和公司整合带来的变化。否则的话,拆股即使对道琼斯工业平均指数的一篮子股票的表现没有什么负面影响,也会使道琼斯工业平均指数下降。

计算道琼斯工业平均指数的公式为:

$$t \text{ 时刻的道指} = \frac{\sum_{i=1}^{30} P_{it}}{\text{道指除数}}$$

P 是代表第 i 只成分股在 t 时刻的股票价格。

道指除数的当前值可以在《华尔街日报》的 C2 版找到,《巴伦斯道琼斯商业与金融周报》每周末也会刊登。比如,2006 年 1 月道指除数等于 0.12493117。因为道指除数总是小于 1 的,所以任何一只成分股价格变动 1 美元,道琼斯工业平均指数的上升或者下降都会大于 1 个点。根据这个除数,成分股价格上升 1 美元会使道指上升 8 个点(8 = 1/道指除数 = 1/0.12493117)。

因为道琼斯工业平均指数是一个价格加权指数,道琼斯工业平均指数中高价股变动 10% 带来的影响远大于低价股变动 10% 带来的影响。比如,在 2005 年年初,一只 88.20 美元的高价道指股(例如 IBM)的价格上升 10%,会使股票上涨 8.82 美元,并使道指上涨 65.8 点。但一只 19.42 美元的低价股上涨 10%,会使股票上涨 1.942 美元,并只能使道指上升 15.54 点。

道琼斯公司还开发了交通指数(20 只股票)、公共事业指数(15 只股票)以及复合指数(65 只股票)。关于道琼斯更多的信息可以参见网站:www.dowjones.com。

例 2-1 考虑某个类似于道琼斯工业指数的价格加权指数,只有 3 只成分股。如果股票价格分别是 40 美元、60 美元和 80 美元,除数是 2.5,指数水平是多少?同样,如果 80 美元的股票由一只拆成两只,价格变为 40 美元,那么除数应该变为多少?

解答

指数等于 $(40 + 60 + 80)/2.5 = 72$。

新的除数为 x,$72 = (40 + 60 + 40)/x$,解出 $x = 1.9444$。

2.3.2 标准普尔 500 指数

标准普尔公司在 1928 年开发了一个包含 90 只股票的指数,到 1957 年扩展到 500 只股票。今天,**标准普尔 500 指数**(S&P 500 Index)是市值加权指数最重要的代表。能入选标准普尔 500 指数的公司,在行业代表性、流动性和稳定的信用记录方面都有不错的成绩。最初,标准普尔 500 包含 400 只工业股票、40 只公共事业股票、40 只金融股票和 20 只交通运输股票。在最近几年,它的组成部分发生了阶段性的变化,以便能够反映整个市场的变化。比如,在 2006 年年初,标准普尔 500 的组成部分变为金融业占 21.2%,信息技术业占15.6%,医疗保健行业占12.8%,工业占11.3%,消费者非必需品占10.9%,其余部分主要是消费原料、能源、电信服务、公共事业和材料。尽管标准普尔500是大公司指数,但标准普尔里的500家公司并不是最大的500家公司,该指数的设计是为了很好地反映美国宏观经济的整体状况。计算标准普尔指数的股份只包括投资者能够获得的股份(持股量调整),而不是整个公司的在外流通股。持股量调整剔除了那些被其他上市公司、控制集团和政府部门持有的股票,反映了公众市场上的可用价值。

在2006年,标准普尔500经过持股量调整后的市场价值达到了11.2万亿美元,差不多是整个市场的80%。每一只股票在标准普尔500里的权重都是与它的公众持股量(按照股价乘以在外流通的股票数量来计算)的市值成比例的。标准普尔500公司的平均市值是234亿美元,但是中位数只有114亿元。这意味着公司平均的市值因为某些大型的公司而向上偏斜。最后,标准普尔500里包含的最大十家公司(通用电气、微软等)的市值占到了指数市值的1/5。而小型标准普尔500股票的市值一般在3亿到4亿美元之间,大概是大型公司的1%。

标准普尔500指数的计算公式为:

$$指数 = \frac{\sum P_t Q_t}{\sum P_0 Q_0} \times 基期指数价值(\text{index base value})$$

P和Q是在外流通股的价格和数量。(注意,在1941—1943年,基期指数价值定为10。)

如图2-2所示,尽管在构建方法上有显著的不同,但道琼斯工业指数和标准普尔500指数保持着密切的一致关系。两者都能很好地衡量大型公司股票的短期和长期趋势。长期个人投资者比较偏好道琼斯工业指数,而标准普尔500则被很多机构投资者作为投资证券的比较基准。97%的美国的货币经理和保险计划发行人一直将标准普尔500作为标准。

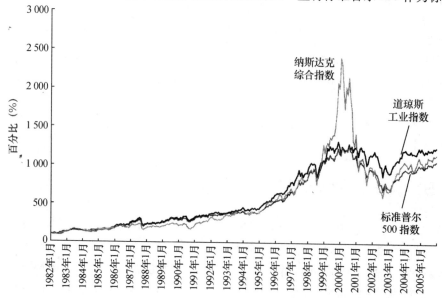

图2-2 道琼斯工业指数和标准普尔500指数代表了大公司股票的分散组合,而纳斯达克综合指数表明了大科技股的趋势

表2-4 把标准普尔 500 指数和三个最重要的道琼斯指数做了比较,标准普尔 500 指数有更高的 P/E 比率,但最近两者的 P/E 比率越来越接近了。道琼斯工业指数有更好的股息收益率。投资者关心的另一个重要特征是公司的市场价值和账面价值之比。道琼斯工业指数的这个比率比较高。关于标准普尔 500 指数更多的信息参见 www.spglobal.com。

表2-4 几个指数的 P/E 比率和收益率

	最近一周	上一周	一年前
道琼斯工业平均指数	10 717.5	10 883.27	10 783.01
P/E 比率	18.85	19.14	17.94
收益率(%)	5.31	5.22	5.57
收益(美元)	568.59	568.59	601.02
股息收益率(%)	2.31	2.28	2.21
红利(美元)	247.74	247.74	238.66
账面市值比	3.19	3.24	3.7
账面价值	3 359.7	3 359.7	2 918.09
道琼斯交通平均指数	4 196.03	4 266.75	3 798.05
P/E 比率	17.97	18.39	Nil
收益率(%)	5.56	5.44	Nil
收益(美元)	233.48	232.03	-7.16
股息收益率(%)	0.93	0.91	0.93
红利(美元)	39.15	38.85	35.15
账面市值比	3.87	3.93	3.02
账面价值	1 085.11	1 085.11	1 257.15
道琼斯公共事业指数	405.11	411.65	334.95
P/E 比率	18.25	18.55	19.78
收益率(%)	5.48	5.39	5.05
收益(美元)	22.19	22.19	16.93
股息收益率(%)	3.3	3.19	3.17
红利(美元)	13.39	13.15	10.61
账面市值比	2.54	2.58	2.31
账面价值	159.45	159.45	145.17
标准普尔 500 指数	1 248.29	1 268.66	1 211.92
P/E 比率	18.7	19	20.99
收益率(%)	5.35	5.26	4.77
收益(美元)	66.76	66.76	57.75
股息收益率(%)	1.86	1.83	1.72
红利(美元)	23.22	23.22	20.85
账面市值比	3.01	3.06	3.3
账面价值	414.75	414.75	367.17

资料来源:*Barron's Online*, January 2, 2006。

例 2-2 考虑某个类似于标准普尔 500 指数的市值加权指数,只有 3 只成分股。第一只股票的价格是 40 美元,流通股数量是 300 股。第二只和第三只股票的价格分别为 60 美元和 80 美元,流通股数量分别为 200 股和 100 股。每一只股票基期都是以 30 美元出售 100 股,如果基期指数为 100,那么该指数的价值是多少?如果 80 美元的股票拆分为两只 40 美元的股票,情况又是怎样的呢?

解答
指数是

$$\frac{[(\$40 \times 300) + (\$60 \times 200) + (\$80 \times 100)]}{[(\$30 \times 100) + (\$30 \times 100) + (\$30 \times 100)]} \times 100 = 355.56$$

如果 80 美元的股票拆分为两只,则股票价格下跌到 40 美元,流通股的数量相应变为 200 股。

2.3.3 纳斯达克综合指数

纳斯达克综合指数(Nasdaq Composite Index)是包括所有在纳斯达克上市的普通股的市值加权指数。在 2006 年,纳斯达克指数由 3 175 家公司组成。正是由于它的基础如此广泛,纳斯达克综合指数是被最广泛跟踪和引用的主要指数和报价之一。

20 世纪 90 年代,纳斯达克综合指数发生了没有预测到的快速上涨。纳斯达克综合指数从 457.90 点上升到 4 069.31 点,也就是上涨了 888.69%。这表明纳斯达克股票十年里以每年 24.4% 的速度上涨。在历史上最受欢迎的市场环境里,纳斯达克的资本利得远远超过了道琼斯工业指数 411.24%(每年 15.2%)的资本利得和标准普尔 500 指数 410.28%(每年 15.2%)的水平。更多的信息请见 www.nasdaq.com。

2.3.4 罗素 2000 指数

罗素 2000 指数(Russell 2000 Index)是小型公司指数。小型资本或者小型公司股票是指总市场资本不超过 50 亿美元的上市公司股票。罗素 2000 指数衡量的是罗素 3000 指数中的 2 000 只最小型公司的表现,代表了所有公开交易证券市值的 6%。目前,罗素 2000 指数的平均市值大概是 10 亿多美元,中位市值是 5.98 亿美元。最大的公司市值大概是 40 亿美元。

与其他指数不同的是,罗素 2000 指数的公司每年改变一次。如果一家公司被退市了,那只有到下一次年度变动时,它才会退出罗素 2000 指数。每年 4 月 1 日公布公司的变动,然后在 5 月 1 日执行。更多的信息参加 www.russell.com。

2.4 中国的证券市场指数

2.4.1 上证综合指数

上证综合指数是上海证券交易所编制的、以上海证券交易所挂牌上市的全部股票为计算范围、以发行量为权数的加权综合股价指数。该指数包括 A 股和 B 股,从总体上反映了上海证券交易所上市股票价格的变动情况,自 1991 年 7 月 15 日起正式发布。基本计算公式为:

$$即日综合指数 = (即日指数股总市值 / 基日指数股总市值) \times 基日指数$$

2.4.2 上证 180 指数

上海证券交易所于 2002 年 7 月 1 日起正式对外发布**上证 180 指数**,以取代原来的上证 30 指数。作为此前上海证券市场唯一的成分指数,随着市场的快速发展,长期未作调整的上证 30 指数已逐渐不能适应市场发展的要求,市场影响和功能发挥日益减弱。上证 180 指数不仅在编制方法的科学性、成分选择的代表性和成分的公开性上有所突破,同时也恢复和提升了成分指数的市场代表性,从而能更全面地反映股价的走势。统计表明,上证 180 指数的流通市值占到沪市流通市值的 50%,成交金额占比也达到 47%。

上证 180 指数的选样是按照行业代表性、股票规模、交易活跃程度、财务状况等原则来确定的,上证 180 指数将每半年调整一次成分股,每次调整比例一般不超过 10%。总市值(不含境外上市股份)排名在市场前 10 位,且其上市时间距下一次样本股定期调整生效日超过 20 个交易日的新发行股票,若无不适宜作为指数样本股的情况发生,在其上市第 10 个交易日结束后纳入上证 180 指数,代换原指数样本该股票所属行业中最近一年日均总市值、流通市值、成交金额和换手率综合排名最末的股票。同时将该股票纳入上证 50 指数,代换原指数样本中最近一年日均流通市值、成交金额综合排名最末的股票。

上证成分指数制采用派许加权综合价格指数公式计算,以样本股的调整股本数为权数,其计算公式为:

$$报告期指数 = 报告期成分股的调整市值 / 基日成分股的调整市值 \times 1\,000$$

其中,调整市值 = $\sum$(市价×调整股本数),基日成分股的调整市值亦称为除数,调整股本数采用分级靠档的方法对成分股股本进行调整。当样本股名单发生变化或样本股的股本结构发生变化或股价出现非交易因素的变动时,采用"除数修正法"修正原固定除数,以维护指数的连续性,这就是指数修正。

上证 180 指数与上证综合指数之间最大的区别在于,它是成分指数,而不是综合指数。成分指数是根据科学客观的选样方法挑选出的样本股形成的指数,所以能更准确地认识和评价市场。而综合指数包含了市场上所有的股票,在反映市场状况上就存在不少缺陷。比如,目前上证综指采用全市场平均市盈率标准,将不少业绩差、规模小、股价过高的股票包含进来,导致了较高的市盈率。据测算,上证 180 指数目前的市盈率约为 28 倍,比上证综指 38 倍的市盈率降低了约 10 倍。

2.4.3 沪深 300 指数

沪深 300 指数是由上海证券交易所和深圳证券交易所共同研究开发的跨市场综合股票指数,首次发布于 2005 年 4 月 8 日。沪深 300 指数编制的目标是能反映中国股票市场价格变动和运行状况的概貌,并能作为投资业绩的评判标准,为指数化投资和指数衍生产品创造基础条件。2005 年 9 月,中证指数有限公司成立后,由其负责沪深 300 指数的编制和发布。

沪深 300 指数成分股包括沪深两市的 300 只 A 股股票。从 2006 年 12 月底的权重来看,金融业在指数权重中占据重要地位,钢铁、机械制造、房地产、运输行业的比重也相对较大。沪深 300 指数成分股原则上 6 个月调整一次,目前沪深 300 成分股的总市值已经涵盖两市总市值的 70% 以上。

由于沪深 300 指数具有良好的行业包容性和覆盖面、科学的编制方法、权威的支持和发布体系,能够较为准确地反映中国股市的运行和变化,自发布以来就受到国内外证券基金行业的关注。沪深 300 也是中国股指期货的标的物。由此可见,今后,沪深 300 指数必将在股票套期保值、金融衍生品开发、基金运作上产生越来越重要的作用。

除了以上介绍的这些指数外,上证指数系列还包括 A 股指数、B 股指数、分类指数、债券指数、基金指数等,详细信息参见 www.sse.com.cn。

2.4.4 深证综合指数

深证综合指数是深圳证券交易所从 1991 年 4 月 3 日开始编制并公开发布的一种股价指数,该指数规定以 1991 年 4 月 3 日为基期,基期指数为 100 点。深证综合指数是以在深圳证交所上市的所有股票为计算范围、以发行量为权数的加权综合股价指数,衡量的是所有在深圳证券交易所上市股票(包括非流通股)的总市值,其中所有 A 股用于编制 A 股指数,所有 B 股用于编制 B 股指数,其基本计算公式为:

$$即日综合指数 = (即日指数股总市值 / 基日指数股总市值) \times 基日指数$$

每当发行新股上市时,从第二天起纳入成分股计算,此时上式中的分母下式调整。

当某一成分股暂停买卖时,将其暂时剔除于指数计算外,若有成分股在交易期间突然停牌,将取其最近成交价计算即时指数,直到收市后再作必要的调整。对于除权除息,由于保持总市值不变,因而指数保持不变。深证指数因采用先进的加权指数法编制,且抽样广泛,代表性强,不仅具有长期可比性,而且能正确反映股价运动的总趋向。

2.4.5 深证成分股指数

深证成分股指数是深圳证券交易所编制的一种成分股指数,是从上市的所有股票中抽取具有市场代表性的 40 家上市公司的股票作为计算对象,并以流通股为权数计算得出的加权股价指数,综合反映深圳证券交易所上市 A、B 股的股价走势。取 1994 年 7 月 20 日为基准日,基日指数定为 1 000 点。1995 年 1 月 23 日试发布,1995 年 5 月 5 日正式启用。40 家上市公司的 A 股用于计算成分 A 股指数及行业分类指数,有 B 股的公司,其 B 股用于计算成分 B 股指数。样本股的选取主要考虑以下因素:上市交易时间的长短;上市规模,按每家公司一段时期内的平均总市值和平均可流通市值计;交易活跃程度,按每家公司一段时间总成交金额计。在确定初步名单后,再结合以下因素选出 40 家上市股票作为成分股:股票在一段时期内的平均市盈率;公司的行业代表性及所属行业的发展前景;公司近年的财务状况、盈利记录、发展前景及管理素质等;公司的地区、板块代表性等。定于每年 1、5、9 月对成分股的代表性进行考察,讨论是否需要更换。

以上述两种指数为代表的深圳指数系列还包括:深证 A 股指数、深证 B 股指数、成分 A 股指数、成分 B 股指数、工业类指数、商业类指数、金融类指数、地产类指数、公用事业类指数、综合企业类指数以及深证基金指数等,详见 www.szse.cn。

除了上海证券交易所与深圳证券交易所编制的指数以外,还有外资或合资指数公司编制的境内股票指数。比如,新华富时中国指数系列,包括新华富时 A200 指数、新华富时 A50 指数等;中信标普中国指数系列,包括中信标普 A300 指数、中信标普 A50 指数;道琼斯中国指数系列,包括道琼斯中国 88 指数、道琼斯中国指数、道琼斯上海指数、道琼斯深圳指数等;摩根士丹利资本国际公司(MSCI 公司)也针对中国股市编制了 MSCI 中国指数。

2.5 证券市场的监管

2.5.1 重要的法规

1. 美国的证券市场法规

美国证券市场的操作遵循国会和国家立法机构通过的法律。参议院的银行、住房和城市事务委员会和众议院的商务委员会负责管理证券业。这两个委员会要负责审查现存法律的有效性,并决定是否需要额外的法律条款。

《1933 年证券法》和《1934 年证券交易法》是美国最重要的证券法律规范,对于投资者、证券发行人和经纪商都有很重要的意义。《1933 年证券法》主要关注的是证券发行问题,确立了信息公开原则,要求发行有价证券的公司必须向社会公众提供重要的信息资料,其目的就是保证投资者能做出正确的投资决策。

《1934年证券交易法》关注的是证券交易,它授权成立了美国统一的证券监督机构——美国证券交易委员会(SEC),SEC负责管理经纪商和发行人的相关行为,加强联邦证券条令、规则和法规,并将信息公开原则扩展到交易市场及其参加者,以保证市场的公开公正性。SEC规则对经纪商的管理包括:强制性注册,财务责任要求,限制借贷,禁止操纵价格和欺骗性销售或购买的做法。SEC规则对发行人的管理包括:正在进行的披露要求,规管代理招标以及收购进程。

由于投资行业近年来出现的各种问题和丑闻,美国又颁布了许多其他相关法律。1940年的《投资公司法》和《投资咨询法》都是用于规范投资公司和财务顾问的。1970年的《证券投资者保护法》用于保护投资者防止经纪人的欺骗。《内幕交易和证券欺诈执行法》于1988年通过,加强了对内幕交易和证券欺诈的处罚,这个法律的颁布是对包括垃圾债券之王Michael Milken和套利者Ivan Boesky这样广为人知的内部交易丑闻做出的回应。2002年,公众对公司错误做法的关注催生了《萨班斯-奥克斯利法案》,即《公众公司会计改革和投资者保护法》,这是美国证券法产生70年以来最重要的变革。《萨班斯-奥克斯利法案》从根本上重建了公司管理和公司报告责任的联邦法规,也提高了对执行官和会计师、证券分析师以及律师的要求。《萨班斯-奥克斯利法案》还加强了对高管和公司之间的个人财务状况的管理。现在,上市公司只在很有限的情况下才能向高管发放个人贷款。公司证券的内部交易也必须在两个交易日内公告。这个法规带来了几种新的证券违规行为,包括为了阻止和影响任何联邦调查或者破产进程而破坏、改变或伪造记录;会计师连续五年出具虚假报告;或者任何与证券有关的欺骗投资者的计划。

2. 中国的证券市场法规

《证券法》是新中国成立以来第一部按国际惯例、由国家最高立法机构组织而非由政府某个部门组织起草的经济法。《证券法》起草工作始于1992年。促成《证券法》出台的重要原因之一是1998年亚洲金融危机的爆发。这一事件使国内对金融风险的重视程度大大提高,尽快出台相关法律以规范证券市场的意愿占据上风。因此,防范风险成为《证券法》的主导性立法思想。但对于《证券法》,业内也一直有批评的声音,主要可归结为两个方面:一是过多强调了防范风险,限制性条款和禁止性条款比较多;二是在维护投资者合法权益方面规定不够,有关民事赔偿方面的条文更是没有具体实施规定。

2003年7月18日,《证券法》修改起草小组成立,标志着《证券法》修改工作启动。经过两年多的修改,新《证券法》于2005年10月27日审议通过,自2006年1月1日起正式施行。

新《证券法》共有12章214条,分别规定了证券发行、证券交易、上市公司收购、证券交易所、证券公司、证券登记结算机构、证券交易服务机构、证券业协会、证券监督管理机构、法律责任等内容。

在中国证券市场,除了《证券法》以外,还有《股票发行与交易管理暂行条例》、《公开发行股票公司信息披露实施细则》、《证券经营机构股票承销业务管理办法》、《国务院关于股份有限公司境外募集股份及上市的特别规定》等相关法规,在证券发行、证券交易、信息披露、国际证券投资与合作等方面起到了相应的管理及监督作用。

2.5.2 监管组织

1. 美国的证券监管组织

SEC将监管权力授予大量的证券行业组织。作为**自律组织**(SROs),这些机构负责监管证券市场和参与的会员公司。**全国证券交易商协会**(NASD)是证券业最大的SRO,对于管理纳斯达克股票市场和场外交易市场负有特别的责任。其他著名的SROs包括NYSE、Amex、CBOE、地方的股票和期权交易所,以及市政证券规则制定委员会。

当最开始实施的时候,《1934年证券交易法》规定SEC只负责管理交易市场。1938年的《玛隆尼法》将1934年的法案的范围扩展,授权NASD在SEC监管下管理场外交易市场的经纪商会员。虽然NYSE、Amex和地方股票和期权交易市场都是注册的交易所,但NASD是根据修正的《1934年证券交易法》注册的唯一的全国性证券协会。任何根据《1934年证券交易法》在SEC注册的经纪人或者经销商都必须成为NASD的会员,除非它的业务只是在自己所属的交易所里进行。因此,所有在美国注册并做公共业务的交易商和经销商都必须是NASD的会员,并受其管理。

SEC通过国会的授权而对SROs进行管理。所有的SRO规定和条款在生效之前都必须得到SEC的批准。因为SRO本质上是自我监管的,所以它们的资金都来自会员和上市公司交纳的费用,不需纳税人的资金。

2. 中国的证券监管组织

改革开放以来,随着中国证券市场的发展,越来越有必要建立集中统一的市场监管体制。1992年10月中国证券市场统一监管体制开始形成,由国务院证券委员会(简称国务院证券委)和中国证券监督管理委员会(简称中国证监会)对证券市场进行监管。国务院证券委是国家对证券市场进行统一宏观管理的主管机构。中国证监会是国务院证券委的监管执行机构,依照法律法规对证券市场进行监管。

国务院证券委和中国证监会成立以后,其职权范围随着市场的发展逐步扩展。1993年11月,国务院决定将期货市场的试点工作交由国务院证券委负责,由中国证监会具体执行。1995年3月,国务院正式批准《中国证券监督管理委员会机构编制方案》,确定中国证监会是国务院证券委的监管执行机构,依照法律法规的规定,对证券期货市场进行监管。1997年8月,国务院决定,将上海、深圳证券交易所统一划归中国证监会监管;11月,中央召开全国金融工作会议,决定对全国证券管理体制进行改革,理顺证券监管体制,对地方证券监管部门实行垂直领导,并将原由中国人民银行监管的证券经营机构划归中国证监会统一监管。1998年4月,根据国务院机构改革方案,决定将国务院证券委与中国证监会合并组成国务院直属正部级事业单位。经过这些改革,中国证监会职能明显加强,集中统一的全国证券监管体制基本形成。1998年9月,国务院批准了《中国证券监督管理委员会职能配置、内设机构和人员编制规定》,进一步明确中国证监会为国务院直属事业单位,是全国证券期货市场的主管部门。

中国证监会的基本职能主要包括:建立统一的证券期货监管体系,对相关机构实行垂直管理;强化对证券期货业及其交易所、上市公司和经营机构、证券投资基金管理公司、证券期货投资咨询机构和从事证券期货中介业务的其他机构的监管,提高信息披露质量;加强防范和化解证券期货市场的金融风险;负责组织拟订有关证券市场的法律法规草案,统一监管证券业。

2.5.3 市场监察

股票监控(stock watch)是纽约证券交易所用来维护市场诚信的一种工具,它是一种计算机系统,能够自动找出成交量和价格波动过于异常的股票,帮助交易所防范操纵股价和内幕交易。

大多数交易量和股价的波动都是由公司新闻、行业趋势或者国家经济基本面引起的,但是,当变动的原因明显不合法时,纽约证券交易所就要着手进行调查:首先是联络有关公司,以了解是否有任何悬而未决的公告。同时,监控人员借助电子审计线索来重建每笔发生过的交易。纽约证券交易所的调查通过重建"交易历史",能够发现在交易中是否有会员公司的行为存在异常。

下一步是联络公司以获取有关这笔交易的客户名单,这些名单通常自动配对到执行官、主管、公司和非公司的相关人员,以检测到任何可能的联系或者违法的信息。这个任务是由自动搜寻和配对系统(automated search and match,ASAM)完成的,这个系统包含了 800 000 位执行官、律师、银行家和会计师的名字,加上大概 80 000 家上市公司和 30 000 家子公司的关于执行官和主管人员的公开文件数据。此外,还要对客户交易信息进行分析,然后与纽约证券交易所上市公司和会员公司发生的事件和名字进行比较。

由于股票可以在多个市场上进行交易,所以没有哪一个法规能够监管到所有的交易活动。随着期权和期货等衍生证券的产生,一个市场的交易活动可能会影响到另一个市场的标的资产的价格。正是出于这个原因,监管组织组建了**跨市场监察组**(Intermarket Surveillance Group),共享监察信息,共同监管跨市场操纵性交易。纳斯达克市场上已经运用了先进的计算机监管系统来管理在纳斯达克上市以及由纳斯达克运作的其他市场的股票。通过股票监控自动追踪系统(SWAT)以及研究和数据分析储存系统(RADAR),纳斯达克市场上每只股票的每笔买卖报价和交易都会受到计算机审核。

当调查完成以后,如果没有发现任何值得怀疑的交易行为,SRO 可以采取正常的处理办法,或者把资料交给 SEC 作进一步审查。

2.5.4 证券仲裁

证券交易监管的一个有趣的内容是**证券仲裁**(securities arbitration),即用私人形式来解决纠纷。

纽约证券交易所每天股票的换手率都超过 10 亿股,有时候就会产生纠纷。纽约证券交易所解决经纪商和投资者之间纠纷的仲裁已经使用了上百年了,相对于既麻烦又昂贵的诉讼而言,仲裁是一个很好的选择。1987年6月,美国最高法院赞成仲裁是解决证券行业纠纷的公正有效的办法。

仲裁能够使纠纷在仲裁者的帮助下得到快速公正的解决,仲裁者通常是知识丰富的教育家、律师或者其他专业人士。涉及股票经纪商活动的索赔,如果已经连续六年发生争议,那么就应该进行仲裁。证券客户拥有要求股票经纪商接受仲裁的权利。当选择仲裁作为解决方式时,各方都放弃了通过法庭来追究此事的权利。

纽约证券交易所在美国超过30个城市里提供了中立的仲裁委员会,以处理相关纠纷。委员会一般由一名有证券业从业经验的仲裁员和两名与证券业没有从属关系的仲裁员组成。在听证会上,双方向仲裁员陈述证词和证据,并受到对立方以及仲裁员的质询。双方都作开场陈述、案例陈述以及总结陈词。委员会建议法律代表参加,虽然这并不是强制性的。当仲裁员达成一致结论并签署文件后,会将复印件邮寄给案例涉及的各方。一般来说,仲裁委员会做出的就是最终结论,只有在很少的情况下才会被法院重审。

在我国,从1994年起,也开始了证券仲裁。1994年8月26日,国务院证券委员会颁发通知,指定中国国际经济贸易仲裁委员会为解决证券经营机构之间及证券经营机构与证券交易场所之间因股票的发行或交易引起争议的仲裁机构。

1994年9月发生了我国证券仲裁史上的第一个案例,北京两家证券公司因股票发行过程中承销团成员之间承销费用的划分问题同另一证券公司发生争议,上述两家证券公司提起仲裁。本案在裁决过程中,参考和借鉴了不少国外关于承销费用划分的规定和习惯做法,对于以后证券仲裁的立法产生了不小的影响。证券仲裁具有灵活性、节约时间和费用以及权威性等优点。随着我国证券仲裁实践的发展,在总结经验教训、借鉴先进做法的基础上,必将形成一套完善、快捷、高效的证券仲裁制度,从而最大限度地发挥证券仲裁的优越性,促进我国证券市场的完善和发展。

2.5.5　交易限制系统

为了防止过于剧烈的市场波动,美国和中国市场采取的是不同的交易限制系统。美国采取的是熔断机制,中国采取的则是涨跌停板制度。

熔断机制(circuit breaker)是在特定环境下停止证券交易的规则。它们是在当天股价波动过大的情况下停止股票交易的过程,目的是在激烈的市场下滑时期让市场得到冷却。它们代表了证券市场监管中SEC与SROs高度合作的一个有趣例子。在由交易所制定和SEC批准的规则下,所有美国股票和期货交易所在价格急剧下跌时,都将指令冻结起来,停止交易。在恐慌性市场风暴时期,短暂的休息时间会使投资者重新注意到投资机会和经济力量,使传染性的卖出行为得以停止。这个政策最开始是在1987年10月的股市崩溃之后由SEC批准在纽约证券交易所实施,此后也被其他交易所采用。这意味着一旦交易在纽约证券交易所被停止了,那么在纳斯达克和其他美国股票、期权和期货交易所也同样被停止。

熔断机制第一次出现问题是在1997年10月27日,当时道琼斯指数下跌了554点。在那天,纽约证券交易所和其他大型证券市场在道琼斯指数下跌了350点以后停止交易30分钟,当下跌重新开始时,它们提早休市了。自动暂缓交易机制是否阻止了那天市场的下跌仍然是存在广泛争议的。一些市场参与者抱怨说,当恐慌的交易商退出市场时,市场下跌的速度和广度事实上更加剧烈了。另一些市场参与者则抱怨将近7.2%的下跌还不足以使市场提前休市。这些抱怨都使投资团体提议进行改革。

单只证券的交易同样也会被停止。当一家公司打算在交易时间内发布重要通告时,交易所通常会在通告之前停止这家公司的股票交易,通告之后再恢复交易。这可以保证所有投资者都有机会了解到通告内容。交易所如果认为交易是在不完全或者错误信息的基础上进行的,会损害投资者的利益,同样也会暂时停止证券的交易。

在中国,防范股票价格波动过大的措施是**涨跌停板**,即交易所规定的股指期货合约的每日最大价格波动限幅。我国股市初创时期涨跌幅的限制是十分严格的。1990年5月29日,深圳证券市场规定股票买卖的价格不得高于或低于上一营业日收市价的10%。6月18日涨跌幅限制调为±5%,6月26日调为+1%、-5%,出现了不对称的情况,11月19日涨幅调为5‰而跌幅不变,12月14日跌幅调为1%,1991年1月2日涨跌幅调为±5‰。8月17日,深圳证券交易所全部上市股票全面放开股价限制。上海证券市场从1990年7月26日开始实行涨跌幅限制,后经多次调整,到1992年5月21日全面放开股价。

为抑制股票市场过度的投机活动,1996年12月16日起,我国重新实施了涨跌停板制度。理论上看,实施10%涨跌停板后,从跌停板到涨停板,其波幅可达到22.22%。因此,较大幅度的震荡依然允许。实践证明,10%的涨跌幅市场是能够适应的。

从国际比较来看,我国10%的涨跌幅限制与其他国家的股市相比,属于偏小范围。日本是按照股票的价格高低设定涨跌幅金额限制的,抽象算成百分比,涨跌幅从最低的6.67%到最高的30%不等,并且个股价格越高,可涨跌的百分比幅度越低。此外,韩国为15%;泰国为30%;马来西亚单日最大涨幅可能达到69%,跌幅达51%;菲律宾为涨幅50%、跌幅40%;在法国巴黎连续交易主板市场单日最大涨幅达到21.25%,跌幅最大达到18.75%。

2.6 投资者协会

2.6.1 美国个人投资者协会

投资者协会(investor associations)是投资新手获得有价值的投资培训和投资经验的一种很好的途径。一个著名的国际性投资者团体就是美国个人投资者协会(American association of individual investors)。这个协会专门提供股票投资、共同基金、投资组合管理和退休计划方面的培训,它拥有150 000名会员。许多美国的城市都有本地的美国个人投资者协会。这些本地协会定期组织会员集会,由发言人做演讲,投资者可以参加。这些协会还举办全国性的会议,会议期间举办一些投资者研讨会,并邀请全国知名的发言人做演讲。

2.6.2 投资俱乐部

了解投资的一种常见的方法是建立或者参加**投资俱乐部**(investment club)。家庭成员、朋友或者同事聚集在一起，筹资购买股票。俱乐部成员每隔一段时间（通常是一个月）聚一次会，进行交易决策，学习投资知识，并筹集更多的资金。较有经验的会员与俱乐部的新成员分享他们的投资知识。日积月累，这些俱乐部可以积累一笔大额的资金。一些俱乐部以企业的方式来投资，另一些俱乐部则将开会作为社交的机会。总而言之，这将是非常有意思的！

支持投资俱乐部的协会是全国投资者协会(national association of investors corporation，NAIC)，是旨在帮助投资者创办和参加投资俱乐部的非营利组织。全国投资者协会能够为团体提供成立新俱乐部所需的组织结构方面的帮助，并为所有会员俱乐部提供培训和有用的投资及决策工具。投资者可以以个人或者俱乐部的形式参加全国投资者协会。协会拥有超过 18 000 家投资俱乐部，注册的个人会员大概有 50 000 名。全国投资者协会致力于搜集和发送资源，帮助个人投资者作出更好的决策。成为会员的一个好处就是可以获得协会的《投资指南杂志》(*Better Investing Magazine*)。

最有名的投资俱乐部之一是位于伊利诺伊州博斯唐镇(Beardstown)的博斯唐女士投资俱乐部。这个俱乐部的成员是那些宣称自己的年收益率超过市场年回报率20%，从而成为媒体关注焦点的年长的妇女。在该俱乐部会员写下几本关于怎样打败市场的畅销书后，《华尔街日报》的调查员发现这些女士的投资表现其实比市场的表现要差。事实上她们只是错误地计算了自己的投资月收益率。即使是在投资俱乐部这样感觉很好的世界里，投资者也需要对那些声称能够打败市场的技巧持怀疑态度。

总结

- **纽约证券交易所**的市场形式是**代理商竞价市场**。在这里发生的交易都是以交易所会员买卖报价的形式来进行的，交易所会员扮演机构和个人投资者代理人的角色。买卖口令直接发送到交易场内，一旦需求和供应相互满足，价格也就立即确定下来了。最低的上市数量标准包括最低的**整份持有人**的数量，即至少持有 100 股的股东的数量。

- 作为全国第二大的场内股票交易所，Amex 在股票和股票衍生证券上市方面有很大的规模。如今，Amex 在开发成功的新投资产品以及为公司和投资者提供创新性的服务方面处于领先行列。

- 1990 年 11 月 26 日，经国务院授权、由中国人民银行批准建立的上海证券交易所正式成立，这是新中国成立以来内地的第一家证券交易所。现在可以在上海证券交易所挂牌交易的证券主要包括：股票、基金、债券、债券回购、权证以及经证监会批准的其他交易品种。深圳证券交易所地处中国深圳市，成立于 1990 年 12 月 1 日，是中国内地第二大证券交易所。

- **纳斯达克**是一个谈判市场,投资者直接和做市商进行交易。**做市商**都是纳斯达克的会员公司,运用他们自己的资本资源和其他交易者竞争,买卖他们代表的股票。做市商愿意买入证券的价格和公司愿意卖出证券的价格之间的差额称为**做市商价差**。

- **纳斯达克小市值市场**的最低上市要求比任何一所国内市场的上市要求都宽松很多。普通股和优先股的最低报价都只需要 1 美元。**场外柜台交易系统**是一个受监管的系统,实时公布在 OTC 市场上交易的各类证券报价、最新交易价及成交量等情况。

- **道琼斯工业平均指数**(DJIA)是价格加权指数,它是通过加总 30 只大型工业股票的价格,然后除以**道指除数**来计算。道指除数是为了减少拆股和公司整合带来的变化。**标准普尔 500 指数**是衡量市场价值最重要的指数。纳斯达克综合指数是被广泛跟踪的主要市场指数和报价之一。RUSSELL 2000 指数衡量的是 RUSSELL 3000 指数中的 2 000 只最小型公司的表现,代表了所有上市证券总市值的 6%。

- **上证综合指数**是上海证券交易所编制的、以上海证券交易所挂牌上市的全部股票为计算范围、以发行量为权数的加权综合股价指数。包括 A 股和 B 股,从总体上反映了上海证券交易所上市股票价格的变动情况。**上证 180 指数**的选样是按照行业代表性、股票规模、交易活跃程度、财务状况等原则来确定的,是根据科学客观的选样方法挑选出的样本股形成的指数。**沪深 300 指数**编制的目标是能反映中国股票市场价格变动和运行状况的概貌,并能作为投资业绩的评判标准,为指数化投资和指数衍生产品创造基础条件。

- 1992 年 10 月中国证券市场统一监管体制开始形成,由国务院证券委员会(简称国务院证券委)和中国证券监督管理委员会(简称中国证监会)对证券市场进行监管。

- **股票监控**是纽约证券交易所用来维护市场诚信的一种工具,它是一种计算机系统,能够自动找出成交量和价格波动过于异常的股票,帮助交易所防范操纵股价和内幕交易。相对于既麻烦又昂贵的诉讼而言,仲裁是一个很好的选择。1987 年 6 月,美国最高法院赞成仲裁是解决证券行业纠纷的公正有效的办法。

- 为了防止过于剧烈的市场波动,美国和中国市场采取的是不同的交易限制系统。美国采取的是**熔断机制**,中国采取的则是**涨跌停板**制度。

- **投资者协会**是投资新手获得有价值的投资培训和投资经验的一种很好的途径。一个著名的国际性投资者团体就是美国个人投资者协会。了解投资的一种常见方法是建立或者参加**投资俱乐部**。

习题

2.1 假设 DJIA 某一成分股的价格为 50 美元,另一成分股的价格为 90 美元,如果道指除数是 0.11,当 50 美元的成分股跌了 10% 或者 90 美元的成分股
(原书 2.4)
跌了 10% 时,DJIA 指数将下降多少?

2.2 现在考虑一种只包含三只股票的价格加权指数,类似于 DJIA。如果股价分别为 30 美元、50 美元和 70 美元,
(原书 2.5)

并且除数为 0.11，那么指数水平是多少？如果股价变为 25 美元、53 美元和 76 美元，指数水平又是多少？股指收益率是多少？如果 76 美元的股票由一只拆成两只，此时除数变为多少？

2.3 现在考虑一种只包含三只股票的市值加权指数，类似于标准普尔 500 指数。第一只股票的价格为 50 美元，在外发行 300 股；第二只股票和第三只股票的价格分别为 65 美元和 90 美元，在外发行的股份数分别为 100 股和 200 股。每只股票初始发行 100 股的价格分别为 30 美元、75 美元和 50 美元。如果基准指数值是 100，请问当前指数值是多少？
(原书 2.6)

2.4 假设微软在一个市值加权指数中所占的比重为 5%，如果当前指数为 8 000，请问微软股价上涨 10% 将使指数上升多少点？
(原书 2.8)

2.5 我们将通过下面两只股票构造价格加权平均指数和市值加权指数：伯克希尔-哈撒韦公司，股价 90 700 美元，在外发行 154 万股；达美航空公司，股价 4.33 美元，在外发行 12 941 万股。
(原书 2.11)
　　a. 如果价格加权平均指数的除数是 2，指数水平是多少？
　　b. 如果市值加权指数的初始价值是 10 388 026 万美元，基准指数值为 100，那么当前指数值是多少？

2.6 有位分析师收集了 J、K 和 L 三只股票的如下相关数据，然后根据 J、K、L 构造了一个市值加权指数。
(原书 2.19)

股票	第一年 12 月 31 日		第二年 12 月 31 日	
	价格	在外发行股份数	价格	在外发行股份数
J	$40	10 000	$50	10 000
K	30	6 000	20	12 000*
L	50	9 000	40	9 000

* 表示 1 股拆成 2 股。

根据以上数据，年末的市值加权指数（基准指数 = 100）大概是多少？
　　a. 92.31
　　b. 93.64
　　c. 106.80
　　d. 108.33

2.7 当 DJIA 成分股出现下列哪种情况时，DJIA 的除数最有可能减小？
(原书 2.20)
　　a. 拆股
　　b. 并股
　　c. 支付现金股利
　　d. 被取消并替换

第 2 章 　股票市场 ▶ 45

第3章
风险和收益

本章学习目标

- 了解不同资产种类的风险和收益特征
- 计算税收对投资收益的影响
- 计算两资产组合的风险和收益
- 识别最优投资组合的特征
- 学习收益和损失如何影响对风险的感知

经验告诉我们,为了获得高收益率的投资机会,投资者必须作好承担收益的巨大波动(或曰风险)的准备。如果投资的风险很低,那么收益率也会很低。因为各种投资的风险通常是在历史经验的基础上测量出来的,高的预期收益率通常只有在高风险投资的情况下才有可能实现。然而,当投资者承担高风险的时候,他们也经常会遭受很大的损失。

每隔几个月,《华尔街日报》或者《巴伦斯道琼斯商业与金融周报》都会有关于一个聪明、有天赋并且经验丰富的投资者如何失去大笔财富的封面故事,失败的原因只是他们忘记了预期风险和收益之间的关系。比如,Eifuku 精选基金是前任雷曼兄弟公司在东京的贸易商于 2000 年建立的 3 亿美元的对冲基金。Eifuku 精选基金在 2001 年上涨了 18%,然后在 2002 年飞涨了 76%。这些收益都是在几个头寸上用借来的巨额资金做赌注才获得的。这样的高收益同时也暗示着其高风险性。在 2003 年年初,Eifuku 精选基金在三笔交易上下了很大的赌注,但几乎与此同时,市场开始向同对冲基金头寸相反的方向运行。贷方立即要求偿还贷款,但是日本股票市场的低流动性使得基金不能得到及时的平仓。Eifuku 精选基金遭受了巨大的损失。虽然对冲基金发生损失的情况并不罕见,但 Eifuku 精选基金消亡的速度也是惊人的。在短短几天之内,Eifuku 精选基金就失去了它所有的资本。

为什么聪明的专业人士也会掉入这样的陷阱?和散户一样,他们也相信巨大的无风险收益是可能的。实际上,他们将实现高收益视作是自己能力的肯定。投资者需要认识到,承担风险常常会带来戏剧性和破坏性的后果。

3.1 金融资产的收益率

3.1.1 收益率

投资者是通过风险和预期收益率之间的权衡来评估投资项目的吸引力的。通常情况下,较高的预期收益必定以较高的风险为代价。换句话说,金融理论决定了风险和预期收益之间是正相关关系。预期收益由以下两部分组成:

第一部分可以被视作延迟消费的回报,因为投资者必须放弃消费才能投资,所以他们就对这种延迟要求一个货币性的回报,作为投资收益的一部分。延迟消费的回报就是**名义无风险利率**(nominal risk-free rate),即**实际无风险利率**(real risk-free rate of return)加上通货膨胀率。第二个重要的组成部分是**要求的风险溢价**(required risk premium)。该溢价的大小随着具体的风险而变化。高风险的投资包含着高的风险溢价,低风险投资有着低的风险溢价。预期收益率的表达式为:

$$\text{预期收益率} = \text{名义无风险利率} + \text{风险溢价}$$
$$= \text{实际无风险利率} + \text{预期通货膨胀率} + \text{风险溢价} \quad (3.1)$$

普通股票较大的波动率意味着它的预期收益率比其他货币市场工具或长期债券的收益率高。在一定的风险下考虑未来所要求的收益时,投资者通常会借鉴过去的收益水平。过去观察到的收益水平影响着他们对未来收益率水平的预期。在决定股票、债券和其他资产的价值之前,清楚并准确地测量投资收益是很重要的。

例 3-1 国库券的收益率通常被看做是名义无风险利率的代替物。考虑如下情形:国库券收益率是 2.5%,预期通货膨胀率是 1.8%。如果股票市场的风险溢价是 5%,那么投资股市的预期收益率是多少?

解答
$$\text{预期收益率} = 2.5\% + 5\% = 7.5\%$$

测量历史收益的任何一种方法都必须考虑资本利得和持有期收入的影响。**总收益**(total return)可以这样计算:

$$\text{总收益} = \frac{\text{期末价格} - \text{期初价格} + \text{收入}}{\text{期初价格}} \quad (3.2)$$

等式(3.2)计算了金融资产的总收益率。收入项包含了股票所有权的分红和债券所有权的利息支付。比如,波音公司 2004 年的股价为 51.77 美元,到 2005 年上涨到 70.24 美元。在这一年里,波音公司总共有四次分红,每次 25 美分,总计 1 美元。波音公司投资者在 2005 年的总收益为 37.6% [=(70.24 + 1.00 − 51.77)/51.77]。对于波音公司的股票持有者来说,2005 年是一个收成相当不错的年份。

3.1.2 算术平均与几何平均

投资者犯的许多基本错误都是源于不能准确地计算投资收益。当判断投资组合表现时,投资者通常错误地关注**算术平均收益率**(arithmetic average return)。算术平均收益率是向上偏的,并不能用于描述投资的收益。

为了说明这个问题,我们来看一下算术平均收益率的计算公式:

$$算术平均收益率 = \frac{\sum_{t=1}^{N} 收益率_t}{N} \tag{3.3}$$

其中,$\sum$代表加总,t是时刻,收益率是在任何给定时期的收益百分比。

问题在于投资者是如何看待简单算术平均收益率的。如果一只股票先上涨了100%,然后又下跌了50%,那这两个时期的算术平均收益率就是每年25%[=(100%-50%)/2]。实际上,这只股票并没有任何净利润。如果股价是从10美元上涨到20美元(上涨100%),然后又跌到10美元(下跌50%),它最终回到初始的价格。这两阶段的持有期的实际投资收益率是0。

投资年收益率的准确衡量指标是**几何平均收益率**(geometric mean return)。几何平均收益率是衡量一段时间内的投资复合收益率的恰当方法。几何平均收益率的计算公式是:

$$几何平均收益率 = \left\{ \prod_{t=1}^{N} \left(1 + \frac{收益率_t}{100} \right) \right\}^{\frac{1}{N}} - 1 \tag{3.4}$$

其中,$\prod$代表连乘,其他变量同上。

如果一只10美元的股票上涨到20美元(上涨100%),然后下跌到10美元(下跌50%),它的几何平均收益率是$0[=(2 \times 0.5)^{1/2} - 1]$。这就和实际投资收益率为0是相吻合的。

例3-2 考虑如下三个年收益率:25%、25%、-50%。计算算术平均收益率和几何平均收益率。如果第一次的收益率是-50%,会有什么影响?收益率的顺序会对总收益率有影响吗?

解答

$$算术平均收益率 = \left(\sum 收益率_t \right) \Big/ N = (25 + 25 - 50)/3 = 0.0$$

$$几何平均收益率 = \left(\prod (1 + 收益率_t) \right)^{1/N} - 1$$

$$= (1.25 \times 1.25 \times 0.50)^{1/3} - 1 = -7.9\%$$

收益率的顺序不会影响总收益。

3.1.3 收益率的比较

每个人都喜欢大赢家。在投资领域,大赢家就是能绝对打败市场平均水平的股票。表3-1描述了一个典型的对比。

表 3-1　股票市场的风险和收益

	A	B	C	D	E	F	G
1		工业指数		商业指数		上证指数	
2	1995-12-29	-11.76%	0.8824	-13.14%	0.8686	-14.29%	0.8571
3	1996-12-31	64.09%	1.6409	44.51%	1.4451	65.14%	1.6514
4	1997-12-31	27.56%	1.2756	20.23%	1.2023	30.22%	1.3022
5	1998-12-31	-3.67%	0.9633	8.10%	1.031	-3.97%	0.9603
6	1999-12-30	19.57%	1.1957	17.45%	1.1745	19.18%	1.1918
7	2000-12-29	53.46%	1.5346	66.42%	1.6642	51.73%	1.5173
8	2001-12-31	-20.80%	0.792	-20.42%	0.7958	-20.62%	0.7938
9	2002-12-31	-17.19%	0.8281	-21.13%	0.7887	-17.52%	0.8248
10	2003-12-31	14.13%	1.1413	-19.85%	0.8015	10.27%	1.1027
11	2004-12-31	-15.64%	0.8436	-7.91%	0.9209	-15.40%	0.846
12	2005-12-30	-9.57%	0.9043	-4.23%	0.9577	-8.33%	0.9167
13	2006-12-29	103.69%	2.0369	104.81%	2.0431	130.43%	2.3043
14	2007-12-28	137.47%	2.3747	141.20%	2.412	96.66%	1.9666
15	2008-04-25	-36.10%	0.639	-24.56%	0.7544	-32.38%	0.6762
16							
17	算术平均	21.80%		20.82%		20.79%	
18	几何平均		13.33%		12.61%		12.94%
19	总收益	476.21%		427.24%		449.15%	
20	初始投资	￥10,000.00		￥10,000.00		￥10,000.00	
21	期末价值	57,620.54		52,723.74		54,914.64	

每个收益率先加1，以计算几何收益率

= GEOMEAN (G2:G15) – 1

= AVERAGE (B2:B15)

= ((1+E18)^14) – 1

= ((1+G18)^14)*10000

数据来源：锐思数据（www.Resset.cn）。

近年来，一些偏爱风险的投资家都偏好投资纳斯达克高科技股和成长股。实际上，纳斯达克股票只适合那些不仅追求高科技股的高收益，同时也懂得投资科技股的高风险性的投资者。上百只这种高收益、高风险的股票投资都普遍被媒体、电视和网上的股票论坛所关注。

注意最近14年来中国股票市场商业指数的走势。在2006年与2007年，商业指数的年收益率都超过了100%，这是中国股市大涨的两年，远远超过了2006年以前的年收益率。任何一个投资者都会对这种表现感到很满意。如果你当时是持有股票的，那你一定变得非常富有。遗憾的是，投资者坐了一场过山车游戏，股价在2008年上半年内就猛跌了24.56%。如果你将从1995年到2008年的14年间的商业指数收益率做一个简单的算术平均，商业指数投资者还是每年赚到了20.82%。这样来看，商业指数的表现似乎超越了上证指数的表现（20.79%）。然而，表象总是有欺骗性的。虽然商业指数的算术平均收益率比上证指数的算术平均收益率高，但几何平均收益率却给出了更精确的答案，回答你在这段时间到底赚了多少钱。

如表3-1所示，商业指数几何平均收益率仅仅为每年12.61%，和上证指数收益率（12.94%）很接近，并且比工业指数收益率（13.33%）低。14年间商业指数总的复合收益率为427.24%，工业指数的复合收益率为476.21%，上证指数的复合收益率为449.15%。

尽管平均收益很高，但是整体表现令人失望的原因很简单：要弥补投资组合损失的负面影响，需要极高的收益率。如果你的组合损失了50%，那就需要再上涨100%才能回到原来的水平。这样的话，商业指数在牛市的表现就不足以完全弥补在市场下降时带来的损失。蓝筹股的投资者可以通过长期投资来避免这种严重的损失。

正如寓言"龟兔赛跑"所说明的道理一样,表 3-1 表明,"慢而稳定"才能赢得投资。构建财富的关键不一定是选择能够在一年内翻两倍或者三倍的投资产品,它通常要求投资者学会规避金融损失。

3.2 历史收益率

3.2.1 股票与固定收益证券的收益率

哪种投资种类(股票、债券或者现金储备)的表现是最好的呢?从历史来看,一般是普通股。普通股的年收益率在所有投资工具中是最高的。表 3-2 表明了标准普尔 500 指数从 1950 年到 2005 年的年收益率,该指数很好地代表了大型公司股票。该表还给出了长期国债和国库券的年收益率,以及以消费物价指数的年变动率来衡量的通货膨胀率。

表 3-2 普通股和政府债券的收益率:1950—2005

年份	普通股	长期国债	短期国库券	通货膨胀率
1950	31.71%	0.06%	1.20%	5.79%
1951	24.02%	-3.93%	1.49%	5.87%
1952	18.37%	1.16%	1.66%	0.88%
1953	-0.99%	3.64%	1.82%	0.62%
1954	52.62%	7.19%	0.86%	-0.50%
1955	31.56%	-1.29%	1.57%	0.37%
1956	6.56%	-5.59%	2.46%	2.86%
1957	-10.78%	7.46%	3.14%	3.02%
1958	43.36%	-6.09%	1.54%	1.76%
1959	11.96%	-2.26%	2.95%	1.50%
1960	0.47%	13.78%	2.66%	1.48%
1961	26.89%	0.97%	2.13%	0.67%
1962	-8.73%	6.89%	2.73%	1.22%
1963	22.80%	1.21%	3.12%	1.65%
1964	16.48%	3.51%	3.54%	1.19%
1965	12.45%	0.71%	3.93%	1.92%
1966	-10.06%	3.65%	4.76%	3.35%
1967	23.98%	-9.18%	4.21%	3.04%
1968	11.06%	-0.26%	5.21%	4.72%
1969	-8.50%	-5.07%	6.58%	6.11%
1970	4.01%	12.11%	6.52%	5.49%
1971	14.31%	13.23%	4.39%	3.36%

(续表)

年份	普通股	长期国债	短期国库券	通货膨胀率
1972	18.98%	5.69%	3.84%	3.41%
1973	-14.66%	-1.11%	6.93%	8.80%
1974	-26.47%	4.35%	8.00%	12.20%
1975	37.20%	9.20%	5.80%	7.01%
1976	23.84%	16.75%	5.08%	4.81%
1977	-7.18%	-0.69%	5.12%	6.77%
1978	6.56%	-1.18%	7.18%	9.03%
1979	18.44%	-1.23%	10.38%	13.31%
1980	32.42%	-3.95%	11.24%	12.40%
1981	-4.91%	1.86%	6.96%	8.94%
1982	21.41%	40.36%	11.59%	3.87%
1983	22.51%	0.65%	8.64%	3.80%
1984	6.27%	15.48%	10.20%	3.95%
1985	32.16%	30.97%	7.87%	3.77%
1986	18.47%	24.53%	6.41%	1.13%
1987	5.23%	-2.71%	6.37%	4.41%
1988	16.81%	9.67%	7.33%	4.42%
1989	31.49%	18.11%	9.15%	4.65%
1990	-3.17%	6.18%	8.07%	6.11%
1991	30.55%	19.30%	5.96%	3.06%
1992	7.67%	8.05%	3.68%	2.90%
1993	9.99%	18.24%	2.98%	2.75%
1994	1.31%	-7.77%	4.03%	2.67%
1995	37.43%	31.67%	5.77%	2.54%
1996	23.07%	-0.93%	5.24%	3.32%
1997	33.36%	15.08%	5.38%	1.70%
1998	28.58%	13.52%	5.31%	1.61%
1999	21.04%	-8.74%	4.94%	2.68%
2000	-9.10%	20.11%	5.97%	3.44%
2001	-11.90%	4.56%	3.45%	1.49%
2002	-22.10%	17.17%	1.79%	2.48%
2003	28.70%	2.06%	0.95%	1.82%
2004	10.90%	7.70%	2.18%	2.97%
2005	4.91%	3.05%	3.13%	3.45%
算术平均值	13.27%	6.39%	4.92%	3.89%
中位数	15.40%	3.65%	4.85%	3.19%
几何平均数	11.93%	5.92%	4.92%	3.85%
标准差	17.24%	10.51%	2.71%	2.99%
变异系数	1.30	1.64	0.55	0.77

资料来源：The Federal Reserve。

总收益率的衡量指标包括分红、利息收入和资本利得（损失）。从1950年开始，标准普尔500指数的税前几何平均收益率为11.93%。长期政府债券的总收益率为5.92%，美国国库券的平均年利率为4.92%。这些收益都要和平均年通货膨胀率3.85%来进行比较。

然而，平均收益率并不能很好地解释股票的收益。标准普尔500指数在上述56年中只有4年的收益率是在平均收益率上下2%的范围内波动。标准普尔500指数的收益率通常比平均收益率更高或者更低。然而，大多数年份表现的都是正收益率。普通股投资者只有在1950年后的10年里遭受了损失。在2000年的股市泡沫破灭期间，标准普尔500指数仅仅损失了9.1%。泡沫主要发生在纳斯达克科技股和网络股上。纳斯达克综合指数中有很大部分都是科技公司的股票，因此在2000年该指数损失了40.9%。

和普通股的投资者一样，长期国债的投资者也通常会经历较大的收益波动性。利率的显著下跌会给长期债券持有人带来较大的资本利得。同样，利率的上升会带来较大的资本损失。利率上升通常的原因都是通货膨胀率的上升。在过去半个世纪里，美国最高水平的年通货膨胀率达到了13.31%（1979年）、12.4%（1980年）和12.2%（1974年），最低水平的年通货膨胀率是-0.5%（1954年，当时物价实际上下跌了）、0.37%（1955年）和0.62%（1953年）。通货膨胀率的上升会对股票和长期债券持有者产生负面的影响，而通货膨胀率的下降会刺激股票和债券市场。此外，国库券的利率总是追随通货膨胀率的水平。投资于这些货币市场工具所获得的利息率，通常是和通货膨胀率差不多的。

3.2.2 通货膨胀

投资者要面对以下风险：通货膨胀或者生活成本上升会降低投资的价值。如果某种投资得到的**名义收益率**（nominal return）为6%，但是通货膨胀率为4%，那么**实际收益率**（real return）只有2%。所得税是按照名义收益来支付的，正是这个原因使得通货膨胀率对于投资者是种很严重的威胁。例如，如果某位投资者需要为其年利率为6%的债券支付35%的边际税率，那么税后利息率只有3.9%。如果通货膨胀率平均为每年4%，那么即使把所有的税后收入都进行再投资，债券投资者的收益还是会大大降低。债券投资者通常发现，由于税收和通货膨胀的影响，他们投资的实际价值往往会随着时间的推移而降低。

表3-2表明，通货膨胀率几乎消耗了货币市场工具所有的税前利息。从税后的角度来看，货币市场工具则出现了损失。通货膨胀同样消耗了长期债券和大型公司普通股的总收益率的很大一部分。在考虑通货膨胀率之后，大型公司普通股的投资者得到的税前平均年实际收益率为8.08%（=11.93%-3.85%）。在考虑税收因素之前，长期国债的实际年收益率降低为2.07%（=5.92%-3.85%），只比国库券1.07%（=4.92%-3.85%）的实际收益率略高。在考虑通货膨胀率和税收（35%）之后，普通股的实际税后收益率仅为3.90%｛=[11.93%×(1-0.35)]-3.85%｝，长期国债的实际收益率为0.00｛=[5.92%×(1-0.35)]-3.85%｝，国库券的实际收益率仅为-0.65%｛=[4.92%×

（1－0.35）］－3.85%｝。

因为所得税是按照名义收益来征收的，所以固定收益证券投资的低收益率并不足以抵消通货膨胀和税收的作用。长期而言，普通股有着最高的税后实际收益率。

3.2.3 累计收益率

为了进一步了解普通股投资的长期优势，图 3-1 表明了在 1950 年分别投资 10 000 美元于不同资产种类上的累计价值。普通股投资者拥有的组合的总价值在 56 年后达到 550 万美元。相比之下，长期国债投资者的组合 56 年后的价值仅为 250 686 美元。国库券投资者的组合 56 年后的价值只达到 147 001 美元。在免税（tax-sheltered）账户，比如个人退休账户，固定收益证券的投资者都只能实现比通货膨胀率略高的收益率。然而，普通股投资者却能够在这段时间内实现巨额的财富增长。

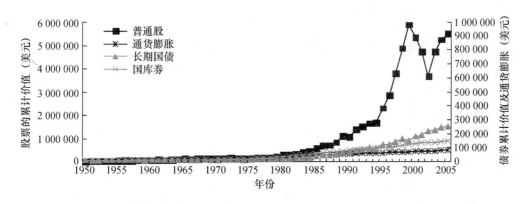

图 3-1 投资于股票和债券的 10 000 美元的累计收益

3.3 税收与投资收益

3.3.1 税收成本

税收对于投资者的收益率和财富有很大的影响。表 3-3 的 A 部分证明了这一点。考虑某人的收入为 4 000 美元，准备把这笔钱进行投资以用于未来的消费。在 30% 的税率水平下，4 000 美元的收入会减少 1 200 美元，只剩 2 800 美元可以用来投资。如果该笔投资每年的收益率为 12%，那么利润同样也会被征税 30%。投资收入需要支付所得税，从而降低了投资的税后净收益。表 3-3 表明了在每年征税的情况下，每年投资 4 000 美元的未来价值。30 年期、支付 30% 税率的投资的最终价值仅为将同样的金额投资到免税账户的价值的 35%。

表 3-3　个人退休账户的税收优惠

A. 传统的征税投资

每年投资 4 000 美元、收益率为 12%、税率如下的税后价值（美元）

年数	0%	30%	40%	50%
1	4 000	2 800	2 400	2 000
5	25 411	16 558	13 857	11 274
10	70 195	41 341	33 474	26 362
15	149 119	78 435	61 247	46 552
20	288 210	133 955	100 565	73 571
25	533 335	217 053	156 227	109 729
30	965 331	341 430	235 029	158 116

B. 常规 IRA 的延期纳税好处

每年投资 4 000 美元、收益率为 12%、税率如下的税后价值（美元）

年数	30%	40%	50%
1	2 800	2 400	2 000
5	17 788	15 247	12 706
10	49 136	42 117	35 097
15	104 383	89 471	74 559
20	201 747	172 926	144 105
25	373 335	320 001	266 668
30	675 732	579 198	482 665

3.3.2 资本利得税和股息税

税收不应该影响投资决策。从投资者的角度来看，支付收入或者资本利得税可能只是卖出投资之后的第二坏的结果。最坏的结果是在这个头寸上发生净损失。然而，实际的投资组合管理还是要求投资者在改变投资组合的时候，仔细考虑税收影响。

美国从 1998 年 1 月 1 日开始，将持有超过一年的证券的收益视做长期资本收益。长期资本利得税一般按 20% 的最高税率征收。持有证券不足一年获得的收益被视做短期资本收益，通常按照普通收入进行征税。当然，如果增值的证券一直都没有被卖出，那么资本利得税就不会征收。相反，如果投资者死亡，其财富就按不动产进行征税。

美国《2003 年就业与增长减税协调法案》将大多数个人的股息税的税率水平削减为 15% 的单一税率，与原来 35% 的最高边际税率相比，约降低了 57%。这次改革减少了历史上关于股息收入和资本利得的税率的不对称性。在此之前，股息收入通常按照常规收入的税率征税，而资本利得却按照一个较低的税率征税。现在，大多数投资者需要支付的股息收入税税率水平为15%,资本利得税税率为20%。

3.3.3 延期纳税的好处

为了提高美国的储蓄率,联邦政府建立了个人退休账户(IRAs),并给予其极大的税收优惠。一个传统的个人退休账户,允许合格的纳税人从总收入中扣除存入账户中的金额作为应税收入。没有参与雇主参与型退休计划的个人,无论其收入为多少,每年最多可以扣除存入IRA账户中的4 000美元。这个上限在2008年上升到了5 000美元。在延期纳税的基础上,投资收益可以进行再投资。在传统的IRA里,只有个人在达到退休年龄而提取这些投资成果时才需为其投资收益缴税。在罗斯IRA里,收入在存入该账户的时候并不能免税,然而,当钱从IRA里取出来的时候,是不需要缴税的。其他的延期纳税投资计划的上限,比如公司雇员的401(k)计划和免税慈善组织及大学的雇员的403(b)(7)计划,最近已经上升到了每年150 000美元。年龄大于50岁的雇员每年可以往IRAs里多存入500美元,往退休计划里多存入1 000美元。

可以用一个简单的例子说明IRA投资的延期纳税好处。最基本的常识是,只要在合法的情况下,投资者就应该尽可能地回避纳税。表3-3的B部分表明了在收益率为12%、税率为30%时每年投资4 000美元的税后价值。直到退休时才需要纳税。如果每年4 000美元的投资按12%的复合利率计算,那么30年后的税前价值就为965 331美元,如果30年后需要纳税的税率为30%,那么实现的税后价值就为675 732美元。

通过延期纳税多获得了289 599美元的惊人收益,它是源自于这样的事实:在30年的投资期中,以12%的复利率计算的投资收益远远比按照税后收益率8.4%[=12% × (1-0.3)]计算的投资收益大得多。即使在30年后再支付30%的税,税后收益还是足以超过按每年税后收益率8.4%来计算的总收益。

3.4 风险的概念及其度量

3.4.1 风险的评估

投资的时机决定了普通股能获得的总收益和持有它们需要承担的风险。"低买高卖"对于在股市上取得成功而言无疑是一个真理,但是股市的短期表现却是不可预测的。通常情况下很难确定什么是"低",什么是"高",而当知道答案的时候已经太迟了。

长期投资者应该对于简单的投资收益项目持怀疑态度。这在当最近的收益率比长期平均水平高很多或者低很多的时候尤其正确。从短期来看,股票价格的确能够领先于公司增加利润和分红的能力,在20世纪90年代后期的牛市时,市盈率(股市价格与盈利的比率)达到历史最高值的时候,情况显然就是如此。在这段时期,股息率(分红与股价之比)达到历史低值。在1972年到1974年间的熊市,我们可以发现股价一直在下跌,尽管盈利和分红一直在增加。在 1974 年市场达到底部时,市盈率达到历史低值而股息率迅速上升。

在新世纪伊始,历史上刚刚经历过一次最大的牛市,股价不可能还被继续认为低估。2000 年 1 月 1 日,标准普尔 500 指数的股息率仅为 1.14%,为历史最低,而市盈率却是惊人的 33.4 倍。股价上涨幅度超过行业基本面改善程度的时期过后,股票价格会停滞不前,而盈利和分红则开始上涨,以证明高股价是正确的。在某些情况下,股价会修正到很低的水平,正如 2000 年到 2002 年间熊市的情况一样。

3.4.2 风险的度量

为了评估投资风险的水平,投资者需要工具来衡量风险。风险如何量化呢?投资者总是在损失发生后才认为这项投资是有风险的。但是总是要在结果出来之前做出决策。因此,金融理论建议投资者参考历史收益率并注意发生损失的可能性。损失的可能性取决于收益波动率,在实际中,股市波动率是由股价的波动来衡量的,如果一只股票的股价为 30 美元,并且从未改变过,那它的波动率就为 0,这只股票的投资者就不可能会有损失,这是好的一面。不好的一面是股价始终停在 30 美元会导致盈利的可能性也为 0。投资者希望获得的是能在风险和期望收益之间实现理想平衡的投资机会。

一般用**标准差**(standard deviation)来衡量投资收益的波动率。这个量通常以百分比的形式呈现,是投资的年收益率的方差的平方根,计算标准差的公式如下:

$$标准差 = \sqrt{\frac{\sum_{t=1}^{N}(t\text{ 时的收益率} - \text{平均收益率})^2}{N-1}} \tag{3.5}$$

这个看起来很复杂的公式其实很简单:波动率来源于价格的上升和下跌。它将偏离平均收益率的值取平方再取开方,避免了正负的偏差相互抵消从而低估风险的问题。

再看一下表 3-2,普通股的年收益率的标准差为 17.24%,长期国债的标准差为 10.51%。这意味着普通股每年的风险比债券略大。注意到普通股和长期国债的标准差都比国库券的标准差(2.71%)大,说明股票和长期国债的风险比国库券更高。

标准差是用来衡量绝对风险的,而**变异系数**(coefficient of variation)是用来衡量风险和回报之间关系的,计算变异系数的公式就是将标准差除以预期收益率:

$$变异系数 = \frac{标准差}{平均收益率} \tag{3.6}$$

较小的变异系数意味着更高的风险回报率。当用变异系数来衡量相对风险的时候,要注意这个变量中的收益率是算术平均收益率。

正如表 3-2 所示,普通股的变异系数或者风险回报率为 1.3(= 17.24%/13.27%)。这意味着投资于普通股时,每个百分点的预期收益率的"成本"是标准差(风险)的 1.3%。对于国库券,每个百分点的预期收益率的"成本"是标准差的 1.64%。因为股票年收益率的标准差比债券更大,因此股票的风险比债券更高,但是股票的风险回报率也更高。从 1950 年开始,股票投资者获得 1 个百分点的预期收益率所承担的风险低于国库券投资者。

我们还可以注意到,表3-2中短期国库券的风险回报率很低,仅为0.55。这意味着国库券投资者的每个百分点的收益率的"成本"仅是标准差的0.55%。然而,这里有必要指出,低风险的国库券的预期收益率也是有成本的。在纳税之前,国库券的收益率最多只能略超过通货膨胀率。

例 3-3 考虑如下的收益率:10%、−8%、15%。计算标准差和变异系数。

解答

为了计算标准差,首先要计算平均数:

$$算术平均收益率 = \left(\sum 收益率_t\right) / N = (10 - 8 + 15)/3 = 5.67\%$$

现在可以计算标准差:

$$标准差 = \left[(1/n - 1) \times \sum (收益率_t - 平均收益率)^2\right]^{1/2}$$
$$= \{1/2 \times [(10 - 5.67)^2 + (-8 - 5.67)^2 + (15 - 5.67)^2]\}^{1/2}$$
$$= 12.1\%$$

$$变异系数 = 标准差 / 平均收益率 = 12.1/5.67 = 2.12$$

记住,变异系数越小,风险回报率就越高。

另一个风险概念是回报率同步变化(return comovement)。它衡量的是收益率一起向上或者向下变动的程度。衡量指标之一是**协方差**(covariance)(−∞ 和 +∞ 之间):

$$协方差_{ij} = \frac{\sum_{t=1}^{N}[(收益率_{it} - 平均收益率_t) \times (收益率_{jt} - 平均收益率_j)]}{N} \quad (3.7)$$

i 和 j 表示不同的证券或者指数。和协方差相关的概念是**相关系数**(correlation)ρ(在 −1 和 +1 之间):

$$相关系数_{ij} = \rho_{ij} = \frac{协方差_{ij}}{i\text{证券的标准差} \times j\text{证券的标准差}} \quad (3.8)$$

i 和 j 表示不同的证券或者指数。

表3-4报告了2007—2008年中国股票、债券和通货膨胀率之间的相关系数。相关系数的值为 −1,表示两种证券的收益率是完全负相关的,在这种情况下,一种证券的10%的收益率必定伴随另一种证券 −10%的收益率。相关系数为 +1,表示两种证券的收益率完全同步,它们一起上升也一起下降。投资者可以通过完全负相关的高预期收益投资产品来分散投资。

表 3-4 中国股票、债券和通货膨胀率之间的相关系数:2007—2008

	股票	债券	通货膨胀率
股票	1.00		
债券	−0.27	1.00	
通货膨胀率	−0.19	0.85	1.00

数据来源:锐思数据(www.Resset.cn)。

从表3-4中我们可以发现,普通股的年收益率和通货膨胀率的相关系数为-0.19,这意味着通货膨胀率的上升通常伴随的是股价的下降。当然,股票收益率和通货膨胀率之间负相关是因为通货膨胀的上升导致短期利率上升。通货膨胀率和短期利率之间的正相关关系反映为通货膨胀率和国库券收益率之间0.85的相关系数。我们同样可以发现,股票和国库券的投资者都会因为通货膨胀率的下降而获益。这是因为当利率下降的时候,未来分红和应付利息的现值上升。

实际中,投资者有时候通过考虑52周高低价来衡量证券的风险。比如,一只价格为40美元的股票在过去52周内最高价为60美元,最低价为30美元,而另一只价格为40美元的股票的最高价为45美元,最低价为35美元,显然第一只股票的波动性较大。在大多数情况下,52周高低价比率是衡量风险的一个简单又实用的方法。

例3-4 股市的收益率如下:10%、-8%、15%。在同样的期限内,黄金的收益率为5%、10%、-3%。股市和黄金的协方差及相关系数为多少?

解答

首先要分别计算股票和黄金的收益率的均值和标准差,股票的数据已经在上一例里计算出来了(平均收益率=5.67%,标准差=12.1%)

$$黄金的平均收益率 = (5 + 10 - 3)/3 = 4\%$$

$$标准差 = \{(1/2) \times [(5-4)^2 + (10-4)^2 + (-3-4)^2]\}^{1/2} = 6.6\%$$

$$协方差 = (1/N)\sum[(股票收益率 - 股票平均收益率)$$
$$\times (黄金收益率 - 黄金平均收益率)]$$
$$= (1/3)[(10 - 5.67) \times (5 - 4) + (-8 - 5.67) \times (10 - 4)$$
$$+ (15 - 5.67) \times (-3 - 4)]$$
$$= -47.67$$

$$相关系数 = 协方差/(股票收益率标准差 \times 黄金收益率标准差)$$
$$= -47.67/(12.1 \times 6.6) = -0.60$$

负的相关系数意味着股票价格和黄金价格往相反的方向变动。

	A	B	C	D	E	F
1						
2		股票	黄金			
3	一年期收益	10%	5%			
4	两年期收益	-8%	10%			
5	三年期收益	15%	-3%			
6						
7	平均收益率	5.7%	4.0%			
8	标准差	12.10	6.56%	= STDEV (C3:C5)		
9						
10	协方差	-0.477%		= AVERAGE (B3:B5)		
11	相关系数	-0.60		= COVAR (B3:B5, C3:C5)		
12						
13						
14		= B10/(B8*C8)				
15						

3.4.3 持有期收益率

虽然普通股为长期投资者提供了最高的平均年收益率,但是各年的收益率却是变化很大的。同样地,债券和货币市场工具的低收益率也包含一定的收益波动性。对于长期投资者而言,消除普通股和长期债券收益波动性的最简单的方法就是分散投资或者长期持有,如表 3-5 所示。

表 3-5　5 年、10 年和 20 年的股票、债券和货币市场工具的复合收益率

年份	普通股			长期国债			短期国库券		
	5 年	10 年	20 年	5 年	10 年	20 年	5 年	10 年	20 年
1954	23.92%			1.56%			1.41%		
1955	23.89%			1.28%			1.48%		
1956	20.18%			0.93%			1.67%		
1957	13.58%			2.16%			1.97%		
1958	22.30%			0.16%			1.91%		
1959	14.96%	19.35%		−1.67%	−0.07%		2.33%	1.87%	
1960	8.92%	16.16%		1.16%	1.22%		2.55%	2.01%	
1961	12.79%	16.43%		2.53%	1.73%		2.48%	2.08%	
1962	13.31%	13.44%		2.42%	2.29%		2.40%	2.18%	
1963	9.85%	15.91%		3.97%	2.05%		2.72%	2.31%	
1964	10.73%	12.82%		5.17%	1.69%		2.83%	2.58%	
1965	13.25%	11.06%		2.63%	1.89%		3.09%	2.82%	
1966	5.72%	9.20%		3.17%	2.85%		3.61%	3.05%	
1967	12.39%	12.85%		−0.14%	1.13%		3.91%	3.15%	
1968	10.16%	10.01%		−0.43%	1.75%		4.33%	3.52%	
1969	4.97%	7.81%	13.43%	−2.14%	1.45%	0.69%	4.93%	3.88%	2.87%
1970	3.34%	8.18%	12.10%	−0.02%	1.30%	1.26%	5.45%	4.26%	3.13%
1971	8.42%	7.06%	11.65%	1.77%	2.47%	2.10%	5.38%	4.49%	3.28%
1972	7.53%	9.93%	11.67%	4.90%	2.35%	2.32%	5.30%	4.60%	3.39%
1973	2.01%	6.01%	10.85%	4.72%	2.11%	2.08%	5.64%	4.98%	3.64%
1974	−2.35%	1.24%	6.87%	6.72%	2.20%	1.94%	5.92%	5.43%	4.00%
1975	3.21%	3.27%	7.10%	6.16%	3.03%	2.46%	5.78%	5.62%	4.21%
1976	4.87%	6.63%	7.91%	6.81%	4.26%	3.55%	5.92%	5.65%	4.34%
1977	−0.21%	3.59%	8.12%	5.49%	5.20%	3.15%	6.18%	5.74%	4.44%
1978	4.32%	3.16%	6.53%	5.48%	5.10%	3.41%	6.23%	5.94%	4.72%
1979	14.76%	5.86%	6.83%	4.33%	5.52%	3.46%	6.69%	6.31%	5.09%
1980	13.95%	8.44%	8.31%	1.68%	3.90%	2.59%	7.77%	6.77%	5.51%
1981	8.08%	6.47%	6.76%	−1.06%	2.80%	2.64%	9.68%	7.78%	6.12%

(续表)

年份	普通股			长期国债			短期国库券		
	5年	10年	20年	5年	10年	20年	5年	10年	20年
1982	14.05%	6.68%	8.30%	6.03%	5.76%	4.04%	10.78%	8.46%	6.51%
1983	17.27%	10.61%	8.28%	6.42%	5.95%	4.01%	11.12%	8.65%	6.80%
1984	14.76%	14.76%	7.79%	9.80%	7.03%	4.59%	11.01%	8.83%	7.12%
1985	14.71%	14.33%	8.66%	16.83%	8.99%	5.97%	10.30%	9.03%	7.31%
1986	19.87%	13.82%	10.17%	21.62%	9.70%	6.94%	8.60%	9.14%	7.38%
1987	16.49%	15.26%	9.27%	13.02%	9.47%	7.31%	7.59%	9.17%	7.44%
1988	15.38%	16.33%	9.55%	14.98%	10.62%	7.82%	7.10%	9.09%	7.50%
1989	20.40%	17.55%	11.55%	15.50%	12.61%	9.01%	6.81%	8.89%	7.59%
1990	13.14%	13.93%	11.15%	10.75%	13.75%	8.71%	6.83%	8.55%	7.66%
1991	15.36%	17.59%	11.89%	9.81%	15.56%	9.00%	6.71%	7.65%	7.72%
1992	15.89%	16.19%	11.33%	12.13%	12.58%	9.12%	6.31%	6.95%	7.70%
1993	14.51%	14.94%	12.76%	13.83%	14.41%	10.10%	5.62%	6.35%	7.49%
1994	8.69%	14.40%	14.58%	8.34%	11.86%	9.42%	4.73%	5.76%	7.29%
1995	16.57%	14.84%	14.59%	13.10%	11.92%	10.45%	4.30%	5.55%	7.28%
1996	15.20%	15.28%	14.55%	8.98%	9.39%	9.54%	4.22%	5.46%	7.28%
1997	20.24%	18.05%	16.65%	10.51%	11.32%	10.39%	4.57%	5.44%	7.29%
1998	24.06%	19.18%	17.75%	9.61%	11.70%	11.16%	5.05%	5.33%	7.20%
1999	28.55%	18.20%	17.87%	9.38%	8.86%	10.72%	5.26%	5.00%	6.92%
2000	18.35%	17.46%	15.68%	7.39%	10.21%	11.97%	5.34%	4.82%	6.67%
2001	10.70%	12.93%	15.24%	8.55%	8.76%	12.11%	4.98%	4.60%	6.12%
2002	−0.59%	9.33%	12.71%	8.80%	9.65%	11.10%	4.28%	4.42%	5.68%
2003	−0.57%	11.06%	12.99%	6.51%	8.05%	11.18%	3.40%	4.23%	5.28%
2004	−2.29%	12.07%	13.23%	10.09%	9.74%	10.79%	2.85%	4.05%	4.90%
2005	0.55%	9.09%	11.93%	6.77%	7.08%	9.47%	2.30%	3.81%	4.68%
算术平均	11.93%	11.89%	11.26%	6.32%	6.45%	6.66%	5.19%	5.45%	5.93%
中位数	13.28%	12.85%	11.55%	6.10%	5.76%	7.31%	5.16%	5.43%	6.51%
几何平均	11.68%	11.79%	11.21%	6.19%	6.36%	6.60%	5.16%	5.43%	5.99%
标准差	7.44%	4.75%	3.22%	5.23%	4.39%	3.72%	2.51%	2.20%	1.59%
变异系数	0.62	0.40	0.29	0.83	0.68	0.56	0.48	0.40	0.27

资料来源：The Federal Reserve。

表3-5表明了持有期分别为5年、10年和20年的股票、债券和货币市场工具的复合收益率。比如，截至2005年12月31日的5年期投资，标准普尔500指数的平均年收益率为0.55%。这是从1950年开始5年期股票投资的最低收益水平之一。截至2005年12月31日的10年期投资，标准普尔500指数的平均年收益率达到9.09%。而股票投资者在截至2005年12月31日的20年期投资中，每年可以获利11.93%。

防止股价下跌带来损失的最好办法是长时间持有一个分散投资的股票组合。自1950年起的52年里，美国普通股投资一共只出现了五次5年投资收益率为负的情况（分别为1974年、1977年、2002年、2003年、2004年）。此外，自1950年起，10年和20年投资的收益率一直为正。在任何一个时期,要想在消除投资风险的同时获得超过无风险利率的收益都是不可能的。然而,就长期而言,股票和长期债券的投资者能够通过延长其投资期限来降低风险。

3.5 市场波动的来源

3.5.1 公司风险

对于那些寻求最大潜在回报的长期投资者而言,股票应该是最有吸引力的投资产品。然而,对于大多数投资者而言,在构建投资组合的时候,投资收益仅是需要考虑的一部分因素。虽然股票和债券能比货币市场工具提供更高的预期收益率,但它们同时也包含着更大的波动性。如果投资者在熊市时因恐惧而被迫离开市场,长期投资的计划就会受到影响。寻找风险和收益之间的平衡是投资的关键。

拥有个股和债券会使投资者面对**公司特定风险**(firm-specific risk),即公司出现问题时投资价值减少的可能性。公司特定风险能通过分散化投资而加以消除,投资于几种股票和债券都能在很大程度上减轻任何一只股票或者债券的投资出现问题而带来的负面影响。金融经济学的相关研究表明,诸如管理质量、经营杠杆和财务杠杆,以及产品质量的改变等公司特定因素,都会使公司股票收益产生波动。

未预期到的整体经济活动增长速度的变化(用国内生产总值衡量)、利率变化或者美元汇率的波动都会造成股市波动。这种经济环境的改变带来的波动性在普通股的总波动性中占1/3,其他相关因素大概在股票价格波动中占15%。比如,油价上升会使航空业的成本上升,但是对于软件行业却没有太大影响。行业相关因素的影响也是很重要的,本国或者外国公司的竞争水平的重大变化、监管方式和范围的变化,或者投入品和原材料成本的波动都是非常重要的,这些因素在股价波动中大概占了5%—10%。投资者一定要记住,虽然公司价值的上升或者下降建立在管理层成功与否的基础之上,但成功与否并不一定完全掌握在公司的管理层手中。

3.5.2 股票市场风险

虽然多样化投资可以降低单笔投资的损失的风险,但这里还存在许多**市场风险**(market risk),即股票和债券市场的整体价值下跌的风险。股市作为一个整体,受到经济增长、通货膨胀率、利率等因素的实际和预期变化的影响。美国第二次世界大战以后两次最严重的熊市出现在1973—1974年和2000—2002年。在这两段期间内,分散投资的股票组合的价值也普遍下跌了35%—50%。此时,股票和债券的投资者必须牢记时间对于降低市场风险有着一定的作用。投资者持有股票和债券的分散化投资组合的时间越长,遭受的损失就越小,也就越有可能得到接近长期平均水平的收益率。

股票市场会因为行业情况和投资者预期的变化而每天、每年都在发生波动。从短期来看,股票收益率随投资者预期的变化而变化。大多数投资者都注意到,像道琼斯工业平均指数(DJIA)和标准普尔500这样的股市平均指数,每天的变化率大概在0到3%之间。证券投资的长期收益率由经济基本面因素(比如股息率、股息和盈利的增长速度等)来决定。虽然普通股的短期价格波动性很大,但随着时间的推移,价格波动也会逐渐趋向长期平均水平,对于长期投资者而言也变得可以接受。对于考虑长期投资目标(比如提供退休收入)的投资者而言,债券和货币市场工具每天的价格波动性较小,但其价格很难与通货膨胀同步,尤其是当考虑了税收因素以后。

衡量投资者预期和市场估值风险的最常用的指标就是市盈率(P/E)。高的市盈率通常意味着高风险,低市盈率通常意味着低的估值风险。然而,在经济衰退期间,当债务注销款项太多而导致盈利剧跌和DJIA的市盈率升高时,市盈率可能会被扭曲。比如,1981年,因为衰退,大量债务被注销从而盈利剧跌,致使DJIA的市盈率达到114.4的高水平。类似地,1991年64.3倍的市盈率和1933年47.3倍的市盈率都是因为一些DJIA公司盈利不足引起的。为了获得正常操作条件下DJIA市盈率的常规水平,一定要对盈利出现大幅下降的期间进行调整。图3-2表明了将在短期内剧烈下跌50%以上的三个

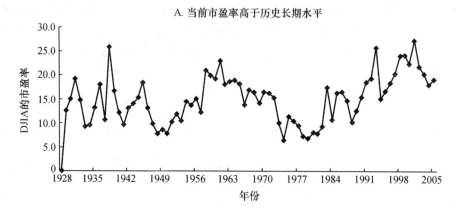

图 3-2 与收益及红利相比,道琼斯工业平均指数已经从历史高点下跌了

注:因为指数成分公司的大量亏损,1931—1935年、1982—1983年以及1991—1992年的市盈率数据经过了调整。

资料来源:Dow Jones & Company。

时期(1931—1935年、1982—1983年、1991—1992年)的指数收益正态化后,实际的DJIA市盈率数据。在这三个例子中,前一年的盈利被用来替代萧条当年的盈利水平。

经过调整后,从图3-2中的A图可以容易地看出,DJIA的市盈率通常在8—20的范围内波动。在2006年年初,DJIA的市盈率为19,比长期中值15略高。因为市盈率在2000—2002年的熊市里仍然保持较高的水平,这使得2006年较高的市盈率成为令人担忧的事情。

另一个关于市场上投资者的高预期和高估值风险的例子发生在考虑股息率时,如图3-2中的B图所示。高的股息率反映出投资者担忧未来行业前景,低的股息率则反映出投资者对未来行业前景很乐观。历史上,投资者在高股息率期间买入股票、在低股息率期间卖出股票的收益率是最好的。因此,历史经验告诉我们"谨慎买,大胆卖"。虽然有人认为分红对于成长股的投资者而言并不重要,但仍然要记住普通股总收益的40%都来自于股息收入。就长期而言,股息是很重要的。

3.5.3　债券市场风险

和股市一样,债券市场也会受经济预期的影响。信贷问题在经济下滑时期更加严重,而经济的快速增长会促进对信贷的需求。在经济扩张时期,为新设备和仪器融资的信贷需求猛增,使得利率上升,从而会对在外流通的债券的价值带来负面影响。

虽然债券市场比股票市场平稳很多,但有些时候债券会和股票一样有风险。正如表3-2所示,债券市场的波动性也可以是很大的。债券通常和经济中的现行利率紧密联系:当利率上升时,债券价格下降;当利率下降时,债券价格上升。债券价格的波动性取决于它的到期日。离到期日越长的债券,对利率的敏感性越大。

利率风险(interest rate risk)是指利率上升导致固定收益投资的价值下降的可能性。现行利率的快速上升会使长期国债的价值大幅下降。10年期国库券和5年期国库券也会发生幅度较小但却明显的下跌。长期国债的风险比很多投资者认为的更高。除了利率风险之外,债券投资者还面临着**信用风险**(credit risk)。信用风险是指债券发行人不能及时支付本金和利息的可能性。垃圾债券在违约方面的风险较大,因此总是提供更高的收益率来补偿投资者。政府债券的收益率最低,有着最高的信用等级,违约风险也最低。货币市场工具通常提供稳定的现金流,信用风险也非常小。

3.6　投资组合理论

3.6.1　基本假设

早在20世纪50年代,诺贝尔奖获得者哈利·马科维茨就将注意力放在**投资组合**(investment portfolio)的风险和收益上。投资组合是为投资者提供适当的风险和收益的证券组合。与在其之前的投资理论家的观点不同的是,马科维茨认为单个证券的波动性不是投资者应该考虑的最重要的因素,最重要的是个股的期望收益和波动性如何影响整个组合的期望收益和波动性。比如,大多数股票和债券的价格都会因为预期通货膨胀率的上升而下降。然而,金矿业和其他自然资源行业的股票价格则会随预期通货膨胀率的上升而上升。因此,普通股票和金矿业股票的价格波动性通常是负相关的。当预期通货膨胀率上升时,金矿业股票的价格上升而普通股票的价格下降。因此,将金矿业股票加入到一个分散的投资组合中,可以降低该组合的价格波动性。

简单地说,**投资组合理论**(portfolio theory)就是在证券组合的期望收益和风险的基础上进行投资决策。**期望收益**(expected return)由持有期的期望利润决定。正如表 3-2 中标准普尔 500 指数所反映的,普通股收益率的年均值在第二次世界大战时期大概为 12%,中位值大概为 16%。收益率的平均值和中位值非常接近,年收益率的分布接近正态分布,或者是钟形的曲线。在这种情况下,年收益率的平均值和中位值能够成为衡量普通股期望收益的一个很好的估计值。

投资组合理论的一个基本假设是投资者寻求能获得最大收益的投资机会。他们在给定的风险下要求最高的预期收益率,或者在给定的预期收益率下要求承担最小的风险。投资者从预期收益率的增加中得到正的收益,或者称之为**效用**(utility),同时可能要遭受风险增大带来的**负效用**(disutility)。这意味着投资者通常是**风险厌恶**(risk-averse)的。在进行投资决策时,投资者寻找对于给定风险水平可以提供最高预期收益率的资产,或者是对于给定预期收益率需要承担最小风险的资产。

最优化组合的概念是建立在这样的假设之上的:投资组合的所有优势都表现在其预期收益率上,而其弊端全部表现在波动率水平中。投资决策的唯一动机就是最大化经济财富。这与投资者可能会购买有"社会良知"的公司的股票这一事实相矛盾。投资组合理论假设,当投资者作出投资决策时,只考虑货币因素。

综上所述,投资组合理论建立在以下三个基本假设上:

(1)投资者寻求效用最大化。

(2)投资者都是风险厌恶的:当期望收益升高,或者波动率下降时,投资者效用增加。

(3)最优化组合在给定的风险水平下有最高的预期收益率,在给定预期收益率水平下有最低的风险。

3.6.2 组合的风险与收益

投资选择涉及预期收益率和预期波动率的组合。预期收益率和风险之间的关系可以用二维图来表达,其中纵轴是预期收益率,横轴是风险,如图 3-3 所示。风险通常用衡量收益波动性的标准差来表示。

如图 3-3(A)所示,每一个投资组合都以图上的预期收益率和风险对应的点来表示。每个组合都可以被视做简单的预期收益率和收益标准差的对应关系。因为投资者偏好高收益率和低风险的资产,所以当风险固定的时候,高预期收益率的资产通常更受欢迎。

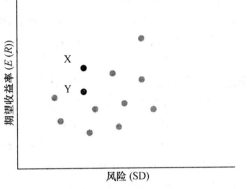

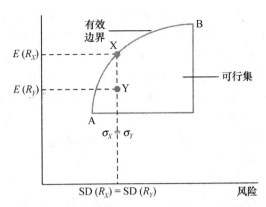

(A) 投资机会提供了不同收益与风险的组合

(B) 有效边界代表了在一定风险水平的最大预期收益

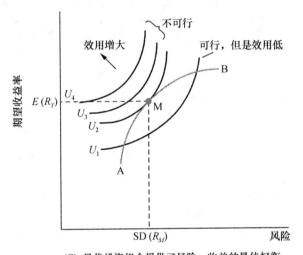

(C) 最优投资组合提供了风险—收益的最佳权衡

图 3-3 预期收益率和风险是投资机会的基本经济特征

每个组合的预期收益率可以简单表示为：

$$E(R_P) = \sum_{i=1}^{N} W_i E(R_i) \qquad (3.9)$$

W_i 表示组合中第 i 只证券的权重，以百分比表示。$E(R_i)$ 表示第 i 只证券的预期收益率。比如，假设投资者的投资组合中有 70% 是预期收益率为 12% 的股票，有 30% 是预期收益率为 15% 的股票。那么整个组合的预期收益率就是将组合百分比分别乘以每只证券的收益率再加总。在这里，组合的预期收益率为 12.9%［=0.7(12%)+0.3(15%)］。

组合的标准差通常用以下公式计算：

$$SD(R_P) = \sqrt{\sum_{i=1}^{N} W_i^2 \times VAR(R_i) + \sum_{i=1}^{N} \sum_{\substack{j=1 \\ j \neq i}}^{N} W_i \times W_j \times COV(R_i R_j)} \qquad (3.10)$$

在这个表达式里，$SD(R_P)$ 是投资组合的标准差；W 是第 i 种和第 j 种证券在组合中的比重;VAR(R_i)是单个证券的方差;COV(R_i,R_j)是第 i 种和第 j 种证券的协方差。标准差可以简单地衡量收益率波动,协方差衡量两种单个证券一起变动或分别变动的情况。因此,当单个证券的标准差增大或者波动性升高时,组合的标准差也增大。而当这些证券之间的协方差很大时,组合的标准差也很大。

表 3-6 表明了像工商银行和中信银行这样的行业领先银行的月收益率情况。在这段时间内,这两个竞争者的月收益率的协方差为 1.266%。由于存在高的正协方差,构建由这两个股票组成的投资组合并不能很好地分散风险。注意到,地产巨头万科和通信巨头中国联通的股票收益率之间的协方差要小很多。不像工商银行和中信银行,万科和联通是两个完全不同的行业,也没有太多共同的经济特征。因此,它们的月收益率之间的协方差小了很多。较小的协方差使得通过分散化投资降低组合风险是有效的。

表 3-6 组合的风险随着股票波动率以及股票之间的协方差的增大而增大

月份	工商银行	中信银行	组合 A	万科	中国联通	组合 B
6 月	11.00%	13.050%	12.03%	-1.49%	-3.61%	-2.55%
7 月	-7.96%	-1.113%	-4.54%	48.01%	10.22%	29.12%
8 月	6.53%	24.473%	15.50%	19.43%	14.84%	17.14%
9 月	0.00%	-0.791%	-0.40%	-10.65%	25.71%	7.53%
10 月	24.50%	15.604%	20.05%	28.91%	13.38%	21.15%
11 月	-1.72%	-1.379%	-1.55%	-18.96%	-6.99%	-12.97%
12 月	9.39%	16.284%	12.84%	-8.59%	22.64%	7.03%
1 月	-24.37%	-5.069%	-14.72%	-9.67%	-4.72%	-7.20%
2 月	3.48%	9.593%	6.54%	-10.75%	-8.69%	-9.72%
3 月	-16.08%	-13.377%	-14.73%	10.11%	-15.70%	-2.80%
4 月	-12.72%	-12.297%	-12.51%	-4.80%	3.95%	-0.43%
5 月	9.38%	15.870%	12.63%	-20.19%	0.54%	-9.82%
均值	0.12%	5.071%	2.59%	1.78%	4.30%	3.04%
方差	13.59%	12.330%	12.38%	20.83%	13.06%	13.52%
协方差		1.266%			0.5785%	

数据来源:http://finance.yahoo.com(2007 年 5 月至 2008 年 5 月)。

在上述例子中,两个不同组合的构建是建立在这样的假设上的:每个证券占组合一半的比重。在组合 A 中,先将组合的 50% 投资在中信银行上,剩下的 50% 投资在工商银行上。在组合 B 中,也是万科和联通的股票投资各占 50%。组合的标准差取决于权重、单个资产收益的标准差和协方差。如表 3-6 所示,工商银行和中信银行之间相对较大的正协方差 1.266% 对于通过分散化投资降低风险的效果产生了很大的负面影响。而组合之间资产的协方差如果较小,则分散化可以很好地降低风险。组合 B 中万科和中国联通收益率的协方差仅为 0.5785%。

单个证券对于组合风险的贡献取决于它在组合中的比重、标准差以及和组合中其他证券的协方差。若某个组合包含两种有着相等预期收益率和标准差的资产,且比重相等,如果相关系数为 -1,则这个组合成为零风险组合,标准差为 0。

为了弄懂和组合风险有关的相关系数的概念,考虑这样一个简单的例子:假设投资者拥有一个包含两只股票的投资组合,股价为 40 美元。如果第一只股票上升 1 美元,第二只股票下跌 1 美元,组合的价值是不变的。对于包含两种有着相等预期收益率和标准差的等比重资产且相关系数为 -1 的组合,其中一只证券的收益就正好反映了另一只证券的损失。因此,这样包含两种有着相等预期收益率和标准差的等比重资产且相关系数为 -1 的组合,其价值是不会改变的。这就是**零风险组合**(zero-risk portfolio)的含义,它的价值不会改变。对于风险组合而言,当组合的资产数量很大时,资产的协方差有助于确定组合的风险。

例 3-5 考虑如下两只股票:股票 A 的预期收益率为 15%,标准差为 45%;股票 B 的预期收益率为 10%,标准差为 30%。股票 A 和股票 B 之间的协方差为 225%。如果某个组合由 30% 的股票 A 和 70% 的股票 B 构成,计算该组合的预期收益率和标准差。

解答

对于这个组合,运用公式(3.9)计算预期收益率:

$$E(R_P) = \sum_{i=1}^{N} W_i E(R_i) = W_A E(R_A) + W_B E(R_B)$$
$$= 0.30 \times 15\% + 0.70 \times 10\% = 11.5\%$$

用公式(3.10)计算标准差:

$$SD(R_P) = \sqrt{\sum_{i=1}^{N} W_i^2 \times VAR(R_i) + \sum_{i=1}^{N} \sum_{\substack{j=1 \\ j \neq i}}^{N} W_i \times W_j \times COV(R_i, R_j)}$$

$$= \sqrt{W_A^2 \times VAR(R_A) + W_B^2 \times VAR(R_B) + 2 \times W_A \times W_B \times COV(R_A, R_B)}$$

$$= \sqrt{0.3^2 \times 45^2 \times 0.7^2 \times 30^2 + 2 \times 0.3 \times 0.7 \times 225}$$

$$= \sqrt{717.75} = 26.8\%$$

该组合的预期收益率为 11.5%,标准差为 26.8%。

3.6.3 最优投资组合的选择

一个**有效组合**(efficient portfolio)是指在给定的风险水平下能提供最高的预期收益率,或者在给定预期收益率时需要承担的风险最小的组合。在图 3-3(A)中,股票的预期收益率是按照未来期望现金流和投资者的每股购买价之比来计算的。如果某个公司的股票预期未来会产生每股 4 美元的现金流,那么以 40 美元购买这只股票的投资者获得的年收益率就为 10%(=4 美元/40 美元),以 50 美元购买这只股票的投资者的年收益率为 8%(=4 美元/50 美元)。

考虑图 3-3(A)和图 3-3(B)中的组合 X 与 Y。假设它们的风险水平相同,$SD(R_X) = SD(R_Y)$,但是 X 的预期收益率高于 Y 的预期收益率,$E(R_X) > E(R_Y)$。在实际中,不可能有这样的情形出现。在这种情况下,投资者自然会更偏爱 X,他们会卖出 Y 然后购买 X,这会导致 Y 的价格下降,直到它提供给投资者的收益率和 X 一致。记住,假设未来现金流是常数,证券的预期收益率会随着购买价格的下降而上升。实际上,X 和 Y 的价格会一直调整,直到 $E(R_X) = E(R_Y)$,从而投资于这两只股票的预期收益率和风险水平是相同的。

有效边界(efficient frontier)是有效组合的全集,有效边界包括所有的有效组合。在图 3-3(B)中,它表示为从 A 点到 B 点的向上倾斜的曲线。组合 A 由汽车股票组成,收益率较低,风险也较小。组合 B 由高科技股组成,其收益率较高,需要承担的风险也较大。两者都是有效组合。有效边界的形状表明投资的风险收益率是递减的,为了获得更高的期望收益,投资者必须愿意承担更高水平的风险。经济中能使投资者获得高额收益的机会相对而言较少,而且这些机会通常要求投资者承担巨大的风险。

最优投资组合(optimal portfolio)是能够给投资者带来最高效用水平的组合。确切地说,最优组合的选择取决于个人的风险偏好。一个非常厌恶风险的投资者会选择包含汽车股票的投资组合,以保证他能获得较固定的股息和较稳定的股价。一个爱冒险的投资者会偏向于选择高科技股的投资组合,从而获得高速增值和股价快速上升的机会。没有哪个投资者的决策是错误的,两人的决策都是合适的,只是他们的风险偏好不同。

如图 3-3(C)所示,最优组合的选择涉及在可行性和喜好之间的权衡,其中可行性由有效边界决定,而喜好由投资者偏好决定。投资组合理论中的一个关键概念是**市场组合**(market portfolio),它是有效组合,如图 3-3(C)中的组合 M 所示。这意味着市场组合(比如标准普尔 500 指数)反映了风险和预期收益率之间的某种适当权衡。

3.7 投资者对风险的认知

3.7.1 选择金融资产

"现代投资组合理论"是在 20 世纪 50 年代到 60 年代发展起来的。它建立在投资者只关心预期收益和风险的假设上,当在决定买入何种新资产时,假设投资者只对新资产和现存组合之间的相互作用感兴趣。如果购买了新的股票和债券,组合的期望收益和风险将如何变化?

传统的理论并没有表述人们实际上是如何作出投资决策的。投资者有时候关心投资组合的其他特征。比如,有些投资者希望他们投资的公司能够以和自身价值和信念相符的方式运作。有社会责任感的投资者则偏好能够保护环境或者使用可替换能源的公司的股票。他们通常不买生产酒精、武器和香烟的公司的股票。美国投资者同样也通过他们的投资选择来表达自己的爱国心。比如在第一次世界大战时期,美国投资者一起购买自由债券。在第二次世界大战之后的冷战时期,美国人被要求购买股票以捍卫资本主义。相似地,在"9·11"恐怖袭击后,一些美国人认为炒股是爱国的表现。

投资历史同样例证了某些时期投资者会尤其偏好某些类型的股票。在 20 世纪 90 年代初,投资者很关注消费产品股票。在 20 世纪 90 年代末期,投资者关注网络股。结果,投资者有时候建立的投资组合并不尽如人意。他们如果运用现代投资组合理论来选择资产,本可以在给定的预期收益率水平下降低风险,或者在给定的风险水平下增加预期收益率。

3.7.2 盈亏之后的决策

那么投资者到底是如何看待风险的?有趣的是,许多投资者都只关注短期风险评估。在经历三年损失之后,本来计划长期持有组合的投资者突然间在第三年就卖出了投资组合。近期的经历会对投资决策产生不成比例的影响。比如,当谈到抛硬币赌博时(头像朝上赢得50美元,朝下损失50美元),很少有人愿意参加这样的赌博。然而,研究表明,如果人们刚刚损失了50美元,他们是很愿意参加这样的赌博的,这可以让我们有机会保本。一些人为了回到原来的状态上,似乎愿意冒更大的风险。

另一种有趣的风险态度是"**私房钱效应**"(house money effect)——当人们获得不寻常的收益时,他们愿意承受更多的风险。赌博者把这种感觉看做"花费自己的私房钱"。当获得巨大的盈利后,一些业余赌博者并不完全把这些钱看做是自己的财产,他们好像是在用娱乐场的钱来打赌。私房钱效应说明在盈利的头寸得以结清后,投资者更有可能投资风险大的股票。在以盈利状态卖出风险高的股票而获得财富以后,一些投资者似乎愿意继续购买更有风险的股票。这样的行为在20世纪90年代末期广泛传播,当投资者从迅速上涨的牛市中获利时,许多人在其投资组合里加入了更高风险的证券。

当股市泡沫在2000年开始破灭的时候,许多高科技股的投资者承受了巨大的损失。当高科技股开始下跌时,许多投资者购买更有风险的股票,利用保证金来扩大头寸。像赌博者下赌注那样,这些投资者总是在玩"要么翻倍,要么归零"的抛硬币游戏。而这样的行为使他们陷入更糟的状态。当投资者无法满足保证金要求时,短期的损失变为永久性的损失。许多人被迫在非常低的价位上清算头寸。

3.7.3 比较不同风险的投资

一些人认为风险评估很难,他们总是容易被有关风险的问题提出的方式所影响。当同样的问题以不同的方式提出时,人们总是给出不同的答案。比如,雇员必须要为他们的退休计划做出资产配置决定。不同的投资选择,比如股票、债券、国库券提供了不同水平的收益率和风险,投资者如何决定他们的资产配置呢?

一项最近的研究表明,雇员被要求按照他们在退休计划中第一、第二和第三想要的顺序来排列表3-7中第Ⅰ组中的投资选择。注意到这些选择是按照风险最低到风险最高的顺序排列的。风险越高,可能的回报率也越高。然而,当股市走势不好时,高风险通常和糟糕的结果紧密联系。在研究中,大多数参与者选择中等风险的选项(选项B)。只有29%的人认为高风险投资比中等风险的投资要好。对于大多数人而言,选项C看起来太过极端了。

表 3-7　在好与坏的市场条件下三种不同的投资选择带来的月退休收入比较

单位：美元

第Ⅰ组	选项 A	选项 B	选项 C
好的市场条件（可能性50%）	900	1 100	1 260
坏的市场条件（可能性50%）	900	800	700
第Ⅱ组	项目 1	项目 2	项目 3
好的市场条件（可能性50%）	1 100	1 260	1 380
坏的市场条件（可能性50%）	800	700	600

雇员还被要求比较表 3-7 中第Ⅱ组的投资项目。注意第Ⅰ组中的选项 B 和第Ⅱ组中的项目 1 是一样的。当选项 C 作为第Ⅱ组中的项目 2 被重新配置时，它看起来不再像在第Ⅰ组中那样极端了，这是因为第Ⅱ组中的另一个项目更极端。注意第Ⅱ组中的项目排列，大概 54% 的雇员对项目 2（选项 C）的评价比项目 1（选项 B）高。当选项 B 和选项 C 被视为中等风险投资和高风险投资时，投资者更加偏好选项 B；而当它们被视作低风险投资和中等风险投资时，人们更加偏好选项 C。

因此，一些人对投资风险的评估并不是绝对的，而是相对的。换句话说，人们有时候相互比较可行的选择，而不是将它们和个人需要或者绝对偏好进行比较。在投资环境中，当面对较多的股票选择和较少的债券选择时，投资者有时候会将组合的过大比重都投资在股票上；当面对较少的股票选择和较多的债券选择时，投资者有时候会将组合的过大比重都投资在债券上。

3.7.4　心理账户

会计系统将现金流进行分类并加以追踪。类似地，人们有时候运用**心理账户**（mental accounting）来使他们的金融资产保持有序。对我们中的大多数人而言，大脑的心理账户系统和文件柜很相似。当你买入新股时，一个新的文件夹就开启了，以保存它的有关资料。有关这只股票的每一个决定、行为和结果都放在这个文件夹中。每一笔投资都有它自己的文件夹。一旦某个结果被安排在某个心理文件夹中，就很难再以其他的方法看到这个结果。当资产之间的相互作用被忽略时，这一心理过程会对投资者的财富产生负面的影响。

忽略心理账户之间的相互作用会对投资决策产生负面的影响。现代投资组合理论表明，证券组合中的不同资产能够减少单个证券产生的波动性。如果某种证券（公共事业股票）下跌而另一种证券（石油股票）上涨，那投资者组合的波动性或风险就会因为这两种证券的组合而得到降低。在油价上升时，公共事业股票价格下跌，因为这些公司通常不能及时地弥补燃料价格上升带来的成本上升。同时，上升的油价会使石油公司的利润和每股价格上升。如果投资者想要从上升的油价中获利，他们就应该购买石油行业的股票，而避免购买使用能源的行业（比如公共事业行业）的股票。如果投资者想要避免油价波动带来的风险，他们就应该构建一个包含合理的公共事业股票和石油公司股票的投资组合。当投资者计划买入或卖出某只证券时,最应当考虑的是这只证券和投资者整个组合的相互作用。遗憾的是,投资者有时候会因为心理账户出错而对证券之间的相互作用产生错误的估计。

总结

◎ 延期消费的回报就是**名义无风险利率**,也就是**实际无风险利率**加上**通货膨胀率**。另一个重要的组成部分是要求的风险溢价。高风险投资包含着高的风险溢价,低风险投资的风险溢价也低。

◎ 当判断投资组合的表现时,投资者通常错误地关注**算术平均收益率**。算术平均收益率是向上偏的,并不能用于描述投资的收益。**几何平均收益率**是衡量一段时间内的投资复合收益率的恰当方法。总收益通常由股息、利息收入、资本利得或损失加总计算而得。

◎ 投资者要面对以下风险:通货膨胀或者生活成本的上升会降低投资的价值。如果某种投资得到的**名义收益率**为6%,但是通货膨胀率为4%,那么**实际收益率**只有2%。

◎ 一般用**标准差**来衡量投资收益的波动率。这个量通常以百分比的形式呈现,是投资的年收益率的方差的平方根。标准差是用来衡量绝对风险的,而**变异系数**是用来衡量风险和回报之间关系的,计算变异系数的公式就是将标准差除以预期收益率。另一个风险概念是回报率同步变化。它衡量的是收益率一起向上或者向下变动的程度。衡量指标有**协方差**(在 −∞ 和 +∞ 之间变化)和**相关系数**(在 −1 和 +1 之间变化)。

◎ 拥有个股和债券会使投资者面对**公司特定风险**,即公司出现问题时投资价值减少的可能性。公司特定风险能通过分散化投资而加以消除,虽然多样化投资可以降低单笔投资的损失的风险,但这里还存在许多**市场风险**,即股票和债券市场的整体价值都下跌的风险。

◎ 和股市一样,债券市场也会受经济预期的影响。**利率风险**是指利率上升导致的固定收益投资的价值下降的可能性。除了利率风险之外,债券投资者还面临着**信用风险**。信用风险是指债券发行人不能及时地支付本金和利息的可能性。

◎ **投资组合**是为投资者提供适当风险和收益的证券组合。简单而言,**投资组合理论**就是在证券组合的期望收益和风险的基础上进行投资决策。**期望收益**由持有期的期望利润决定。**风险**是由于收益的波动而产生的,从这个框架出发,证券收益在未来几个时期的概率分布代表了投资选择。投资者从预期收益率的增加中得到正的收益,或者称之为**效用**,同时可能要遭受风险增大带来的负效用。这意味着投资者通常是**风险厌恶**的。

◎ 若某个组合包含两种有着相等预期收益率和标准差的等比重资产且相关系数为 −1,则这个组合称为**零风险组合**,标准差为0。一个**有效组合**是指在给定的风险水平下能提供最高的预期收益率,或者在给定预期收益率时需要承担的风险最小的组合。**有效边界**包括所有的有效组合。**最优投资组合**是能够给投资者带来最高效用水平的组合。投资组合理论中的一个关键概念是**市场组合**,它是有效组合。

- 许多投资者都只关注短期风险评估,他们的投资选择经常被相对风险和回报的比较而影响。在获得收益后,人们会倾向于增加他们的投资组合的风险,从而陷入"私房钱效应"。在发生损失之后,人们通常渴望保本从而会接受平时不会接受的高风险赌博。**心理账户**用来记录投资决策,每一笔投资都有它自己的文件夹,而不同文件夹中的资产之间的互相作用通常被忽略。

习题

3.1 （原书4.2） 假设某公司股价的百分比变化如下：2002年为-10%，2003年为79.4%，2004年为-9.4%，2005年为4.5%。请问2002—2005年间该公司股票的几何平均收益率是多少？

3.2 （原书4.3） 某股票的收益变化情况如下：2002年为-10%，2003年为79.4%，2004年为-9.4%，2005年为4.5%。计算2002—2005年间该股票年投资收益率的标准差和变异系数。

3.3 （原书4.10） 考虑如下四家公司的风险收益指标：

公司	平均收益率	标准差
Exxon	10%	14%
Proctor & Gamble	8	12
Verizon Communications	12	30
Weyerhauser	7	14

以变异系数作为风险收益衡量标准对以上四家公司进行排序（从最好到最坏）。

3.4 （原书4.13） 假设某投资者希望投资于无风险收益率为3.5%的国库券（T-bill）和Exxon Mobil Corp.（XOM）的组合。XOM的预期收益率为12%，标准差为25%，组合由50%的T-bill和50%的XOM构成。如果T-bill和XOM的收益率之间的协方差为0，请计算该组合的预期收益率和标准差。

3.5 （原书4.18） 下列哪项最不可能影响投资的要求回报率？

a. 真实无风险利率
b. 资产风险溢酬
c. 预期通货膨胀率
d. 投资者的综合消费倾向

3.6 （原书4.19） 马科维茨有效边界是指具有下列哪种特征的组合集？

a. 给定收益水平下风险最小化
b. 保持固定的风险收益比例
c. 给定风险下收益最大化
d. 在资本资产定价模型下给定贝塔值时的收益最大化

3.7 （原书4.20） 某投资者考虑在现有组合中增加一项新的投资。为了取得最大的分散化效果，新增投资与原有组合的相关系数最好为：

a. -1.0   b. -0.5
c. 0.0   d. +1.0

第4章
资产定价理论与绩效评价

本章学习目标

- 了解资本资产定价模型理论及其应用
- 学习多因素定价模型
- 评价投资组合绩效
- 计算阿尔法、夏普比率、特雷诺指数等测度
- 认识资产定价模型的局限

现代投资组合理论让我们能够更好地理解金融市场。市场效率模型有助于学者理解风险-报酬之间的精确关系,并有助于投资专家构造最优投资组合。贝塔系数是被普遍认可的股票市场风险的一个度量标准。经过风险调整的绩效的概念也被广泛接受。投资组合管理者和投资者都努力寻求既定风险水平下的最大收益,或在既定的收益率下,使得风险最小化。

对冲基金与投资银行常常雇用一些"天才",他们利用复杂的定价模型对各种资产进行风险评估以寻找获利机会。有些投资者在长期投资中赚取了显著收益。另一些值得注意的情况是,无论是对研究人员还是业界人员而言,现代投资组合理论的局限性正变得越来越明显。当投资专家忽略了一个事实,即资产定价模型对各种投资行为的描述是在"杂乱"的现实世界中几乎不存在的理想化条件下进行时,一些著名的对冲基金,如长期资本管理公司,已经以一种很"耀眼"的方式"膨胀"。在股票市场波动率剧增时,常规的风险-报酬关系将不再成立。因此,即使是最先进的资产定价模型也有足够的改进空间。

作为基本原则,要谨记的一点是,资产定价理论仅在帮助投资者理解和预测真实世界的股票、基金及相关资产的绩效时是有用的。投资者不能因为某一概念(如资产定价模型)存在缺陷或局限就否定有效市场的正确性。"太阳从东方升起"是一个有用的观点,尽管事实上在一年中太阳升起的时间和方位一直在变化。同样,市场有效性观点也是有用的,尽管它存在显著的局限性。理智的投资者明白如何利用模型来帮助自己做出投资决策,而又不会过于迷信或滥用这些模型。

4.1 资产定价

4.1.1 传统的定价理论

投资理论的一个传统原则是期望收益与承担风险的大小正相关。任何希望规避所有短期投资风险的人只需简单地购买货币市场证券,如国库券,就能赚取无风险利率。希望得到高于无风险收益的投资者则必须承担一些投资风险。那么,要得到期望的预期收益需要承担多少风险?关于这些问题的探究在资产定价理论的核心内容中将详细阐述。资产定价模型尝试确定一个等式,这个等式可以用来告诉投资者预期收益率与风险之间的精确关系。

资产定价模型可用于预测各种投资收益。如果预期的投资风险大小能精确测量,那么传统的资产定价模型就能用于预测收益。在这方面,资产定价模型对专业投资者或个人投资者都是非常有用且十分重要的。资产定价模型还可作为一个工具,帮助评价投资组合的历史绩效及回答一些问题,如一个共同基金经理的表现如何?本章考察在预测投资收益和评价投资组合业绩中常用的传统定价模型。

4.1.2 基于行为的新方法

资产定价模型建立在理性投资行为理论的基础之上。理性投资者一般被认为是风险厌恶的,能充分利用所有有用信息并且不会受心理偏差的影响。在这些模型中,投资组合的预期收益率只是投资者所面临的各种经济风险的函数。这些经济风险包括未预料的通货膨胀变化、利率变化、生产率变化及就业情况变化等。事实上,许多经济风险已经用于帮助预测未来收益,然而,传统的资产定价模型在预测未来收益方面还是只表现出有限的预测能力。

因为传统资产定价模型的实证表现和有用性仍然存在很大的疑问,金融学者已经开始将目光投向传统经济分析之外的领域,以试图解决投资领域的重要谜团。投资者总是理性的吗?当这些通常为理性的投资者作为群体中的一员互相影响时会发生什么?个人心理学和社会心理学领域的知识对我们更好地理解投资行为有潜在的帮助吗?资产定价理论最新发展的一个重要方向就是,努力拓宽我们对投资行为在资产定价中角色的认识。随着对行为金融研究的增多,反映行为影响的资产定价模型正在逐步建立。

4.2 资本资产定价模型

4.2.1 CAPM 模型的历史

在 20 世纪 60 年代中期,威廉·夏普(William Sharp)和约翰·林特纳(John Lintner)提出了**资本资产定价模型**(capital asset pricing model,CAPM),夏普因此获得了 1990 年的诺贝尔经济学奖。该理论提出的 40 年后,CAPM 在投资领域,如资产定价、风险评估、投资组合管理评估等方面得到了广泛应用。

CAPM 的吸引力在于它提供了一个关于风险度量以及期望收益与风险之间关系的直观合理的预测。遗憾的是,该模型的实证结果并不令人满意。CAPM 的实证问题主要反映在两方面:一是理论的不足,因为存在许多过于简化的假设;二是实际应用中的困难。然而,以下两个理由使得透彻理解这个模型显得十分重要:首先,CAPM 在实践中得到了广泛应用,因此理解它的优点和缺陷是十分有利的;其次,它是其他资产定价理论的基石。

4.2.2 CAPM 模型的基本假设

CAPM 努力提供投资收益是如何决定的完整描述。它是预测资本市场中投资收益的一种方法。

CAPM 有如下几个重要假设,分别是:
- 投资者持有有效投资组合——更高的风险意味着更高的收益
- 对无风险借贷没有限制
- 只有一个投资时期
- 投资是无限可分的
- 没有税收和交易费用
- 通货膨胀完全可预知
- 资本市场处于均衡状态

一些人批评 CAPM 的上述假设的限制性太强。毕竟,税收和交易费用是存在于真实世界的。然而,值得指出的是,即使一个模型的一些潜在假设得不到满足,它也可以成为一个有用的预测工具。如果一个像 CAPM 一样的模型可以很精确地预测股票收益,那么潜在假设的限制性则无关紧要。

4.2.3 CAPM 模型中的借贷问题

CAPM 的一个重要假设是,投资者可以进行无风险借贷。当投资者的投资组合中有一部分是无风险资产时,贷款就发生了。例如,当国债作为投资者组合的一个重要组成部分时,则该投资者正以无风险利率贷出资金。当投资者以超过100%的比重投资于风险资产时,借款就发生了。保证金账户交易者就是如此,事实上,经纪人以经纪人贷款利率借出资金,给股票投资者创造了杠杆效应。经纪人贷款利率通常是提供给个人借款的最有吸引力的利率,通常不会高于3个月期的国库券利率。近年来,美国投资者可以用50%的资金作为购买证券的初始保证金。

图4-1(A)中,一条直线从无风险利率R_F出发,经过有效边界上的市场收益R_M。在R_F处,投资者100%投资于国库券;在R_M处,投资者100%投资于市场指数。而介于R_F与R_M之间,投资者对两种资产皆有投资。越靠近纵轴或R_F,则越多地投资于国库券;越靠近R_M,则越多地投资于市场组合。在R_F与R_M连线的中点,投资者在国库券与市场指数上各投资50%。事实上,通过改变投资中无风险资产与市场组合的比例,可以实现无穷多种预期收益率。

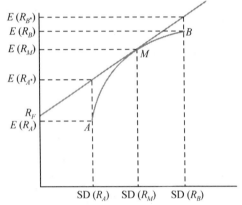 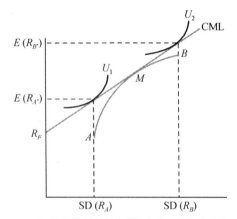

(A) 允许借款的组合期望值大于低风险组合期望值$E(R_{A^*})>E(R_A)$;允许贷款的组合期望值大于高风险组合期望值$E(R_{B^*})>E(R_B)$

(B) 借款使得低风险投资者在U_1获得最大效用;贷款使得高风险投资者在U_2获得最大效用

图4-1　允许无风险借贷情况下,有效边界为一条直线

我们接着分析一个允许无风险借贷的风险资产组合是如何支配真实世界中的投资选择的。由市场指数和无风险贷款构成的组合的期望收益$E(R_{A^*})$高于低风险证券组合的期望收益$E(R_A)$。在同一风险水平$SD(R_A)$下,风险厌恶的投资者将更偏好有贷款的投资组合。现在观察投资者如何获得组合B^*。投资者必须用保证金账户借款并全部投资于市场组合。这一杠杆组合将得到$E(R_{B^*})$的预期收益,这高于投资于高风险股票组合的预期收益率$E(R_B)$。在同样的风险水平$SD(R_B)$下,寻求高风险水平的投资者会偏好于杠杆组合。

允许无风险借贷改变了有效边界,从第3章推导出的曲线变为图4-1(B)所示的直线——**资本市场线**(capital market line,CML)。如图所示,投资者分别根据自己的风险偏好选择资本市场线上的最优位置:低风险投资者选择由国库券和市场组合构成的低风险组合,高风险投资者选择投资于利用杠杆效应构造的高风险组合。

4.3 预期收益和风险

4.3.1 资本市场线

CAPM 描述了三种预期收益与风险的关系。第一种称为**资本市场线**,资本市场线表明投资组合的风险-收益的线性关系。图 4-2 是去掉有效边界后重画图 4-1(B)得出的资本市场线。我们知道,直线的数学方程式为 $y = b + mx$,其中 b 是 y 上的截距,m 是直线的斜率。在图 4-2 中,y 轴代表预期收益,x 轴代表以标准差衡量的风险。

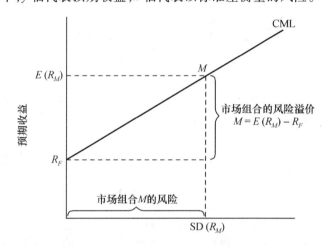

图 4-2 资本市场线表明投资组合的预期收益与风险的线性关系

图 4-2 中,y 上的截距正好是无风险利率 R_F,斜率用两点间的高与宽之比来表示,这里我们选择无风险收益和市场组合这两点,高度为 $E(R_M) - R_F$,宽度为 $\text{SD}(R_M) - 0$,则斜率为 $[E(R_M) - R_F]/\text{SD}(R_M)$。因此,用资本市场线描述的风险-收益关系为

$$E(R_P) = R_F + \frac{E(R_M) - R_F}{\text{SD}(R_M)} \text{SD}(R_P) \tag{4.1}$$

整理为

$$= R_F + \frac{\text{SD}(R_P)}{\text{SD}(R_M)}[E(R_M) - R_F]$$

资本市场线表明组合的预期收益率等于无风险利率 R_F 加上投资组合的相对风险 $[\text{SD}(R_P) \div \text{SD}(R_M)]$ 与市场风险溢酬 $[E(R_M) - R_F]$ 的乘积。

在第二次世界大战期间,美国市场的预期收益率大概为每年12%,无风险收益率为每年5%,这意味着市场风险溢酬为7%(=12%-5%)。资本市场线定义了由"时间价值"加上"风险回报"构成的预期收益率。在一个预期收益率为每年12%的市场上,5%的无风险利率可以认为是构成总收益一部分的时间价值,而7%的市场溢酬可以认为是投资者承担风险的回报。市场组合的12%的预期收益率既包括时间价值也包括风险回报。

用年收益率标准差表示的市场风险在17%附近。由资本市场线可知,一个风险水平为市场风险两倍的投资组合应该每年提供给投资者两倍于7%的市场风险溢酬。因此,一个 $SD(R_P) = 34\%$ 的组合将得到19%[= 5% + (34%/17%) × (12% - 5%)]的预期收益率。一个风险水平仅为市场风险一半的投资组合将每年提供给投资者一半于7%的市场风险溢酬,因此一个 $SD(R_P) = 8.5\%$ 的组合将得到8.5%[= 5% + (8.5%/17%) × (12% - 5%)]的预期收益率。

例4-1 考虑以下情形:国库券的年收益率为3.5%,市场组合的预期收益率为9%,收益率的标准差为20%。如果你拥有一个由20%的国库券和80%的风险水平为15%的股票构成的投资组合,这个投资组合的预期收益率是多少?

解答

首先计算投资组合的标准差。注意到国库券预期收益率的标准差是0,则

$$SD(R_P) = \sqrt{0.2^2 \times 0^2 + 0.8^2 \times 15^2 + 2 \times 0.2 \times 0.8 \times 0} = 12\%$$

现在用公式(4.1)计算组合的预期收益率:

$$E(R_P) = 3.5\% + (12\%/20\%) \times (9\% - 3.5\%) = 6.8\%$$

因此,该组合的预期收益率为6.8%。

4.3.2 证券市场线

证券市场线(security market line, SML)描述了单个股票的线性风险-收益关系。在单个证券的情形下,证券市场线表明如何用**系统性风险**(systematic risk)的一个简单函数表示预期收益率 $E(R_i)$。系统性风险用于度量单个股票与市场相关的收益波动。**非系统性风险**(unsystematic risk)则度量单个公司的收益波动。非系统性风险的一个例子是,公司过度使用杠杆手段可能导致陷入财务困境甚至破产。

虽然系统性风险和非系统性风险都会带来波动性,但只有系统性风险对预期收益率存在有利影响。投资者不能因承担了非系统性风险而要求更高的预期收益率,因为这类风险可以通过明智的分散化投资加以消除。非系统性风险也称作公司特定风险或**可分散风险**(diversifiable risk)。图4-3表明,投资组合的总风险随着组合中证券数目的增多而降低。当一个分散投资组合的证券数目达到30只左右时,投资者实际上可以消除非系统性风险。道琼斯工业平均指数(DJIA)包括30只领先股,DJIA通常被视为整个市场的有效代表。然而,即使通过分散化消除了非系统性风险,内在风险或**不可分散风险**(non-diversifiable risk)仍然存在。因为系统性风险不能通过分散化来消除,风险-收益关系表明,随着系统性风险的增加,投资者在股票市场上的投资回报也要相应增加。

系统性风险是与市场直接相关的不可避免的波动总量。对于单个股票或投资组合而言,系统性风险由**贝塔**(beta)来度量。统计学家用希腊字母贝塔(β)来表示线性关系中的斜率系数。金融经济学家用同样的希腊字母来表示系统性风险,是因为股票价格的贝塔系数正是线性证券市场线中的斜率系数。证券市场线可写为:

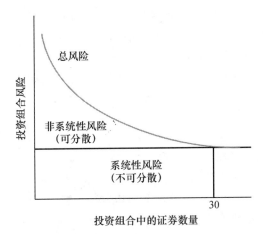

图 4-3 非系统性风险可以通过分散化来加以消除

$$E(R_i) = R_F + \frac{E(R_M) - R_F}{\text{VAR}(R_M)} \times \text{COV}(R_i R_M)$$

$$= R_F + \frac{\text{COV}(R_i R_M)}{\text{VAR}(R_M)} \times [E(R_M) - R_F]$$

$$= R_F + \beta_i [E(R_M) - R_F] \tag{4.2}$$

如图4-4所示,证券市场线描述了单个证券预期收益率与系统性风险的线性关系。在证券市场线中,预期收益率等于无风险利率加上用β衡量的相对风险乘以市场风险溢酬。与资本市场线类似,证券市场线表明了预期收益率的时间价值和承担风险的报酬。事实上,资本市场线与证券市场线的不同在于,资本市场线解决的是组合的问题,而证券市场线解决的是单个证券的问题。

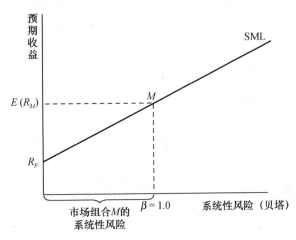

图 4-4 证券市场线表明了单个证券预期收益率和系统性风险之间的线性关系

贝塔度量的是相关风险,对于整个市场而言$\beta=1$,某只证券的$\beta=2$表示证券风险水平为市场系统性风险的两倍,某只证券的$\beta=0.5$则表示证券风险水平为市场系统性风险的一半。与资本市场线的情况一样,无风险利率的一个合理估计是5%,市场的预期收益率为12%。这意味着一个 $\beta=2$ 的证券的预期收益率为19%($=5\%+2\times7\%$)。一个 $\beta=0.5$ 的证券的预期收益率为8.5%($=5\%+0.5\times7\%$)。

例4-2 如果一个市场的预期收益率为9%,无风险利率为4%,那么 $\beta=1.5$、$\beta=0.75$、$\beta=0.25$ 和 $\beta=-0.5$ 的资产的预期收益率各为多少?

解答

各资产的预期收益率分别为:

$$\beta=1.5 \text{ 的资产}: E(R) = 4\% + 1.5 \times (9\% - 4\%) = 11.5\%$$
$$\beta=0.75 \text{ 的资产}: E(R) = 4\% + 0.75 \times (9\% - 4\%) = 7.75\%$$
$$\beta=0.25 \text{ 的资产}: E(R) = 4\% + 0.25 \times (9\% - 4\%) = 5.25\%$$
$$\beta=-0.5 \text{ 的资产}: E(R) = 4\% - 0.5 \times (9\% - 4\%) = 1.5\%$$

4.3.3 证券特征线

资本市场线描述了组合的预期收益率与风险的关系。它搭建起了CAPM与传统组合理论之间的桥梁。证券市场线描述了单个证券的预期收益率和系统性风险的关系。由于分析的是单个证券,而不是多样化的投资组合,因此证券市场线在某种程度上来说比资本市场线更有用。CAPM的第三个关于预期收益率与风险的线性关系称作**证券特征线**(security characteristic line,SCL)。

证券特征线表明每一时点上单个证券**超额收益**(excess return)与整个市场超额收益的线性关系。超额收益是证券的收益减去无风险资产的收益。证券特征线可以写作

$$R_{it} + R_{Ft} = \alpha_i + \beta_i(R_{Mt} - R_{Ft}) + \varepsilon_i \tag{4.3}$$

其中,R_{it} 是单个证券 i 在 t 时期的收益率,R_{Ft} 是无风险资产在 t 时期的收益率,截距项用希腊字母 α 表示,斜率系数用希腊字母 β 表示,代表系统性风险,随机扰动项或者误差项用希腊字母 ε 表示。在任何时点,随机扰动项 ε 的期望值都为零。$R_{it}=\alpha_i+\beta_i R_{Mt}+\varepsilon_i$ 意味着单个股票的预期收益率由 α、β 和整个市场的预期收益率决定。

斜率系数 β 表明市场超额收益变动1%引起单个证券预期收益率的变动。如果 $\beta=1.5$,那么市场超额收益1%的上升将带来1.5%的股票涨幅,市场超额收益2%的变动导致股票3%的跳跃,以此类推。如果 $\beta=0$,则单个证券的预期收益率与市场完全无关。

截距项 α 表明当 $\beta=0$ 或 $R_M=R_F$ 时的预期收益率。当 $\alpha>0$ 时,投资者获得**正的超额收益**(positive abnormal returns);当 $\alpha<0$ 时,投资者获得**负的超额收益**(negative abnormal returns)。投资者将推崇使投资组合保持正超额收益的投资组合管理者($\alpha>0$),他们将解雇那些使得投资组合总是获得负超额收益的管理者($\alpha<0$)。在收益率仅由系统性风险决定的资本市场中,CAPM表明 $\alpha=\varepsilon=0$。

证券特征线还精确地指出了单个证券的系统性风险和非系统性风险是如何构成总风险的。如果 $R_{it}-R_{Ft}=\alpha_i+\beta_i(R_{Mt}-R_{Ft})+\varepsilon_i$,统计学家指出

$$\text{VAR}(R_i - R_F) = \text{VAR}(\alpha_i + \beta_i R_M - \beta_i R_F + \varepsilon_i)$$
$$\text{VAR}(R_i) = \text{VAR}(\alpha_i) + \text{VAR}(\beta_i R_M - \beta_i R_F) + \text{VAR}(\varepsilon_i)$$
$$= 0 + \beta_i^2 \text{VAR}(R_M) + \text{VAR}(\varepsilon_i) \tag{4.4}$$

由于随机扰动项独立于市场收益,方程(4.4)意味着

$$\text{总风险} = \text{系统性风险} + \text{非系统性风险}$$
$$\text{SD}(R_i) = \beta_i \text{SD}(R_M) + \text{SD}(\varepsilon_i) \tag{4.5}$$

例 4-3 深圳发展银行股份有限公司是一家全国性股份制商业银行,这家公司的收益波动有多少来自系统性风险?多少来自非系统性风险?

解答

公司的贝塔系数可以在 wind 网站找到。贝塔系数是 1.0907。wind 还提供了过去四年间深发展以及沪深 300 指数的月收益率。分析如下:

日期	深发展A的月收益率	沪深300指数的月收益率		
May-04	0.0311	−0.0265		
Jun-04	−0.106	−0.1064		
Jul-04	−0.057	0.0095		
Aug-04	0.0062	−0.03		
Sep-04	0	0.0505		
Oct-04	−0.1213	−0.0532	=STDEV(B2:B48)	
Nov-04	−0.0167	0.0119		
Dec-04	−0.0652	−0.0591	SD(深发展A)=	0.138232048
Jan-05	−0.0804	−0.0451	SD(沪深300)=	0.098368851
Feb-05	0.0693	0.0891	beta=	1.0907
Mar-05	−0.196	−0.094		
Apr-05	0.19	−0.0104	系统性风险=	0.107290906
May-05	−0.0306	−0.082		
Jun-05	−0.0133	0.0266	=E11*E10	
Jul-05	0	0.0108		
Aug-05	0.0506	0.0448	非系统性风险=	0.030941143
Sep-05	−0.0754	−0.0113		
Oct-05	−0.0087	−0.0448	=E9−E13	
Nov-05	0.0228	−0.0028		
Dec-05	0.0514	0.0568		
Jan-06	0.0342	0.0933		
Feb-06	0.0772	0.043		
Mar-06	−0.0687	0.0077		
Apr-06	0.237	0.1049		
May-06	0.1142	0.1647		
Jun-06	−0.139	0.0209		
Jul-06	−0.1111	−0.0715		
Aug-06	0.0759	0.0343		
Sep-06	0.1286	0.0482		
Oct-06	0.1703	0.0436		
Nov-06	0.3246	0.1706		
Dec-06	0.1439	0.1906		
Jan-07	0.322	0.1687		
Feb-07	−0.0042	0.0668		
Mar-07	−0.0089	0.0932		
Apr-07	0.3745	0.2793		
May-07	0.1056	0.1038		
Jun-07	0.0555	−0.0417		
Jul-07	0.3165	0.185		
Aug-07	0.0489	0.1875		
Sep-07	0.0521	0.0536		
Oct-07	0.2019	0.0193		
Nov-07	−0.2491	−0.1672		
Dec-07	0.0698	0.1268		
Jan-08	−0.1373	−0.1345		
Feb-08	−0.0045	0.0117		

4.3.4 利用 CAPM 模型寻找被低估的股票

CAPM 最适合用于确定已知系统性风险的股票的预期收益率。当然,投资者可能更感兴趣的是 CAPM 是否可以用来判定股票是否被低估或高估。作为一个基本标准,要谨记的是对被高估或低估的股票应用 CAPM 是不合理的。CAPM 假定所有股票在任何时点都被合理定价。如果投资者确信自己发现了一个被低估的股票,那么将获得高于 CAPM 预测值的预期收益率。投资者观察到的期望收益和风险的交点将出现在 CAPM 的证券特征线之上。如果投资者确信自己发现了一个被高估的股票,那么将获得低于 CAPM 预测值的预期收益率。投资者观察到的期望收益和风险的交点将出现在 CAPM 的证券特征线之下。

考虑这样一种情形,投资者已经判断出 A 公司将会获得高回报,如图 4-5 所示。CAPM 显示了一个贝塔值为 0.9 的股票将获得的预期收益 $E(R_A)$。如果投资者认为 A 公司将提供高于 CAPM 预测值的收益率,那么该投资者一定是认为这只股票被低估了。更进一步,如果投资者认为 Z 公司将获得如图 4-5 所示的收益,那么该投资者一定是认为这只股票被高估了。这是因为图 4-5 所示的收益低于 CAPM 的预测值。

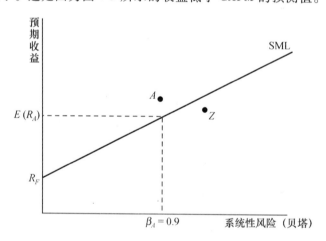

图 4-5 利用证券市场线来判断高估和低估的股票

与深入的公司分析相结合,CAPM 为评估个股投资潜力提供了理论依据。

4.3.5 投资组合风险与 CAPM

如果在一个已知的投资组合中加入新的股票,投资组合的风险将发生什么变化?用现代投资理论来回答这个问题需要大量的计算。现代投资理论用投资组合的标准差来描述风险。标准差由各个证券收益率两两之间的相关性决定。在投资组合中加入新的股票需要计算所有证券的标准差以及所有证券之间的协方差,计算过程将是非常烦琐的!

但是，CAPM 提供了一个评估新增证券如何改变投资组合风险的简单框架。当两个资产构成一个组合时，投资组合风险将是两个资产贝塔值的加权平均。更一般地说，投资组合的贝塔值是

$$\beta_P = \sum_{i=1}^{N} w_i \beta_i \tag{4.6}$$

其中，w_i 是组合中资产 i 的比重。因此，考虑一个贝塔值为 1.1 的原有投资组合和一个贝塔值为 1.5 的新增股票，由 90% 原有组合和 10% 新增股票组成的新投资组合的贝塔值为 1.14（$=0.9 \times 1.1 + 0.1 \times 1.5$）。

例 4-4　一个投资者希望投资 10 000 美元于 Hewlett-Packard 公司（简称"HP"）（$\beta = 0.655$），投资 15 000 美元于 Time Warner 公司（简称"TWX"）（$\beta = 2.186$）。由这两只股票构成的投资组合的贝塔值为多少？

解答

首先计算每只股票在投资组合中的权重：

HP 的权重 = \$10 000/(\$10 000 + \$15 000) = 40%

TWX 的权重 = \$15 000/(\$10 000 + \$15 000) = 60%

组合的贝塔值 = 0.4 × 0.655 + 0.6 × 2.186 = 1.574

4.4　贝塔的经验估计

4.4.1　模型的设定问题

对贝塔作为标准风险衡量的一个批判是，CAPM 模型仅仅提供了收益波动率的不完全描述。理论上，证券特征线表明股票收益的波动率可以用整个市场的波动率来描述。然而，那些支持或否定证券特征线是描述和预测收益率波动的可行方法的实证工作都存在很多明显的问题。

一个关键的问题是整个市场的收益波动率很难度量。在晚间新闻中，当评论员谈到市场行情时，通常会提到 DJIA 的走势。然而 DJIA 仅仅包含了 30 只成分股，约占纽约证券交易所、纳斯达克和美国证券交易所所有股票市值的 30%。虽然 DJIA 提供了大盘蓝筹股价格的很全面的走势和变化，但是没有涉及投资者在较小的高科技板块中获得收益的波动率。很多投资者认为，标准普尔 500 指数提供了关于市场整体变动的一个有效视角。纳斯达克和罗素 2000 指数是度量高科技和小股票的收益率的流行指标，它们所提供的关于整个市场变化的信息则更少。

如图 4-6 所示，单个股票的贝塔可以用简单的普通最小二乘回归模型估计。虽然上证 50 和沪深 300 指数的收益率存在很高的相关度，但微小的区别也会对贝塔估计产生重大影响。**市场指数偏差**（market index bias）是指由于市场指数不是整个市场的完美替代而导致贝塔估计的失效。为了阐明由市场指数替代市场所导致的问题，考察深发展 A 股

票一年中的贝塔估计值。当以上证 50 指数的周收益率作为整个市场收益率的代表时,深发展 A 股票的贝塔估计值为 $\beta = 1.258$,这意味着该股票的系统性风险比整个市场高 25.8%。当以沪深 300 指数作为市场代表时,深发展 A 股票的贝塔估计值为 $\beta = 1.202$。由此可见,同样一年中,根据所依赖市场指数的不同,深发展 A 股票持有者承担的相对风险超过整个市场风险的 20% 到 25.8% 不等。

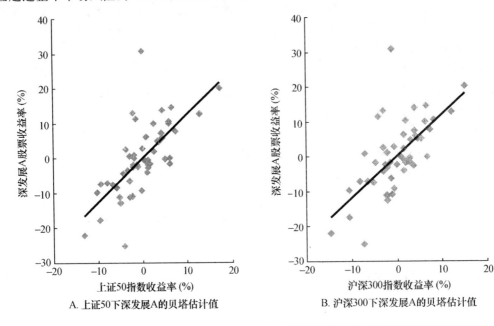

回归结果		回归结果	
R^2	48.5%	R^2	43.1%
标准误差	7.427	标准误差	7.768
观测值	51	观测值	51
贝塔估计值	**1.258**	**贝塔估计值**	**1.202**
系数标准误差	0.185	系数标准误差	0.1971
t 统计量	6.789	t 统计量	6.093

图 4-6 贝塔估计值会因所选择的市场指数不同而不同

资料来源:wind 资讯。

市场指数偏差的存在使得在比较不同公司贝塔值时需要使用同一个合适的市场基准。从理论角度来说,最恰当的市场基准是包含了所有资本资产——股票、债券、有形资产、收藏品等的市场指数。遗憾的是,不存在这样的市场指数。

贝塔估计值的变化不仅与上述不同市场指数代表有关,还因为许多重要但不可度量的股票波动风险源在起作用。**模型设定偏误**(model specification bias)导致的贝塔估计值扭曲,是因为证券特征线没有包含影响股票市场波动的其他重要系统性因素。图 4-6 中 R^2 的数据说明,只有 43.1%—48.5% 的深发展总收益变动被市场变动所解释。这意味着有 56.9%—51.5% 的波动未被这个简单的回归模型所解释。

4.4.2 数据的频度问题

想要得到一致可靠的贝塔估计值,面临的另一个问题是,这些数据分析受时间长度的限制。**频度偏误**(time interval bias)的存在是因为贝塔值的估计对衡量股票收益率的时间长度很敏感。

图 4-7 显示了 1992—2007 年期间深发展贝塔值的估计。两个估计值都使用上证综合指数作为整个市场的代表。使用 3 901 天的日收益计算得出 $\beta = 0.36$。在同样的 15 年期间,使用日收益得出的贝塔估计值小于由年收益数据得出的贝塔值($\beta = 1.092$)。贝塔估计值因所分析的时间间隔的不同而不同,从而贝塔作为风险度量的作用就大大降低了。

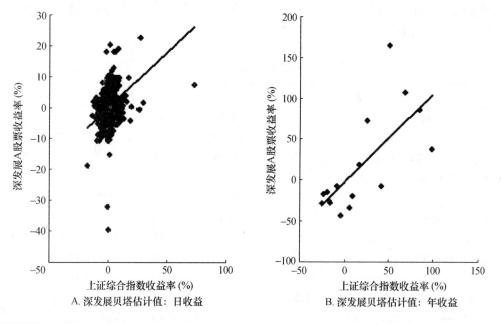

回归结果		回归结果	
R^2	12.9%	R^2	51.4%
标准误差	2.546	标准误差	43.54
观测值	3 901	观测值	16
贝塔估计值	**0.360**	贝塔估计值	**1.092**
系数标准误差	0.015	系数标准误差	0.284
t 统计量	24.009	t 统计量	3.845

图 4-7 贝塔估计值随估计时间区间的不同而不同

资料来源:wind 资讯。

4.4.3 贝塔的时变问题

完美的股票市场风险度量标准在不同年份应该是稳定的。根据完美的风险度量，投资者在面对波动的市场时可以通过选择好的股票和好的时机进行买卖交易来控制风险。假设一个中年的投资者想要在退休后与市场保持一致的收益，并要控制损失的可能性。利用完美的风险度量，退休的投资者能够以很低的风险来精确调整投资组合中的证券。另外，如果投资者预计利率的降低将引起股票价格的波动，那么精确的风险度量将帮助投资者调整投资组合。

由于不能提供准确一致的风险暴露度量，股票市场风险指标的作用降低了。事实上，使用 CAPM 估计风险的一个重要限制是它们通过不可预知的路径随着时间不断改变。表 4-1 显示了组成 DJIA 的 30 只股票的阿尔法、贝塔估计值和 R^2 信息。这些基于证券特征线的估计是利用一年 251 个日收益的观测值以及用标准普尔 500 指数作为整个市场指标得到的结果。

表 4-1 美国 30 家工业巨头的贝塔估计

公司名称	α 估计	t-统计量	β 估计	t-统计量	R^2
Altria Group(MO)	0.091	1.47	0.867	9.01	24.5%
Aluminum Co. of America(AA)	−0.023	−0.32	1.182	10.79	31.8
American Express Co. (AXP)	0.012	0.22	1.032	12.29	37.7
American International Group(AIG)	0.014	0.18	1.006	8.35	21.8
AT&T(T)	−0.005	−0.12	0.672	10.11	29.0
Boeing Company(BA)	0.123	1.63	0.973	8.27	21.5
Caterpillar Inc. (CAT)	0.068	0.82	1.418	11.09	33.0
Citigroup Inc. (C)	0.011	0.29	0.713	12.13	37.0
Coca-Cola Company(KO)	−0.009	−0.22	0.650	10.68	31.3
E. I. du Pont de Nemours and Company(DO)	−0.052	−0.85	1.096	11.61	35.0
Exxon Mobil Corp. (XOM)	0.035	0.49	1.424	12.85	39.8
General Electric Company(GE)	−0.014	−0.36	0.891	14.47	45.6
General Motors Corporation(GM)	−0.246	−1.54	1.387	5.61	11.2
Hewlett-Packard Company(HPQ)	0.133	1.27	0.731	4.53	7.6
Home Depot(HD)	−0.028	−0.48	1.329	14.79	46.7
Honeywell International(HON)	0.022	0.33	1.043	10.15	29.2
Intel Corp. (INTC)	0.023	0.35	1.185	11.59	35.0
International Business Machines Corporation(IBM)	−0.074	−1.23	0.889	9.55	26.7
J. P. Morgan & Co. Incorporated(JPM)	0.013	0.34	0.927	15.63	49.4
Johnson & Johnson(JNJ)	−0.018	−0.37	0.598	7.84	19.8
McDonald's Corporation(MCD)	0.023	0.28	1.167	9.39	26.1

(续表)

公司名称	α 估计	t-统计量	β 估计	t-统计量	R^2
Merck & Co.,Inc(MRK)	0.210	0.20	0.712	4.40	7.2
Microsoft Corp.(MSFT)	-0.011	-0.22	0.787	10.76	31.6
Minnesota Mining and Manufacturing Company(MMM)	-0.021	-0.37	0.860	9.96	28.4
Pfizer,Inc.(PFE)	-0.046	-0.54	0.826	6.34	13.9
Procter & Gamble Company(PG)	0.021	0.43	0.782	10.43	30.3
United Technologies Corporation(UTX)	0.029	0.58	1.071	14.00	44.0
Verizon Communications(VZ)	-0.105	-2.21	0.711	9.62	27.0
Wal-Mart Stores,Inc.(WMT)	-0.049	-0.96	0.772	9.76	27.6
Wall Disney Company(DIS)	-0.061	-1.02	0.893	9.69	27.3
平均	0.002	-0.06	0.953	10.19	29.2%

注意 0.002 的平均阿尔法估计值非常接近于零,这是完全竞争市场下的 CAPM 预测结果。0.953 的贝塔估计值意味着 DJIA 股票有着与整个市场相应的风险特征。正如大家所知,整个市场的贝塔值为 1。虽然这些 DJIA 股票的阿尔法和贝塔估计值的数量都不令人惊讶,但遗憾的是,平均的 R^2 为 29.2。这意味着整个市场的波动率仅解释了单个 DJIA 股票大约四分之一(29.2%)的波动率,也就是有大约四分之三(70.8%)的波动率是简单的 SCL 回归模型解释不了的。

很遗憾的是,今天估计的贝塔值和明年估计的贝塔值将有很大区别。这就是**贝塔的时变问题**(nonstationary beta problem)。当贝塔值随着时间而随机且不可预测地变化时,贝塔值就不能作为一个可以有效用于投资组合管理风险评估的工具。贝塔随时间随机变化的性质降低了 CAPM 在实践中作为风险评估工具的作用。

4.5 多因素模型

4.5.1 多因素 CAPM 或者 APT 方法

在传统的 CAPM 方法中,投资组合预期收益率与无风险利率的差别 $[E(R_i)-R_f]$ 是由市场组合的超额收益率 $[E(R_m)-R_f]$ 来解释的。遗憾的是,表 4-1 和图 4-6、图 4-7 提供的信息证明了这样一个事实,CAPM 的贝塔值只解释了平均收益波动的一小部分,而且还要依赖市场指数的选择,以及在不同时段的估计值的不稳定性(贝塔的不稳定性问题)。这些发现与一系列的研究结果一致。芝加哥大学的 Eugene Fama 教授和达特茅斯学院的 Kenneth French 证明了平均收益与 CAPM 的贝塔值之间并不是简单相关的。与用 CAPM 的预测相反,仅用贝塔来解释期望收益是远远不够的。

传统的 CAPM 假设单个市场风险因子 β 就足以衡量证券的系统性风险。假设资产定价是合理的,CAPM产生的平均收益异常表明一个**多因素的CAPM模型**(multifactor CAPM)会更适合。市场的贝塔仅代表公司众多风险因素之一。例如,公司规模可能是第二个风险因素,价格-账面比率可能是第三个风险因素,等等。在这种情况下,可以反映多因素风险的资产定价模型相比传统的单因素模型将更受欢迎。

从理论上说,多风险因素的方法,有时候也称作**套利定价理论**(arbitrage pricing theory, APT),可以对平均收益提供更好的描述。**套利**(arbitrage)就是简单地同时买进和卖出同一资产。根据APT,如果同时买卖同一资产不能赚取无风险套利收益,那么市场就是有效的。APT是一个很简单的证券定价模型。它的唯一隐含假设是投资者愿意拥有更多的财富。

在CAPM中,超额收益是通过单个市场风险因子β来解释的,而APT则是通过组合收益对N种风险因素的敏感性来解释投资组合的预期收益和无风险利率的差额$[E(R_i) - R_f]$,因此

$$R_i - R_f = a_i + b_{1i}F_1 + b_{2i}F_2 + \cdots + b_{Ni}F_N + \varepsilon_i \tag{4.7}$$

其中F_N表示影响证券收益的共同风险因素,b_i代表收益对各个风险因素的敏感度。注意这个方程与传统CAPM的SCL的相似之处。唯一的不同是多因素方法并没有规定重要风险因素的个数。这些因素可以包含在CAPM的市场β里,但β并不一定要是这些因素中的一个。这是因为CAPM和APT是两个独立的理论。APT模型在实证中存在两个问题:首先,多因素模型不能明确指出风险因素的来源,即这些风险因素是什么?其次,这个理论没有规定未知风险因素的数量。这些缺陷导致每个APT框架的使用者都必须指定自己的模型。

使用APT模型的投资者永远也不能确定所有相关的风险是否都包含在内。然而APT在识别公司对何种风险敏感时十分有用。例如,公司的股票收益可能会受石油价格变化的影响。大多数运输公司,如航空或卡车运输公司,将对"石油价格变动"这个风险因素有负的敏感度。通过方程(4.7)的因素敏感性检验,明智的投资者将更彻底地了解自身所持有的股票和债券的风险。

例4-5 投资者确定一个三因素的APT模型:CAPM的贝塔(F_1)、未预期的通货膨胀(F_2)以及风险利差(F_3)。未预期的通货膨胀是实际每年通货膨胀减去分析师和经济学家预期的水平。风险利差是高风险债券收益减去低风险债券收益的差额。这个利差度量债券市场提供的风险溢酬。所分析的这家公司的风险因素敏感度分别是$b_1 = 1.2$,$b_2 = -2.2$,$b_3 = 0.1$,公式(4.7)的截距项α是3.5%。如果市场的风险溢酬是5%,未预期的通货膨胀率为正的2%,风险利差是4%,这家公司将赚取多少风险溢酬?

解答

注意这家公司的市场风险大于1。从系统性风险来看,这家公司的风险比整个市场的风险更大。然而,由于受到未预期通货膨胀的反向影响,这家公司最后并没有表现出对风险利差很大的敏感性。给定公司的风险水平,在这些条件下,这家公司的风险溢酬是:

$$R_i - R_f = 3.5\% + 1.2(5\%) - 2.2(2\%) + 0.1(4\%) = 5.5\%$$

4.5.2 Fama-French 三因素模型

经验研究表明,普通股的平均收益与公司特征相关,如公司规模、市盈率、现金流/价格、账面市场净值、历史销售增长、长期历史收益(长期惯性)、短期历史收益(短期惯性)。这些是传统的单因素 CAPM 对平均收益所不能解释的部分,它们被称作异常。然而,除了短期惯性,三因素模型消除了这些异常的大部分。在标准的多因素 CAPM 方法中,投资组合的预期收益和无风险利率之差 $[E(R_i) - R_f]$ 由组合的收益对以下几点的敏感性来解释:(1) 市场组合的超额收益率 $[E(R_m) - R_f]$;(2) 小公司股票组合收益和大公司股票组合收益之差(SMB);(3) 高账面市值比股票收益与低账面市值比股票收益之差(HML)。在多因素 CAPM 的方法中,组合的市场敏感度或者系统性风险是利用时间序列数据由多元回归模型估计的:

$$R_i - R_f = a_i + b_{1i}(R_m - R_f) + b_{2i}\text{SMB} + b_{3i}\text{HML} + \varepsilon_i \tag{4.8}$$

经验证据表明,三因素 CAPM 模型优于传统的单因素 CAPM 方法。但是与单因素 CAPM 模型类似,三因素 CAPM 模型也仅仅解释了平均收益变化的一小部分。因此,虽然理论和经验都表明风险与收益是相关的,但是无论是单因素还是多因素 CAPM 方法都无法给投资者提供风险评估和管理的精确的工具。Fama-French 因素模型的数据可以在达特茅斯大学的 Kenneth French 教授的网页(http://mba.tuck.dartmouth.edu/pages/faculty/ken.french/data_library.html)上找到。

4.5.3 行为影响

传统的 CAPM 遇到的经验估计问题同样也出现在多因素 CAPM 和 APT 方法中。因为这些方法都不能充分地描述投资组合的预期收益率和风险的关系,故一些行为因素的影响正被列入考虑范围。

当众多投资者在同一时点遭遇相似偏差时,市场价格的走势将不能用传统的资产定价模型来描述。当今,一些金融学者正研究一些潜在的重要行为风险因素,如不愿意面对损失、过度自信、惯性效应等。对投资者行为的研究表明,上涨的股票越多,就有越多的投资者认为它将继续上涨。在一段时间里**惯性效应**(momentum)产生的投资策略会成为一种自我实现机制,特别是当陷入从众心理时。20 世纪 90 年代中后期,科技股特别是互联网股票需求量大增的现象就是一个很好的例子。

对股票和债券市场惯性效应的一个传统反驳是占多数的理性投资者在决定当前价格时关注的是未来期望。价格和收益的历史趋势在这一过程中是不相关的。即使一些幼稚投资者或者**噪声交易者**(noise traders)错误地关注历史趋势,当价格偏离真实经济时也有足够的理性专业投资者会发现。当价格的瞬间改变导致股票或债券市场被高估或低估时,明智的专业投资者将从幼稚投资者追逐惯性效应策略的过程中获取利益。然而,当前的实证研究表明,专业投资者与大众的交易是一样的,并非逆势而为。由于许多专业投资者都有短期任务,故他们更愿意试图在从众行为导致的价格高低起伏中获利,而不是与大众对抗并扭转现状。结果就是,这些情绪力量能驱使股票价格上涨到经济基础之上,也可以导致股票在低谷徘徊。比如在2000—2002年的市场崩盘中,惊慌失措的专业投资者和个人投资者都在一个毁灭性的低价上抛售科技股。

如何将这些投资者行为因素反映在资产定价模型中?事实上,答案很简单:在Fama-French三因素模型中添加第四个惯性效应因素:

$$R_i - R_f = a_i + b_{1i}(R_m - R_f) + b_{2i}\text{SMB} + b_{3i}\text{HML} + b_{4i}\text{UMD} + \varepsilon_i \tag{4.9}$$

其中UMD(up-minus-down)惯性因素是之前12个月内表现最好的股票组合的收益减去表现最差的组合收益。随着行为因素对股票收益的其他影响逐渐被越来越好地识别,肯定会出现更加全面反映经济和行为影响的更具体、更有用的资产定价模型。

4.6 投资组合绩效评价

4.6.1 投资组合的特征

评价投资组合时,它的业绩总是一个基准。然而,重要的是要从相对角度来看待绩效。绩效评估应该有一个合适的**基准**(benchmark),并且要与有相似目标和政策的组合比较。例如,一个大公司股票组合的投资策略在2006年获得10%的年收益率。然而,如果S&P 500取得12%的年收益率,上述收益率将是不够高的。能否因为一个组合在衰退行业中的投资权重较高而导致低收益,就认为它落后于评价基准?能否因为利率下降就称一个长期债券组合是成功的?分析这些特征对于评估投资组合的绩效至关重要。

考虑时间长度同样重要。例如,仅考虑最近的几个月或者一年、两年的绩效是远远不够的。一年期的异常表现是经常发生的。应该在一个较长的时期来评价投资管理者。通过考察5年、10年甚至是20年的绩效,我们对管理者的能力会有一个较合理的评价。当然,只有当投资管理者的投资策略没有发生改变的情况下,历史绩效才是预期风险和收益的一个有效指导。

4.6.2 阿尔法和贝塔

在理论上,证券市场线表明了证券预期收益率与系统性风险之间的线性关系,如方程(4.2)所示。投资组合的预期收益率表示为:$E(R_P) = R_F + \beta_P(R_M - R_F)$。投资组合获得的风险溢酬与整个市场风险溢酬成比例。

平均来说,投资组合的风险溢酬是市场风险溢酬的β_P倍,其中β_P是投资组合系统性风险的贝塔测度,表示投资组合的风险溢酬和整个市场风险溢酬的系统性关系。如果$\beta_P=1.5$,则投资组合的风险是整个市场风险的1.5倍。此时,投资者预计将获得的年收益率为无风险收益率加上1.5倍的市场风险溢酬。如果$\beta_P=0.5$,则投资组合的风险仅为市场总风险的一半,投资者预计将获得的年收益率为无风险收益率加上市场风险溢酬的一半。美国在过去的55年间,无风险收益率的合理估计是5%,市场的预期收益率大约是12%。这意味着一个 $\beta_P = 2$ 的投资组合的预期收益率为19%($=5\% + 2 \times 7\%$)。但是,如果这个投资组合获得低于19%或者高于19%的预期收益率,我们又该如何对其作出描述呢?

方程(4.10)可以用来定义超额收益,希腊字母**阿尔法**(alpha, α_P)表示投资组合年收益率中与市场风险无关的部分

$$E(R_P) - R_F = \alpha_P + \beta_P(R_M - R_F) \tag{4.10}$$

如果 $\alpha_P > 0$ 并且在统计上显著,投资组合得到正的超额收益。这种情况表明了投资组合经理优异的历史表现(或者好运气)。如果 $\alpha_P < 0$ 并且在统计上显著,该组合的表现劣于市场,表明了较差的投资历史表现(或者坏运气)。

当 $\alpha_P > 0$ 时,投资组合绩效好于CAPM的理论预期。好的投资绩效归功于**择券能力**(selectivity),即选择具有高的预期风险回报特征的股票。这是优秀股票挑选者的特点。虽然时间证明,很少投资组合管理者具备挑选好股票的能力,但还是有一些值得注意的例外。沃伦·巴菲特、彼得·林奇和全球投资者约翰·邓普顿就是很好的例子。卓越的投资组合绩效同样需要通过谨慎的**市场择时**(market timing)。长期以来,很少有人能正确选择市场时机。

当 $\alpha_P < 0$ 时,投资组合的绩效差于理论预期。这种低绩效有时候归咎于失败的股票选择和市场时机。但是更多时候的原因很简单。过高的投资组合经理薪酬和不合理的组合交易量导致的费用过高通常就是重要原因,特别是在共同基金产业。

尽管CAPM有很多众所周知的缺陷,但是如今来自现代投资组合理论的 α 和 β 已经成为衡量共同基金超额收益和风险的标准。著名的共同基金信息网站晨星公司(www.morningstar.com),就公布了旗下共同基金的 α 和 β 的估计值。公布的 α 和 β 是用过去三年的数据,并以S&P 500指数作为市场组合计算出来的。晨星公司同样公布用基金基准作为市场组合计算出来的 α 和 β 以及三年的收益。例如,在2006年1月,Oppenheimer Equity 共同基金用S&P 500指数作为市场组合计算出来的 α 为2.36%(β 为0.90),用 Morningstar Midcap TR Index 作为市场组合计算出来的 α 为 -1.00%(β 为0.72)。

4.6.3 阿尔法和贝塔是否提供了有价值的信息

遗憾的是,由于CAPM未能准确描述共同基金的风险-报酬关系,α 和 β 的作用也随之降低。当估计个股,如DJIA的30只股票时,α 和 β 趋向于不稳定。表4-2显示,在考虑最大的10只普通股票基金时,α 和 β 的估计值同样显示出不稳定性。这些基于证券特征线的估计值是根据一年251个日收益的观测值和以标准普尔500作为市场指数计算出来的。

表 4-2 美国 10 家领先共同基金以标准普尔 500 为市场指数的贝塔估计

共同基金	交易代码	α 估计	t-统计量	β 估计	t-统计量	R^2
American Century Ultra	TWCUX	−0.004	−0.26	0.982	46.96	89.8%
Fidelity Advisors Groeth Opportunity	FAGOX	0.020	1.34	1.111	49.15	90.6
Fidelity Contrafund	FCNTX	0.042	2.15	0.922	30.42	78.7
Fidelity Magellan Fund	FMAGX	−0.001	−0.02	0.993	41.13	87.1
Fidelity Puritan	FPURX	0.005	0.67	0.617	50.88	91.2
Investment Co. of America(American Funds)	AIVSX	0.004	0.26	0.759	32.43	80.8
Janus Fund	JANSX	0.004	0.28	0.988	47.54	90.0
Vanguard 500 Index	VFINX	0.005	2.22	1.000	303.80	99.7
Vanguard Wellington	VWELX	0.003	0.16	0.626	22.83	67.6
Washington Mutual(American Fund)	AWSHX	−0.004	−0.46	0.923	62.70	94.0
平均		0.007	0.634	0.892	68.784	87.0%

资料来源：Yahoo! Finance, http://finance.yahoo.com(2005 年的数据)。

正如 CAPM 对一个完全竞争市场的预测,α 估计值的平均值为 0.07,十分接近于零。β 估计值的平均值为 0.892,意味着分散投资于大量股票的基金型股票的风险特征比较好地代表了整个市场。

4.7 风险调整绩效

4.7.1 夏普比率

诺贝尔经济学奖得主威廉·夏普提出了一种度量投资组合的风险调整绩效的方法,称作**夏普比率**(Sharpe Ratio)。这一回报-波动测度通过系统性风险与非系统性风险之和带来的单位风险溢价来对不同的组合进行比较。换句话说,夏普比率是考虑总风险的单位风险溢价：

$$夏普比率 = \frac{\bar{R}_P - \bar{R}_F}{\text{SD}(R_P)} = \frac{组合\ P\ 的超额收益}{组合\ P\ 的总风险} \tag{4.11}$$

$\bar{R}_P$ 是 t 时期组合 P 的平均收益率,$\bar{R}_F$ 是无风险利率,$\text{SD}(R_P)$ 是 t 时期组合的标准差。如果夏普比率小于零或者只是很小的正数,那么该组合的绩效较差。如果夏普比率是一个很大的正数,那么该组合的绩效较好。

4.7.2 特雷诺指数

金融经济学家杰克·特雷诺(Jack Treynor)提出了另一个度量投资组合的风险调整绩效的方法,称作**特雷诺指数**(Treynor Index)。这种回报-波动仅考虑系统性风险的单位风险溢价。

$$\text{特雷诺指数} = \frac{\bar{R}_P - \bar{R}_F}{\beta_P} = \frac{\text{组合 } P \text{ 的超额收益}}{\text{组合 } P \text{ 的系统性风险}} \tag{4.12}$$

如前所述,$\bar{R}_P$ 是 t 时期组合 P 的平均收益率,$\bar{R}_F$ 是无风险利率。在方程(4.12)中,β_P 是衡量投资组合系统性风险的贝塔值。如果特雷诺指数小于零,或者只是一个很小的正数,那么该组合业绩较差。如果特雷诺指数是一个很大的正数,那么该组合业绩较好。

4.7.3 夏普比率和特雷诺指数的比较

比较夏普比率与特雷诺指数,关键是要理解它们的区别仅在于使用不同的风险测度。夏普比率是用以 $\text{SD}(R_P)$ 表示的总风险的风险溢价来衡量投资组合业绩,而特雷诺指数是用以 β_P 表示的系统性风险的风险溢价来衡量投资组合业绩。两种方法得出的各种投资组合的业绩排序通常都是类似的。重新回到 Oppenheimer Equity 共同基金的例子,过去三年 Oppenheimer 的夏普比率是 1.19,意味着每 1% 的组合标准差获得的年风险溢价是 1.19%。类似地,过去三年 Oppenheimer 的特雷诺指数是 12.7%,意味着以 β_P 衡量的每单位系统性风险获得了 12.7% 的风险溢价。

然而,应将夏普和特雷诺风险调整测度作为一种参照而非绝对的标准。如果市场不景气,几乎所有股票组合都获得负收益。从而,夏普比率和特雷诺指数也都是负的。考虑在过去三年平均每年获得 −3% 收益的养老基金,其风险调整测度是负的。从绝对数来看,人们也许会说该投资组合管理者的业绩很糟糕。然而,如果标准普尔 500 指数在同时期每年平均下跌 6%,人们就会认为该投资组合管理者非常成功。评价投资组合管理者业绩的更好办法是比较养老基金与整个市场或者其他投资组合的夏普比率或特雷诺指数。投资组合的阿尔法是一个度量业绩的绝对标准,而夏普比率和特雷诺指数只是比较好的相对标准。

例 4-6 一个养老基金今年的平均收益约为 0.9%,标准差是 0.5%。该基金采取了激进型投资策略,贝塔值为 1.7。如果市场平均收益是 0.7%,标准差为 0.3%,那么相对市场而言,该养老基金的业绩如何?假设无风险月利率为 0.2%。

解答

计算并比较该基金与市场的夏普比率和特雷诺指数。

对该养老基金而言:

$$\text{夏普比率} = \frac{\bar{R}_P - \bar{R}_F}{\text{SD}(R_P)} = \frac{0.9\% - 0.2\%}{0.5\%} = 1.4$$

$$\text{特雷诺指数} = \frac{\bar{R}_P - \bar{R}_F}{\beta_P} = \frac{0.9\% - 0.2\%}{1.7} = 0.41$$

对市场而言:

$$\text{夏普比率} = \frac{0.7\% - 0.2\%}{0.3\%} = 1.67$$

$$\text{特雷诺指数} = \frac{0.7\% - 0.2\%}{1.0} = 0.50$$

市场的夏普比率和特雷诺指数都大于养老基金,表明养老基金的业绩低于市场。

总结

- 用于描述证券定价最详尽的模型是**资本资产定价模型(CAPM)**。CAPM 是在有效资本市场中预测投资收益的方法。

- CAPM 描述了三种预期收益与风险的关系。**资本市场线(CML)**描述了所有投资组合风险收益的线性关系。**证券市场线(SML)**刻画了单个股票的风险收益线性关系。

- SML 表明股票的预期收益可以看做是系统性风险的一个简单函数。**系统性风险**衡量单个证券收益与市场相关的波动率。**非系统性风险**是单个公司面临的特定风险。非系统性风险也叫做可分散风险。即使通过分散化可以消除非系统性风险,系统性风险依然存在。因为系统性风险不可以通过分散化投资来消除,故投资者可以从系统性风险的增加中得到收益补偿。金融经济学家用希腊字母**贝塔(β)**作为系统性风险的衡量。

- CAPM 描述的第三个风险收益关系是**证券特征线(SCL)**。SCL 表明每一时点上单个证券超额收益与整个市场超额收益的线性关系。截距项 α 表明当 $\beta = 0$ 或 $R_M = R_F$ 时的预期收益率。当 $\alpha > 0$ 时,投资者获得**正的超额收益**;当 $\alpha < 0$ 时,投资者遭受**负的超额收益**。投资者将推崇使投资组合保持正超额收益的投资组合管理者($\alpha > 0$),他们将解雇那些使得投资组合总是获得负超额收益的管理者($\alpha < 0$)。贝塔大于 1 代表超过市场风险,贝塔小于 1 代表低于市场风险。

- 对贝塔作为标准风险衡量的一个批判是,CAPM 模型仅仅提供了收益波动率的不完全描述。**市场指数偏差**是指由于市场指数不是整个市场的完美替代而导致的贝塔估计偏差,同样也有其他重要但不可度量的股票波动风险源在起作用。**模型设定偏误**导致的贝塔估计值扭曲,是因为 SCL 没有包含影响股票市场波动的其他重要系统性因素。**频度偏误**的存在是因为贝塔值的估计对衡量股票收益率的时间长度很敏感。贝塔随时间变化导致的不稳定性是 CAPM 面临的一个重要问题。这就是**贝塔的时变问题**。

- 当 CAPM 无法精准地描述或者预测组合收益时,**模型错认偏误**就会出现。传统的 CAPM 模型假定只需要唯一一个市场风险因子 β 来度量单个证券的系统性风险。假设资产定价是理性的,实证研究表明多因素 CAPM 模型会更合适。市场贝塔仅仅描述了公司面临的众多风险之一。其他风险因素可能包括公司规模、价格-账面比,等等。

- 从理论上说,多风险因素的方法,有时候也称作**套利定价理论(APT)**,可以对平均收益提供更好的描述。**套利**就是简单地同时买进和卖出同一资产。传统的金融理论表明风险和收益是相关的,但无论是传统单因素 CAPM 还是多因素 CAPM 方法都无法给投资者提供评估和管理风险的准确工具。这是由于市场上存在许多行为背离传统资产定价模型假定的**噪声交易者**。因此,包含诸如趋势因素等行为特征的模型被利用。

- 当 $\alpha_P > 0$ 时,投资组合绩效好于 CAPM 的理论预期。好的投资绩效归功于**择券能力**,即选择具有预期风险回报高的特征的股票。卓越的投资组合绩效同样需要通过谨慎的**市场择时**。

- 诺贝尔经济学奖得主威廉·夏普提出了一种度量投资组合的风险调整绩效的方法,称作**夏普比率**。金融经济学家 Jack

Treynor 发展了另一种度量投资组合的风险调整绩效的方法,称作**特雷诺指数**。夏普比率是用以 SD(R_P) 表示的总风险的风险溢价来衡量投资组合业绩,而特雷诺指数是用以 β_P 表示的系统性风险的风险溢价来衡量投资组合业绩。两种方法得出的各种投资组合的业绩排序通常都是类似的。

习题

4.1 预期的市场风险溢酬和无风险利率
(原书 5.1) 分别为 4.5% 和 3.5%。Abbot Labs 公司和 Black & Decker 公司的贝塔值分别为 1.3 和 1.7,请问这两家公司的预期收益率分别是多少?

4.2 General Electric(GE)公司的贝塔值
(原书 5.2) 是 1,Wendy's International 公司的贝塔值是 0.5。假设市场回报率等于 10%,无风险利率是 4%,请计算由 50% 的 GE 和 50% 的 Wendy's 组成的投资组合的预期收益率。

4.3 假设某投资者确定股票市场中有三
(原书 5.4) 个风险因子,分别为 $F_1 = 5, F_2 = 7, F_3 = 2$。如果无风险利率是 3%,有四只股票,其风险敏感度见下表:

	F_1	F_2	F_3
A	1	0.5	0.3
B	1.5	1	0
C	0.5	0.5	-0.5
D	0	2	0

根据以上数据计算这四只股票的预期收益率。(假设所用的 APT 模型的截距为 0)

4.4 Qualcomm 公司的贝塔值为 1.22,相
(原书 5.5) 应的 SMB 和 HML 风险因素敏感度为 -0.2 和 -0.9。自 1980 年以来,年平均股权风险溢价为 8.5%,年平均 SMB 为 2.2%,年平均 HML 为 4.6%,如果预期无风险利率为 3.5%,那么 Qualcomm 的预期收益率是多少?(假设 Qualcomm 的三因素模型的截距是 0)

4.5 考虑如下信息:
(原书 5.6)

你的组合		市场组合	
收益率	15%	标准普尔 500 收益率	14%
标准差	13%	标准差	12%
β	1.3	无风险利率	5%

计算两个组合的夏普比率和特雷诺指数,并作比较。

4.6 某位投资组合经理管理着一个 β =
(原书 5.7) 1.4 的资产组合,如果该基金的收益率为 11%,市场回报率为 9%,无风险利率为 4%,那么该组合的 α 是多少?从风险调整的角度,该经理是否击败了市场?

4.7 公司 A 的贝塔值等于 0.406,在过去
(原书 5.8) 四年里公司 A 的月收益率标准差为 11.61%,同期沪深 300 的收益率标准差为 4.46%。计算在公司 A 的总风险中系统性风险所占的比重为多大?

4.8 某投资者欲投资 15 000 元于 A 公司
(原书 5.10) 股票(β=3.106),投资 20 000 元于 B 公司股票(β = -0.087),投资 25 000 元于 C 公司股票(β = 0.403)。请问这三只股票的上述组合的 β 是多少?

4.9 根据证券市场线(SML)的内容,下列
(原书 5.17) 关于风险与要求回报率之间关系的表述哪一项最合理?

a. SML 的斜率表示特定投资者单位收益所承受的风险

b. SML 的平行移动表示投资者的风险态度发生变化

c. 沿 SML 线的变动表示特定投资的风险变动,比如商业风险或者财务风险变动

d. SML 斜率的变化表示市场条件发生变化,比如货币政策放松或趋紧,或者预期通货膨胀率发生变化

4.10 套利定价理论(APT)和资本资产定价模型(CAPM)在下面哪条假设下是最相似的?
(原书5.18)

a. 证券收益率服从正态分布

b. 均值方差有效市场组合存在并且包含所有风险资产

c. 一种资产的价格基本上由该资产与某个主要的风险因素的协方差决定

d. 特定风险因子之间是独立的并且可以通过组合的分散化消除

4.11 根据资本市场理论,非系统性风险是指:
(原书5.19)

a. 特定风险

b. 不可分散风险

c. 在市场组合中始终存在的风险

d. 由宏观经济变量和其他与总体市场相关的变量引起的所有风险资产的波动性

第 5 章
有效市场假说

本章学习目标
- 理解投资行为中的随机和运气的角色
- 识别不同层次的有效市场
- 刻画股票收益的时间序列特征
- 避免赌徒谬论和数据挖掘问题
- 理解泡沫和欺诈如何挑战有效市场观点

互联网上有定期提供买卖建议、金融资讯以及投资者交流的平台。其中一个很流行的网站是 The Motley Fool（TMF），www.fool.com。公司总部在弗吉尼亚州亚历山大老镇，TMF 成立于 1993 年，由 David 和 Tom Gardner 兄弟创办。它的名字来源于伊丽莎白时期的戏剧，一个只有宫廷小丑（"傻瓜"）才能告诉国王真相而不会脑袋搬家的地方。十多年来，TMF 致力于让个人投资者"教育，愉快，富裕"。TMF 最近在各大刊物和广播媒体上也十分活跃，它出现在美国和加拿大的 160 种报纸上。在周六或周日可以从超过 100 个电台收听到 3 个小时的 TMF 广播节目。

投资者可以从 TMF 和其他类似的网站上得到许多有用的信息。例如，TMF 指出大约有四分之三的共同基金经理的表现低于市场表现。如果投资者想要以很低的交易成本获得与市场相当的收益，指数共同基金将是很好的选择。同样，TMF 指出没有人能准确抓住市场时机。历史经验表明，最好的长期投资策略是购买充分分散的股票投资组合，并一直持有以赚取资本利得和红利收入。

不幸的是，当投资者从网络、传统的出版物和广播媒体搜寻投资建议时往往会陷入困境。太多人屈从于所谓的"不能错过"的无风险高收益的投资机会。但是这些机会是不存在的。不会有 100 美元躺在华尔街或者网络上，等着你捡起来装进自己的口袋。小心这些投资建议。

5.1 有效市场的概念

5.1.1 抛硬币的故事

在每个交易日的24小时中,全世界数以万计的股票投资者和专业管理者、证券分析师都在寻找投资机会,有见识的专业或个人投资者都在广泛搜索各种金融信息,寻找合理的投资对象、适合的投资价格和投资时机。有魄力的专业投资者和业余投资者会从未公开的信息中寻找投资价值。每天的投资交易都非常活跃。任何微小的变化,如果利用足够的杠杆手段也能创造出巨大的收益。在一个充满渴望从股票市场中获利的投资者的世界中,任何有价值的信息的出现都会引起巨大的杠杆作用。

如果有人不把投资看成一件严肃的事,那么全球有数以百万计的其他投资者都会做好占有他们手中财富的准备。没有人会去比较长期投资与简单赌博逐利。长期来看,普通股的预期年收益率会回归到10%—12%这个范围。这些收益率与经济增长和通货膨胀紧密相连。在股票投资中,长期投资者从股票价格的上升中受益,同时也使其资本参与了生产性的投资。如果没有股票和固定收益证券投资者,资本增值和整个经济系统将很难运转。

股票和债券市场上的短期投机者则完全是另外一回事。假想一个全球**抛硬币比赛**(coin-flipping contest),世界上共有60亿人,每人支付1美元并起立参与比赛。如果抛到正面,则可以继续站着并进入下一轮比赛;如果抛到反面,则坐下并退出游戏。大家的钱都装在一个罐子里,最后要贡献给足够幸运或者足够有能力的获胜者。比赛将在所有人都同意停止或者只剩下一个人还站着的时候结束。

经过一轮,30亿参与者仍然站着。经过10轮,600万参与者继续游戏。这些是前所未有的幸运者,他们已经令人吃惊地连续十次都抛到正面。从这时起,靠运气的抛硬币者开始让步给靠能力的抛硬币者。一些参与者甚至开始自诩为抛硬币专家。

经过十多轮后,胜利者减少为6 000人。这些人已经不可思议地连续20次抛到正面。然而,这些令人惊讶的胜利者将在下一轮中消失一半。经过25轮后只剩180人仍然站着。如果比赛现在结束,那么这些胜利者将因为他们的"努力"而每人获得33 300 000美元。这些胜利者第一次讨论是否要放弃比赛,让每个参赛者拿走奖金并回家。保守的参与者将被大多数激进的参与者说服。他们是最有才能的抛硬币者,为什么要停下来呢?毕竟,他们都擅长抛硬币。

从60亿人减少到一人只需经过32轮抛掷,50%的概率抛到正面,那么连续32次抛到正面的概率大约为60亿分之一。抛掷32次后,只有一个从来没抛到反面的胜利者拿走60亿美元。

5.1.2 有效市场

比较抛硬币者和股票市场的投机者是有趣的事情。每天有数以百万计的投机者和股票投资者在试图战胜市场。根据概率法则,只有在市场出现显著异常表现时才有可能使大多数人获得成功。一个相应的问题是,股票投资的成功会等价于抛硬币的运气吗?

一个关键点是要认识到长期的投资行为并不需要很多技巧,特别是在每天投资者都狂热地快进快出交易时。有大量的理财师、共同基金经理以及其他专业的市场参与者都在坚持不懈地试图打败市场。忽略数学概率的投资者根据以往经验进行投资的结果将无异于随机选择。一个"热门"的共同基金经理也许除了幸运也没有别的更多才华。人们总会认为如果你买了一只股票而且上涨了,那一定归功于你的才能;如果你买了一只股票但是下跌了,那都归咎于运气不好。这是一个危险的思维模式。事实上,并不能以短期内市场是否按投资者的预期发展来判断投资者是否做出了正确的决策。

在短期内,理论和经验都表明在**有效市场**(efficient market)中股票价格上涨或下跌的可能性相等。有效市场中,所有股票价格都有效地反映了所有未来预期收益的净现值。在这里,收益是用公平的或者风险调整后的回报率来贴现的。如果股票市场要成为完全有效市场,那必须有大量的买卖者,信息可免费使用,市场参与者进出市场没有限制。

作为总的原则,股票市场似乎很容易满足有效市场的基本标准。在美国,有成千上万只活跃交易的股票使得投资者有大量获得资本利得和红利收益的机会。对于任一风险等级,都有很多本质上具有相同经济特征的普通股。此外,金融市场或者非金融市场的信息通过网络、电视、广播和金融媒体广泛传播给个人投资者。十年前只有专业投资者才能获得的信息如今在互联网上实时公布并被所有人利用。最后,不仅是投资者喊价购买股票,连股票的供应方也很快地做出调整来迎合投资者的需求。当投资者的需求旺盛时,会通过 IPO 和 SEO 的形式创造新的供给。

在任何时刻,有效市场的价格都反映了需求和供给相互影响的结果。寻求有利交易的投资者抬高了有吸引力的证券的价格。随着公司经济基本面的迅速恶化,公司的股票价格将因投资者的抛售而崩溃。在任意时点上,任何股票或债券的价格都反映了市场上买卖双方对公司未来经济前景的预期。因此,股票的市场价格是基于当前市场所有信息对公司未来经济前景的最佳估计。这使得专业投资者和业余投资者都很难打败市场。

5.2 有效市场假说

5.2.1 基本假定

有效市场假说(efficient-market hypothesis,EMH)表明证券价格充分反映所有可用信息。这一简单的思想蕴涵着深刻的含义。

单个投资者或专业投资者买卖股票是建立在他们发现内在价值与市场价格发生偏离的前提下。当市场价格低于内在价值时,投资者会积极地出价哄抬证券价格;当市场价格高于内在价值时,投资者会同样积极地抛售股票并导致股票价格最终回落。

值得注意的是每个交易都包含买卖双方,通过他们的市场行为来看,每个投资者的行为似乎都暗示着他们比交易对手知道得更多。如果股票和债券市场是完全有效的,并且当前价格完全反映了所有有用的信息,那么无论是买方还是卖方都没有信息优势。在有效市场中,买卖双方拥有完全相同的信息。

在本章中,完全竞争的证券市场的特征包括以下几点:
- 所有新信息都以独立和随机的方式出现在市场上。
- 当前价格反映了有关风险和收益的所有信息。
- 对于未预料到的新信息投资者都能迅速做出反应来调整股票价格。

EMH 可以作为股票和债券有效定价的一种简单情况。这意味着由于所有金融电子信息几近完美的分布,股票价格精确反映了我们知道的所有信息。当新的信息出现在市场上时股票价格将发生改变,但是新的信息不能被预测,那么也就无法让普通投资者占据优势。

5.2.2 市场有效性的层次

同其他理论一样,EMH 在描述和预测真实世界行为方面很有用。EMH 对证券价格的精确解释将有助于投资者和其他人理解价格的形成过程。如果 EMH 关于证券价格形成过程的见解是无效的,就意味着它是一个错误的理论,应予摒弃。

由于真实世界中的证券市场充满不确定性,获取获得令人信服的 EMH 的证据很困难,因此,股票市场分析师和金融经济学家将市场效率分成三种基本概念或形式,来分析 EMH 适用的范围和程度。这些形式可以描述为:

- **弱式有效市场假定**(weak-form hypothesis):当前价格反映了所有股票市场信息。基于历史收益和交易量的交易策略都是无效的。
- **半强式有效市场假定**(semistrong-form hypothesis):当前价格反映了所有公开信息。所有基于公开信息的操作都是无效的。
- **强式有效市场假定**(strong-form hypothesis):当前价格反映了所有公开信息和内幕信息。所有的交易策略都是无效的。

注意到每种形式的 EMH 所包含的信息披露水平都有微小的差别。如果没有证据能表明市场符合上述的任意一种形式,那么市场就是无效率的。

弱式有效市场假定是评判市场是否有效的最低标准。根据弱式有效市场假定,股票和债券价格反映了所有价格和交易量的信息。在一个有效的股票市场中,无法基于股票价格会持续上涨或会出现恐慌性出售而迅速逆转的假设来获得超额收益。在一个完全有效的市场中,不会出现恐慌性的卖出或者买入等类似的行为,买卖双方都具有完全信息,并且基于对未来前景做出准确评估后理性地进行操作。

半强式有效市场假定比弱式有效市场假定条件更强。根据半强式有效市场假定,投资者无法通过公开可用的信息来买卖股票获取超额收益。历史收益和交易量只是公开信息的一小部分。一旦新的未预料的季报信息披露,股票价格将迅速、准确地进行调整,使得投资者只能赚取风险调整后的正常收益。类似地,美林公司或者华尔街另一家顶级投资银行发布的信息都将使股价调整至完全反映这一信息。根据半强式有效市场假定,在报纸上、电视上、网络上能看到的所有信息都已经反映在股票和债券的价格上。

例如,2005年4月18号,股票在星期一闭市之后,德州电器(Texas Instruments)宣布自己战胜了分析师关于2005年第一季度的盈利预期。图5-1表明股价在第二天高开于1.59美元每股,但在这天剩下的时间里都只是小范围内的波动。这与半强式有效假定一致。强式有效市场假定是股票市场完全有效的最高水平。它包含了弱式有效和半强式有效假定所包含的所有信息,以及其他更多的信息。只有当所有相关信息都准确而迅速地反映在证券价格上时,证券市场才是完全有效的。如果CEO和其他内部人员能够通过股票市场的投资赚取超额收益,那么在强式有效市场的假定下就不能称之为有效市场。如果内部人员确实赚取了超额收益,那么他们的收益是通过更多的消息或者内幕信息来获取的。

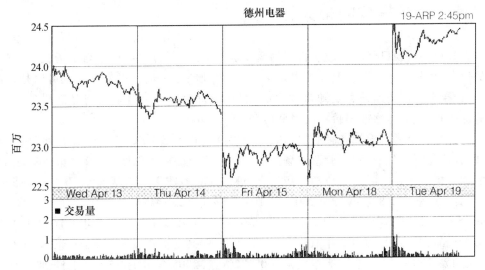

图5-1 股票价格对德州电器公告的反应

资料来源:Yahoo! Finance, http://finance.yahoo.com。

必须指出的是,拒绝强式有效市场但支持较弱层次的半强式有效市场是有可能的。例如,如果公司内部人员一直赚取高于平均收益率的收益,那么强式有效的观点将被拒绝。然而,如果投资者通过公开信息模仿内部人员买卖股票也无法赚取超额收益,那么可以认为半强式有效假定仍然成立。

例 5-1 考虑以下现象,每种情形隐含着哪种市场效率假说?

a. 某投资者寻找在过去五个交易日里股价均有上涨的公司。假定该投资者通过购买这样的股票并持有三天后卖掉就能够获得正的超额收益。

b. 另一个投资者花了好几个小时来研究公司的年报以搜寻低市盈率的股票。该投资者获得与标准普尔500指数类似的收益。

c. 一个股票市场的分析师发现,公司的CEO们普遍都在市场表现变差前卖出他们的股票。

解答

a. 如果投资者能通过价格变化的交易策略来赚取超额收益,那么EMH的弱式有效假定也不成立。

b. 如果通过仔细分析公开信息也不能获取超额收益,那么市场满足半强式有效假定。

c. 如果CEO们能够从内部消息中获益,那么EMH的强式有效假定变得不可靠。

5.3 股票市场价格的时间序列

5.3.1 股票指数的相关性

有效市场假说已经隐含股票价格的运动。随着时间的推移,只有当市场上出现未预料的信息时,价格才会发生改变。由定义可知,未预料的信息可以是坏的也可以是好的。因此,如果短时间内新信息是随机发生的,那么股价短时期的运动也将是随机的。为了探究这一点,我们考察股票价格的**时间序列**(time series)。

大多数投资者都熟知各种股票指数会随时间变化。从2005年6月8日到2008年5月20日这将近三年间,我国股票市场经历了一个完整的市场周期(既有牛市也有熊市)。沪深300指数在这一时期中波动得最厉害,沪深300指数空前地从824.10点(2005年7月11日)上涨到5 877.20点(2007年10月16日),涨幅高达713%,而后又跌落到3 267.55点(2008年4月21日)。上证综合指数从1 011.50点(2005年7月11日)上涨到6 092.06点(2007年10月16日),涨幅超过600%,而后又重新回落到3 094.67点(2008年4月18日)。中小板指数从1 076.20点(2005年6月15日)上涨到6 305.56点(2008年1月15日),随后又回到3 840.26点(2008年4月22日)。

如图5-2所示,沪深300、上证综合指数、中小板指数在这一时期的走势基本趋同。虽然指数的涨跌数量不同,但是几乎涨跌同步。统计分析表明,各指数的市场表现在这段时期内是高度相关的。当分析股票价格在一段时期内的运动时,这些数据就是描述市场的时间序列数据。如果一个指数的数值较大时另一个指数的数值也较大,那么它们之间高度正相关。相关系数为+1说明完全正相关。如果一个指数的数值较大时另一个指数的数值较小,那么它们之间高度负相关。相关系数为-1说明完全负相关。当一个市场指数的价值与另一个指数无关时,相关系数为零。相关系数为零说明两组数据没有任何联系。

在这一时期里,沪深300指数与上证综合指数的日收益相关系数为0.97(表5-1)。这两个指数的波动都包括主要的大盘股,并且受利率和经济条件的影响。上证综合指数和中小板指数的日收益相关系数仅为0.79。上证综合指数是以上海证券交易所挂牌上

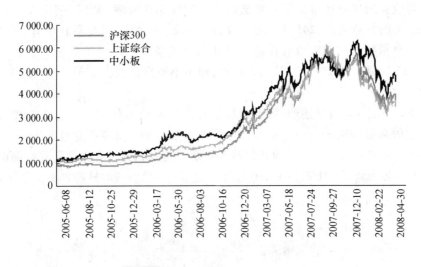

图 5-2　市场指数随时间一致波动

注：数据选取区间为 2005 年 6 月 8 日至 2008 年 5 月 19 日。
资料来源：wind 资讯。

市的全部股票为计算范围、以发行量为权数的加权综合股价指数,而中小企业板指数是以中小企业板正常交易的股票为样本股的综合指数。因此相关系数相对较小也就不难理解了。

表 5-1　市场指数的相关系数

	沪深 300	上证综合指数	中小板指数
沪深 300	1.00		
上证综合指数	0.97	1.00	
中小板	0.84	0.79	1.00

注：数据选取区间为 2005 年 6 月 8 日至 2008 年 5 月 19 日。
资料来源：wind 资讯。

5.3.2　日收益率

股票价格上涨是有充分经济前提的。因为股票代表真实产业的部分所有权,它们从经济增长中获得的收益可能是来自技术的进步和人口的增长。

虽然股票价格从长期来看是上涨的,但认识到下面这一点是很重要的,即股票价格每天都以无规律、不可预测的方式在变化。图 5-3 显示了沪深 300、上证综合指数以及中小板在 2005 年 6 月 8 日到 2008 年 5 月 19 日这将近三年间的股票日收益率。这些日收益率的均值都十分接近于零。事实上,沪深 300 在这一时期的平均日收益率为 0.2%,上证综合指数的日平均收益率还不足 0.2%。

观察负收益的出现频率是很有意义的。以沪深300为例,表5-2表明在716个交易日里有435天的收益为正,241天的收益为负,沪深300的所有交易日中有33.7%在下跌。上证综合指数与中小板指数在这一时期的日收益波动率也十分显著。上证综合指数经历了237天,即33.1%交易日的负收益,而中小板指数也有253天,即35.3%的交易日是负收益。

如图5-3与表5-2所描述的,股票市场的日收益波动十分显著。这意味着与平均日收益有很大的**离差**(dispersion)。在这三年期间,日收益的标准差都超过1.9%。这意味着股票市场收益的离差远远大于平均日收益。短期交易者和投机者面临解释短期市场趋势的困难也就不足为奇了。上涨与下跌往往互相交错。股票收益的日趋势图显得杂乱无章。

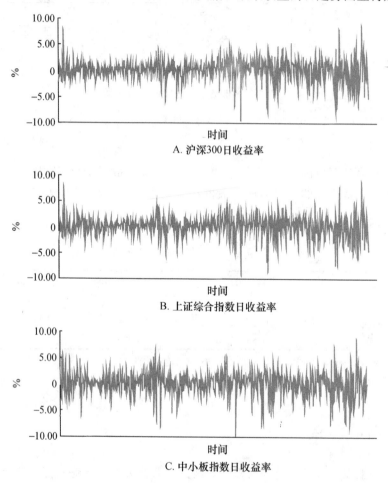

A. 沪深300日收益率

B. 上证综合指数日收益率

C. 中小板指数日收益率

图5-3 股票市场日收益率是均值为零的噪声波动序列

注:数据来自2005年6月8日到2008年5月20日之间的指数行情。
资料来源:wind资讯。

如表5-2所示,日收益都集中在零附近的区域,每天的波动大约在 -0.5% 到 0.5% 之间。从统计意义来看,日收益的分布接近平均收益率为零的**正态分布**(normal distribution），或者一个钟形曲线。正态分布是一个连续的期望收益的分布，有着很好的统计性质。例如，假设存在一个正态的收益分布，68.3%的收益会落在均值的一个标准差范围内，95.5%的收益会落在均值的两个标准差范围内。

表 5-2 市场指数日收益围绕零均值上下波动

分段点	沪深300	上证综指	中小板
-10.00%	0	0	0
-7.50%	3	2	5
-5.00%	12	10	14
-4.00%	14	16	11
-3.00%	18	14	19
-2.50%	8	12	23
-2.00%	22	29	20
-1.50%	23	25	24
-1.25%	18	16	19
-1.00%	30	9	34
-0.75%	28	36	24
-0.50%	32	33	32
-0.25%	33	35	28
0.00%	40	48	28
0.25%	52	60	46
0.50%	62	58	46
0.75%	45	50	48
1.00%	46	45	50
1.25%	39	42	37
1.50%	40	37	32
2.00%	51	46	58
2.50%	35	38	40
3.00%	29	28	27
4.00%	18	13	27
5.00%	13	11	14
7.50%	3	1	9
10.00%	2	2	1
大于10%	0	0	0
平均	0.20%	0.16%	0.21%
标准差	2.01%	1.93%	2.20%
正收益	435	431	435
负收益	241	237	253
不变	40	48	28
总天数	716	716	716

注：数据来自 2005 年 6 月 8 日到 2008 年 5 月 20 日之间的指数行情。
资料来源：wind 资讯。

5.3.3 繁荣与衰退

近年来,投资者变得更喜欢突然的股价变化。在网络时代,方便快捷的信息交流和低成本的股票交易使得投资者的情绪很容易随着市场的变化而急剧高涨或跌落。表5-3显示了沪深300在过去三年间(2005年5月20日到2008年5月19日)10个涨幅最大和10个跌幅最大的交易日。

表5-3 价格短期波动是随机不可预测的

日期	开盘价	最高价	最低价	收盘价	涨跌	涨跌幅(%)	前一日涨跌幅(%)	后一日涨跌幅(%)
A. 沪深300指数涨幅最大的10天								
2008-04-24	3 739.32	3 781.48	3 659.73	3 774.50	320.77	9.29	4.78	0.76
2008-02-04	4 695.55	4 951.25	4 695.55	4 950.12	378.18	8.27	-1.05	-0.57
2005-06-08	848.54	908.83	844.47	905.77	68.49	8.18	-0.21	0.75
2007-08-20	4 749.20	4 885.84	4 747.27	4 885.43	258.85	5.59	-2.02	1.79
2008-04-07	3 611.96	3 854.07	3 578.38	3 845.82	195.12	5.34	2.90	1.18
2007-01-15	2 170.94	2 287.68	2 170.94	2 287.34	113.59	5.23	-2.59	2.91
2007-07-06	3 517.60	3 712.74	3 475.27	3 710.28	172.84	4.89	-5.51	2.99
2008-04-30	3 793.85	3 970.58	3 793.85	3 959.12	182.18	4.82	1.28	2.44
2008-04-23	3 267.36	3 467.43	3 245.30	3 453.73	157.45	4.78	0.88	9.29
2008-01-23	4 787.17	4 976.27	4 751.50	4 975.11	221.24	4.65	-7.62	1.05
平均						6.10	-0.92	2.26
B. 沪深300指数跌幅最大的10天								
2007-02-27	2 717.81	2 719.52	2 454.92	2 457.49	-250.19	-9.24	1.16	3.54
2007-06-04	3 804.96	3 822.41	3 503.94	3 511.43	-292.52	-7.69	-3.16	3.51
2008-01-22	5 015.43	5 032.24	4 708.39	4 753.87	-391.86	-7.62	-4.96	4.65
2008-01-28	5 038.51	5 038.51	4 711.28	4 731.88	-345.55	-6.81	1.00	0.64
2007-05-30	3 906.04	4 104.20	3 849.70	3 886.46	-281.83	-6.76	2.35	1.07
2008-04-14	3 699.14	3 710.79	3 525.18	3 536.33	-247.40	-6.54	0.77	1.33
2007-01-31	2 544.30	2 548.18	2 367.67	2 385.34	-166.54	-6.53	-0.97	0.41
2006-06-07	1 398.18	1 398.18	1 319.70	1 320.23	-78.91	-5.64	-0.29	0.44
2007-07-05	3 688.31	3 706.60	3 535.04	3 537.44	-206.14	-5.51	-2.31	4.89
2008-04-01	3 776.27	3 815.16	3 566.21	3 582.86	-207.67	-5.48	-3.26	-0.97
平均						-6.78	-0.97	1.95

资料来源:wind资讯。

在沪深300中,10个高涨日中有6天是在前一天负收益的情况下发生的。事实上,在沪深300中,每个高涨日前一天的平均收益率为-0.92%。高涨日前一天出现负收益可以看做回归均值的一种简单表现。在这一时期中,沪深300的高涨日平均收益为6.1%。在高涨日后一天下跌的天数为一天,说明中国股市存在很明显的上涨惯性。

对深跌日前一天和后一天的研究可以得到类似的结果。在表5-3中,观察每个市场指数在深跌日前一天仍然是负收益的天数。在沪深300的10个深跌日中,有6天出现在下跌日之后。深跌日前一天的平均收益率仅为-0.97%。有趣的是,在深跌日的后一天,市场往往会适度上涨。

5.4 随机游走理论

5.4.1 随机游走的概念

随机游走(random walk)是指一系列背离预期的无规律现象。对应于股票市场,**随机游走理论**(random walk theory)指出,股票价格的运动不服从任何图形或趋势。因此,过去的价格行为不能用于预测未来的价格走势。所有价格的变化都是先前价格的任意偏离。

随机游走理论可以追溯到一个叫Louis Bachelier的法国数学家,他在1900年写了一篇著名的博士毕业论文"投机理论"。一个世纪以前,Bachelier得到这样的结论:当股票价格遵循随机游走时,投机者收益的数学期望值为零。他把市场描述为一个专业投资者和新手面临同样成功机会的**公平赌局**(fair game)。遗憾的是,Bachelier的洞察力过于超前,50年后他的贡献才被重新发现并翻译成英文。

把随机游走观点应用到股票市场,其原因十分简单:证券市场充斥着成千上万聪明、高收入、受过良好教育的专业投资者和证券分析师。许多具备同样能力的个人投资者也在跃跃欲试。所有这些市场参与者都在不断地寻求购买低估的证券,卖出高估的证券。市场上的竞争者越多,相关信息传播得越快,市场就变得越有效。

一旦有关于单个股票或整个市场的信息出现,信息将迅速传播,证券价格也会立即做出反应。随机游走观点并非认为市场价格是不稳定的,而是认为在信息流没有受到阻碍时,当前所有信息都将反映在当前股价上。明天的价格变化仅仅反映了明天的信息。由定义可知,信息是不可预测的、随机的。价格变化是由信息发布引起的,因而也是不可预测的、随机的。

股票价格在长期内是上涨的,每天的股票市场收益率可以看做是**带漂移的随机游走**(random walk with drift)过程。普通股的日收益率存在一个向上的漂移,这就使得长期的预期投资回报为正。此外,随机游走表明股票市场短期收益率的一个特征是它的不可预测性。

5.4.2 股价走势与赌徒谬论

一般说来,股票收益的短期表现趋于随机和不可预知。然而,投资者和投机者仍然通过每天的股票价格和交易量等信息来搜寻未来价格的线索。这一过程,称为**图表法**(charting),前提是未来价格可以通过历史图形来预测。技术分析专家,通常称为"图表分析家",频频以评论员的身份出现在热门的金融电视节目中。

尽管技术分析十分流行,但需要强调的是并不存在可靠的图形能用于预测未来,因为数据都是随机生成的。一枚均匀的硬币,反复抛掷后,平均来说出现正面和反面的次数是一样的。对于仅仅抛掷五次,四次正面、一次反面并非不寻常。类似地,抛到四次反面、一次正面也是正常的。一枚均匀的硬币抛到正面和反面的概率各为一半,但是这个概率只有在经过大量的重复抛掷之后才会变得明显,比如30次或40次。重要的是,不论之前的结果如何,均匀的硬币在下一次抛掷中出现正面或反面的概率仍然为50%。哪怕之前出现的是一个不太可能的结果,如均匀的硬币抛掷连续出现10次正面(或者反面),但下一次抛掷中出现正面(或者反面)的概率仍为50%。

赌徒谬论(gambler's fallacy)认为在随机事件中存在立即的自我修正过程。它错误地以为,如果一枚均匀的硬币这次抛掷的结果为正面,就意味着下次会抛到反面,反之亦然。类似地,观察到一个出现正面的"趋势"并相信这个趋势会延续下去也是错误的。像赌徒一样,一些股票市场的投机者也陷于赌徒谬论,寻找随机数字中根本就不存在的趋势。

5.4.3 数据挖掘问题

在股票的历史收益数据中有出现欺骗性形态的倾向,甚至当市场历史收益就像一张随机数字表格时也一样。**数据挖掘问题**(data-snooping problem)的原因十分简单:给予充分的时间计算,每个人都有能力找到一些获得高于历史收益率的机械式交易规则。然而,这些**事后检验**(back testing)是对有效市场假说或者投资策略有效与否的不公平检验。一个投资策略的作用在于使得未来产生正的超额收益。用历史检验来证明一个投资策略的有效性就好像用报纸来预测昨天的天气预报一样。

例如,一个著名的怪现象是:在超级橄榄球赛的冠军来自全国橄榄球协会(NFL)而不是美国橄榄球协会(AFL)的年份,股票市场一般表现较好。这一统计异常的原因很简单。平均来说,股票市场倾向于上涨;因为NFL的队伍比AFL的队伍多,所以NFL中的队伍获得冠军的概率就会比较大。因为大部分超级橄榄球赛的冠军来自NFL,且股票市场倾向于上升,所以在观测NFL超级橄榄球赛冠军和上升的股票市场时就会出现虚假的历史相关性。虽然一些人得出了可以用超级橄榄球赛冠军来预测股票市场未来走势的结论,但实际上超级橄榄球赛的冠军和股票市场走势完全无关。

5.5 投资业绩

5.5.1 相对业绩的度量

如果没有适当的**投资基准**(investment benchmark),就很难度量专业投资管理者的业绩。假设整个市场上涨25%,如果一个投资顾问只获得15%的微利就很难被认为是成功的。如果整个市场下跌10%,而该投资顾问依然获得15%的收益,就是一件值得庆贺的事情。在考虑投资业绩时一定要联系整个市场或者适当的基准。同样需要考虑相关风险。例如,一个专业投资者如果通过承担高于市场的风险来战胜市场,就很有可能无法提供更好的风险调整业绩。这样的投资者并没有战胜市场。战胜市场应该是在同一风险下获得更高的收益率,或者在低于市场的风险水平下获得同样的收益。

投资者倾向于用以下四种类型之一来刻画股票投资组合:大公司价值型、大公司增长型、小公司价值型和小公司增长型。公司规模通常是必须考虑的重要风险,因为规模大的公司一般业务分散,而且有足够的财务能力来充分利用有利可图的机会,并抵御严重的经济困境。投资类型同样也是重要的风险考虑事项,因为增长型股票投资者比起保守的价值投资者更具冒险性。业绩基准通常从普遍使用的市场指数中选择。

评价投资组合的业绩时,风险和收益都必须考虑。优异的投资组合业绩可以通过两种方式来实现:常见的方式是承担与市场相当的风险,但是赚取高于市场的投资收益;另外一种方式是获得与市场相当的收益,但是承担低于市场的风险。

5.5.2 失败者的游戏

有这样一个故事。两个投资专家步行在街上,突然其中一人在路边发现了100美元。这时,另一个人说:"那一定不是真的100美元,否则早被别人捡走了。"这个寓言刻画了支持EMH的金融经济学家和华尔街专家对EMH的不同观点。

EMH的支持者认为积极主动的投资组合管理是失败者的游戏。投资组合管理并不是无成本的,它需要管理费用、运营资金、佣金回扣和询价成本等交易费用,以及市场性的开支,如共同基金费用。支付这些成本之后,投资组合管理者的表现就被限制在常规的市场指数之下。而另一方面,正是因为机构积极主动的交易造就了市场的有效性。

支持EMH的最有力证据之一就是专业投资者平均来说都无法战胜市场。花费成本之后,专业投资者的业绩表现将差于基准指数。例如,据共同基金行业的监管机构晨星公司报道,在2006年1月6日之前的五年间,大股本的股票共同基金平均累计获得0.62%的收益。而在同一时期,一个低成本的绑定S&P 500指数、每年花费0.18%的指数基金获得的累计收益为1.36%。S&P 500指数每年赚取1.47%的收益。投资组合管理者的平均表现差于市场。从十年或者更长的时期来看,业绩的差距倾向于扩大到每年3%。

股票分析师通过分析公司状况和给投资者提供投资建议而过上很好的生活。遗憾的是,研究表明,大多数分析师都一致倾向于看涨股市,他们强烈推荐的股票多数表现差于市场。投资收益并没有因为投资策略家或者理财师的推荐而变得更好。特别受投资者欢迎的是每年在顶级投资杂志上发表的投资建议。例如,《巴伦斯道琼斯商业与金融周报》邀请了十几位共同基金经理、股票分析师和投资顾问共同探讨每年的投资选择及建议。只有那些具有很高名望的人才会被邀请。《巴伦斯道琼斯商业与金融周报》辩论组成员包括传奇的共同基金经理Peter Lynch、John Neff、Mario Gabelli以及有名望的投资顾问Barton Biggs和Abby Joseph Cohen等。辩论组在1月的第一周会面进行讨论并且提出建议。一两周后,《巴伦斯道琼斯商业与金融周报》公布他们的讨论结果。遗憾的是,这么受欢迎的投资建议也很少能给读者带来收益。研究表明,在考虑交易成本后,辩论组的选择的表现往往差于市场。

投资资讯(investment newsletters)也同样提供类似的无效建议。新闻编辑通常提供关于股票购买的建议,以及应该投资在股票、债券还是现金上的建议。这样的结果通常每周或每月出现一次。这些建议的一部分通过电子邮件、网站和电话布告栏传播。这些投资建议对投资者有用吗?根据投资资讯的不同,投资者每年的花费在50美元到上千美元不等。投资结果再次表明,这类专业投资建议都是劣质的便宜货。总的来说,投资资讯推荐的投资组合的业绩平均差于市场。

这些投资专家们一贯低于市场的业绩表现,为支持EMH提供了有利的证据。

5.5.3 投资专家的角色

证券分析师使用不同的工具来判断股票和债券的投资潜力。一些人利用基本面来分析股票是否被高估或低估。另一些人则用技术分析来决定哪只股票值得购买。如果市场是弱式有效的,股票价格已经充分反映了所有历史价格和交易量信息,那么技术分析中的图形分析就是无效的。在弱式有效市场中,对竞争条件、收益趋势和红利信息进行基本面分析还是有效的。然而,基本面分析在半强式有效市场中是毫无用处的,因为所有公开信息都已经反映在股价上,并且也不能用于发现被高估或低估的股票。为了在半强式有效市场中发现被低估的股票,分析师必须找到有价值的内幕信息。在强式有效市场,为获得超额收益所作的努力都将白费,因为所有的股票在任何时候都被公平定价。简而言之,在完全有效市场,所有形式的证券分析都是徒劳,获得超额收益或者遭受亏损由运气决定,而非能力。

如果所有证据都表明股票市场是非常有效的,那么投资专家将面临一个严肃的问题:他们在市场中扮演什么角色?他们应为怎样的服务而索取报酬?对那些支持EMH的人而言,投资组合管理者的主要任务是,在考虑税收和投资者风险偏好的前提下分析并做出投资决策。对于单个投资者而言,最佳的投资组合的选择还需要考虑投资者年龄、税收负担、风险厌恶程度、工作状况等因素。在有效市场中,投资组合管理者的角色仅仅是依据投资者的需要制定出投资组合,而非战胜市场。

从EMH的观点来看,投资专家和各种金融媒体提供了非常有价值的公共服务。在积极投资者、投资组合管理者和分析师不断探索战胜市场的投资策略的过程中,市场变得越来越有效。"有效市场"这一概念的矛盾在于,只有当充分多的市场参与者相信自己有能力找到并取得获利机会的时候,市场才是有效的。如果每个投资者都相信市场是完全有效的,将没有人再去分析单个证券,那么市场将不再有效。在这里存在一个悖论:市场有效性需要依靠大量相信市场是非有效的并且不断努力要战胜市场的市场参与者的努力。

5.6 有效市场假说面临的挑战

5.6.1 过度波动

十多年来,在学术界与华尔街业界人士之间一直存在一个关于股票市场波动率大小和来源的争论。一些人认为,华尔街中观察到的波动就反映了有效的市场中固有风险的数量;另一些人则认为,对于红利和其他一些内在价值指标的波动率来说,观察到的股票价格波动率太高了。在 EMH 假说下,对内在价值的偏离不是系统的且不可预测。而 EMH 的批判者则主张,由股价变动引起的内在价值预期改变,并不会比由红利变化反映的内在价值的潜在改变波动更大。否则,高股价的乐观预期会反映出正的预测误差,低股价的悲观预期会导致负的预测误差。在这两种情况下,预测误差的可预知性将带来更多的收益机会,这与完全有效市场是矛盾的。在完全有效市场中,**股票市场波动率**(stock market volatility)将不高于内在价值的潜在波动率。事实上,内在价值的一些指标,比如红利的变化非常缓慢,但股票价格却变化得非常迅速。这导致 EMH 的批判者认为,在观察到的低红利波动水平下,股价波动过大。

股票市场的过度波动如图 5-4 所示,图中比较了真实股价和内在价值的估计。内在价值是用未来红利的现值估计出来的。图 5-4 中的粗线代表 S&P 500 指数的趋势。另外三条线表示在不同贴现率情况下未来红利的现值:贴现率不变、风险溢酬不变以及假定的风险厌恶者的消费边际替代率。无论内在价值是如何计算出来的,真实股价都表现出比内在价值更大的波动。这与 EMH 矛盾。从图 5-4 来看,在很多个时期,股票市场都出现了严重高估或低估。

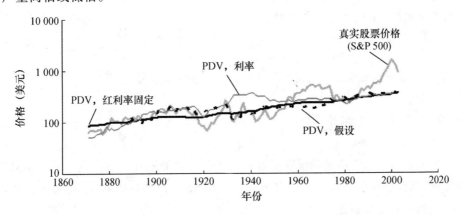

图 5-4 真实股票价格与真实红利贴现的现值

资料来源:Robert Shiller, "From Efficient Market Theory to Behavioral finance," *Journal of Economic Perspectives*, Vol.17, No.1。

在许多投资者都在守候获利机会的情况下,股票市场怎么会被高估或低估?耶鲁经济学家罗伯特·希勒(Robert Shiller)就此谴责了投资者情绪上表现出的错误观点。在他的畅销书《非理性繁荣》中,希勒指出**投资者情绪**(investor mood)会强烈影响用股利贴现模型计算出来的股票价值。根据股利贴现模型,$PV = D_1/(k-g)$,其中公司的现值 PV 等于期望红利 D_1 除以要求回报率 k 减去未来红利增长率 g。考虑了投资者情绪对于风险和不确定性决策的影响后,增长率的预期值 $E(g)$ 在投资者变得异常乐观或异常悲观时会出现偏差。这些偏差会影响市场预期和交易行为。

假设投资者估计期望的市场价值为 $E(P) = D_1/[k - E(g)]$。估计误差会导致与内在价值的背离。考虑到预期市场价值和投资者对内在价值的判断之间的差异:

$$\frac{E(P)}{PV} = \frac{D_1/[k - E(g)]}{D_1/(k-g)} \tag{5.1}$$

整理得

$$\frac{E(P)}{PV} = \frac{k-g}{k - E(g)} \tag{5.2}$$

方程(5.2)表明了期望价格的高估或者低估是如何产生的。考虑11%的平均年收益率,以及5%的长期红利增长率。当乐观情绪居多时,市场参与者将听到媒体关于"新经济"的报道。作为一个回应,投资者将高估未来的增长率,为7%。方程(5.2)表明市场将被高估至少50%,因为 $E(P)/PV = 1.5$。另一方面,如果出现了过度悲观的情绪,投资者将低估未来的增长率,为3%,这导致股票市场将被低估25%。如果大多数投资者都太乐观或者太悲观,价格将远离内在价值,市场将变得无效。

例 5-2 在一个很长的时期里市场收益率预期为每年11%,长期的股票市场预期增长率固定为4%,DJIA 的合理价值为10 000。如果悲观的投资者坚信长期增长率只有3%,那么 DJIA 将预期下跌多少?

解答

利用方程(5.2),股票市场将被低估

$$\frac{E(P)}{PV} = \frac{k-g}{k-E(g)} = \frac{11-4}{11-3} = \frac{7}{8} = 0.875$$

DJIA 将预期下跌到 $0.875 \times 10\,000 = 8\,750$,即12.5%的跌幅。

5.6.2 资产价格泡沫

根据 EMH,股票价格精确反映了各种关于公司和商业环境的信息。如果单只股票被正确定价,那么整个市场也被正确定价。一个对 EMH 的普遍批判是,有时候整个市场相对内在价值而言过高或过低。

市场泡沫(market bubbles)和并发的破产就是市场无效率的一个例子。市场泡沫的通常表现是,在严重的通货膨胀之后,紧接着就是价格的急剧下跌。历史上有许多关于股票、债券和商品市场的生动例子,在疯狂的买卖导致迅速繁荣后最终急剧暴跌。历史上,特别是在19世纪,商品市场最容易产生泡沫。从石油到玉米、小麦等农作物,再到金银等贵金属,几乎所有的商品都经历过泡沫。在2006年,一些分析师预测石油价格将达到每桶200美元,而另一些分析师则将此类预言作为历史上最大的商品泡沫之一的证据。在现代社会,巨大的泡沫同样发生在主要的股票市场上。著名的例子包括美国20世纪20年代的股票市场、日本20世纪80年代的股票市场,以及美国在20世纪90年代后期发生的科技股泡沫。同样,在中国,2006年到2007年的股市大涨也被多数学者认为是股市泡沫。

如图5-5所示,纳斯达克科技股在20世纪90年代飙涨,而同时日本的日经225指数却遭遇崩盘。从1985年1月2日的11 543点开始,日经指数飙涨到1989年12月29日的38 916点。这意味着在五年的时间里日经指数增长了237.1%,获得每年27.5%的复合收益率。随后泡沫破裂,市场跌到底部。在2004年12月——市场达到顶峰的15年之后,日经指数稳定在10 796点。这比1989年的顶峰低了72.3%,大概与1984年年初的股票价格在一个水平上。

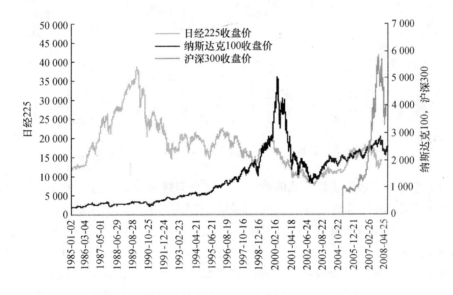

图5-5　纳斯达克100、日经225、沪深300历史走势图

美国纳斯达克指数的涨跌与日本日经指数的表现惊人地相似。从1985年1月31日调整后的裂口水平125点开始,纳斯达克100于2000年3月24日飙涨到4 816.35点。这意味着在15.25年间不可思议地获得3 753.3%的收益并且达到每年27.1%的复合收益率。1989年的日本股票市场和2000年的纳斯达克股票市场在到达其近年高点之前的表现很相似,都是连续超过平均收益率水平的上涨;它们在市值规模上同样相似,股本大约都为6万亿美元。一个重要的不同之处在于,纳斯达克的牛市持续更久从而导致更高的市盈率,这远远高于1989年日经指数的历史高点。这意味着纳斯达克的修正规模要大于日本股市。中国的沪深300指数从2006年年底的1 000多点一路飙升到6 000点之

第5章　有效市场假说　▶ 113

上，上涨的幅度不亚于纳斯达克指数，但从2008年开始市场走软，进入调整阶段。中国股市在这一波暴涨的过程中表现出了许多明显泡沫市场的特征，如市盈率虚高、换手率高、投机倾向明显、暴涨暴跌、交叉持股虚假繁荣，等等。

图5-6显示了一个关于纳斯达克投资者在2000年3月的泡沫破灭之后应该持有什么股票的观点。如果纳斯达克接下来的表现类似于日经指数，纳斯达克的投资者就要在下一个市场高位到达前等待很长一段时间。根据日本的经验，纳斯达克股票在2000年3月的高点之下徘徊十年以上也是不足为奇的。

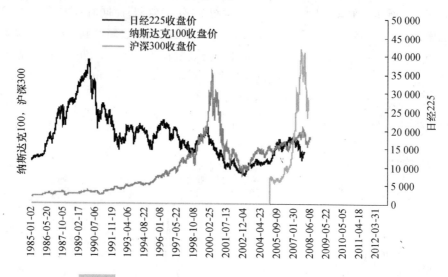

图5-6 纳斯达克100、日经225、沪深300未来将会如何？

资产泡沫与有效市场是一致的吗？回答这个问题需要知道这个泡沫是由理性还是非理性行为造成的。**理性泡沫**(rational bubbles)定义为能用经济基本面的相应变化进行合理解释的价格暴涨并随后下跌的现象。也就是说，它同样反映了所有可用的信息。**非理性泡沫**(irrational bubbles)定义为价格完全地背离内在价值。非理性泡沫理论指出，资产会由于市场普遍的乐观投机或者绝望性恐慌而导致在一段时间内被高估或者低估。在股票市场上，如果投资者过度悲观地预测未来收益，非理性泡沫有时就会发生。在假设上涨的股票价格会变成一个自我实现预言时，惯性投资者会显示出购买股票的倾向，甚至在公司并不具备良好的商业前景的情况下。股票市场泡沫难以用理性或者市场有效性观点来解释，特别是当这种泡沫发生在诸如20世纪90年代末的纳斯达克这样的大规模流动性市场时。

5.7 投资中的欺诈行为

5.7.1 小市值公司的欺诈行为

小市值股票(microcap stocks)是指只有很小市值的公司,通常股本在5 000万美元到2.5亿美元之间。小市值公司通常只有很有限的资产,当美国证券交易委员会(SEC)暂停小市值股票交易时,平均来说,这些公司的净资本只有600万美元,而将近一半公司的资产还不到125万美元。小市值股票的股价基本都在每股5美元以下。小市值股票也倾向于有高的价格波动,而且容易遭遇投资欺诈。关于小市值股票的可靠信息很难获得。许多小市值股票都在场外交易市场交易,并且在OTC的公告牌或者粉单市场上报价。**粉单市场**(pink sheets)是指为场外市场交易的极小公司股票提供报价的市场。

大多数小市值公司都是经营实业或者服务等合法生意的。然而,一些小市值股票因缺乏可靠信息而为欺诈打开了大门。当只有很少甚至没有关于公司的公开信息时,股票发起人和诈骗犯就很容易操纵某一只股票。对小市值股票或者**仙股**(penny stocks),欺诈通过传播虚假信息进行。

股票诈骗犯经常刊发关于小市值公司销售额、收购和收入计划以及新产品或服务的夸大甚至完全虚构的新闻。一些小市值公司也向经纪人或其他股票发起人付费,让其在似乎独立没有偏见的投资分析、研究报告和广播电视节目上推荐或"推销"它们的股票。联邦证券法要求投资资讯披露向它们付费的公司、金额和支付形式。许多违法的股票发起人误导投资者,令其相信他们收到的是中立的建议。不诚实的经纪人和股票庄家也集中一小群高压促销员对潜在投资者进行上百个**电话促销**(cold calls)。对包括证券公司在内的许多商业来说,随机电话促销是联系潜在客户的一种合法手段。但是,在证券行业,当不诚实经纪人促使不知情的投资者进行不合适的投资时,后者可能会遭受金融损失。

对于个体投资者来说,避免诈骗的最好手段是更好地掌握可靠信息。即使是与经纪人或投资顾问打交道时,投资者也应该始终获取关于他们所投资的公司的详细书面信息——它的商业计划、融资和管理。公司向股东发行的年度报告常常是公司历史表现和未来前景的很好概要。

SEC会周期性地向投资者发布它正在调查的骗局。SEC将这类警告发布在它的投资者教育网页上,网址是www.sec.gov/investor.shtml。SEC已经关注**熟人骗局**(affinity fraud)很长时间了,其中罪犯引诱受尊敬的社团或宗教领袖来说服其他人,让他们相信某项欺诈投资是合法且值得的。这些领袖中的许多人成为诡计的不知情受害人。这类骗局破坏了有着某些共性的群体内成员间的信任和友谊。因为很多群体的紧密结构,监管者很难察觉关联诈骗。受害者常常忘记通知当局或寻求法律补偿,而是试图在群体内部解决。许多关联骗局涉及**庞氏骗局**(Ponzi schemes)。这个金字塔式的骗局通过从新的投资者处收钱来向老投资者支付额外收益,这依赖于不间断的新投资者供应。当新投资者供应消失时,整个骗局就崩溃了,投资者会发现他们大部分或全部的金钱都不见了。

5.7.2 互联网上的欺诈行为

互联网是一个不可思议的工具,它使得投资者可以方便且低成本地研究投资机会。不幸的是,互联网也是股票发起人和诈骗犯的出色工具。互联网越来越成为股票诈骗和市场操纵盛行的场所。互联网使个人或公司不需要花费太多的时间、精力或金钱就能与大量受众联系。任何人都能够通过构建互联网网站、在在线公告板上发表消息、加入实时"聊天"室的讨论或者发送大量电子邮件接触到上万人。对诈骗犯来说,让其消息看起来可信非常容易。同时对投资者来说,分辨事实与虚构变得极为困难。

互联网上的在线公告板和业主网络变成了越来越流行的投资者分享信息的会所。这些公告板通常以"成串的"关于个别股票或投资策略的信息为特色。虽然许多信息反映了个体投资者真诚的问题和意见,但还有许多是虚假信息,反映了股票发起人和诈骗犯利用互联网媒介广泛散布虚假信息的努力。不诚实的发起人有时通过假装透露关于公司管理、新产品公告合并、收购或有利可图的合约的内部信息来抬高公司股价。读者永远不可能确知自己到底在和谁打交道,这一事实令判断公告板信息的真实性变得困难。在公告板上,发布消息的人很容易在不同的化名中隐藏起来。宣布仔细研究过公司的无偏见的投资者可能事实上是内部人员、不满的员工、大股东或受贿的发起人。通过用不同的化名发布一系列消息,单独的个人很容易制造出一种小交易量的股票受到广泛关注的假象。

总结

◎ 股票和债券市场的短期投机类似于**抛硬币比赛**,是一场纯粹、简单的赌博。在短期内,理论和经验都表明在**有效市场**中股票价格上涨或下跌的可能性相等。有效市场中,所有股票价格都有效地反映了所有未来预期收益的净现值。**有效市场假说(EMH)** 表明证券价格完全反映了所有可用信息。在有效市场中,有一半的可能性买者会从卖者的损失中获益,同样也有一半的机会是卖者从买者的损失中获益。

◎ 存在三种形式的有效市场假说。在**弱式有效市场假定**下,当前价格反映所有股票市场的信息。所有基于历史股票市场收益和交易量信息的交易策略都是无效的。在**半强式有效市场假定**下,价格反映了所有**公开信息**。所有基于公开信息的交易策略都是无用的。在**强式有效市场假定**下,当前价格反映了所有公开信息和**内幕信息**。这种情况下,所有交易手段都是无意义的。

◎ 当分析股票价格在一段时期内的运动时,这些数据就是描述市场的**时间序列数据**。相关系数为1表明完全正相关,相关系数为-1表明完全负相关,相关系数为0表明这两组数据没有任何联系。从统计意义来看，日收益的分布近似于均值为零的**正态分布**，或钟形曲线。

◎ **随机游走**是指一系列背离预期的无规律现象。对应于股票市场，**随机游走理论**指出，股票价格的运动不服从任何图形或趋势。当股票价格遵循随机游走时，投机者收益的数学期望值为零。市场是一个专业投资者和新手面临同样成功机会的**公平赌局**。虽然股票价格长期是上涨的，但每天的股票市场收益率可以看做是**带漂移的随机游走过程**。普通股的日收益率存在一个向上的漂移，这就使得长期的预期投资回报为正。此外，随机游走表明股票市场短期收益率的一个不可抗拒的特征是它的不可预测性。

◎ 如果股票价格确实服从随机游走过程，那么就不能利用股价的预测图形或趋势来做决策。然而，寻找趋势图是人们的天性。一些投资者用**图表法**画出股票价格来表明趋势并由此做出买卖决策。但这样只是让投资者陷入**赌徒谬论**。

◎ 在技术分析的交易中偶然出现的投资价值并不比投资研究中的**数据挖掘问题**来得多。给予充分的时间计算，每个人都有能力找到一些获得高于历史收益率的机械式交易规则。甚至当市场历史收益就像一张随机数字表格时也成立。然而，这些**事后检验**是对有效市场假说或者投资策略有效与否的不公平检验。股票市场收益率偶尔出现让人费解的模式并不奇怪。只有在投资者能用历史图形发现未来收益的规律时，才与有效市场假说冲突。

◎ 如果没有建立合适的评判预期收益和风险的投资基准或者投资标准，那么很难衡量一个投资组合管理者的业绩。作为一个群体，投资组合专家并没有表现得比市场指数好。投资于股票共同基金或者跟随金融分析师、明星管理者或者**投资资讯**建议的人往往收益都不如 S&P 500。交易成本和投资费用是部分原因。然而投资专家的失败恰恰表明了市场的有效性。

◎ 股票市场有时候也表现得与 EMH 不一致。过度的**股票市场波动**表明股票市场并不是总能准确反映经济基本面。市场有时候表现出高估或低估是因为**投资者情绪**的变化。日本股市 20 世纪 80 年代和纳斯达克在 20 世纪 90 年代出现的**市场泡沫**都是市场不完全有效的证据。**理性泡沫**可以用经济基本面来解释，而**非理性泡沫**则很难解释。

◎ 不诚实的经纪人和股票庄家也集中一小群高压促销员对潜在投资者进行上百个电话促销。一些**小市值公司**也向经纪人或其他股票发起人付费，让其在似乎独立没有偏见的投资分析、研究报告和广播电视节目上推荐或"推销"他们的股票。一个典型的骗局是发起人试图拉高股票价格以便他们能将自己的投资出售给不知情的投资者。

习题

5.1（原书 6.2） 写出有效股票市场的三个必要特征。

5.2（原书 6.3） 解释有效市场的概念，并且区分弱式有效市场、半强式有效市场和强式有效市场。

5.3（原书 6.4） 假设某公司的 CEO 在 CNBC 上公开宣布他的公司同意被另一家公司并购，CEO 所在公司的股价立即上涨 5 美元，请问发生这类事件归属于哪种市场效率水平？

5.4
(原书6.5) 某投资者注意到Alcoa公司的交易价格总是介于20美元至40美元之间。于是,他决定在股价接近20美元时买入,而当股价达到40美元时卖出。在卖出之后,该投资者持币观望直到股价又跌到20美元时再买入该股。如果这个策略可行,那么我们如何评价市场效率水平?这种情况可能发生吗?

5.5
(原书6.8) 在过去几周里,某航空公司宣布了两条关于该公司前景的负面消息。有个投资者相信坏消息总会接二连三到来,因此他预计坏消息还会公布出来,于是他卖出了该公司的股票。请问这种信念与随机游走理论一致吗?为什么?

5.6
(原书6.11) 预计股票市场长期年收益率是10%,长期经济增长率是4%。假设过度悲观的投资者只按照2%的长期经济增长率来估计股票价值,试计算这种投资者的过度悲观将引起股票市场在多大程度上被低估?

5.7
(原书6.20) 某投资策略的预期收益率为12%,标准差为10%。如果该投资收益服从正态分布,那么赚取小于2%的收益率的概率有多大?

a. 10% b. 16%
c. 32% d. 34%

第 6 章
市场异象

本章学习目标
- 理解联合检验问题
- 认识日历异象
- 知道如何计算异常回报
- 区分基本面异象和新闻事件异象

华尔街流传着一句古老而著名的格言:"在五月卖出股票并离场。"该投资策略也被称为"万圣节指标",它的依据来自一项对美国市场的研究。该研究表明,自 1950 年以来,每年 10 月 31 日至 5 月 1 日间投资者的总收益非常高,但在余下的时间内,收益却几乎为零。这种基于日期的投资策略背后,是有某个可靠的经济学原理在起作用,还只是一种并不会持久的统计巧合呢?

行为金融学的研究告诉我们,股票收益会受到风俗习惯及传统的影响。人们一般会带着新年规划开始新的一年,而对于投资者来说,他们会在时岁更迭之际调整他们的投资组合。养老基金和共同基金也会考虑到税收因素带来的收入,并在一些重要的税务日期(例如 10 月 31 日和 4 月 15 日)之前做出一些重要的投资组合决策。许多投资者和投资专家夏天会去度假,他们的缺席可能就是造成华尔街夏季收益率波澜不惊的重要原因。

这些符合逻辑的行为原因可以用来解释股市的季节性吗?还是它们只是所谓的"数据挖掘"造成的?即使在随机的股票收益数据中,也会探测到短时期内的异常收益。美国在整个 20 世纪中,有很多时期股票的表现非常出色,也有不少时期其表现极其糟糕。这样的波动可能在股市收益正常的统计波动范围内,但也可以说,其他一些异常的收益与企业特定因素紧密相关,例如,规模、市净率或者股价惯性。

虽然无法解释的股市回报吸引了大量研究员的注意,但理智的投资者一定要谨慎,不可轻率地认为这种异常回报就一定预示着可行的获利机会。

6.1 对有效市场假说的检验

6.1.1 理论只是工具

传统的单因素资本资产定价模型和多因素资本资产定价模型方法,例如 Fama-French 的三因素资本资产定价模型,都能作为工具来检验有效市场假说。这样的模型通过计算实际收益与预期收益的离差,来帮助投资者了解单一证券的定价与预期价格之间的差距。这个预期价格是在完全有效的市场中得到的。在这样的环境下,投资组合经理可以通过设计投资策略来利用不寻常的获利机会。由此,资本资产定价模型也给投资者和华尔街的专家们提供了一些机制,让他们可以更好地理解资本市场的运行。

用来衡量资本资产定价模型及其他类似模型有效性的一个基本标准是模型的预测能力。对资本资产定价模型的一种基本检验是它们对现实世界行为的解释和预测能力。"这个模型在理论上可行,在现实中却行不通",这种说法是没有道理的。如果像资本资产定价模型之类的金融理论,不能预测现实世界中的证券价格,我们就必须拒绝它并寻找更好的理论。当研究员或者华尔街的专家在股市的历史收益中发现了无法解释的趋势时,这些现象就对现存理论以及有效市场的理解构成了挑战。例如,如果基于税收因素的股票出售使得投资者能在 12 月底低价买入股票,并在 1 月初卖出获得无风险收益,那么我们必须拒绝有效市场假说。然而,如果交易成本或税收的因素使得上述操作无利可图,那么我们就不能拒绝有效市场假说。

6.1.2 联合检验问题

如果在对股市的实证研究中检测到不可解释的股市异常回报,那么我们就发现了**回报异象**(return anomaly)。重要的股市异象是那些有规律、统计显著并持续存在的异常回报,这些回报不能用现存的金融理论加以解释。有经济意义的股市异象不仅是统计显著的,而且会给投资者带来有意义的风险调整回报。按照定义,统计显著的股市异象还没有经济学上和/或心理学上的解释。

一方面,回报异常可能反映了部分的市场无效。例如,假设在普遍预测到的股票除权公告出来之后,股价会上扬。这种由于公开信息带来的异常回报与弱式市场有效假说是不一致的。相似地,如果公司内部人士通过内幕交易经常获得高于市场的收益,这种异常回报就与强式市场有效假说不一致。

另一方面,使用资本资产定价模型的不同形式作为度量工具探测到异常回报时,可能仅仅是反映了一个事实:这些模型不能精确捕捉到股票收益的生成过程。在这种情况下,异常回报反映了预期收益计算的误差,因为模型遗漏了一些股市收益的重要决定因素。当资本资产定价模型或者其他模型不能精确描述和预测股市收益时,就出现了模型设定偏误。如果资本资产定价模型设定偏误的程度非常大,那么用这些模型探测到的异常回报对认识市场有效性的问题就没有什么帮助了。

当谈到对市场有效性的具体检验时,就会存在一个"先有鸡还是先有蛋"的问题。假设依据资本资产定价模型的预测,从12月末和1月初这段时间内股票收益貌似存在异常,可能就意味着在向新的一年过渡的这段时间内,股市是无效的。然而,这也可能仅仅是因为资本资产定价模型没有刻画出股票收益完全的生成过程。换句话说,因为与完全有效市场不一致的异常现象可能意味着市场失效,也可能仅仅意味着模型精确性的不足,从而就会导致**联合检验**(join test)的问题。

6.1.3 实用相关性

近几年来,联合检验问题的实用相关性越来越明显。在20世纪六七十年代,许多股市分析师和金融学家相信资本资产定价模型精确刻画了流动性良好的股市和债券市场。然而,到了20世纪八九十年代,一系列无法解释的股市收益的出现,导致一些专家频繁质疑资本资产定价模型的适当性。一些学院的研究员和华尔街的专家开始拒绝将资本资产定价模型作为预测股票收益的有用工具,但他们没有否定有效市场假说的基本假设前提。还有一些专家和学者则同时否定了资本资产定价模型和有效市场假说。

与此同时,在20世纪八九十年代,可以观察到一个非常有趣的现象:许多个人投资者开始热衷于低成本指数基金。这种基金可以给他们带来分散化的优势。现在成千上万的投资者将他们的退休金投资于指数组合。这种投资组合不采取主动的组合管理策略,而是寻求尽可能地和市场相匹配。个人投资者坚信他们对有效市场假说最简单的处理方法——在有效的股票和债券市场中,充分分散化的购买并持有(buy-and-hold)策略最有效。

还有一点也同样重要,我们可以在否定资本资产定价模型的同时,依然保持有效市场假说概念的有效性。在理论上存在很多种对完全有效市场的可能描述,而资本资产定价模型只是其中之一。虽然当资本资产定价模型成立时,市场可以被认为是有效的,但该模型在描述性和预测性上的失败,并不意味着市场就是无效的。

6.2 基本面异象

6.2.1 小盘股效应(小盘股之谜)

当上市公司按照市值组成投资组合时,金融学家的实证研究记录了一个事实——小公司持续获得高于平均水平的收益率。例如,Davis、Fama和French发现在1928年到1993

年这段时间内,美国市场小市值公司的月均收益率高出预期 0.2 个百分点。[1] 因此,在现代华尔街时期的大部分时间内,小市值公司倾向于获得年均 2.4 个百分点的收益率溢酬。

在一些股市参与者看来,小市值公司异常高的历史收益率意味着一种与规模有关的市场无效。然而,通过将**小盘股效应**(small-cap effect)描述成一种异象,许多股市分析员和其他研究员承认这些异常回报类型还未得到解释。

表 6-1 展示了中国股市的小盘股效应。现在,一般用中证 500 来度量小市值公司的收益。为反映市场上不同规模特征股票的整体表现,中证指数有限公司以沪深 300 指数为基础,构建了包括大盘、小盘在内的规模指数体系,为市场提供丰富的分析工具和业绩基准,为指数产品和其他指数的研究开发奠定基础。中证 100 指数是从沪深 300 指数样本股中挑选规模最大的 100 只股票组成样本股,以综合反映沪深证券市场中最具市场影响力的一批大市值公司的整体状况。而中证 500 指数是从样本空间内股票中扣除沪深 300 指数样本股及最近一年日均总市值排名前 300 名的股票,剩余股票按照最近一年(新股为上市以来)的日均成交金额由高到低排名,剔除排名后 20% 的股票,然后将剩余股票按照日均总市值由高到低进行排名,选取排名前 500 名的股票作为中证 500 指数样本股。中证 500 指数综合反映了沪深证券市场内小市值公司的整体状况。

表 6-1 小盘股效应可能只是过去的事

日期	中证 500	中证 100	超额收益
2005-08-31	-2.39%	13.47%	-15.86%
2005-09-30	-4.55%	2.88%	-7.43%
2005-10-31	0.23%	-4.70%	4.93%
2005-11-30	6.56%	0.10%	6.46%
2005-12-30	7.98%	3.69%	4.29%
2006-01-25	4.72%	11.35%	-6.63%
2006-02-28	-0.31%	0.72%	-1.04%
2006-03-31	9.21%	3.68%	5.53%
2006-04-28	13.35%	14.14%	-0.79%
2006-05-31	1.64%	22.83%	-21.19%
2006-06-30	-8.15%	5.97%	-14.12%
2006-07-31	3.94%	-4.10%	8.05%
2006-08-31	5.45%	3.85%	1.60%
2006-09-29	6.95%	4.79%	2.16%
2006-10-31	20.64%	-0.59%	21.23%
2006-11-30	23.24%	5.33%	17.91%
2006-12-29	14.46%	6.30%	8.16%
2007-01-31	2.31%	24.14%	-21.84%
2007-02-28	8.24%	17.30%	-9.05%

---

[1] 见 James L. Davis, Eugene F. Fama, and Kenneth R. French, "Characteristics, Covariances, and Average Returns: 1928 to 1997," *Journal of Finance*, Vol.55, No.1 (February 2000), pp.389—406。

(续表)

日期	中证500	中证100	超额收益
2007-03-30	22.16%	16.41%	5.75%
2007-04-30	10.21%	33.41%	-23.20%
2007-05-31	-1.37%	9.33%	-10.70%
2007-06-29	17.79%	-15.99%	33.78%
2007-07-31	21.21%	22.82%	-1.60%
2007-08-31	4.64%	11.22%	-6.58%
2007-09-28	5.57%	3.80%	1.78%
2007-10-31	-16.39%	-10.49%	-5.89%
2007-11-30	10.69%	-9.39%	20.08%
2007-12-28	-16.03%	20.00%	-36.03%
2008-01-31	-0.69%	-5.74%	5.06%
均值	5.71%	6.88%	-1.17%
标准差	10.01%	11.34%	14.35%

资料来源：锐思数据库（http://www.resset.net）。

如表6-1所示，从2005年8月31日到2008年1月31日，小市值公司的平均月收益率为5.71%，以样本标准差衡量的风险水平为每个月10.01%。在同一段时期内，以中证100度量的大市值公司的平均月收益率为6.88%（且标准差为11.34%）。因此，在这30个月内，平均来说，小市值公司的月收益率比大市值公司的月收益率低1.17%。

从2007年以后的情况来看，13个月中，有8个月份大市值公司的月收益率比小市值公司的月收益率高。小盘股效应消失了！在当今全球化的经济体中，大市值公司更有实力和世界范围内的竞争者竞争。也可以说，当代股市比以前的股市更加有效了。

6.2.2 价值效应

公司规模有助于解释平均收益率并不是资本资产定价模型唯一的问题。金融学家的一些研究表明：低市盈率、低市净率、低市值现金流比率和历史销售额增长较低的股票往往会有较高的长期收益率。这些公司通常具有较高的净资产账面价值和较低的股票市值，或者称为账面市值比异象，价值溢酬通常就是用它们较高的回报率来衡量。按照反向价值股票投资者的预测，这样的公司是能使他们从均值回归过程获益的极好对象。然而，虽然价格被压低的股票获得较高的预期收益有经济意义，但在资本资产定价模型中却不能将这样的影响反映出来，这就降低了它的实用性。

当上市公司根据账面市值比组成投资组合时，Davis、Fama和French估计，在从1928年到1993年这段时间内，美国市场上高账面市值比的公司获得月均0.5个百分点的回报率溢酬[1]，获得年均6个百分点的回报率溢酬，这个溢酬比小盘股效应的两倍

---

[1] 见 James L. Davis, Eugene F. Fama, and Kenneth R. French, "Characteristics, Covariances, and Average Returns: 1928 to 1997," *Journal of Finance*, Vol. 55, No. 1 (February 2000), pp. 389—406。

还大。尽管风险较小,但在20世纪90年代以前和2000年以后,这些股票的表现都优于低账面市值比的股票。这种**价值效应**(value effect)可能是小盘股效应的另一种表现方式。按照定义,价格被压低的股票的股价和市值都较低。它们的市盈率、市现率和市净率都较低。并不能说有价值效应就没有小盘股效应。两者是可以共存的。相似地,一些华尔街的分析师建议,低市销率、高股利且不受华尔街分析师关注的股票,其表现会好于预期。所有这样的发现都表明,价格和投资者预期较低的价值型股票会表现得好于预期。相反地,价格和投资者预期较高的成长性股票往往会表现得不如预期。

像小盘股效应的例子一样,诸如单因素资本资产定价模型等传统市场模型可能仅仅是低估了与价值型股票相关的高风险性。在这种情况下,高回报率可能仅仅是价值型股票高风险性的反映,而并没有真正的价值效应异象存在。股价可能是对的,流行的资产定价模型可能是错的。

另一方面,价值型和成长型股票可观测到的优点是其年收益率存在一些无法解释且可逆的模式,而这种模式在历史上会不时地被观测到。如图6-1所示,像所有的投资策略一样,价值型和成长型投资策略在不同的时点有不同的盈利性。在中国,从2006年4月到2006年10月,价值型股票比较受欢迎,此时侧重于成长型股票的反向投资策略的盈利性比较强。而在2006年10月到2007年4月之间,成长型股票的投资策略逐渐被投资者广泛接受,价值型投资策略开始优于成长型。而在进入2008年以后,成长型投资策略的表现优于价值型。

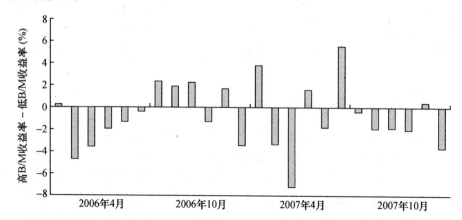

图6-1 低账面市值比的股票在很多年中的表现优于高账面市值比的股票

资料来源:锐思数据库(http://www.resset.net)。

有经验的投资者知道,投资于历史表现很好的公司,并不一定会获得高于平均的回报率。投资者通过投资于那些表现优于大众预期的公司来获利。

6.3 日历异象

6.3.1 一月效应

在股价和证券收益中出现的与时间相关的趋势和市场有效概念是相悖的。在一个有效的股市中是不会出现季节性变化的。但令人惊讶的是,很多学术研究都记录了一种无法解释的与年度交替相关的异常回报。**一月效应**(January effect)就是被记录在案的异象之一。它是指在每年的前几个交易日内股票会有异常大的正回报率。在具有不同特征,包括规模、红利和关注度的股票的收益率中,都会出现一月效应。例如,在每年的前四个交易日和最后一个交易日,小市值股票的表现会特别出众,而且这样的收益会非常巨大。

为了说明股市月收益的季节性,图6-2展示了从2002年2月到2008年2月沪深300指数的平均月收益率。从这段时间的市场数据可以看出,3月份(5.33%)、11月份(5.13%)、12月份(4.15%)以及1月份(4.13%)的月收益率最高,而9月份(-1.60%)、5月份(-0.19%)和10月份(-0.15%)的月收益率最低。还可以看出1月份的平均月收益率低于3月份以及11月份。再看美国股市,在20世纪80年代,美国股市1月份的平均收益率为3.11%,在记录中是最高的;在20世纪90年代,12月份(2.59%)和5月份(2.54%)的收益率特别高;而从2000年到2005年,10月份(3.35%)和11月份(2.79%)是最佳的月份。

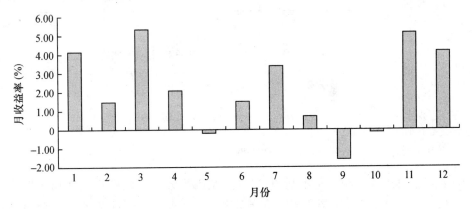

图6-2 沪深300指数的平均月收益率(2002年2月—2008年2月)

资料来源:锐思数据库(http://www.resset.net)。

6.3.2 日效应

根据定义,所有的异象都是不可预测的。无法解释的回报经常以一种不可解释的方式出现或者消失。**日效应**(day effects)也是如此。在文献中有这样的记载,在节日闭市的前一天,股票的表现会异常地好。事实上,**节日效应**(holiday effects)已经成为美国股市业内人员信奉的真理之一。如图6-3(A)所示,马丁路德金日、劳动节、美国独立纪念日、元旦以及圣诞节,这些节日的前一个交易日的美国股市日回报率都会异常高,它们分别是0.91%、0.44%、0.34%、0.32%和0.28%。

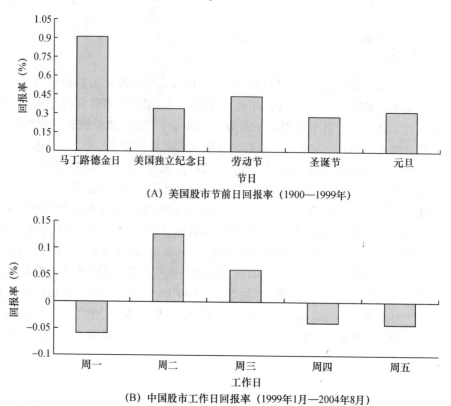

图6-3 节前平均日回报以及工作日回报

注:图(A)显示了在整个20世纪DJIA在节日的前一个交易日的回报率。如图所示,平均而言,节前的交易日的回报率为正。

资料来源:锐思数据库(http://www.resset.net)。

周末对于股票来说经常是不利的,也许这是因为公司和政府喜欢在周末时公布坏消息。从1999年1月(《中华人民共和国证券法》公布)到2004年8月这段时间内上海证券交易所的统计数据来看,周一是一周内表现最差的一天,其平均日收益是糟糕的-0.059%。经常流传的"不要在周一卖股票"就是源自此**周一效应**(Monday effect)。周二(0.126%)和周三(0.06%)的日回报特别高,是一周内最高的,如图6-3(B)所示。

一些研究员还发现了**开盘效应**(beginning-of-day effect)和**收盘效应**(end-of-day effect)。从周二到周五,在开盘的前45分钟内,股价会上升。而在收盘前的15分钟内,股价会强烈反弹直到收盘。高的开盘价往往归因于开盘后的前几个交易。对于周一来说,在开盘后的前45分钟内股价会下跌,然后像其他交易日一样交易。目前只有少数假设来解释这些现象。

6.3.3 年度周期现象

如图 6-4 所示,在政治周期的不同阶段,美国股市的年收益存在着异象。这个**政治周期效应**(political-cycle effect)在统计上是显著的。在总统任期的第三年(12.85%)和第四年(9.99%),年收益异常地高。而在总统任期的第一年(5.06%)和第二年(2.27%),年收益异常地低。一般的解释为:存在着一种政治动机,在下一次选举之前,利用较高的股票收益,让投票人保持乐观。但没人知道为什么投票人和投资者会被这样的一种诡计年复一年、一任接一任地欺骗。

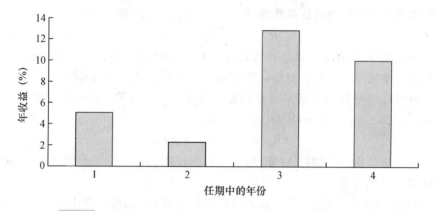

图 6-4 在美国总统任期的第三年和第四年股市收益异常地高

资料来源:NYSE Group,www.nyse.com。

最难以解释的是为什么以"5"结尾的年份,美国股市的年收益会比较高。以"5"结尾的年份美国股市平均年收益高达 28.96%。目前还没有比较合理的理由来解释这种异象。很有可能这只是当大量的历史收益数据被研究时,统计学上存在的一种现象,没有任何经济含义。

6.4 事件研究

6.4.1 公告效应

根据半强式有效市场假说,当期的股票价格反映了所有的公开信息。而根据强式有效市场假说,当期的股票价格反映了所有的公开和非公开信息。在这两个例子中,新信息都是即时地反映在股价中的,所以跟风投资者只能获得经过风险调整的正常回报率。

因此,对有效市场假说可以进行一个有意思的检验,即在一个确定日期左右的几天内研究一下公司的股市回报。在这个日期,一些重要的新信息会向市场传播。在一个完全有效的市场内,好消息会在公告日使股东收益显著提高,而坏消息则会在公告日使股东收益显著下降。在两个例子中,都不应该有正或者负的**公告后漂移**(postannouncement drift)。在公告之后的时期内,股票收益应该是随机的。

在检验新信息的重要性时,有必要记住任意一天股价的几个影响因素。股价的上升或者下降是由整个市场、企业所在行业和其他企业特定因素共同决定的。任意一天股价的上升或下降无法证明给定信息的重要性。**事件研究**(event studies)度量了一些重要新闻事件前后的异常收益。这些新闻事件包括收益公告、合并和 CEO 死亡等会给公司带来重要经济后果的事件。这些就是研究有效市场假说的主要方法。

许多事件研究从这个基本的前提假设,或者简单的假说开始:一家公司的股市收益可以用资本资产定价模型的证券特征线(SCL)来完全描绘,即

$$R_{jt} = \alpha_j + \beta_j R_{mt} + \varepsilon_{jt} \tag{6.1}$$

在这个模型中,R_{jt}是第 j 家公司普通股在第 t 天的收益率,R_{mt}是第 t 天的市场收益率。市场收益率通常是用充分分散化的市场指数来描述的,例如标准普尔 500 指数。从这个证券特征线模型得到的结果可以用来估计第 j 家公司第 t 天的**市场模型异常收益**(market-model abnormal returns),AR,即:

$$AR_{jt} = R_{jt} - (\alpha_j + \beta_j R_{Mt}) \tag{6.2}$$

由于资本资产定价模型(CAPM)和证券特征线(SCL)在实证上的局限性,也可以用其他方法来估计异常收益。

第二种常用的方法通过从第 j 家公司普通股在第 t 天的收益率中扣除当天市场指数的收益率,来估计**市场调整异常收益**(market-adjusted abnormal returns),即:

$$AR_{jt} = R_{jt} - R_{mt} \tag{6.3}$$

第三种方法是通过从第 j 家公司普通股在第 t 天的收益率中扣除整个估计期收益率的算术平均值,来计算**均值调整异常收益**(mean-adjusted abnormal returns),即

$$AR_{jt} = R_{jt} - \bar{R}_j \tag{6.4}$$

在上述所有情况下,公司和市场收益的关系都是在一些有价值的新闻报道出来之前很长一段时间内建立起来的。假设有一个估计期,长达 255 天,这个估计区间在长度上大约等于一年。记事件期为 $t=0$,通常认为在这一天有极具新闻价值的事件会被广泛传播,例如一则公司的新闻报道刚出现在《华尔街日报》上。估计期通常在事件期之前的第 300 个交易日开始,此时 $t = -300$;估计期于事件期之前的第 45 个交易日结束,此时 $t = -45$。

每日异常收益在 N 个公司的样本间平均,可以得到平均异常收益(AAR),即:

$$AAR_t = \frac{\sum_{j=1}^{N} AR_{jt}}{N} \tag{6.5}$$

6.4.2 累计异常收益

为了度量整体影响,通常要计算在一个事件间隔期的**累计异常收益**(cumulative abnormal returns,CAR),这个间隔期通常为 1 天、2 天或者 3 天,即:

$$\text{CAR}_{T_1,T_2} = \frac{\sum_{j=1}^{N} \sum_{t=T_1}^{T_2} \text{AR}_{jt}}{N} \tag{6.6}$$

计算出 CAR 之后,通常用 T 检验检验累计异常收益值是否显著异于 0。当一个新闻事件带来的累计异常收益值,相对其波动率来说相当大时,我们就说这个累计异常收益显著异于零。这也意味着在这个特定的新闻事件前后,股价变动确实是异常的且这个事件是经济显著的。而当一个新闻事件的累计异常收益相对于其波动性比较小时,我们就说它并不显著异于零。在这种情况下,这个新闻事件前后的股价变化是正常的且该事件并无经济显著性。

累计异常收益也可以用来识别具有异常好或者异常差表现特征的股票组。当一组证券的累计异常收益与相应的波动率相比相当大时,在投资者看来,这样的股票就会有比预期好的表现。相反,当一组证券的累计异常收益与相应的波动率相比较小时,这样的股票表现得就很一般,其收益率不会高于风险调整或者正常的收益率。

例 6-1 某投资者想了解一个有关某总裁退休的公告对其所在的公司有好的还是坏的影响。该公司在上海证券交易所上市。为了调查这个公告,他发现公告那天该公司的股票收益率为 0.5%。公司在过去的 6 个月内,日平均收益为 0.3%。在公告日,上证综合指数上升了 0.4 个百分点。对该公司来说,CAPM 中的参数为:$\alpha = -0.1\%$,$\beta = 1.1$。对投资者们来说,该公告是个好消息还是坏消息呢?

解答

计算公告的异常收益。

运用(6.2)式中的市场模型,

$$\text{AR}_{jt} = R_{jt} - (\alpha_j + \beta_j R_{mt}) = 0.5\% - (-0.1\% + 1.1 \times 0.4\%) = 0.16\%$$

运用(6.3)式中的市场调整模型,

$$\text{AR}_{jt} = R_{jt} - R_{mt} = 0.5\% - 0.4\% = 0.1\%$$

运用(6.4)式中的均值调整模型,

$$\text{AR}_{jt} = R_{jt} - \bar{R}_j = 0.5\% - 0.3\% = 0.2\%$$

在上述三种计算方式下,异常收益都是正的。因此,根据市场对该总裁退休的反应,这个公告应该是个好消息。

6.5 公告异象

6.5.1 收益公告

事件研究方法(event study methodology)可以用于检测在重要企业特定信息公布后无法解释的股价变动。其中,最重要的波动之一与公司公布超预期收益紧密相关。这样的公司就有所谓正的**盈利异常**(earnings surprise)。有超预期收益公告的公司可以看到它们的股价迅速上升,而那些公告收益低于预期的公司会看到它们的股价剧烈下跌。因为收益公告蕴涵了重要的经济信息,所以股票价格会对收益公告作出剧烈反应,这与市场有效假说是一致的。如果当公布的收益和大众的预期显著不同而股价不为所动时,这样的现象就有悖于有效市场假说。根据弱式有效市场假说,当期股价精确反映了所有的公开信息。好的消息会使股价上升,而坏的消息会使股价下降。

例如,任何收益率剧烈下降的股票对投资者来说都是一场灾难,尤其对于那些投资者预期其收益有一个极高增长,因此市盈率极高的股票来说,更是这样。现在已经知道,在意识到投资者预期较高时,一些成长型股票公司的管理层会通过扭曲会计准则来使公司的收益率好看些。当高成长预期股票的基本面开始恶化时,"创造性会计"有时候就演变成了完全的骗局。那些盈利报告公布得比同行业的其他企业晚,或者比平常晚的公司经常公布不好的经营业绩。因此,理智的投资者应该避免公告行为很可疑或者推迟盈利报告的公司。记住,容易预测的收益信息已经反映在即将公布经营业绩的公司股价中了。在一个完全有效的市场中,只有当期收益信息的"新闻"部分才会影响股价。

在华尔街,一个众所周知的事实是,分析师会系统性地高估好的收益表现而系统性地低估差的收益表现。然而,只要投资者正确地将得到的盈利预测信息打个折扣,股票分析师的乐观偏误将不会对股市的效率产生影响。真正与有效市场假说不一致的是**收益公告后漂移**(post-earnings announcement drift)的证据。收益公告后漂移是指与收益公告有关的股价变动会在公告后持续好几周。在这样的情况下,投资者可以通过买入收益公告良好公司的股票或者卖出收益公告较差公司的股票,以便从早些时候公布的公开信息中获利。在一个完全有效的市场中,好的或坏的收益信息都会瞬间反映在公司股价上,所以跟风投资者只能获得经过风险调整的正常收益率。

2008年7月25日,在股市开市之前,天津滨海能源发展股份有限公司发表预亏公告,称经过财务部门初步测算,该公司2008年上半年度经营业绩出现亏损。公告同时披露,燃料煤价格持续上涨,造成成本增加,是造成该公司亏损的主要原因。如图6-5所示,滨海能源的股票在公告当天(7月25日)下降了0.27元(2.73%)。可以看到,在7月28日(周一),股价继续下跌了0.15元。收益公告后漂移可以持续好几个月。为什么投资者对重大消息的反应会如此之慢至今还是个谜。

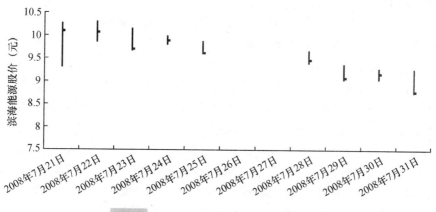

图 6-5 股价对滨海能源预亏公告的反应

资料来源:万得金融数据库。

6.5.2 股票拆分公告

在金融经济学领域中有大量研究证实:**股票拆分**(stock-split)公告本身并不会影响企业的市场价值。股票拆分似乎只会带来表面上的变化,因为它仅仅是增加了流通的股票数量,并不会直接影响企业的市场价值。例如,对于一个 2∶1 的股票拆分来说,投资者会获得数量上两倍于拆分前的股票,但是股价也会相应地变为拆分前的一半。对于股票拆分的传统解释是它会使小股东的数量增加。对于这个股东的增加,有一个可能的解释是低价股会有更高比例的买卖差价,因此让经纪人更有动机去促销股票。

在中国的股票市场,没有股票拆分,但有一种等价的行为,即派送股票红利。当上市公司向股东派送股票红利时,就要对股票进行除权。当一家上市公司宣布上年度有利润可供分配并准备予以实施时,则该只股票就称为含权股,因为持有该只股票就享有分红派息的权利。在这一阶段,上市公司一般要宣布一个时间,称为**股权登记日**(record date),即在该日收市时持有该股票的股东就享有分红的权利。只要在登记的收市时还拥有股票,股东就自动享有分红的权利。进行股权登记后,股票将要除权,也就是将股票中含有的分红权利予以解除。除权在股权登记日的收盘后进行。除权之后再购买股票的股东将不再享有分红派息的权利。

例如:浙江阳光在 2008 年 4 月 16 日发布除权公告,每 10 股将派送 3 股的股票红利。2008 年 4 月 16 日就是**公告日**(announcement date)。该公告声明股权登记日为 2008 年 4 月 21 日,一天之后即 2008 年 4 月 22 日就是**除权日**。在除权日,已登记的股东每拥有 10 股的浙江阳光股票就能获得额外的 3 股。除权日再过一天就是**后除权日**,从这一天起浙江阳光的股票将以除权后的价格在市场上流通。如果忽略现金红利的影响,在进行 10 送 3 的股票红利派送后,虽然股东的股票数量会增加 30%,但是相应地,该股票的价格也会降低到原来的 76.92%。所以从理论上来说,浙江阳光派送股票红利的行为并不会影响公司的市场价值。

从表6-2可以看出,10送3是最普遍的送股比例。其他比较流行的送股比例有10送2和10送1。但是不管送股的比例是多少,派送股票红利对公司的市场价值没有影响这个原则始终是成立的。在派送股票红利之后,虽然公司的总股本增加了,但股价也相应下降了一定的比例,最后两者对公司价值的净效应为零。

许多投资者都相信股票拆分代表了公司市值会提高的好消息。一些投资方面的新闻简报和网站将股票拆分描述为公司所能构思出来用以提高它们市值的最好的市场工具之一。根据流行的看法,股票拆分在股东中间创造了一种正面的感觉。当拆分使得股价下降时,更多的投资者就加入了。如果个人投资者在股价下降或者市场低迷时比较不容易动摇,股票拆分也能使股价波动变小。当一个市场板块非常热门时,许多股票都会屡创新高,成为拆分的候选对象。事实上,股票拆分公告前的90天内是股票收益较高的时期之一。许多个人投资者都错误地预期股票拆分公告出来时股价会攀升得比公告前更高。

表6-2　2007年度派送股票红利时间表(部分)

股票名称	公告日	派送股票红利数（每10股）	股权登记日	除权除息日	股票红利上市交易日	公告日前一个交易日的价格	公告日当天的价格	除权前一天价格
中兴商业	2007-3-27	3	2007-6-7	2007-6-8	2007-6-8	12.98	13.06	18.48
博盈投资	2007-3-22	3	2007-8-2	2007-8-3	2007-8-3	11.37	10.90	15.90
五粮液	2007-3-26	4	2007-4-30	2007-5-8	2007-5-8	27.04	27.37	35.66
传化股份	2007-4-7	3	2007-6-5	2007-6-6	2007-6-6	20.49	?	19.5
宏润建设	2007-3-16	5	2007-5-24	2007-5-25	2007-5-25	17.12	17.79	26.51
景兴纸业	2007-4-16	3	2007-5-25	2007-5-28	2007-5-28	12.28	12.8	16.95
孚日股份	2007-3-26	3	2007-4-27	2007-4-30	2007-4-30	13.85	?	20.17
天康生物	2007-3-15	5	2007-4-18	2007-4-19	2007-4-19	24	26.4	32.45
铁龙物流	2007-3-28	3	2007-5-30	2007-5-31	2007-6-1	13.9	13.29	18.5
浙江阳光	2007-3-22	3	2007-5-25	2007-5-28	2007-5-29	18.81	18.71	22.24
恒瑞医药	2007-2-8	3	2007-3-30	2007-4-2	2007-4-3	38.36	39.14	34.98
烟台万华	2007-4-4	4	2007-7-10	2007-7-11	2007-7-12	34.99	35.85	51.27
驰宏锌锗	2007-3-9	10	2007-4-11	2007-4-12	2007-4-13	99.16	100.34	147.45
大众交通	2007-3-24	3	2007-4-27	2007-4-30	2007-5-8	11.24	?	25.82
金龙汽车	2007-4-18	3	2007-5-22	2007-5-23	2007-5-24	27.11	26.49	30.06
海博股份	2007-4-10	3	2007-5-17	2007-5-18	2007-5-21	9.97	10.29	14.4

资料来源:万得金融数据库。

股票拆分会使股价上升的流行看法是荒谬的。股票是在股价飙升之后才拆分的,而不是在之前。拆股的公司会在拆股之前做得比市场整体好一点,但在拆股之后会表现得与市场整体一致。不是股票拆分本身,也不是对拆股的预期使得股价上升。只有当其他利好消息与拆股公告一起公布时,股价才会随着拆分公告的发布而上升。

公司有时会发布**逆向股票拆分**(reverse stock splits)公告,也就是使股东持有的股票数量下降。在一个比例为1:3的逆向股票拆分中,投资者所持有的股票数量会变成原来的三分之一。一般是基本面一直恶化且股价暴跌的公司会实行逆向股票拆分。就像股票拆分不会使股票的表现变得优异一样,逆向股票拆分也的确不会使股票的表现变糟。

最后,还有一类异象和股票拆分相关,即所谓的**分拆上市异象**(spin-off anomaly)。分拆上市就是把一项业务从原来多样化经营的母公司中拆分出来,然后在新的实体中向原来的股东发行股票。小公司从大的组织中分拆上市通常会带来好的股市表现。分析师们认为,在分拆上市之前,小公司没有获得足够多的行政注意力。在分拆上市之后,小公司的管理层注意力更集中了,也有足够的动力去最大化股东的价值,因此股价也会飙升。让人难以理解的是,为什么投资者没有充分意识到这些独立小公司的营运和财务优势,从而没能在分拆上市公告生效之前抬升母公司的股价?

6.5.3 指数成分股效应

2005年4月8日由沪、深证券交易所联合发布了沪深300指数。它是从上海和深圳证券市场中选取300只A股作为样本编制而成的成分股指数,其中深市121只,沪市179只。首批入选沪深300指数的样本公司2004年实现的净利润占到全部A股公司当年净利润的83.51%,主营业务收入占到了全部A股公司的67.54%。由于样本规模大、流动性好、行业代表性和可调性强,沪深300能够淡化两市之间的差异,真实地反映中国A股市场的股价整体走势。而这里所说的**指数成分股效应**(index effect),是指在沪深300指数调整时,调入指数和调出指数的股票,其价格发生的异常反应。具体来讲,就是调入沪深300指数的股票在指数调整期间表现出的价格异常上涨,以及调出沪深300指数的股票在指数调整期间表现出的价格异常下跌。

通过截取2005年6月—2007年7月调入和调出沪深300指数的股票为样本,发现沪深300指数效应显著存在。数据表明,平均来说,在公告日当天,调入沪深300指数的股票会上涨0.689%,而调出沪深300指数的股票会下降0.566%。但是调出时的指数效应相比调入时的指数效应要延后5—10天。

表6-3列出了一批在2006年年底以及2007年年初加入沪深300指数的股票。可以看出在被列为沪深300指数的成分股之后,绝大部分股票的价格都上涨了,这些股票价格平均的上涨幅度为4.04%。

表6-3 调入沪深300指数的股票价格经常会上升

股票名称	公告日	公告日收盘价	公告次日收盘价	百分比变化	加入沪深300的日期	加入指数当日收盘价	百分比变化
工商银行	2006-10-30	3.29	3.3	0.30%	2006-11-10	3.46	5.17%
锌业股份	2006-12-11	19.16	19.1	-0.31%	2007-01-04	19.86	3.65%
津滨发展	2006-12-11	5.37	5.38	0.19%	2007-01-04	5.7	6.15%
大族激光	2006-12-11	16.62	16.42	-1.20%	2007-01-04	19.28	16.00%
航天电器	2006-12-11	19.16	19.1	-0.31%	2007-01-04	19.86	3.65%
中工国际	2006-12-11	15.16	15.07	-0.59%	2007-01-04	15.04	-0.79%
同洲电子	2006-12-11	21.55	21.88	1.53%	2007-01-04	20.6	-4.41%

(续表)

股票名称	公告日	公告日收盘价	公告次日收盘价	百分比变化	加入沪深300的日期	加入指数当日收盘价	百分比变化
平高电气	2006-12-11	13.06	13.46	3.06%	2007-01-04	14.41	10.34%
洪都航空	2006-12-11	21.65	20.96	-3.19%	2007-01-04	20.8	-3.93%
广州药业	2006-12-11	7.52	7.8	3.72%	2007-01-04	7.86	4.52%
平均股价变化				0.32%			4.04%
股价变化的中位数				-0.06%			4.09%

资料来源：锐思数据库（http://www.resset.net）。

如果指数成分股效应只是反映了对成分股公司未来经济前景的隐性认可，那么从这个程度上来说，它和有效市场假说是一致的。然而，如果加入指数的公司股价变动与该公司的基本经济前景无关，那么从这个角度来说，指数成分股效应和有效市场假说是不一致的。

例6-2 National Oilwell Varco 公司（NOV）的主要业务是设计和制造用于石油和天然气钻采与生产的产品。2005年3月7日，标准普尔公司宣布把NOV加入标准普尔500指数中。根据给定的NOV每日价格和标准普尔指数，请计算公告前后的NOV市场调整异常回报。

日期	NOV	标准普尔500
2005-2-22	41.00	1 184.16
2005-2-23	42.00	1 190.80
2005-2-24	43.46	1 200.20
2005-2-25	44.72	1 211.37
2005-2-28	45.34	1 203.60
2005-3-1	43.81	1 210.41
2005-3-2	44.46	1 210.08
2005-3-3	46.21	1 210.47
2005-3-4	47.34	1 222.12
2005-3-7	48.13	1 225.31
2005-3-8	48.45	1 219.43
2005-3-9	48.02	1 207.01
2005-3-10	47.61	1 209.25
2005-3-11	48.85	1 200.08
2005-3-14	50.21	1 206.83
2005-3-15	49.31	1 197.75
2005-3-16	48.70	1 188.07
2005-3-17	49.75	1 190.21
2005-3-18	49.32	1 189.65
2005-3-21	48.88	1 183.78
2005-3-22	48.39	1 171.71
2005-3-23	46.94	1 172.53
2005-3-24	47.08	1 171.42

解答

先计算NOV和标准普尔500指数的日回报率,然后利用这些回报率计算市场调整异常收益。

日期	NOV	标准普尔 500	NOV	标准普尔 500	市场调整异常回报
2005-2-22	41.00	1 184.16			
2005-2-23	42.00	1 190.80	2.44%	0.56%	1.88%
2005-2-24	43.46	1 200.20	3.48%	0.79%	2.69%
2005-2-25	44.72	1 211.37	2.90%	0.93%	1.97%
2005-2-28	45.34	1 203.60	1.39%	−0.64%	2.03%
2005-3-1	43.81	1 210.41	−3.37%	0.57%	−3.94%
2005-3-2	44.46	1 210.08	1.48%	−0.03%	1.51%
2005-3-3	46.21	1 210.47	3.94%	0.03%	3.90%
2005-3-4	47.34	1 222.12	2.45%	0.96%	1.48%
2005-3-7	48.13	1 225.31	1.67%	0.26%	1.41%
2005-3-8	48.45	1 219.43	0.66%	−0.48%	1.14%
2005-3-9	48.02	1 207.01	−0.89%	−1.02%	0.13%
2005-3-10	47.61	1 209.25	−0.85%	0.19%	−1.04%
2005-3-11	48.85	1 200.08	2.60%	−0.76%	3.36%
2005-3-14	50.21	1 206.83	2.78%	0.56%	2.22%
2005-3-15	49.31	1 197.75	−1.79%	−0.75%	−1.04%
2005-3-16	48.70	1 188.07	−1.24%	−0.81%	−0.43%
2005-3-17	49.75	1 190.21	2.16%	0.18%	1.98%
2005-3-18	49.32	1 189.65	−0.86%	−0.05%	−0.82%
2005-3-21	48.88	1 183.78	−0.89%	−0.49%	−0.40%
2005-3-22	48.39	1 171.71	−1.00%	−1.02%	0.02%
2005-3-23	46.94	1 172.53	−3.00%	0.07%	−3.07%
2005-3-24	47.08	1 171.42	0.30%	−0.09%	0.39%

在3月8日得知NOV加入成分股消息的投资者可能会继续投资于NOV且战胜市场好几天。然而,当对这种投资策略进行评估时,要记住交易成本可能会极大地降低利润。

6.6 有效市场假说成立吗?

6.6.1 有效市场假说之谜

直到20世纪70年代末,许多金融学家一直相信美国的股票市场是非常有效的,也就是扣除一个长期的上升趋势,股票价格的变化实质上是随机且不可预测的。然而,在20世纪80年代和90年代,出现大批文献揭露CAPM模型的缺点,导致一些观察家开始质疑有效市场假说。这样的质疑开始于一些很著名的研究。这些研究发现了股市回报中的异常类型,例如小盘股效应和一月效应。事实上,总体上来说,股票,特别是小市值公司的股票,在新年刚开始的几个交易日的表现好像都很好。然而,在你决定于12月末冲出去买小公司的股票之前,请记住,许多利用这种便宜的机会都会被市场的波动性和交易费用所抵消。在时岁更迭之际,小市值公司表现出来的非随机的正效应非常小,在1月份差不多是5%和6%的水平。这种效应完全有可能会被每个月7%和8%水平的波动性所抵消。一个来回1%—2%的交易费用会严重降低在新年之际对小市值股票进行投机的吸引力,也会降低谨慎交易策略的盈利性。相似地,想要利用基本面或者公告相关异象的投资者必须对与风险估计相关的问题保持敏感性。例如,小公司的股票可能会比大公司的股票更有风险,从而应该给投资者一个更高的回报。而且,这种未得到解释的回报异象的可靠性极其低。当投资者发现有战胜市场机会的时候,很可能条件变了,获利的机会也就消失了。

超过一代的研究者都利用事件研究的方法来获取有关股票对新信息是如何反应的有用信息。当用来研究难以预测的经济事件在短时间内的结果时,这个方法特别适用。隐含的假设是股价必须精确而迅速地对公司特定消息作出反应,不管这个消息是好是坏。股价对重要经济事件的任何延迟反应都应该是短暂的。长期的价格反应会使投资者获得利用这些信息获利的机会,因此与有效市场假说是不一致的。一些研究发现并不存在与重要新信息公布相关的公告异常收益,这些研究支持了弱式有效市场假说。尽管如此,事件研究法还是发现了许多不同种类的重要经济事件,对于这些事件存在着持续的反应不足或者长期的反应过度。如表6-4所示,支持弱式和强式市场有效假说的证据是有点模糊和有争议的。[①]

表 6-4　事件研究的结果合理地介乎低估和高估之间

事件	长期事前回报	公告回报	长期事后回报
收益公告	不可获得	正	正
首次股利	正	正	正
股利停发	负	负	负
发行新股	不可获得	正	负
兼并(收购公司)	正	0	负
新交易所上市	正	正	负
委托书收购	负	正	负(或者0)
增发股票	正	负	负
股票回购(公开市场)	0	正	正
股票回购(投标)	0	正	正
分拆上市	正	正	正(或者0)
股票拆分	正	正	正

---

① 见 Eugene F. Fama, "Market Efficiency, Long-Term Returns, and Behavioral Finance," *Journal of Financial Economics*, Vol. 49, No. 3 (September 1998), pp. 283—306。

在一个有效的市场中,明显的反应不足和明显的反应过度两者的频率是差不多的。如果市场异象在反应不足和反应过度间差不多平均地分配,那么,总体上说,这和有效市场假说是一致的。如果一个一个地分析,股市异象会给有效市场假说的可靠性带来非常不利的证据;但如果从整体的角度出发,事件研究的文献倾向于证明回报异象是偶尔才会发生的。

支持强式有效市场假说的证据是非常薄弱的。绝大多数的职业财富管理人不能打败"买入并持有"策略这一事实,有利于支持强式有效市场假说。内幕交易的规则同样不能适用。从另一方面说,一些明星级财富管理人如沃伦·巴菲特和比尔·米勒(Bill Miller)持续地击败"买入并持有"的策略。内部人士,例如公司主管、董事会成员以及10%的股东同样持续获得正的异常回报。股票交易所的专家也能获得异常的股市回报,因为他们能得到有关股票买卖的信息。虽然技术分析的效果不是很好,但基本面分析仍可能具有在小市值、低市盈率且被忽略的股票中发现获利机会的一定潜力。但是,这方面的证据仍然比较薄弱。

过去半个世纪的股票市场的证据暗示着简单的"购买并持有"的策略可能是最有效的投资技术。虽然一些有规律的现象不时在股市中出现,但它们是不可靠的。其中的一些异象,例如规模效应,可能仅仅反映了比传统的度量更有效的一种风险度量方法。其他的异象,例如非常流行的日历异象,其出现和消失都是不可预测的。许多所谓的股市异象都是会自行消失的。

6.6.2 行为金融学的视角

在前些年,如何找到一种新的、有创造性的方法来检验有效市场假说,成了对学者和华尔街专家的一个重要挑战。新的理论,吸收了行为金融学这一新兴领域的思想和观点,提供了一些新的、有用的见解来解释对金融理论的偏离,也帮助我们理解为什么许多个人投资者在股市中实际上是亏钱的。在一个有效的股市中,50%的投资者优于市场平均,而另外50%的投资者会差于市场平均。在考虑交易费用之前,这个是成立的。因为职业投资顾问按照每年3%的比例向共同基金股东和其他客户征收管理费,所以共同基金的平均表现不如市场平均好,也就不足为奇了。在考虑费用之后,典型的共同基金表现得不如市场平均好。这就是为什么许多理智的投资者知道低成本的指数基金比典型的管理组合的表现要好。传统的金融理论解释不了的是,为什么许多个人投资者的业绩明显不如那些投资专家。行为金融学的研究发现,心理倾向导致许多投资者采取了亏钱的投资策略。他们交易得太频繁了,高买低卖,等等。研究发现,人们不一定总能以理性和有效的方式行事。事实上,心理学领域中的认知错误能够解释一些股市行为。

考虑两种著名的心理偏误:**保守主义**(conservatism)和**代表性偏误**(representativeness bias)。人们改变其观点的过程很缓慢。当人们面对与原先信念相悖的新信息时,保守主义会让其观念的更新很缓慢(注意,心理学上的保守主义与政治上的保守主义无关)。另一个影响投资者信念的偏误是代表性偏误。这是与思维定式有关的一种偏误。在代表性偏误的作用下,已知事物的特征就会被映射到未知事物中去。例如,多年来有良好表现的公司,被认为会继续优秀下去。即使事实上顶尖的公司很少永远保持顶尖,但人们还是这么认为。

考虑下面这种情况:投资者普遍认为某公司会继续其糟糕的业绩表现。突然,公司公布其收益超过预期,股价也应声上扬。投资者可能会因为保守主义而对运营改善的消息反应不足。他们不相信这家破公司真的好起来了。因此,当下一季度这家公司的收益又超过预期时,投资者会再次惊讶。对这家公司看法的缓慢更新有可能会导致整体市场长时间的反应不足。只有当投资者正确地意识到这家公司的历史表现确实很好时,它才会被正确地定价。

从另一个角度说,投资者有时会有一种倾向,认为公司良好的历史表现会持续到未来。在这样的情况下,代表性偏误会导致投资者对公司的未来过度乐观,将股价抬得过高。此时,投资者对公司良好的长期历史表现反应过度。一些行为金融学的学者认为,股价会对短期的信息反应不足,而从长期来说,又会反应过度。在股市中,短期反应不足和长期反应过度并不意味着平均来说股价是有效的。它反映了一个事实:投资者会系统性地将公司错误定价。

有效市场假说的支持者通常会用两个经验事实来支持其有效市场概念。首先,典型的投资者好像都不能战胜市场指数。其次,许多难以解释的市场异象,例如那些在20世纪八九十年代发现的市场异象,看起来都是短暂和难以预测的。管理型组合一直不能打败市场的股市证据以及最近低成本指数基金的流行与市场总体上是有效的假说是一致的。同时,投资者容易受到认知失败和心理偏误影响的证据表明市场并不是完全有效的。几乎完全有效的市场和完全有效市场的差异是很大的。在一个理性和有效的市场中,股票价格的变化是不可能预测的。然而,反之并不能成立。问一问20世纪90年代后期以来的网络股的投资者就知道,并不是所有不能预测的股价变化都是理性的变化。在一个几乎有效的市场中,泡沫和其他定价错误会不时出现。正因为这些现象的存在,行为金融学领域的最新发展变得让人兴奋。行为金融学的理论有助于我们认识和解释时常不理性的市场以及未解的异象。

总结

◎ 当一种无法解释的异常股市回报在实证研究中被检测到时,我们就说发现了一种**回报异象**。这里存在一个**联合检验问题**,因为出现与完全有效市场相悖的异象证据可能意味着市场失效,但也可能意味着资本资产定价模型或套利定价模型的精度不够。

◎ 以年回报率计算,大市值股票获得的年回报率会显著低于小市值公司。这称为**小盘股效应**。

◎ 尽管风险较低,但在20世纪90年代之前很长的一段时期内,价值型股票的表现都要优于成长型股票。这种**价值效应**可能是小盘股效应的另一种表现形式。

◎ 在许多研究中都记录了一种**一月效应**,其表现形式为:在每年的前几个交易日内股票都会出现异常高的正回报率。文献中同样记载了在闭市节日的前一天股票会有异常好的表现。这样的**节日效应**已经成为业内人士所信奉的真理之一。周一是一周之内唯一平均收益率为负的交易日。这种**周一效应**导致了"不要在周一卖股票"的警句。一些研究员也发现了**开盘效应**和**收盘效应**。在政治周期的过程中也会存在年回报异象。这种**政治周期效应**在统计上是显著的。

◎ 在一个完全有效的市场中,好消息会在公告日带来股东回报的显著提高,坏消息会在公告日带来股东回报的显著降低。在这两种情况下,都不应该存在**公告后漂移**。在后公告时期,股票回报应该是随机的。**事件研究**度量了一个重要新闻事件前后的异常回报,这个新闻事件通常会给公司带来重要的经济后果。在事件研究中,**证券特征线**用来估计**市场模型异常收益**,或者说资本资产定价模型无法解释的那一部分收益。**市场调整异常收益**通过从任意一天任意一只股票的收益率中扣除市场指数收益率进行估计。第三种常用的方法是估计**均值调整异常收益**。它是用一只普通股的日收益率减其算术平均得来的。**累计异常收益**为事件间隔期异常收益的加总。事件间隔期一般为1天、2天或者3天。

◎ 事件研究方法可用于检测重要企业特定信息公布后股价无法解释的变动。其中最重要的变动之一与公司公布超预期收益,或者正**盈利异常**紧密相关。**收益公告后漂移**是与有效市场假说相冲突的一种证据,它是指与收益公告相关的股价变动在公告后几周内都会存在。

◎ **股票拆分**只是一种表面的变化。它仅仅增加了流通股的数量,对公司的市值并没有直接的影响。为了得到股票拆分的收益,在**登记期**内持股人必须成为注册股东。它通常为**公告日**以后两周左右的时间。**支付日**为拆分生效的那一天。**后拆分日**为支付日后一天,在这一天股票开始以新的拆分后价格进行交易。虽然2:1为最常见的拆分率,但3:1和3:2的拆分率也比较流行。有时候公司也进行**逆向股票拆分**,使股东的持股数量降低。在一个比率为1:3的逆向股票拆分中,股东的持股数量降为原来的三分之一。

◎ **分拆上市异象**是与股票拆分相关的一类异象。分拆上市就是把一项业务从原来多样化经营的母公司中拆分出来,然后在新的实体中向原来的股东发行股票。小公司从大的组织中分拆上市通常会带来好的股市表现。**指数成分股效应**是指在沪深300指数调整时,调入指数和调出指数的股票,价格会有异常反应。

◎ 对有效市场假说的长期检验,表明该理论有一些瑕疵。许多市场异象被发现了。一些异象经历住了时间的考验,而另外一些则没有。同样,有时候股价倾向于对消息反应不足,而在另一些时候又反应过度。行为金融学提供了一些可能的解释。**保守主义**使投资者对消息反应不足,而**代表性偏误**又使投资者在长期中反应过度。行为金融学的倡导者试图用另外一种理论来替代有效市场假说。

习题

6.1 (原书7.5) 某日一家公司有两条重要新闻,第一条是该公司出价收购一家规模较小的竞争对手,另一条是宏观经济新闻表明通货膨胀率在上升。发布这两条新闻的当天,公司收益率是 -0.55%,市场收益率是 0.48%。CAPM 模型的日系数是 $\alpha = 0.05, \beta = 0.8$。用市场模型和市场调整模型,计算公司的非正常收益并评估关于收购的新闻对公司来说到底是好消息还是坏消息。

6.2 三家公司都宣告进行股票拆分。股票 A 进行 2:1 的拆分,股票 B 进行 5:3 的拆分,股票 C 进行 1:3 的拆分。如果股票 A、B、C 的价格分别为 80 元、75 元、10 元每股,那么在除权日前,股票的期望价格为多少?
(原书7.8)

6.3 考虑习题 6.2,如果某投资者在拆分前分别拥有 300 股 A、B、C 股票,那在拆分后他分别拥有多少股的 A、B、C 股票?拆分对于该投资者拥有股票的市场价值有影响吗?
(原书7.9)

6.4 某投资者发现,当某只股票被加入某个指数后,它会在未来的几天得到 1.5% 的收益,如果投资于该股票的成本是每笔 10 元加上买卖差价的 0.5%,那么该投资者要盈利的话至少要投资多少钱?
(原书7.14)

6.5 市场异象是指:
(原书7.19)
A. 市场的一次猛烈但不持久的异常冲击。
B. 与历史价格和成交量走势不一致的价格和成交量事件。
C. 干扰证券的有效买卖的交易和定价形式。
D. 与有效市场假说预期的走势不同的价格走势。

6.6 下面哪一个选项最好地反映了投资过程中资产配置的重要性?
(原书7.20)
A. 帮助投资者决定实际投资目标。
B. 确认投资组合中应该包括的证券。
C. 决定投资组合一段时间内的收益率和波动性。
D. 建立可以用来构建合适的投资期的标准。

第7章
心理学与股票市场

本章学习目标
- 了解行为金融学的新领域
- 理解心理捷径是如何影响投资决策的
- 避免赌徒谬误
- 了解影响投资行为的社会因素和情感因素
- 利用经验法则改善投资决策

　　为什么明智而理性的人在投资时有时候会做出一些愚蠢而非理性的决策？这个问题不仅使金融学家费解，也困扰社会学家几个世纪了。例如，1634 年到 1636 年，在荷兰"郁金香狂热"接近高潮的时候，如果用现在的美元计算，一棵郁金香种球当时可以卖到将近 35 000 美元。接着泡沫就破裂了，如果仍然以现在的美元计价，郁金香的价格迅速跌至 1 美元以下。现在，可以毫无争议地将 35 000 美元的郁金香价格描述为疯狂。不仅有 350 年的历史可以证明郁金香的价格应该在 1 美元以下，而且没有任何一个正常人会觉得为一枝郁金香支付 35 000 美元是理智的。

　　虽然现在可以毫无争议地将荷兰"郁金香狂热"中那些不知名投资者的行为描述为疯狂，但是还要看看我们为 20 世纪 60 年代的电脑股、20 世纪 70 年代的"漂亮 50"* 公司、20 世纪 80 年代的美国石油公司股票和日本股票以及 20 世纪 90 年代末期的纳斯达克科技股支付的极高价格。近几年来，黄金、白银、玉米还有石油等商品的价格已经一飞冲天，但它们还是会跌回长期的基准水平。回顾历史，投资分析员把这样的价格描述为"疯狂"，而不仅仅是非常高。非理性的泡沫价格并不局限于郁金香和 17 世纪的荷兰。如果你想对 20 世纪的泡沫有所了解，向网络股的投资者询问一下他们的经历就可以了。

---

* 即"Nifty Fifty"，指 20 世纪 70 年代在美国纽约证券交易所交易的、被公认为应坚定地购买并持有的 50 只最流行的大市值成长型股票。

在这一章,我们将了解当投资者观念影响市场时,心理因素是如何有助于解释市场行为,以及市场行为是如何影响参与者的观念的。来自心理学领域的一些概念对于解释经常困扰投资者的那些陷阱非常有用,并能帮助投资者做出更合理的投资决策。

7.1 行为金融学

7.1.1 新的观点

五十多年来,金融学领域主要集中于对经典资产定价模型,例如资本资产定价模型、Black-Scholes期权定价模型等的发展和检验。这些理论假定投资者的行为是理性的,股票和债券市场是完全有效的。因为人们很看重财富,所以假设投资者在做金融决策时是谨慎而客观的。但是心理学领域的研究员则发现在涉及钱时,人们的行为会变得古怪。心理学家发现人们往往是以非理性的方式来做经济决策。**认知错误**(cognitive errors)和极端情绪会导致投资者做出错误的投资决策。在过去的一百年,**行为金融学**(behavioral finance)发展了一套理论,来考察个人和社会的心理是怎样影响金融决策和金融市场的行为的。

行为金融学的早期倡导者被某些人认为是一些理论空想家。对他们来说,2002年的诺贝尔经济学奖颁给心理学家 Daniel Kahneman 和实验经济学家 Vernon Smith,是对这个领域的最大肯定。这是经济学领域的最高奖项首次颁发给一个心理学家。现在,主流的金融学家认识到投资者的行为可能会不理性。投资者并不会像计算机那样去思考。相反,人脑经常利用捷径和情感过滤器来处理信息。有时候,人们做出投资决策,就像他们戴着有色眼镜来看世界一样。本章将阐述投资者必须学会避免的一系列**心理偏差**(psychological biases)。

7.1.2 认知错误

在投资世界中,信息是极端重要的。因为投资者在做分析时必须是向前看的,他们通常必须基于不完全,有时候甚至有偏和不精确的信息做出投资决策。投资者经常犯的一个普遍错误是过高地估计自己理解的精确度。人们不仅会犯错误,而且会犯可以预测的错误。

例如,考虑在表7-1中列出的10个题目。这10个题目分别选自历史、科学、艺术和流行文化这几个不同的领域。这样挑选题目是因为几乎没有一个人会知道所有题目的正确答案。相反,你只要定出一个区间,而你有90%的把握认为正确答案会落在你的最低估计和最高估计之间。不要把你的估计区间选得太宽或者太窄。试着为每一道题定出一个估计区间,让你觉得10道题中会有9道题的答案落入估计区间之内。现在开始测试吧!

表 7-1 分别来自历史、科学、艺术、经济和流行文化方面的 10 个问题

写下有 90% 把握的估计区间（标明最大估计和最小估计）		
	最小估计	最大估计
1. 长城有多长？（以千米为单位）	_____	_____
2. 米开朗琪罗于哪一年完成西斯廷教堂的壁画？	_____	_____
3. 2007 年联合国有多少个成员国？	_____	_____
4. 目前世界上已知的蜘蛛有多少种？	_____	_____
5. 一个成人平均拥有多少个毛囊？	_____	_____
6. 吉萨金字塔是什么时候建成的？	_____	_____
7. 2006 年中国全国的财政收入是多少？	_____	_____
8. 太阳相当于多少个地球？	_____	_____
9. 第五次人口普查估计中国的人口是多少？	_____	_____
10. 全球每年有多少次地震？	_____	_____

因为所给题目涉及的领域太广泛了，许多人可能对其中一些题目的正确答案感到一点眉目都没有。如果真的是这样的话，那么对于这样的题目，所给的答案范围应该会比较宽。当可能做出好的、有经验的预测时，所给的答案范围可以非常窄。现在给出每道题的答案：(1) 6 300 公里；(2) 1512 年；(3) 192 个国家；(4) 38 432 种；(5) 500 万个；(6) 公元前 2560 年；(7) 39 373.2 亿元；(8) 130 万个；(9) 12.95 亿人；(10) 500 万次左右。数一数有多少道题目的正确答案落在了你估计的区间之内。10 道题目你是不是答对了 9 道？

大多数人在这样的小测试中会答错 5 道题以上，人们答错那么多道题目的原因是他们对于自己的知识水平过于自信了，即使当他们对于一个题目的了解非常有限时，也会这样。智力和受教育程度并不会影响这样的认知偏误。许多金融学教授也可能会答不对表 7-1 中 5 道以上的题目。很少有人真的能够 10 道题答对 9 道。有意思的是，大多数错误的答案都是可以被预测到的。在许多答案中，都是最大估计给得不够高。人们总是倾向于低估极端值。

既然你回答了上面的问题，试着再回答一个。这个问题是有关投资的：

1928 年 10 月 1 日，道琼斯工业平均指数（DJIA）开始了"现代时期"。它的成分股从 20 只股票扩充到 30 只并做了一些替换。引进了一个除数来调整股票拆分、股票分配和股票替换。1929 年，DJIA 开始于 300 点。2005 年年末，DJIA 达到了 10 717.5 点。DJIA 是用价格加权计算的平均数。在这个指数中并没有考虑股利的影响。如果股利每年都被重新投资，那么在 2005 年年末 DJIA 将会是多少？

注意在表 7-1 的底部留了一点空间，你可以写下对 DJIA 的最大和最小估计。同样，你必须有 90% 的把握，正确的答案会落在你的最小估计和最大估计之间。写下你的范围吧！

如果考虑了股利的再投资因素,DJIA 在 2005 年年末将达到 262 846 点。很惊讶吧? 对很多人来说,确实让其惊讶。即便已经知道许多人将他们的置信范围设得太窄了,但是当直接面对这个问题时,大多数人还是继续这么做。

这个例子也表明了投资者心理学的另外一个方面,即**锚定**(anchoring)。当你读到有关 DJIA 的这个问题时,你就有一种关注 10 717.5 点的 DJIA 价格水平的倾向。也就是说,读者倾向于将他们的想法锚定于 10 717.5 点。大多数人在估计考虑到股利再投资的 DJIA 水平时,都是尝试从 10 717.5 的锚定点开始,然后再往上面加一定的数量以对股利进行补偿。相似地,当尝试对单一的普通股进行估值时,投资者经常因为错误地锚定于过去的股价而犯错误。

7.1.3 前景理论

传统的观点认为当人们进行金融决策时,总是理性的。这个**规范**(normative)方法告诉人们应该怎么行动来使自己的效用最大化。这个有用的方法为发展组合理论、资本资产定价模型、套利理论以及期权定价理论提供了必要的工具。与这个传统观点相比,行为金融学的重点在于对人类行为的实证性描述。它研究人们在金融的背景下实际上是如何行为的。

在评估决策行为时,Kahneman 和 Tversky 通过一系列的实验,表明了投资者行为是如何与传统规范性理论的描述相偏离的。例如,现在有两个选择。一个选择是确定性地获得 5 美元,另一个选择是一个赌博:你有 1% 的机会获得 5 000 美元,而 99% 的机会什么都没有。你会选择哪一个?该赌博的期望值为 5 美元(= 5 000 × 0.001),与确定性选择的价值是相等的。规范方法告诉我们人们是风险厌恶的。在两个期望值相等的选择中,人们会选择无风险的那一个,即确定性地获得 5 美元。但在他们的实验中,Kahneman 和 Tversky 发现有 72% 的人选择了那个赌博,因此更偏好于有风险的那个选择。[①] 实际上,人们经常通过购买彩票和在赌场里玩老虎机表现出这种行为。有趣的是,如果将 Kahneman 和 Tversky 的赌博换种方式来陈述时,人们的行为就不同了:现在有两个选择,一个选择是确定性地失去 5 美元,另一个选择同样是一个赌博,你有 1% 的机会要付出 5 000 美元,这时你又会选择哪一个?在这种情况下,人们更偏好于风险较小的选择。人们支付汽车保险,就是这种心理的典型表现。

Kahneman 和 Tversky 通过**前景理论**(prospect theory)——行为金融学领域最成熟的理论——来描述人们是如何进行决策的。该理论描述了在涉及金融不确定性时,人们是如何构建和评估各种决策的。在很多情况下,投资者倾向于根据相对于特定参照点的潜在收入和损失来制定投资选择。虽然投资者会锚定于不同的参照点,但是初始的购买价格是最重要的锚定点之一。投资者经常依据"S"形的函数来评估收入或者损失,如图 7-1 所示。

---

① 严格来讲,在 Kahneman 和 Tversky 实验中的对象表现了风险偏好的行为,因为他们更偏好于有风险的 5 美元预期收益,而不是确定的 5 美元。

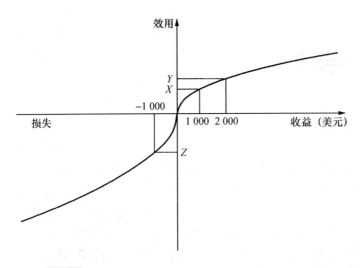

图 7-1 由于收益和损失带来的投资者愉快或者痛苦

对于图 7-1 中的价值函数,有几点需要注意一下:首先,对于收益来说,函数是凹向原点的。当他们获得 1 000 美元的收益时,投资者的效用提高了。这个效用水平,或者个人满意程度,在图中用 X 标出来了。当投资者获益 2 000 美元时,他们的感觉更好了。这种情况用 Y 在图上标出。然而,虽然 2 000 美元是 1 000 美元的两倍,但是 Y 的水平并不是 X 的两倍。换句话说,财富的翻倍并不会导致投资者幸福水平的翻倍。同样要注意到,当投资者遭受损失时,图 7-1 的函数是凸向原点的。这意味着当投资者遭受损失时,他们的效用下降了,但是两倍的财富损失并不会导致他们两倍的效用下降。最后,要注意到投资损失时,财富效用函数比投资获益时更陡峭一些。收益和损失间的不平衡导致了投资者面对收益或损失的头寸时不同的反应。1 000 美元损失导致的效用水平下降幅度,用 Z 来表示,比获益 1 000 美元导致的效用水平上升的幅度大。这使得投资者对经历投资损失非常厌恶。因此,投资者有时会固执地守住损失的头寸,因为投资者挽回损失获得的效用,与从另外一个证券上获得同等收益的效用相比要大得多。不幸的是,当投资者对投资损失异常厌恶时,他们会在损失的头寸上守得太久。最成功的共同基金经理人之一彼得·林奇认为,"卖掉股市的赢家,守着股市的输家"就好像"给野草浇水"。一个技术好的园丁会把野草除掉,让树和花都能茁壮成长。相似地,一个聪明的投资者将投资错误最小化,让正确的选择能成长和兴旺。

因为行为金融学是一个相对新的领域,它还没有发展出一个完整理论或者模型来解释投资者行为。行为金融学的许多成果都来自将投资者行为归因于心理学家所研究的心理资源限制和人类情感。

7.2 心理捷径

7.2.1 熟悉性偏误

人脑会利用各种捷径来降低待处理信息的复杂程度。这种**启发式简化**(heuristic simplification)允许大脑在一个不确定的条件下,估计出采取哪个行动是最佳的。甚至在可以得到充分信息的条件下,人们也往往会在充分消化相关信息之前就做出决策。心理捷径使得大脑能够将大量信息组织起来并迅速加以处理。投资者经常依赖这些捷径来做投资决策。然而,心理捷径有时候会使投资者很难正确分析新的信息,因此导致糟糕的投资决策。

考虑一下这个事实,有成千上万的股票供投资者购买。然而,大多数人没有足够的认知资源来分析这么多的公司。投资者倾向投资于生产他们比较熟悉的产品的公司,而不是去收集和分析上百家公司的信息。人们偏好熟悉的公司是因为他们不需要太多的学习,涉及的搜索成本较小。当投资者对熟悉的股票有较高的满意程度时,他们有时会相信这样的投资风险较小,有更高的预期收益。简单来说,**熟悉性偏误**(familiarity bias)会导致投资者错误地相信熟悉的公司比不熟悉的公司代表了更好的投资机会。

例如,几年前,美国电话电报公司(AT&T)统治着美国本地和长途通信业务。为了解决美国联邦政府提出的昂贵的反垄断诉讼,美国电话电报公司于1984年1月1日将本地电话业务剥离出去,成立了区域贝尔公司(RBOCs)。而原美国电话电报公司股东得到了保留长途业务的新美国电话电报公司的股份,以及7家区域贝尔公司的股份。分拆上市之时,在决定应该保留哪一部分的股份以获得长期资本升值和股息收入之前,理性的投资本应该对新美国电话电报公司和每一家区域贝尔公司的经济前景进行仔细的分析。但是研究表明,在美国电话电报公司解体12年后,许多投资者仅仅简单地保留了他们本地的区域贝尔公司股份。很多经营良好、快速成长的区域贝尔公司的股份被卖出,但本地电话公司的股份却被保留着。从美国电话电报公司解体后的投资者行为可以看出熟悉性偏误是如何损害投资者回报的。很显然,如果不去充分地研究其他地区电话公司的投资机会,而只保留熟悉的本地电话公司的股份,许多投资者的收益就会受到损害。

熟悉性偏误的另一个例子是:人们会在自己的投资组合中持有很大比例的本人所在公司的股份。从一个角度说,员工持股计划(ESOPs)非常合理。当员工对雇主的股票有巨大所有权利益时,就存在一个真实的经济激励让员工以雇主的利益为重高效地工作。事实上,良好公司治理的一个重要方面就是让顶级管理层的薪酬和公司的股价相挂钩。这样的激励性薪酬计划给予管理层和其他员工必要的激励,以确保他们努力工作去最大化公司的市场价值和股东的财富。从另一个角度说,虽然员工持股计划能够提供有益的激励,提高生产效率,但如果员工本身的总财富有太大一部分和雇主的股票相挂钩,那么他们可能会面临一个可怕的分散化问题。例如,当安然破产时,许多员工不仅丢了工作,还眼睁睁看着自己的退休资产化为乌有。

在许多大公司,员工将大约 10% 到 15% 的退休计划资产投资于雇主的股票是很普遍的。许多员工将 50% 以上的退休资产投资于所在公司的股票。在很多情况下,这些股票作为利润分享计划的一部分奖励给员工,而且在一个特定的时期内,这些股票是不能被出售的。雇主们喜欢较高的员工持股比例,因为他们觉得这样能拥有更多受到高度激励的员工。许多员工也喜欢投资于雇主公开交易的股票,因为他们对所在公司比较熟悉。然而,雇主和员工必须牢记:如果员工退休资产组合缺乏适当的分散化,那将导致高度的无效率。这就是为什么大多数的退休计划为员工提供了一系列的投资选择,包括高度分散化的股票和固定收益类的资产组合。雇主和员工都必须知道,熟悉性偏误会导致员工错误地低估将大部分退休计划资产投资于雇主股票所带来的风险。

熟悉性偏误解释了为什么许多投资会抵制国际化分散投资的号召。和国外的资本市场相比,投资者对国内市场比较熟悉。熟悉性偏误同样可以用来解释**选项过载假说**(choice overload hypothesis)。行为金融的研究人员发现,一个员工参与雇主发起的退休计划的可能性会随着投资选择的增加而降低。Vanguard 投资集团——共同基金的一个主要力量——发现当投资选择从 5 只共同基金增加到 40 只时,预期的员工参与率平均将大约下降 6.6%(见图 7-2)。认识到这个问题后,许多由雇主发起的退休计划开始对投资选择的数目进行限制,将它们降低到可以管理的数目,例如 5—10 只。

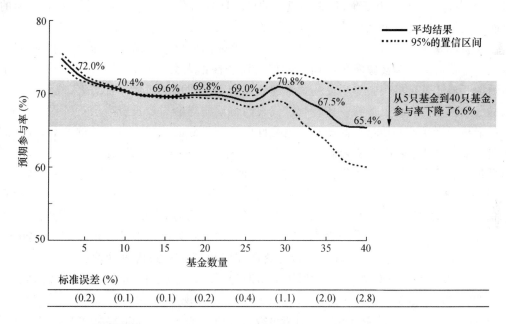

图 7-2　如果投资选择太多,退休金计划的员工参与率将下降

资料来源:"Can There Be Too Much Choice in a Retirement Savings Plan?" The Vanguard Center for Retirement Research, June 2003。

然而,当投资选择很少时,投资者会按照 **1/n 简单分配法**(1/n Heuristic)做决策。也就是说,他们将资产平均地投资于每一个投资选择。选项过载假说和 1/n 简单分配法表明:如果员工不知道怎么处理自己的退休计划资产,那么他们要么什么都不做,要么每件事都做一点。

7.2.2 代表性偏误

另一个影响投资者有关风险和收益观念的偏差是**代表性偏误**(representative bias)。代表性偏误是与思维定式相关的一种偏差。在代表性偏误的作用下,已知事物的特征就会被映射到未知事物中去。例如,考虑以下关于清华同方集团的描述:

> 清华同方集团成立于1997年6月25日,立足于信息、能源环境两大产业,形成了应用信息系统、计算机系统、数字电视系统和能源环境四大本部的组织架构,构筑了以计算机、信息系统、安防系统、数字电视系统、军工系统、互联网应用与服务、环保、建筑节能等八个产业为核心的发展格局,孵化培育了计算机、微电子等多个产业公司。联想集团是其最主要的竞争者。

如果被问到,"以下哪种情况更为可能"时,你会如何回答?(1)清华同方是一个高科技公司;(2)清华同方是一个像联想一样成功的高科技公司。很多人会选择第二个答案,因为它似乎描述了高科技公司在我们脑海中的印象。然而,要注意到答案(2)只是答案(1)的一个子集。所有的高科技公司中只有一部分公司在财务上是成功的。既然答案(2)只是答案(1)的一个子集,那么它成立的可能性就相对较小。成为一个高科技公司的可能性显然比成为一个成功的高科技公司的可能性要大。

代表性偏误会导致消费者错误地推断一盒普通的面巾纸会像心相印面巾纸一样好,或者一个普通的冰箱会像海尔冰箱一样好。代表性偏误会导致投资者错误地相信一个普通的开放式基金经理会像华夏基金管理公司的超级明星王亚伟一样厉害,或者一个平庸的股票挑选者会像巴菲特一样睿智。代表性偏误同样会导致投资者进行错误的推断:好的老板或者生产高质量产品的公司也是好的投资。好的公司生产热销的产品,有稳固的管理而且收入、盈利和现金流都稳定增长。然而,这些特点可能已经被投资者广泛认可并反映到高股价上面了。因此,好的公司有时候仅仅反映了一般的投资机会。从另一方面讲,一般的公司的股价如果被情绪化的投资者严重打压,那么它就可能有好的投资价值。当评估投资机会时,投资者必须关注风险和未来预期回报。过去的投资成就并不一定预示着未来好的前景。对过去成功或者失败的简单外推是不足以评估投资机会的。

可以通过观察养老金计划参与者的资产配置决策来找到代表性偏误的证据(见图7-3)。在2000年至2002年市场剧烈纠正的期间,配置于股票投资的美国退休计划资产的比例从2000年的77%降低到2002年的64%。这种现象是可以理解的。在熊市中,股票的价值下降。在这段期间退休计划资金投资于股票的比率从2000年的78%降到2002年的71%。经过市场的剧烈纠正,投资者产生了恐惧,更喜欢在他们的退休计划供款中配置债券而不是股票。向后看的投资者依然害怕持续的市场纠正并将配置于股票的退休计划供款降低至2003年的67%。直到股市在2003年出现一个将近29个百分点的强劲反弹后,人们才开始于2004年又提高在股票上的供款比率(71%)。经历一个严重的熊市之后,较为理性的投资者会增加他们的股票头寸,而不是降低股票头寸。毕竟,对于任何追求成功投资的计划,一个重要的部分是以低价买入。

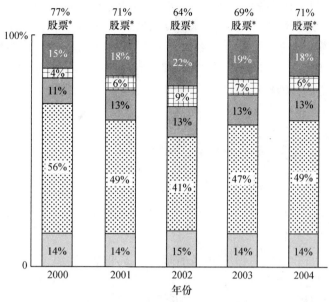

A. 退休计划资产的配置

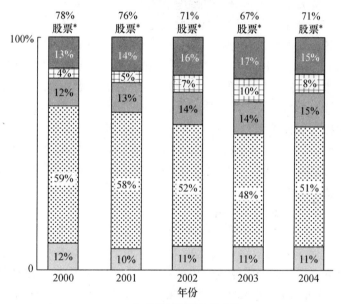

B. 退休计划供款的配置

☐ 公司股票　▦ 分散化股票基金　▨ 平衡型基金
☐ 债券型基金　▧ 现金

* 分散化股票、公司股票和平衡型基金的60%

图 7-3 熟悉性偏误导致美国退休计划投资者在泡沫经济之后降低股票投资

资料来源：The Vanguard Group,"How America Saves, 2005"。

卖股票的好时机是在严重的市场纠正之前,而不是之后。理性的投资者关注未来的预期收益。历史收益数据经常会提供对未来的有益见解,但是没有一个理性的投资者会认为将来是对过去的简单外推。然而,许多投资者盲目地保持着一种**现状偏差**(status quo bias)。当投资者没有勇气行动时,他们经常犹豫不决,一事无成。这样的犹豫和极度恐慌一样,是脆弱的表现,而不是强大的表现。时代会变迁,但成功的投资者与时俱进。

7.3 赌徒谬误与心理账户

7.3.1 赌徒谬误

人的大脑非常擅长发现事物的规律,并能依靠这些信息做出正确的决策。人们的所作所为大多是依据过去的经验。在日常生活中,精明的购物者会避免在商场临关门时匆忙购物,而谨慎的司机会避免在雨天或者下雪天开车。在商业世界中,有经验的投资者凭借他们对各种经济关系的了解,做出能获利的投资决策。虽然规律识别是日常生活非常必要的一部分,但如果投资者没有意识到一些数据的随机本质,他们可能会遇到麻烦。

例如,你可能知道,平均来说,抛硬币时正反面出现的次数应该是相等的。不要忽视这个句子中用到的"平均"这个词。一个公平的抛硬币游戏,只有在抛过很多次之后,正反面出现的次数才会相等。对于每一次抛掷,正反面的出现是随机的,与前面的结果无关。有时候,赌博的人会迷信所谓的幸运号码、幸运条纹或者随机数据的反转形态。这种错误的心态被称为**赌徒谬误**(gambler's fallacy)。如果一个抛硬币游戏是公平的话,不管前面的结果如何,每一次抛掷,正面或者反面出现的概率都是50%。这个观点可能太基础,看起来都有点微不足道了。然而,人们却常常陷入赌徒谬误,并据此做出一些赌博性的决策。买彩票时选取所谓的"幸运号码"就是一件很荒谬但却很流行的事情。

在体育的世界中,"手热"之谜是赌徒谬误的一种特殊表现。篮球迷经常相信一个选手如果前面已经投中了几个球,下个球很可能会再次投进。"给手热球员喂球"是个很普遍的说法。确切地说,选手有些晚上会表现得好,有些晚上会表现得不好。然而,要意识到投进一个球的概率取决于一个选手职业生涯中的命中率。在均值附近的波动是随机和不可预测的。例如,在职业篮球中,投篮命中率平均来说在50%左右。没有证据表明,投篮命中率会因为之前的表现而提高或者降低。"手热"的运动员投篮命中率很高的这种说法是个谜。

有时候投资者或者投机者认为自己可以在随机的收益数据中识别出规律。如果他们根据这个前提做出决策,那么他们就会遇到麻烦。如果日间交易员看到一只股票开盘时涨了(或跌了),就认为该股票将在这一交易日的余下交易时间里继续涨(或者继续跌),并据此进行投机,那么他将亏得很惨。长期投资者如果错误地用历史股价变化预期未来的收益,他们也会碰到麻烦。例如,在20世纪90年代后期,赌徒谬误导致科技股的投资者预期微软、英特尔和思科像过去一样,在新千年以年均20%的增长率继续增长。然而,大象不可能像羚羊一样奔跑,科技股巨人们的成长步伐不可避免地放缓下来了。

7.3.2 心理账户的后果

我们在第3章介绍了心理账户的概念。大脑使用一种类似文件柜的心理账户系统。对于购买的每一只新股票,大脑就会开一个新的心理账户来追踪它。所有有关那只股票的行动和结果都记录在这个账户上。一旦为一个结果指定了一个账户,就很难通过其他方式看到这个结果。不同账户资产间的相互作用将被忽视。这个心理过程会对投资者的财富造成非常不利的影响。

忽视不同心理账户之间的相互作用会对投资决策造成非常不利的影响。现代的投资组合理论表明,在一个证券组合中包含不同的资产,会显著降低由投资于单个证券带来的波动率。如果债券价格下降时,股价会上升,那么将股票和债券都包含进一个组合中,这个组合的风险或者波动率会被降低。当投资者买进或者卖出一个证券时,考虑的是该证券的收益如何与投资者整个组合的收益相互作用。不幸的是,因为心理账户错误,投资者有时候在评估不同证券间的相互作用时会遇到困难。

考虑一个投资者以每股26.72元买了浦发银行的股票,而该股票迅速上升到了30.7元(见图7-4)。假设基于乐观的期望,该投资者决定持有浦发银行的股票。但该期望并没有实现,股价迅速下降到了28.82元。在该价格投资者把股票卖了,于很短的一段时间每股实现了2.1元的利润(相对于26.72元),回报率挺高。但如果能够在早些时候的最高价格将股票卖出,那么回报率是现在的两倍。投资者对这样的经历感觉将是如何呢?答案取决于投资者的**参照点**(reference point)。如果投资者的参照点是购买价26.72元,快速地将股票在28.82元卖出将被愉快地认为是成功的决策。但如果投资者的参照

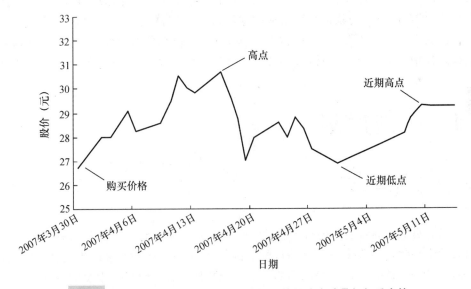

图7-4 参照点决定了投资者对浦发银行的股价变动是如何反应的

资料来源:锐思数据库(http://www.resset.net)。

点是最高价30.7元,在28.82元卖出股票可能会让人很失望。有关心理账户和参照点的知识对于投资者来说非常重要,它能够帮助投资者避免由于心理偏误带来的投资失误。

对于许多投资者来说,任意一个投资最重要的参照点是购买价。该价格对投资者来说似乎是个非常强的锚定点。如果投资者买入股票,但很快股价就跳水了,许多投资者会顽固地持有该股票,直到股价重新到达初始的购买价,然后完全不顾公司未来的前景把股票卖出去。这就是为什么当价格下降时,交易量会萎缩,而当价格升到最近的新高时,交易量会有个跳跃。投资者好像忘了股价是没有记忆能力的。假设买入股票时,股价跳水了,如果根据他们对该公司的基本面分析,该价格相对于公司的前景来说是比较便宜的,那么理智的投资者应该买入更多该公司的股票。相似地,在公司收入、红利和成长前景持续改进的情况下,股价上升不是卖出股票的理由。

与参照点有关的投资错误比比皆是。如果股票是很久以前购买的,投资者会使用近期决定的参照点,例如200日高点和200日低点。假设一只股票的走势如图7-4所示,如果投资者在近期高点之下卖出股票,他们经常会觉得自己错失了一个好的投资机会。如果接下来股票又涨回近期高点,许多投资者会无视公司的未来前景,将股票迅速卖出。这是一个常见而且昂贵的错误。

心理账户误差也可能和盈利很高的投资相联系,因为投资者和投机者在获利很高之后,倾向于冒比平常更大的风险。在赢了很多钱之后,赌博的人通常对小费会给得很慷慨,而且会冒过度的风险,因为**私房钱效应**(house money effect)会让他们觉得是在花赌场的钱,在用赌场的钱赌博。在这样的情况下,心理账户会让他们对用自己的钱做的赌注与用赢来的钱做的赌注分开考虑。在这种情况下,奢侈的花费以及过度的风险承担经常使得赌徒很快就将赢来的钱还回赌场,甚至付出更多。在另外一个极端,赌徒经常愿意冒极端的风险来挽回损失。当经历巨大的损失或者收益时,赌博的人有赌极端机会(不公平赌博)的倾向。赌场就是利用赌徒的这种倾向取得成功的。在股票市场上,当投资者对自己的辛苦钱和股市收益采取不同的风险态度时,他们有时候会陷入相似的心理账户错误。在华尔街,没有"轻易得来的钱"这样的东西,如果有的话也不会持续很久。

7.4 心理局限

7.4.1 后悔厌恶

人们总是避免导致后悔的行动。后悔是当一个人意识到前期决策的后果不好时,伴随而来的情感痛苦。考虑一下购买彩票的例子。为什么经常买彩票的人总是使用同样的号码?一组特殊的"幸运"号码中奖的概率和其他任意一组号码中奖的概率是一样的。当经常买彩票者自始至终都坚持一个特殊的号码,但其他号码中奖时,他们会感到**不作为后悔**(regret of omission,因为没有采取行动而后悔)。如果他们买了一组新的号码,但是经常买的那组号码却中奖了,投资者就会感到**作为后悔**(regret of commission,因为采取了某种行动而后悔)。对于大多数人来说,作为后悔比不作为后悔更痛苦。因此,经常买彩票的人很少买新的号码。

后悔厌恶的概念在投资的世界也很有意义。就像本章开头的前景理论所阐述的,投资者有时候为了避免后悔,一直坚持持有亏钱的股票。当投资者守着表现不好的投资不放,非理性地希望能以此避免损失时,就导致了**短视性损失厌恶**(myopic loss aversion)。后悔厌恶对股市的赢家有不同的效果。从图7-1可以看出股市的利润和效用的关系。假设一项投资升值了,投资者有机会实现1 000美元的利润。投资再升值1 000美元所带来的效用增加,比这项投资价值(用X表示)降低1 000美元带来的效用减少要小。这使得很多投资者快速地将能盈利的投资变现,将潜在的收益变成实现的利润。这就是所谓的**处置效应**(disposition effect)。

考虑表7-2中的例子。假设因为流动性的原因,投资者必须卖出A股票或者B股票。卖出A股票证明了投资者当时的购买决策是对的,而割肉卖出B股票就要求投资者承认当时的购买决策是错误的,得遭受后悔的痛苦。处置效应预测,典型的投资者会将A股票卖掉,因此获得一种自豪感,并避免了卖出B股票的后悔感。从心理学的角度讲,这可能是个正确的选择,但从经济学的角度讲,这是个糟糕的选择。

表7-2 出售两只股票的收益对比 单位:美元

	A股票	B股票
股票出售所得	10 000	10 000
税基	8 000	12 500
应税收入(损失)	2 000	(2 500)
税率(30%)	600	750
税后所得	9 400	10 750

在华尔街,有个古老的谚语:"割掉损失,让利润起跑。"因为只有对已经实现的利润才需要支付资本利得税,所以通常来说,卖掉亏钱的股票并继续持有获益的股票是更好的选择。卖掉盈利的股票会获得资本利得,但同时也必须支付资本利得税。出售亏钱的股票会带来税收节省。在表7-2中,卖掉A股票或者B股票都能获得1 000美元的毛收入,但税收因素会影响净收入。如果A股票和B股票头寸的价值都是10 000美元,那么A股票的初始购买价格必须是8 000美元,这样才能实现25%的回报。B股票的购买价是12 500美元,所以其投资损失为20%。当资本利得税的税率为30%时,扣除了所得税600美元后,出售A股票的税后净收入为9 400美元。出售B股票的税后净收入为10 750美元,其中750美元是与资本损失相关的资本利得税抵扣收入。当考虑资本利得税因素时,投资者应通过割掉损失,让利润起跑,实现其投资组合税后收益的最大化。然而,对交易行为的研究发现,倾向于出售盈利股票的投资者比倾向于出售亏损股票的投资者多50%。很多时候,处置效应使得投资者太早地将盈利的股票卖出,却将亏损的股票持有得太久。这些策略都不能使财富最大化。

7.4.2 行为资产组合

投资者的心理局限和倾向经常使得他们将其资产组合想象成一个资产的金字塔（见图7-5）。投资金字塔的每一层都是为了一个特定的目标而创造的，对于实现每一个目标的过程都用一个独立的心理账户进行管理。

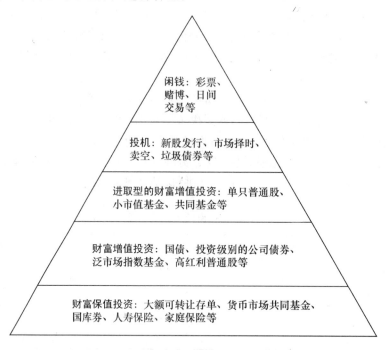

图 7-5 包含不同心理账户的行为资产组合

一系列保值资产提供了一个基本的安全网，这些保值资产包括银行大额可转让存单（CDs）、低风险的货币市场基金、国库券以及保险等。一旦这个基本的安全网就绪，许多投资者就感觉无论从心理上，还是经济上，他们都已经可以承担较高的风险来追求较高的回报率。能实现更高回报率并使财富增值的投资种类包括国债、投资等级的公司债、泛市场指数基金、高红利普通股，等等。一旦为这个财富增值目标成功地融资后，典型的投资者就会感到自己已经可以承担更高的风险，并追求更高的财富创造水平了。进取型的财富增值投资包括单只普通股、小市值指数基金、外国股票以及管理型的共同基金，等等。当这个目标也成功融资后，无论从情感上，还是经济上，投资者已经准备好进行一系列投机活动，这些投机活动有很大的概率会导致损失。一般的投机形式包括购买未经市场考验的公司发行的新股、技术分析、市场择时策略、对市场转向进行投机、科技股以及卖空，等等。最后，一些投资者拥有一个所谓的"闲钱"（funny money）账户，像买彩票、在赌场赌博、日间交易等高投机行为都属于这个账户。把钱浪费在这些"可快速致富"的领域，经常被认为是一种娱乐，对投资者长期的情感和财富效用是无害的。虽然这可能是正确的，但是很多投资者让投机和赌博在他们的投资策略中占了太大的比重。

注意到图 7-5 中的投资组合,并不一定是通过在不同的资产中分散化投资,使得风险最小化、预期收益最大化的最优化过程设计出来的。相反,心理账户的个数以及每一个账户的融资量决定了投资者的资产组合规模以及分配比例。**行为资产组合**(behavioral portfolios)是由投资目标以及相关心理账户的分配情况决定的。分散化是通过投资目标的分散来实现的,而不是通过有目的的资产分散化。从经济学的观点来说,这意味着许多投资者最后为了达到其预期收益水平,承担了一部分不必要的风险。

7.5 自我欺骗

7.5.1 过度自信

"沃比冈湖"(Lake Wobegon)是明尼苏达广播频道的知名作家 Garrison Keillor 创造的一个虚拟社区。根据 Keillor 的描述,这个社区里的人都有非凡的素质:女人都很强壮,男人则相貌英俊,所生的孩子也都非同一般。抛开里面的幽默和夸张成分,Keillor 描绘出了一个人类所普遍共有的特质。人们总是认为自己高于平均水平。很显然,我们不可能在所有好的特征上,例如善良、智商以及强壮等方面,都显得非凡。然而,人们总是倾向于牢牢记住过去的成功,而把失败的经历忘掉。因此,大多数人自我感觉良好,倾向于高估自己的实际水平。

比起在股市中亏钱的经历,投资者通常会清楚、生动地记住在股市中赚钱的愉快经历。这会造成投资者的**过度自信**(overconfidence)。过度自信会导致投资者高估他们的知识水平,低估风险,并且夸大他们控制情况的能力。为了简单地说明这个问题,考虑一下下面这个问题:

> 你的投资水平有多高?与市场的平均水平相比,你是在平均水平之上、之下,还是与其持平?

你的答案是什么?如果不存在普遍的过度自信,会有大约三分之一的人的答案是在平均水平之上,三分之一的答案是在平均水平之下,另外三分之一的答案是大约与平均水平持平。但实际上,会有大约四分之三的人认为自己在平均水平之上,余下的人会认为自己大约与平均水平持平。很显然,对于许多人来说,如果让他们对自己的投资能力进行判断,他们都会犯错。人们犯错是因为他们对自己的技能过度自信。有趣的是,无论是对专业的财务经理人,还是对普通的个人投资者进行测试,答案都差不多。专业人士和非专业人士一样都会过度自信地认为自己能得到高于平均的收益水平。

一般说来,过度自信使得投资者曲解信息的精确度且高估自己分析这些信息的能力。这会导致过度的交易、没有保障的风险承担,从而最终带来财务损失。过度自信的交易者会交易过度,因为过度地相信自己对股票的估值能力而忽视了市场的变化和他人的想法。过度自信也会影响风险,因为过度自信的投资者会在一些比较小、比较新的公司上持有风险头寸,也会倾向于关注一些新的行业。在取得一些成功之后,投资者过度自信的程度会增强。如果一个投资决策赚钱了,人们很自然地会将其归功于自己的技能;而如果亏钱了,人们则通常怪罪于运气不好。在牛市中,过度自信的投资者将自己的成果过度地归功于自己的能力而忽略了运气的因素。因此,在牛市的最后一个阶段,快速交易和不断升级的风险投机行为会变得越来越显著,正如20世纪90年代所发生的那样。而在熊市中,投资者的信心会缩减,交易行为放缓,投资者会变得更加厌恶风险。

7.5.2　认知失调

自我欺骗的一种形式源自投资者寻求一致性的事实。例如,很多人都想把自己看成"聪明而善良"的人。然而,当每个人回忆过去时,总能记起一两个既不聪明也不善良的行为。这样的冲突当然会让人不舒服。心理学家将这样的感觉称为**认知失调**(cognitive dissonance)。认知失调源自人脑对欺骗和现实冲突的挣扎。为了避免心理上的不适,人们有时会拒绝、忽视或者最小化与正面的自我形象相冲突的信息。为了避免冲突,记忆会被淡忘或者修改。

投资者可以通过调整对过去决策成功与否的看法,来降低过去的投资决策带来的心理不适。假设一个投资者购买了万科的股票。随着时间的推移,商业和股价信息会肯定或者质疑对万科投资的正确性。为了降低认知失调,投资者就会过滤掉不利的信息而只关注正面的消息。因此,比起失败的投资,投资者更倾向于记住成功的投资。过去的表现会由于记忆的优化而好于真实情况。

图7-6展示了两类投资者的情况。第一组由建筑师构成,他们都是拥有高学历的专家但不一定懂投资。第二组由美国个人投资者协会(AAII)的成员构成,该协会负责为个

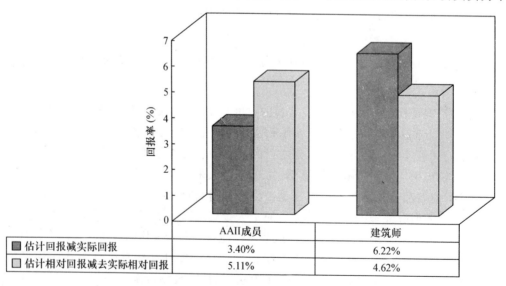

图7-6　回忆中的投资表现通常会被高估

人投资者提供培训、信息和服务。每一组的成员都被问到两个问题,这两个问题都是有关他们共同基金投资的回报率的:(1)你去年的投资回报率为多少？(2)你在多大程度上打败了市场？注意,其中一个问题与实际表现有关,而另外一个问题则问到相对于总体市场的投资表现。如果投资者没有受到认知失调的影响,那么平均来说,投资者的回忆应该和实际表现相当。

平均来看,建筑师所回忆的投资表现比他们的实际表现年均高 6.22%。这些专家记忆中的表现比他们的实际表现要好。在相对于总体市场的表现这一项,建筑师将其年回报率高估了 4.62%。美国个人投资者协会的投资者也会高估过去的回报,平均而言,实际表现被高估了 3.4%,相对于总体市场的表现被高估了 5.11%。这个简单的试验说明,高学历的专家以及经验丰富的投资者在回忆历史收益时,也会过度乐观。一般来说,投资者想让自己相信以前做的决策都是合理的,因为这样会让他们自我感觉良好。当个人对过去投资表现的回忆发生偏误时,就很难客观地对投资表现进行评估。

感觉也可以通过**错误认定偏差**(misattribution bias)这样更微妙的方式影响金融决策。具体而言,人们会让自己的情绪影响手中的金融决策。如果投资者的情绪很好,他们会乐观地评估一项投资;而坏的情绪就会导致对投资的评估比较悲观。一个突出的例子就是心情和天气的关系。心理学家知道阳光的级数会影响投资者的情绪。阳光不足会导致人们心情压抑;当阳光充足时,人们的感觉就相对良好。当人们情绪良好时,他们就会比较乐观。这就解释了为什么投资者会发现股价在晴天会比在阴天上升更多。这种影响的确很小,但它的确表明了投资者的情绪对资产定价有影响。

7.6 社会影响

7.6.1 社会互动与投资

人们经常通过与其他人互动进行学习,而每个人都会享受愉快的交流。逐渐地,人们之间的交流就会涉及投资。投资性谈话的**社会规范**(social norms)在过去的几百年内,发生了翻天覆地的变化。很久之前,人们会避谈投资。直到不久之前,谈论钱和财富还被认为是不礼貌的。询问他人投资组合的表现被认为是粗鲁的。现在,好像到处都在谈论财富和投资。财经类节目遍布中央电视台、上海卫视以及其他地方电视台。新浪财经、雅虎财经以及东方财富网等网站在互联网上极其受欢迎。还有大量的电台节目是和投资有关的。投资者在投资方面讲得越多,听得越多,他们就投资得越多。交谈不仅是投资者交流信息的一种工具,也是分享投资看法和表达情绪的一种方法。

投资银行家与证券分析师交流,证券分析师与股票经纪人交流,而股票经纪人又与机构和个人投资者交流。商业巨子、监管层和新闻媒体也都纷纷发表自己的意见。这个社会过程能够也确实影响了投资过程。当然,如果能够得到免费的投资信息,投资者就能够更好地做出明智的投资决策。同时,如果情绪化且信息不足的投资者根据股票操纵者或者其他骗子广泛传播的虚假信息进行操作,可能会损失得很厉害。所有的投资者有必要控制一下自己的情绪,并在决策之前,对需要的投资信息进行独立的查证。

7.6.2 羊群效应

不管专业的投资者还是个人投资者都会通过其他人的行为来证明自己正在做的事情是正确的。随着投资者了解到其他人是如何看待不同的投资的,一种社会共识就形成了。当一群人同时按这个共识行动时,就形成了**羊群效应**(investor herding)。股市中,有时候会有一大群投资者同时买进或卖出一只股票,进入或退出一个行业板块,这种协调一致的行动就被称为羊群效应。研究发现,投资者很喜欢许多其他的投资者做出同样的买卖决策来使自己的行为得到肯定。如果事情变糟了,投资者开始亏钱,但知道还有很多人也处在同样的困境中会让其宽心不少,这就是所谓的"难中喜有伴"。

但随着羊群行动会碰到一些问题。当羊群中的其他人把价格抬高时,处在羊群前部的投资者就能享受高利润。但羊群中部和尾部的投资者就倒霉了,他们被困在这个人为抬高的价格中,只要羊群的需求降低,该价格马上下降。羊群同样放大了心理偏误。羊群效应会导致投资者依据羊群的感觉,而不是严格的基本面分析来决策。

逆羊群而动也会碰到问题。如果你觉得一只股票被高估了,你可以不买它或者卖空它。积极的投资者会将高估的股票卖空,但如果是卖空受羊群影响而被高估的股票,可能会碰到麻烦。羊群可能继续往该股票扎堆,将价格抬得更高,使其被高估得更严重。逆羊群的投资者一定要选对方向和买入时机。因为投资者羊群效应太不可预测了,理智的投资者应该回避受羊群效应影响的股票。

中国证券市场上存在的羊群效应非常明显。在股指从1 000多点涨到4 000多点甚至突破6 000点大关的过程中,大批中小投资者蜂拥而入,而这些新股民中的很多人对股票都不了解。他们看到周围人都在股市中赚了钱,自己便也投入进来了。由于很多人缺乏股票方面的专业知识,其在炒股过程中就会依照别人的行动而采取行动,从而产生从众行为。没有永远的牛市,根据市场规律,股市是会起起伏伏的。而现在众多投资者几乎处于疯狂的群体非理性状态。在上涨阶段,投资者对市场的信心空前高涨,受市场的情绪感染,纷纷购入股票,推动股价一路飙升。2006年以来,我国的证券市场就一直处于这个阶段。受宏观经济向好、企业利润大幅增加以及2008年奥运会等诸多因素的影响,许多人对证券市场相当看好。因此股票市场异常火爆,认为股市"黄金十年"到来的人大有人在。2006年11月20日上证指数突破2000点大关,2007年1月9日沪深股市总市值首次突破10万亿元大关,2月26日,上证综指站上3 000点大关。在2007年2月26日之前,沪市在11个交易日内连续上涨,最大涨幅508点,到达3 000点几乎是一气呵成。而在下跌阶段,投资者人心惶惶,羊群现象表现得更为突出:投资者集体溃逃,大家争相抛出股票,割肉清仓。2007年5月30号出台印花税从0.1%调高到0.3%的政策之后,许多投资者仿佛发现了政府要打压股市的意图,疯狂地抛售股票。当天,深沪两市骤现跳水行情,沪综指暴跌6.5%,两市跌停的非ST类个股超过850只,而跌幅在9%以上的个股更达925只;次日,跌停个股近300只;6月1日,近700只个股跌停;6月4日,沪指两次跌破 3 700 点,沪深两市超过 1 000 家个股出现不同程度的调整,其中跌停家数超过 1 000 家;6 月 5 日,沪 A 股指一直下跌,达到了最低点 3 404.15 点。这就说明了人们的从众心理。2008 年 7 月份以来股市处于调整阶段,投资者多数是迷茫心态,对入市找不到方向,股市处于观望状态。一旦出现反转,投资者就会蜂拥而至,或者集体入市,或者集体逃离。

7.7 如何避免投资错误

7.7.1 成功投资的经验法则

"恐惧和贪婪统治着市场"是一句很出名的华尔街谚语,它道出了一些真理。情绪在投资者决策中扮演了一个很重要的角色。心理偏误会让理性决策变得困难。投资面临的挑战就是如何去识别并学习避免这种心理偏误。问题是这些偏差很微妙,让人难以识别。许多成功的投资者利用**投资经验法则**(investment rules of thumb)帮助自己进行决策并防范非理性的行为。以下是投资世界里经常用到的一些经验法则:

- **坚持到底**。保持一个长期的视角,通过投资组合经常性的增值来积累起巨大的财富。
- **长期回报反映了商业基本面的繁荣**。猪不会飞,你千万不要惊讶。会飞的动物是鸟。从长期来说,你会和你投资的行业做得一样好。
- **当人们意识到自身的局限时,保守型的投资就不再保守**。低成本股票和债券指数投资对几乎每个人来说都是最好的。几乎没有一个专家能够持续打败市场。大多数活跃的投机者都亏钱。
- **割掉损失,让你的利润起跑**。及时认亏。愿意承受一些小的错误。固执地错下去是代价高昂的。
- **牛市能赚钱,熊市也能赚钱,而贪婪的人会遭殃**。注意不要对高风险的公司投资太多。
- **要对买卖建议保持清醒的头脑**。想想这种情况:购买建议是由想卖股票的投资者给出的,而卖出建议是由想低价买入股票或者对冲空头的投资者给出的。
- **市场专家都是巧舌如簧、聪明而且训练有素的,而且都是为了自己能过上好日子**。很少有市场专家帮助投资者赚钱。沃伦·巴菲特和查理·芒格(Charlie Munger)是例外中的例外。
- **如果所有人都是对的,那么所有人都会变成富翁**。既然一般投资者的投资表现经常不是很好,所以羊群不总是对的。
- **积累巨大的财富需要时间和金钱**。有钱人通常是比较聪明、幸运和年龄较大的人。

这些经验法则可以帮助投资者做出出色的投资决策,并避免那些会破坏投资成功的情绪反应。

7.7.2 为投资成功做规划

投资者为了控制导致投资失败的心理偏误所能做的最大努力是为投资成功进行规划。法律要求大多数机构投资者(保险基金、共同基金和财务顾问等)都要有一个投资计划。个人投资者很少作投资计划。大多数投资者没有实际的投资目标,也没有必要的详细计划来实现它们。缺乏详细的财务计划让投资者很容易受社会和情感的影响。只有严格的投资策略才能帮助投资者避免严重的错误,从而避免损害他们的财富水平。

成功的投资者善于制定具体、现实的投资目标。这使得他们能够更专注于长期收益,避免由于过于关注短期变化而遭受心理和情绪上的困扰。恰当的资产配置策略对于他们的成功投资也非常重要。他们还善于甄别和使用那些在长期中被证明是有效的定量和定性的准则,以成功地捕捉适宜的投资机会。而且这些准则并不需要很复杂,像股票投资中的低市盈率、股息收益率标准的效果就不错。在做投资决策时,坚持进行认真分析,能够使投资者避免落入投资陷阱。而这些陷阱往往是由情绪、心理因素或财经媒体的影响造成的。最后,成功的投资者还密切地关注着市场行情的变化,在必要时进行**组合调整**(portfolio rebalancing)。对资产组合的重新配置既包括降低前期表现十分突出的资产类别的投资比重,也包括增加前期表现相对较差的资产类别。积极的资产组合再调整策略,使投资者能够低买高卖,并且能够降低整体的波动性。

当然,对某只股票或债券组合的定期调整,必须基于具体公司的基本面情况。没有人愿意仅仅为了获得资金以购买那些较便宜的股票或债券(它们的发行公司可能已经陷入困境),而将那些欣欣向荣的、正处于高速成长期的公司的股票或债券从已有的投资组合中剔除。股票和债券的低迷表现,往往反映了公司的经营问题。而这些公司又大多会最终走向消亡破产。理性的投资者更关注公司基本业务的发展情况,因而更青睐于那些收入、现金流和利润等基本面状况正不断提升的公司所发行的股票或债券。如果公司的收入、现金流能够随着时间而不断增长的话,该公司的股票和债券的价格也往往倾向于不断上涨。

总结

◎ 传统的金融学认为,人们总是做理性的决策,即在给定的风险水平下,追求财富的最大化;或在给定的财富水平下,追求风险的最小化。这种**规范分析**告诉我们投资者是如何决策的。与此形成鲜明对比的是**行为金融学**的观点。它认为认知错误和情绪波动往往会影响投资者,而使他们做出错误的投资决策。行为金融学更注重于对人类行为的**实证性**描述。它研究的是人们在一个具体的情境中是如何决策的。特定的**心理偏误**已经被证明会影响投资者。

◎ **前景理论**描述的是人们如何制定和评估涉及不确定性因素的决策。投资者做出的决策,经常是基于相对于一个特定参照点的潜在收入或损失。投资者也往往倾向于依据一个"S"形的效用函数（对收益是凹的,对损失是凸的),来对收益或损失做出评价。这意味着当损失翻倍的时候,投资者所感受到的糟糕程度要低于原来损失带来的糟糕水平的两倍。同样地,当收益加倍的时候,所带来的满足程度也会低于原来收益带来的满足水平的两倍。对大部分的投资者来说,效用-财富函数在遭受损失时会比获得收益时的情况,表现得更陡些。

◎ 人脑倾向于通过捷径来降低消息分析的复杂性。**启发性简化**使大脑能够在不确定的情况下,对最佳的行为路径做出一个估计。一个捷径——**熟悉性偏误**,会使投资者倾向于相信他们更熟悉的事物会比他们不熟悉的更好。更熟悉的投资,往往会被认为具有更低的风险和更高的预期收益率。人们通常会将退休计划资产过多地配置于他们的雇主公司,因为这是他们最熟悉的公司。有时候,太多的选择反而会导致雇员的**选项过载**,而最终选择不做任何投资。当面临的选择较少的时候,雇员们会运用**1/n简单分配法**,将资金简单地平均分配在各项资产上。另一个捷径——**代表性偏误**会使投资者错误地认为,好的公司就是好的投资对象,好的历史业绩就一定意味着好的未来业绩。如果没有充足的理由,投资者就会选择**维持现状**。

◎ 当人们知道一个赌博报酬的分布而且知道最近的结果看上去有偏时,他们经常相信会存在往另外一个方向自我修正的过程。这种错误的设想被称为**赌徒谬误**。在事情发生之前,投资者是无法知道未来的投资回报的。所以幼稚的投资者会简单地用过去来预测未来。

◎ 许多投资者利用**心理账户**来追踪投资选择。每个投资都有自己的账户,而不同账户资产间的交流经常被忽视。投资者也经常使用不同的**参照点**来度量在价格改变之后,他们会有怎样的感觉。购买价是一个非常强的**锚定点**。心理账户会导致不理性的投资行为。**私房钱效应**经常诱致赌博者鲁莽地用之前所赢之钱进行赌博,因此会导致赌博者快速地将所赢之钱输掉。相似地,如果投资者将之前的股市收益鲁莽地进行投机,他们经常会亏得很惨。

◎ 后悔是投资者认识到之前的一个决策是错误的之后,伴随而来的情感上的痛苦。投资者会避开带来后悔感的行动。对投资者来说,**作为后悔**比**不作为后悔**更加痛苦。**短视性损失厌恶**会导致人们对短期损失非常敏感。回避后悔并寻找自豪感的行为使得许多投资者倾向于过早地卖掉盈利的股票,却将亏损的股票持有得过久。这就是所谓的**处置效应**。

◎ 在很多情况下,投资者更加关注投资目标的分散化,而不是有目的的资产分散化。从而,投资者会根据投资目标和相关心理账户的分配,无效率地形成或者改变其**行为资产组合**。这样的结果是许多投资者为获得预期收益水平承担了高于必要的风险。

◎ 人们通常会认为他们的能力比平均水平高。人脑通过强化成功的记忆、弱化失败的回忆来增强这种自我欺骗。**过度自信**是自我欺骗的一种,它使得人们高估自己的投资知识,低估风险且夸大自己控制情况的能力。过度自信的投资者会过度交易和冒过多的风险。在经历成功之后,过度自信会被强化。在牛市中,过度自信的投资者将自己的成功过度地归功于自己的能力而忽略了运气的因素。因此,投资者的过度自信行为在牛市中比在熊市中更加突出。

- **认知失调**会导致一种很普遍的自我欺骗,它也可能由心理上的不舒服引起。新信息与投资者已知信息之间的矛盾通常是造成这种不舒服的原因。为了避免这样的心理不适,许多投资者忽视、拒绝,或者最小化不一致的信息。
- **错误认定偏差**会导致人们让自己的情绪影响手中的金融决策。如果投资者的情绪很好,他们会倾向于乐观地评估一项投资;而坏的情绪就会导致投资者对投资的评估比较悲观。
- 人们总是在和别人的交流中学习。虽然人们总是喜欢有益的社会交流,但投资者必须注意到他们的投资决策可能会受到**社会规范**的影响。随着投资者了解到其他人是如何看待不同的投资的,一种社会共识就形成了。当一群人同时按这个共识行动时,就形成了**羊群效应**。股市中,有时候会有一大群投资者同时买进或卖出一只股票,同时进入或退出一个行业板块,这种协调一致的行动就被称为羊群效应。虽然随着羊群行动看起来更安全,但如果羊群效应发生在被高估的股票上,股价就会暴跌。
- **投资的经验法则**可以用来避免做投资决策时受到情绪的影响。投资者为了控制心理偏误所能做的最大努力是为投资成功进行规划。这个规划包括监控实现财务目标的过程,以及通过**组合调整**对资产的分配比率做必要调整。

习题

7.1（原书8.3） KENO 是这样一种游戏:从 1 到 80 中随机抽取 10 个数字,游戏者的报酬取决于他们选择的数字中与本轮游戏中所抽到的 10 个数字相符的数量。假设某个游戏者注意到在最近的 20 轮中数字 17、24、39 和 45 从来没有被抽到过,于是这个投资者决定下一轮中下重金在这几个数字上,认为它们会被抽到,这个决策是明智的吗?

7.2（原书8.4） 每只共同基金的招股说明书中都写着"过去的表现不能代表任何未来的结果",但是投资者还是运用过去的表现来做决定。基金中表现最优的前 20% 获得最多的投资。为什么投资者总是通过过去的表现来选择共同基金?

7.3（原书8.5） 某投资者在十年前按每股 15 元购买某股,股价每年逐渐上升,到去年已经达到每股 80 元。今年,股价下跌到每股 25 元,投资者卖出股票。你认为这个投资者对于自己的投资感觉是好还是不好?为什么?

7.4（原书8.12） 巴菲特始终相信大多数投资者会被情绪和心理偏误影响。他同样相信投资者的偏误影响股票价格。去 www.berkshirehathaway.com 寻找一封巴菲特写给 Berkshire Hathaway 股东的公开信。这封信中的评论表明巴菲特对投资者心理是怎么考虑的?

7.5（原书8.15） 什么是组合调整?它是怎样控制行为偏误的?

7.6（原书8.20） 张三最近阅读了一些专业读物,了解到以下一些行为金融现象可能对于他的工作有重要影响,这些现象是:

1. 心理账户
2. 代表性偏误
3. 参照依赖

分别描述这些现象。

第8章
商业环境

本章学习目标
- 了解推动经济增长的主要动力
- 明确经济环境的定义
- 理解行业竞争的重要性
- 了解监管的影响
- 分析一个企业的公司治理水平

  我们经常会在 CNBC 的直播节目 *Squawk Box* 中看到美联储主席步行去参加华盛顿的一次重要会议。节目主持人马克·海因斯(Mark Haines)试图通过主席手上公文包的厚度猜测美联储可能采取的行动。例如,如果公文包很"瘪",很可能将采取紧缩的经济政策。这种奇怪的"美联储观察"是全国乃至全球媒体乐此不疲的一种消遣方式。事实上这也不奇怪。美联储通过调控货币政策影响整个货币和信贷市场的供给和成本。美联储的行动可以产生一系列影响,首先是短期利率、长期利率和汇率的变化,并最终引起包括就业、产出、通货膨胀等在内的一系列经济变量的变化。

  美联储采用的三个主要工具包括公开市场操作、贴现率和储备金要求。联邦公开市场委员会(FOMC)通过在证券市场增加供给或者需求调控利率,比如经常大量买卖美国国库券或者机构债券,也可以通过在外汇市场上交易来影响美元对外币的相对价值。

  联邦公开市场委员会由 12 人组成:美联储 7 人、纽约联邦储备银行主席,以及其他 11 个联邦储备银行主席中的 4 个。联邦公开市场委员会每年召开 8 次常规会议,在这些会上,委员们回顾最近的经济金融环境,决定货币政策的合适尺度,评估物价稳定和持续经济增长等长期目标的风险。因此,媒体、经济学家以及投资者都争相阅读联邦公开市场委员会的公告也就不足为奇了。美联储的决策将改变总体经济的走向,并且立刻影响到债券、股票及外汇市场。

8.1 经济环境

8.1.1 宏观经济环境

宏观经济学(macroeconomics)研究如何度量全球、国家、地区或者州的总体经济活动。比如,经济学家对国内生产总值、失业、利率等的预测就属于宏观经济学预测的范围,这些都是全国媒体、企业、政府以及投资者在日常生活中所关注的。国内生产总值(GDP)是指在一国范围内生产的最终产品和劳务的市场价值,因此,GDP衡量一定时期内国内总体的经济活动。

其他经常在报刊上出现的宏观经济预测包括消费者支出、商业投资、家庭住房、出口、进口、联邦政府采购、州及地方政府支出等。宏观经济预测相当重要,因为企业和个人都在用这些预测结果决定每日投资和长期投资决策。如果预期利率上升,房主将赶快去重新办理固定利率抵押贷款,企业将新发债券和股票为现有债务再融资或者利用其他投资机会。如果这些预测准确的话,就能显著节约成本或者增加收益;如果预测不准确,将可能付出更高成本或者错失市场机会。

尽管准确的宏观经济预测可以带来重大收益,但现实障碍削弱了它的有用性。任何预测的准确性都受制于各种可控变量和不可控变量的影响。在宏观预测中不可控变量的影响更大。以利率预测为例,如果企业想要增加存货,扩建厂房和设备,或者消费者希望增加房贷,这将导致信贷需求和短期利率上升;而如果美联储增加货币供给,或者消费者削减开支,增加存款,这将导致信贷供给增加,短期利率下降。因此,利率预测变得很困难,因为企业做出决定,比如说增加存货,取决于对整个宏观经济活动的预期,而宏观经济本身又与对利率的预期密切相关。整个宏观经济环境是以各种不稳定并且不容易预测的方式相互关联的,即使是经济政策的走向也是很难预测的,这就是为什么"美联储观察"成为商业经济学家最喜欢的娱乐方式之一。

8.1.2 微观经济环境

微观经济学(microeconomics)是站在行业、企业、工厂或者产品的层面对经济数据作出分析。对GDP增长速度的预测在新闻媒体上随处可见,与此不同的是,普通大众却经常忽视关于微观经济的预测,比如说铝的价格、新轿车的需求,或者佳洁士牙刷的生产成本等,因此,你基本上不会看到晚间新闻中突然插入一条新闻来讨论二手车价格的上涨趋势,即使这些数据对于预测新车的需求有很大的帮助。当二手车价格突然上涨时,新车的需求通常也会快速增长;当二手车价格突然下降时,新车的需求也会显著减少。正因为二手车与新车的这种替代关系,二手车价格与新车需求存在密切相关关系也就不奇怪了。

专业而有经验的分析师通常会发现,比较准确地预测微观经济趋势(比如新车的需求),要比预测宏观经济趋势(比如 GDP 增长速度)更为容易。只要具备扎实的专业知识,能够分析新车价格、汽车进口关税、汽车贷款利率、二手车价格等因素的变化,那么我们就有可能找出对新车需求有重要影响的几个因素。相反,一个能够预测整个经济体需求的相对精确的模型,却可能要包括各种各样复杂的经济变量及函数关系。

8.2 经济增长要素分析

8.2.1 人口

过去的半个世纪以来,"婴儿潮"一代(baby-boom generation)对美国金融财富的积累有巨大的影响,美国人口社会学家把出生于 1946 年到 1964 年之间的大量人口定义为"婴儿潮"一代,这也是一个世界范围的现象,那时候男人们刚刚从第二次世界大战的战场上回来。在接下来的 15 年多的时间里,人们从大萧条和战争中恢复过来,生活也突然变得相对富裕起来,因此人口出生率急剧上升。

图 8-1 反映了 2005 年全美人口的年龄结构,在图上"婴儿潮"一代表示的是 40 岁到 59 岁之间的人口,大概有 7 600 万人。注意,"婴儿潮"一代比老一代人口显著增加,也比后来出生的人口要多。在每一个年龄段,"婴儿潮"一代都对社会有显著的影响。比如,当他们开始上学时,许多新的学校教学楼纷纷建起,这些四五十年的建筑到现在还是很多社区教育系统的基石。到了 20 世纪 60 年代,较早出生的"婴儿潮"一代长大成人,社会进入了大量使用药物、性观念开放、积极参与政治活动的年代,同时,他们对美国文化也产生了巨大的影响。当"婴儿潮"一代开始结婚、组建家庭的时候,住房的需求急剧增加,房地产价格暴涨,不计其数的房子纷纷建造起来。

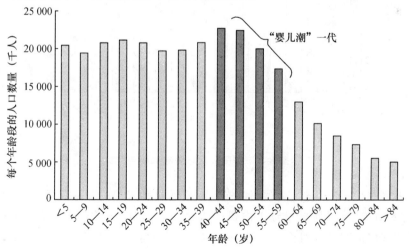

图 8-1 美国 2005 年的人口年龄结构

现在"婴儿潮"一代进入了高收入阶段,在过去的二十年来,他们大量消费,经济也迅速膨胀。同时,他们也在为他们的退休进行储蓄,通过他们的个人投资,近二十年来,"婴儿潮"一代向资本市场注入了4.3万亿美元。这种巨大的需求在美国历史上是史无前例的。

那么,当"婴儿潮"一代步入老年时,会对经济和金融市场产生怎样的影响呢?在他们人生的每一个阶段,他们都改变了社会。我们可以想象,当他们年老时,将对卫生医疗体系以及退休制度产生巨大影响。到2030年,全美国的"婴儿潮"一代将在66岁到84岁之间。一些股票市场的预测先知已经提醒人们注意一个人口"时间炸弹"即将引爆,更有一些人危言耸听,说"婴儿潮"一代的老年化将引起经济衰退以及股票市场崩盘,因为"婴儿潮"一代将会削减开支并且大量抛出他们手中的股票和债券,以保证他们的退休生活所需的资金。

事实上,美国政府正面临着向"婴儿潮"一代兑现承诺的困难。从62岁开始,"婴儿潮"一代将从政府那里拿到社会保障收入,并且享受医疗保障,这是一笔昂贵的开支。当社会保障和医疗保障刚启动时,社会中有大量的劳动力工人,而只有少数老年人要求得到保障。图8-2显示,1950年,美国57.5%的人口处于劳动年龄,而只有8.2%的人口是退休的人,这意味着大约有7个工人为一个退休人员买单。而到了2030年,根据美国人口统计局的预测,退休人口将增加到19.7%,劳动力与退休人口的比例将下降到3.5∶1,这个比例仅是1950年的一半。我们将如何面对这个问题?我们是加大税收增收力度,还是减少承诺的福利?无论采取哪种措施,整个经济和资本市场都将受到影响。

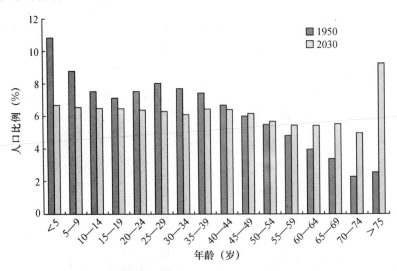

图8-2 美国人口年龄结构的变化

投资者将密切关注"婴儿潮"一代的行为,看看这种可怕的预测是否会变为现实。也许不会。"婴儿潮"一代可能继续工作到65岁以上,为经济增长注入活力,并且延迟社会保障和医疗保障的启动。对许多人而言,继续工作可能是一个不得已的选择,反映了其糟糕的理财计划,他们之前储蓄得太少,不足以让自己过上舒服的退休生活;但对于其他的许多人,他们继续工作是在享受成功的职业生涯。在任何一种情况下,聪明的投资者都会构造一个投资组合,以使自己从人口变化趋势中获益。医疗状况的改善可以使得"婴儿潮"一代们更具有活力并且延长他们的"黄金岁月"。一些年老而富有的劳动者也倾向于购买各种不同的金融服务,比如投资建议、纳税筹划和共同基金等。因此,对于把目光投向老年化、富有化的人口趋势的投资者,卫生医疗和金融服务是值得看好的部门。

8.2.2 生产率

推动经济增长的一个最重要的因素是生产率的提高。**生产率的提高**(productivity growth)指的是每单位投入带来的产出增加。比如,在投入的数量仅仅增加2%的情况下,经济中产出的数量却增加了5%,那么生产率就提高了大概3%。当整个经济的生产率迅速提高时,单位资本的经济福利也会快速增长。当生产率下降时,经济福利的增长就会变慢。如果仅仅是个别公司或者某个特别的行业生产率迅速提高,意味着这些公司或者行业的生产效率超过平均水平,因此能够获得超额利润。因此,生产率对于公司的管理者和投资者以及公共部门的决策者都相当重要。

为了提供生产率的详细数据以及其他关于地区经济活动和美国制造业产出的统计数据,美国商务部每年都会进行调研并发布调研报告,结果都会在《制造业调查年鉴》(*Annual Survey of Manufacturers*)中公布。基本的数据包括企业性质、所在地、所有权关系、市场价值、利润及其就业情况,同时也包括原材料成本、存货、新的资本投入、燃料和能源成本、工作时间和工资表。

这些调研数据有很多用途。劳动统计局就用这些信息计算每年的生产率,更新生产者价格指数,计算每年新指数组成部分的权重;联邦储备局用这些数据编制工业生产指数;经济分析局利用这些数据调整每年的国内生产总值和GDP平减指数的权重;商务部国际贸易局利用出口数据评估和预测国内工业生产活动;州和地方政府也会利用这些数据设计贸易和经济政策;私人产业贸易团体将利用这些数据指导生产,分析市场,做出投资和生产决策。

中华人民共和国劳动和社会保障部发布的《中国劳动统计年鉴》收集了全国和各省、自治区、直辖市、香港特别行政区、澳门特别行政区的有关劳动统计数据,包括综合、就业与失业、城镇单位就业人员和劳动报酬、国有单位就业人员和劳动报酬、城镇集体单位就业人员和劳动报酬、其他单位就业人员和劳动报酬、乡镇企业就业人员和劳动报酬、职业培训与技能鉴定、劳动关系、劳动保障监察、社会保障、工会工作、香港资料和澳门资料等。

图8-3显示了1952—2005年分别按当年价格和不变价格计算的中国劳动生产率情况。无论是按当年价格计算的劳动生产率,还是按不变价格计算的劳动生产率,1952—1977年的上升幅度均较小,然而1978年之后,两种劳动生产率的增速在不断提高,并且两种劳动生产率曲线的差距不断扩大,说明价格指数在持续快速增长,两种劳动生产率的偏差度在不断扩大。

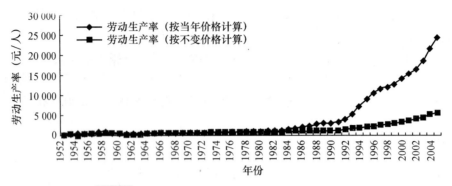

图 8-3 1952—2005 年中国劳动生产率的变化情况

资料来源：高帆，《中国劳动生产率的增长及其因素分解》，《经济理论与经济管理》，2007 年第 4 期。

中国改革开放之后，随着市场化和国际化速度的加快，技术不断进步，分工越来越细，这就促使劳动者更有条件通过推动更多资本来形成更多产出，同时也促使要素市场得以完善和健全，劳动力在产业间的流动性增强，从而通过改变劳动力在行业间的配置结构来提高整体劳动生产率。因而，改革开放前后劳动生产率形成了鲜明的对比。

8.2.3 国际贸易

1900 年，美国和其他许多国家一样，拥有丰富的自然资源、大量的熟练工人，还有一个鼓励经济扩张的政治体制。现在其他许多国家也具有这些方面的优势，包括中国、日本、俄罗斯和许多欧洲国家。当 20 世纪大事频频发生的时候，美国由于地缘隔绝的优势避免了许多世界性问题。在 20 世纪上半期，欧洲的经济基础设施因为两次世界大战遭到了严重破坏，第二次世界大战更是把整个欧洲、俄罗斯以及日本的工厂、仓库、建筑、道路、桥梁等毁于殆尽。中国和俄罗斯等国家的经济基础设施不仅在第二次世界大战中，而且在国内政体更迭引起的内战中，遭到毁灭性破坏。美国跟其他国家的经济不一样，它的基础设施在两次世界大战中都没有遭到破坏，事实上，同期美国的工业生产能力得到了极大的提高，因为战时生产的需要促使美国不断发明更新、更快、更有效的生产方式。第二次世界大战结束后，美国成为世界上唯一一个有能力帮助日本和欧洲重建的国家。

相对较高的生产率使得美国商品和服务的贸易顺差持续了很多年。甚至到 20 世纪 60 年代至 70 年代初，美国仍然生产许多商品和服务卖到世界各地，图 8-4 反映了美国 1960—1975 年每年净出口的商品和服务的价值（以 10 亿美元表示），当一个国家的出口超过进口时，国内的消费相对较低，在给定人口和生产率的条件下，经济增长将比人们预期的更快。

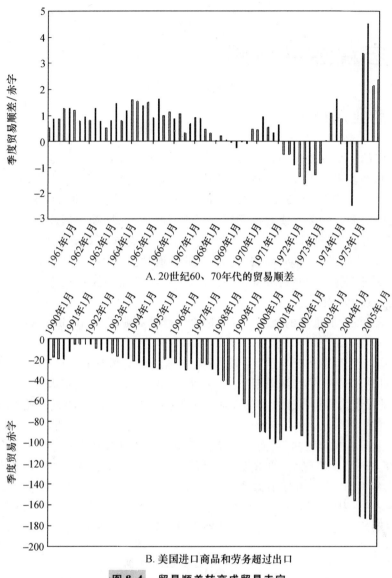

图 8-4 贸易顺差转变成贸易赤字

数据来源：U.S. Department of Commerce, Bureau of Economic Analysis。

当一国的商品和劳务进口超过出口的时候，**贸易赤字**(trade deficits)就产生了。在过去的 20 年来，美国成为一个高贸易赤字的国家。图 8-4 表明，美国的贸易赤字在不断恶化。在 20 世纪 90 年代中期，美国的贸易赤字是每季度平均 250 亿美元（相当于每年 1 000 亿美元），而到了 2005 年，这一数字增长到每季度 1 750 亿美元（相当于每年 7 000 亿美元）。经济学家和投资者都想知道，到底美国的贸易赤字还能持续多久而不损害经济增长。一个解释是，美国不断增加的贸易赤字被外国政府和投资者以愿意持有美元而不是卖给美国消费者商品和劳务的形式得到了缓解，并且是持有美元越久越好。然而，当这些外国投资者不再愿意持有美元时，那些原先流出的美元都将流回美国，从而引起通货膨胀，并且国内可供消费的商品和劳务也会减少。

8.3 宏观经济预测

8.3.1 商业周期

股票投资的一个重要优势是,投资者可以有机会分享到经济增长带来的好处。所有公司的利润和销售表现都取决于整个经济体是扩张还是紧缩了。按照 GDP 计算,过去的 10 年来,美国的经济以大约 3.3% 的速度在增长,如果考虑到每年 2.7% 的通货膨胀率,以经过通货膨胀调整的美元或者说真实美元来衡量的话,同期美国经济以大约 0.6% 的速度在扩张。在高速扩张时期,真实 GDP 的增长速度甚至可以达到每年 4%—5% 或更多,当然那是一段很短的时期,而在极其严重的衰退时期,真实 GDP 却会持续下降很长的一段时期。对于那些使用高财务杠杆的公司,整体经济几个百分点的变动将带来公司快速膨胀或者迅速陷入困境。

对投资者而言,最重要的经济考量指标之一就是**商业周期**(business cycle),或者称作经济**紧缩**(contraction)或经济**扩张**(expansion)的周期性模式。中国社会科学院发布的《2008 年中国经济形势分析与预测》报告称,中国经济的增长正处于新中国成立以来的第 10 轮周期中,与前 9 轮经济周期相比,从 2000 年开始的本轮经济周期一改以往短期持续的特点,呈现连续 8 年高速增长的局面。表 8-1 显示,从 1953 年起开始大规模的工业化建设,到 2008 年为止,中国 GDP 增长率的波动共经历了 10 个周期。在前 9 个周期中,上升阶段一般只有短短一两年,而本轮经济周期的上升阶段从 2000 年到 2007 年年底已连续 8 年在 8% 至 11% 左右的适度增长区间内平稳较快地运行,中国统计局公布的 2000—2007 年 GDP 增长率分别为 8.4%、8.3%、9.1%、10%、10.1%、10.4%、11.1%、11.4%。这表明,中国经济周期波动出现了新的波动形态,或者说出现了良性大变形,即经济周期波动的上升阶段大大延长,经济在上升通道内持续平稳地高位运行。

表 8-1 中国历次经济周期

周期序号	起止年份	上升阶段的年数	峰位经济增长率
1	1953—1957	2 年	1956 年 15.0%
2	1958—1962	1 年	1958 年 21.3%
3	1963—1968	2 年	1964 年 18.3%
4	1969—1972	2 年	1970 年 19.4%
5	1973—1976	2 年	1975 年 8.7%
6	1977—1981	2 年	1978 年 11.7%
7	1982—1986	3 年	1984 年 15.2%
8	1987—1990	1 年	1987 年 11.6%
9	1991—1999	2 年	1992 年 14.2%
10	2000 年至今	8 年	2007 年 11.4%

资料来源:中国社会科学院,《2008 年中国经济形势分析与预测》。

无论哪一天,都有各种各样的新闻报道、报纸杂志和分析评论在探讨整个经济的现状及其未来的走向。大家之所以对此充满兴趣,原因是:无论目前经济是处于膨胀期、适度膨胀期、适度紧缩期或者是严重衰退(recession)期,分析师对于目前或者未来经济前景的判断都会存在分歧。这说明,尽管人们对经济紧缩或者扩张十分关注,但是引起紧缩或者扩张的原因却仍然是一个谜,我们目前仍然无法预测到底经济变化的幅度会有多大。

8.3.2 经济指标

政府和私人机构,比如美国国家经济研究局(NBER),收集和报告用以描述将来、现在或者过去的经济活动的各种**经济指标**(economic indicators),一些我们最愿意得到的经济信息通常会定期发布在网上或者一些顶级的财经报纸上,比如《巴伦斯道琼斯商业与金融周报》的"市场实验室"(market laboratory)。表 8-2 列出了一个经济度量指标的样本。许多经济活动指标是从生产角度出发编制的,在此经济学家关注的是电力、钢材、木材的生产以及存货状况。其他一些指标是从消费角度出发编制的,重要的消费数字包括原材料和产品的订单数、零售商品销售量、消费者支出和建设支出。货币供给量和当前的就业水平、通货膨胀率、国内生产总值、利率等通常被用来刻画当前的经济状况。所有这些经济指标的数据都可以免费在美国联邦储备银行路透社网站上下载得到。中国的经济指标数据可以在中国统计局的网站(www.stats.gov.cn)上获得。

表 8-2 经济度量指标的样本,2006 年 1 月 9 日

	最新日期	最新数据	前一时期	一年前
经济增长和投资				
国内生产总值	第三季度	4.1	3.3	4.0
工业总产值*	11 月	109.0	r108.2	116.8
制造业(NAICS)*	11 月	111.8	r111.4	119.9
个人收入(十亿美元)	11 月	10 443	r10 413	9 837
生产				
钢(千吨)	12 月 31 日	2 020	1 988	2 030
公共事业*	11 月	104.8	r104.5	114.4
消费和分配				
消费支出(十亿美元)	11 月	8 894	r8 868	8 407
零售销售量(十亿美元)	11 月	353.87	r352.96	344.88
存货				
工厂库存(十亿美元)	11 月	467.14	r466.41	470.88
批发库存(百万美元)	10 月	356 933	r356 354	334 739
订单				
耐用品订单(十亿美元)	11 月	233.0	r213.7	199.1
采购经理人指数	12 月	54.2	58.1	57.3

（续表）

	最新日期	最新数据	前一时期	一年前
贸易				
国际收支（包括服务）（百万美元）	第三季度	-195.8	r-197.8	167.0
出口	第三季度	1 202.7	1 195.4	1 125.0
进口	第三季度	1 820.2	1 809.2	1 731.5
通货膨胀				
CPI（未调整）†	11月	197.6	199.2	191.0
PPI（最终产品）‡	11月	158.9	160.0	151.8
通货膨胀指数,%（每年,未调整）	11月	3.5	4.3	3.5
就业				
初次失业救济金申领	12月31日	291 000	r326 000	364 000
失业率,%	12月	4.9	5.0	5.4
建设				
建设支出（十亿美元）	11月	1 146.4	r11 144.2	1 027.6
新住房开工（千单元）	11月	2 123	r2 017	1 805
月度货币供应量				
M1	11月	1 372.7	1 367.7	1 362.7
M2	11月	6 652.9	6 627.2	6 379.9
M3	11月	10 098.9	10 058.2	9 369.2
其他指标				
同步指标指数	11月	121.1	120.7	118.5
滞后指标指数	11月	122.0	121.2	98.3
先行指标指数	11月	138.8	137.9	115.2

资料来源：Barron's。"r"代表数据由前期报告修订。* 1997年等于100。† 1982—1984年等于100。‡ 1982年等于100。

先行指标（leading indicators）通常被用来预测未来经济活动的水平，而其他指标，被称作**滞后指标**（lagging indicators），可用于刻画经济活动的趋势。表8-3给出了世界大企业联合会（Conference Board）用来计算指标综合指数的经济数据。对于其中一些先行指标和滞后指标来说，其与经济活动的基本关系是显而易见的，比如，建房许可先于房子建造，厂房和设备的订购先于生产，每一个这样的指标都反映了接下来要发生的经济活动的计划。而其他的经济指标就和所预测的经济变量没有直接的相关关系。股票指数就是一般经济活动的先行指标，尽管这种偶然的联系不容易显现，但是股票价格反映了投资者对利润的总体预期以及对未来经济的可能进程的一致看法。在任何时点上，股票价格都既是对总体经济状况的反映又是预期。所有这些都导致投资者对宏观经济预测感到特别麻烦。

表 8-3　领先经济指标和相关的综合指数

	标准化因子
领先指数（10 个指标）	
制造业平均每周工时	0.2542
平均每周失业保险首次给付	0.0333
制造业消费品和原材料的新订单	0.0753
卖主交割（货）执行情况，延迟交货扩散指数	0.0698
制造商非国防资本新订单	0.0186
新房核准制造	0.0266
S&P 500 股价指数	0.0377
货币供应量 M2	0.3535
长短期利差，10 年期国债与联邦基金利差	0.1019
消费者信心指数	0.0291
同步指数（4 个指标）	
非农业就业人口	0.5293
个人所得（不含转移支付）	0.2077
工业总产值	0.1469
制造业和商业营业额	0.1161
滞后指数（7 个指标）	
平均失业期间	0.0373
制造业和零售业的存货销货率	0.1221
制造业单位产出的劳动成本	0.0623
平均最低利率	0.2777
商业和工业贷款	0.1137
消费者分期信用贷款与个人所得比率	0.1931
消费者物价指数（服务类）	0.1937

资料来源：The Conference Board。可在 www.conference-board.org 上查找最新数据。

8.3.3　情绪调查

投资者总是试图了解经济的走向以确定自己的资产配置及选股决策。因为未来的经济活动取决于人们打算怎样做，所以**情绪调查**（sentiment）调查旨在对企业主和消费者进行简单的问答，从而揭示他们对经济的看法及其未来计划。表 8-4 列出了几个常见的情绪调查，A 部分显示了对消费者的支出预期及其"满意水平"的调查，情绪调查指标上升表示经济运行得很好，而情绪调查指标下降则暗示经济下滑的可能。B 部分显示的是对投资者及其预期的调查，如果投资者认为股票市场将上涨，他们就更愿意买入股票，从而股价上涨成为一种自我实现的预期；相反，如果投资者谨小慎微而不愿买入股票，就意味着股票的需求很小,从而股价就很可能下降。情绪测试被广泛应用并见诸于财经媒体,然而这种测试的解释力在分析师之间还没有达成一致。一些分析师认为,很高的情绪指标表示人们对经济强劲增长充满信心,从而会提高股价;而另一些人则将高情绪指标理解为人们过度乐观和非理性主义泛滥,并且认为这是股票市场顶部到来的征兆。

表 8-4 情绪调查指标

调查指标	指标描述	发布频率	起始时间
A. 消费者调查			
消费者信心指数	在 www.conferenceboard.org 上公布,指消费者根据国家或地区的经济发展形势,对就业、收入、物价、利率等问题进行综合判断后得出的一种看法和预期	每月	1967 年 2 月
密歇根消费者信心指数	由美国密歇根大学发起,调查消费者对于个人财务状况和国家经济状况的看法	每月	季度数据:1952 年 11 月 月度数据:1978 年 1 月
消费者舒适指数	由美国广播公司新闻/财经杂志发起,调查消费者对于经济、购买氛围和个人理财的态度	每周	1985 年 12 月
B. 投资者调查			
AAII 投资者信心调查	由美国个人投资者协会发起,调查投资者对于股票市场的预期	每周	1987 年 6 月
股票市场信心指数	由耶鲁大学管理学院发起,调查投资者对于股票市场价值和股市崩溃的可能性的预期	每月	半年度数据:1989 年 月度数据:2001 年 7 月

8.3.4 预期的改变

令宏观经济预测和微观经济预测变得困难的一个问题是预期的改变。如果经济中的买方对未来经济走势很乐观,并且预期消费者需求上涨,那么他们就会大量增加存货,而存货增加反过来会促进经济增长;相反,如果买方担心经济萧条,并且削减订单,减少存货,结果就会反过来造成经济下滑。买方和其他管理者的预期变成了一种自我实现的预期,因为宏观经济环境反映了企业、政府和公众的投资与消费决策的总和。事实上,预期与实现之间的这种联系很可能造成政府发布的统计数据中的乐观主义偏差。

政府经济学家有时会因为他们对整体经济增长、未来利率走势以及联邦政府赤字的数量过于乐观而受到批评。作为经济统计数字的使用者,投资者应该意识到,他们可能正在花钱让这些政府经济学家或者带有政治动机的经济学家变得乐观。如果企业领导者能够被正确引导并且作出正确的决策,那么这些决策确实能够促进经济增长。和私人部门雇用的经济学家不同的是,政府雇用的经济学家或者带有政治动机的经济学家常常会积极地试图影响企业领导者及普通大众的预期。

对投资者而言,认清经济预期与预期实现之间的关系,并且对潜在的预测偏差提高警惕是很重要的。

8.4 产业与部门

8.4.1 产业划分

中华人民共和国国家统计局2003年根据《国民经济行业分类》(GB/T4754-2002)颁布了新制定的《三次产业划分规定》。三次产业划分范围如下:

第一产业是指农、林、牧、渔业。

第二产业是指采矿业,制造业,电力、燃气及水的生产和供应业,建筑业。

第三产业是指除第一、第二产业以外的其他行业。第三产业包括:交通运输、仓储和邮政业,信息传输、计算机服务和软件业,批发和零售业,住宿和餐饮业,金融业,房地产业,租赁和商务服务业,科学研究、技术服务和地质勘查业,水利、环境和公共设施管理业,居民服务和其他服务业,教育,卫生、社会保障和社会福利业,文化、体育和娱乐业,公共管理和社会组织,国际组织。

在三次产业的类别下,新规定将整个经济按大写英文字母从A到T划分为20个门类,在20个门类以下,还进一步将经济活动细分为98个大类。表8-5显示了第二产业的细分情况。

表8-5 第二产业细分

三次产业分类	《国民经济行业分类》(GB/T4754-2002)		
类别	类别名称及代码		
	门类	大类	类别名称
第二产业	B		采矿业
		06	煤炭开采和洗选业
		07	石油和天然气开采业
		08	黑色金属矿采选业
		09	有色金属矿采选业
		10	非金属矿采选业
		11	其他采矿业

(续表)

三次产业分类	《国民经济行业分类》(GB/T4754-2002)		
类别	类别名称及代码		
	门类	大类	类别名称
第二产业	C		**制造业**
		13	农副食品加工业
		14	食品制造业
		15	饮料制造业
		16	烟草制品业
		17	纺织业
		18	纺织服装、鞋、帽制造业
		19	皮革、毛皮、羽毛(绒)及其制品业
		20	木材加工及木、竹、藤、棕、草制品业
		21	家具制造业
		22	造纸及纸制品业
		23	印刷业和记录媒介的复制
		24	文教体育用品制造业
		25	石油加工、炼焦及核燃料加工业
		26	化学原料及化学制品制造业
		27	医药制造业
		28	化学纤维制造业
		29	橡胶制品业
		30	塑料制品业
		31	非金属矿物制品业
		32	黑色金属冶炼及压延加工业
		33	有色金属冶炼及压延加工业
		34	金属制品业
		35	通用设备制造业
		36	专用设备制造业
		37	交通运输设备制造业
		39	电气机械及器材制造业
		40	通信设备、计算机及其他电子设备制造业
		41	仪器仪表及文化、办公用机械制造业
		42	工艺品及其他制造业
		43	废弃资源和废旧材料回收加工业
	D		**电力、燃气及水的生产和供应业**
		44	电力、热力的生产和供应业
		45	燃气生产和供应业
		46	水的生产和供应业
	E		**建筑业**
		47	房屋和土木工程建筑业
		48	建筑安装业
		49	建筑装饰业
		50	其他建筑业

资料来源：中华人民共和国国家统计局。

也有一些其他的分类系统将公司按照广泛的经济部门进行划分。比如,上海证券交易所和深圳证券交易所将沪深300指数样本股分为10个行业,分别是能源、原材料、工业、可选消费、主要消费、医药卫生、金融地产、信息技术、电信业务和公用事业,再以各行业股票作为样本编制指数,从而形成10只沪深300行业指数。沪深300行业系列指数在计算方法上与沪深300指数完全相同,每半年定期调整一次样本股,样本股调整实施时间与沪深300指数相同。表8-6是沪深300指数样本股各行业分布情况(数据更新至2007年8月3日)。

表8-6　沪深300指数样本股各行业分布

300行业指数	简称	样本股个数	权重(%)
300原材料	300材料	67	18.41
300电信业务	300电信	3	1.88
300工业	300工业	68	15.39
300公用事业	300公用	20	6.98
300金融地产	300金融	38	31.60
300可选消费	300可选	42	11.37
300能源	300能源	16	4.89
300主要消费	300消费	19	5.25
300信息技术	300信息	18	2.49
300医药卫生	300医药	9	1.69

资料来源:新浪财经。

从表8-6的沪深300指数样本股分布看,由于金融和地产同归属于"300金融"一类,因此300金融指数占据了31.6%的绝对比重,其次是"300材料",占18.41%,再次是"300工业",占15.39%,权重排前三位的行业指数约占沪深300指数的三分之二比重。

8.4.2　竞争环境

公司所处的市场竞争环境通常用公司所面临的**市场结构**(market structure)来描述。市场结构包括买者和卖者的数量及分布规模、产品差异程度、产品价格和质量的信息数量及获取成本、进出条件等。在一系列著作中,迈克尔·波特按照五个驱动力来刻画市场竞争环境。这五种驱动力描述了竞争环境,指出了盈利机会的大小,并且有利于确定这些盈利机会在长期的可持续性程度。它们分别是:

1. 现有企业的竞争力。总的来说,一个行业中公司的数量越多,这个行业的竞争程度越高。竞争行业的特征是价格低、利润小,并且销售额增长不稳定。

2. 新进入者的威胁力。如果一个行业的进入门槛很低,其他企业就很容易进入并与现有企业竞争。低进入门槛的行业利润率很低。只要利润率上升到正常水平之上,潜在的竞争者就会进入,造成行业扩张,并且使价格和利润下降直到超额利润消失。网络零售商就经历过这种现象。与此相反,那些依靠密集资本投入或者特殊专利的行业则具有很高的进入门槛。

3. 来自替代品的压力。如果存在替代品,来自相关产业的竞争就相当惨烈。替代品的存在会限制利润率的增长,因为当价格和利润率开始上涨时,需求就会转向替代品。

4. 消费者的讨价还价能力。生产者提高价格的能力取决于消费者的讨价还价能力。当几个大的买家购买总产品的大部分时,生产者就面临定价的困难;如果只有一些买家购买总产品的一小部分,那么买方的力量就很小。

5. 生产者的讨价还价能力。利润在很大程度上取决于投入的成本,因此,企业必须密切关注是谁在控制供给和原材料成本。有时候,只有少数几个大的供应商的行业会发现自己在讨价还价方面处于劣势并且造成利润损失。

每个行业都有不同的市场结构,以上所列的五个因素的重要性也不尽相同。比如,消费品的厂商必须面对譬如沃尔玛这样具有买方优势的超级零售商,同时,沃尔玛也需要采购多样化的消费品,比如宝洁公司提供的魅力纸巾(Charmin tissue)、吉列剃须刀(Gillette razors)、汰渍洗衣粉(Tide detergent)等。当沃尔玛和宝洁相遇时,买方优势和卖方优势就会发生碰撞,消费者便能从它们的相互妥协中受惠。当然,除了以上列出的五个因素以外,还有许多其他的因素会影响公司的竞争环境,特别是在短期内。生产能力、存货以及汇率的短期变化都可能成为很重要的因素。

大部分的行业和企业处在完全竞争和**垄断**(monopoly)之间,这样一来在不完全竞争的市场上就存在商业机会。在一个不完全竞争的市场上,制定和实施一个有效的投资策略需要不断地寻找具有独一无二的吸引力的产品。不是所有的行业都有持续获利的机会。

一个具有大量规模相当的公司的行业通常被认为是完全竞争的,而当只有有限数量的竞争者存在或者少数几个大公司控制行业的时候,人们就会对其竞争程度产生质疑。投资者应该知道如何衡量一个行业的竞争水平。表8-7反映了2003年中国若干服务行业的龙头公司占有市场份额的调查信息,由此我们可以直观地看出行业内竞争的不平等程度。银行业、保险业、零售业、餐饮业和民航业的集中度分别是按企业的资产总额、保费收入、销售总额、营业额和客运量来计算的。

表8-7 2003年中国若干服务业市场集中度

行业	银行业	保险业	零售业	餐饮业	民航业
CR_4	60.64	86.47	10.12	2.83	53.95
CR_8	70.90	92.18	15.14	4.21	72.69

资料来源:根据《中国统计年鉴》、《中国金融年鉴》、《中国商业年鉴》、《中国交通年鉴》的数据整理计算得出。

这些市场份额数据称作**集中度**(concentration ratios,CRs),因为这个指标测度的是一个行业内前四大(CR_4)和八大(CR_8)公司集中占有的市场份额。因此,一个由n个领先公司组成的团体所占有的市场份额的集中度用下面的公式表示:

$$CR_n = \frac{\sum_{i=1}^{n} 第i个公司销售额}{行业总销售额} \times 100 \qquad (8.1)$$

其中，i 表示每一个公司。集中度可以从 0 变化到 100，$CR_n = 0$ 表示一个行业有大量的规模很小的竞争者，$CR_1 = 100$ 表示该行业只有一个唯一的垄断者。在制造业部门，集中度是最高的，CR_4 基本上落在 20—60 之间，而 CR_8 则在 30—70 之间。当集中度很低时，一个行业通常会有很多的公司并且竞争激烈。如果一个行业的前四大公司只占有总行业销售量的不到 20%，那么这个行业就是高度竞争的，这种情况最接近于完全竞争市场模型。另外，当集中度很高，领先的公司将在规模上主导其他的公司，也就更有可能获得定价灵活性和经济利润。如果一个行业的前四大公司占有总行业销售量的 80% 以上，这个行业通常被认为是高度集中的。然而，集中度低于 20% 或者高于 80% 的行业并不多，制造业中有四分之三是集中度为 20%—80% 的激烈竞争行业。

通过定义我们知道，在一个给定的行业中，集中度随着竞争者规模不平等程度的增加而提高，然而，集中度并不会因为领先公司集团内部的规模不平等而受到影响。由于拥有大量竞争者的行业的竞争要比只有一个占统治地位的公司的行业的竞争要激烈得多，问题也就随之而来。比如，$CR_4 = 100$ 既可以表示只有唯一一个占统治地位的公司的垄断行业，也可以表示由四个公司各自占有大约 25% 的市场份额的激烈竞争行业。为了刻画竞争者规模不平等的影响，我们引入 **HHI 指数**（Herfindahl Hirschmann index），该指数以发明这个指数的经济学家的名字命名。HHI 衡量的是反映大小公司间规模差异的竞争者规模不平等的程度。用如下公式表示：

$$HHI = \sum_{i=1}^{n} (第 i 个公司用百分数表示的行业市场份额)^2 \qquad (8.2)$$

比如，在只有一个大公司的垄断行业，该公司占有 100% 的市场份额，那么 HHI = 10 000。而在一个中度竞争的行业，其中四个大公司分别占有 25% 的市场份额，此时 HHI = 2 500。而在一个竞争激烈的行业，有 100 个公司，每个公司占有 1% 的市场份额，此时 HHI = 100。HHI 的取值介于 0—10 000 之间。

投资者可以利用 HHI 指数来寻找竞争水平比较低的行业，然后找出能够获取高额利润的那些公司。然而，政府的任务就是促进竞争。基于此，美国司法部可以用 HHI 评估并购行为，从而执行政府的反垄断职能。美国司法部和联邦贸易委员会颁布的条例指出，HHI 值位于 1 000—1 800 之间的行业可以被认为中度集中，而 HHI 超过 1 800 的行业就被认为是很集中的。在一个集中度很高的市场，那些会使 HHI 值提高 100 以上的并购都会引起反垄断关注。

在对一个公司的投资价值进行评估的时候，很有必要仔细研究其所处行业的竞争者数量和规模分布、产品差异化程度、市场信息的获取水平以及进入条件。遗憾的是，这些指标以及其他的一些容易获取的数据几乎没有严格定义。比如，HHI 是一个国家的测度，而忽视了国际贸易和本地色彩。比如说，在汽车行业，来自日本的进口是一个重要因素；而在地方，地方报纸又是一股有重要影响的市场力量，尽管它们规模不大。当运输成本很高时（如建筑原材料行业的情况），当地公司就会拥有显著的市场力量。另外，产业划分本身也是模糊的，由于潜在进入者的存在，进出条件也处在敏感的动态变化中。所有这些都使得正确评估企业现有产品或者未来生产线的潜在利润变得困难。

在一个不完全竞争市场中，一个有效的投资策略在于找出具有显著**竞争优势**（competitive advantage)的公司。竞争优势是一种能够创造、分配或者提供顾客认为有价值的产品的独特而又稀有的能力。正如不同行业的内在盈利潜力不同,不同公司在挖掘可获得机会方面的能力也不一样。在商业世界里,要想获得持久的超额回报需要可持续的竞争优势,而且这种优势是不容易被复制的。尽管在一个激烈的竞争市场上也不乏成功的企业和投资者,但是只有在不容易进入的寡头垄断市场才有可能获得持久的超额回报。

在一个典型的市场条件下,激烈竞争的市场只会留给投资者获得正常的、经过风险调整的投资回报的机会。如果许多有生产能力的竞争者生产同质的产品,那么激烈的价格竞争将会逐渐消除超过平均水平的利润。唯一的例外情况是,高效率的生产导致超额利润,即使在一个完全竞争市场上。比如,麦当劳的汉堡连锁店和沃尔玛的折扣零售商,已经使得投资者在一个激烈竞争的行业获得了超额利润率,然而,这仅仅是例外。有多少餐饮连锁店为投资者带来了长期的显著的成功呢?又有多少地方和地区的零售商被沃尔玛淘汰出局了呢?

8.5 法律环境

8.5.1 政府监管

尽管美国经济中所有的部门从某种程度上说都是受监管的,但是监管的方法和范围却参差不齐。除了在实行普遍工资-价格管制的时期,大部分公司都没有受到价格和利润限制,但是,在消除污染、产品包装与分类、工人安全与健康等方面却受到了严格的经营监管。其他的公司,特别是在金融部门和公共事业部门的公司,除了受到运营控制之外还必须服从金融监管。比如,银行和储蓄贷款机构受到州和联邦政府的监管,包括利率、手续费、借款政策和资本金要求,但和电子与通信行业不同,它们不会受到利润率的严格限制。

尽管监管的直接成本很高,但比起消费者、雇员和投资者可能产生的间接成本却要来的低。比如,职业安全与卫生管理局(Occupational Safety and Health Adiministration, OSHA)各式各样的报告要求大大提高了管理成本以及产品价格,此外,消费者还要承担美国环保署(Environmental Protection Agency, EPA)设定的汽车尾气排放标准所带来的成本。最近的研究表明,在美国每个人(包括小孩)每年为联邦政府监管付出的直接和间接成本大约在2 500美元,而当地和州政府的监管已经花费了消费者数十亿美元。联邦政府对健康医疗、工人安全和环境保护方面新的监管规定将带来更多的成本。成功的投资就是要找出可以尽可能避免监管成本的投资机会。

在中国,铁路运输、通信、电力、煤气和自来水供应等基础设施产业的主要业务是由中央政府或地方政府垄断经营的,因此,政府既是管制政策的制定者与监督执行者,又是具体业务的实际经营者。另外,在食品、药品、广告、消费、教育、医疗卫生、知识产权、环境等领域都有严格的执法监管。

在价格管制方面,煤、水、电、燃气、汽油、公交运输、邮政通信等公用事业以及教育、医药、景点门票等公益事业价格受到政府严格管制,这些都将对相关企业产生重大影响。比如,2008年6月19日国家发改委宣布上调油价、电价:6月20日起将汽油、柴油价格每吨提高1000元,航空煤油价格每吨提高1500元;7月1日起将全国销售电价平均每千瓦时提高2.5分钱。此外,发改委还宣布,6月19日起至12月31日,对全国发电用煤实施临时价格干预措施,以防止煤、电价格轮番上涨。在临时价格干预期间,全国煤炭生产企业供发电用煤的出矿价,不得超过6月19日的实际结算价格。受此消息影响,6月20日石化、电力股全线高开,市场积蓄的逢低买盘纷纷入场。因此,投资者要密切关注政府在执法管制和价格管制上的行动,做出正确的选股决定。

8.5.2 反垄断政策

美国政府旨在促进竞争,这个重任落在了联邦贸易委员会(Federal Trade Commission, FTC)和司法部(Department of Justice, DOJ)的头上。这两个政府机构负责制定**反垄断政策**(antitrust policy),目的是制止反竞争的商业行为从而确保一个竞争性的市场环境。

比如,在评估并购行为时,权力部门必须把握好预计的成本节约和可能对竞争带来的损害之间的平衡,当前的以及潜在的竞争者都应当被考虑在内。在结构快速调整和技术快速变革的行业,对并购对竞争的影响作出评估是相当困难的。权力部门必须在对市场力量的关注与并购可能带来的效率之间作出平衡。图8-6反映了美国每年宣布的并购数量以及FTC或者DOJ提出的可疑并购的数量。我们注意到,在股市泡沫的高点,宣布并购的数量接近每年5000起,到了2003年,这一数量显著下降到1014起,而在2004年又回升了。引起FTC和DOJ怀疑的并购仅占一小部分,大约2—4个百分点。被怀疑

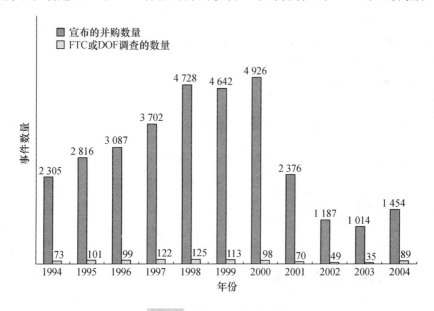

图8-6 并购和反垄断活动

资料来源:Federal Trace Commission and Department of Justice, 2005 Annual Report to Congress。

的并购中基本上有三分之一以失败告终,经过进一步调查,FTC 或者 DOJ 可能会对这些并购提起诉讼;或者,相关的公司也许会决定放弃它们的并购方案;最后,并购者还可能被重组以化解监管层的担忧。比如,2003 年 3 月,FTC 就阻止了雀巢公司(Nestle)和德雷尔斯公司(Dreyers)高达 28 亿美元的并购,因为 FTC 担心超值冰激凌的销售市场变得缺乏竞争。最后三方谈判共商补救措施,2003 年 6 月,监管层同意了一个经过修改的并购协议,那就是要求双方**剥离**(divest)其德雷姆里(Dreamery)和高迪瓦(Godiva)超值冰激凌品牌。

如果发现有公司正在采取反竞争策略来限制竞争,FTC 和 DOJ 也会介入。一个著名的案例是 1997 年 10 月 DOJ 起诉微软公司。DOJ 宣称微软公司强迫电脑制造商在安装微软操作系统时把微软开发的 IE 网页浏览器也安装上去。1998 年,DOJ 提交了一叠厚厚的起诉微软巨人的诉讼,指控微软滥用它在操作系统上的垄断优势打压网页浏览器竞争,特别是网景浏览器和 JAVA 编程语言。2000 年 6 月,美国地方法院法官潘菲尔德·杰克逊(Penfield Jackson)要求微软拆成两家公司,一家专门生产应用软件,比如 MS-Word 和 Excel,另一家专门负责操作系统,比如 Windows。微软对这个决议提起了诉讼。

2001 年 6 月,再诉讼法院匿名作出裁决,认为微软确实违反了反托拉斯法案,因为它非法滥用操作系统垄断优势。然而,法院拒绝拆分公司,而是要求相关各方共商解决之策。2002 年 11 月,最终决定出炉,给予电脑制造商更多自由,可以取消微软视窗(Microsoft Windows)的各种特征,并且允许他们安装微软竞争对手的软件,比如其他的 IE 浏览器或者媒体程序。该决定同时要求微软对电脑制造商使用微软软件要公平对待,微软要授权通信协议并且共享微软接口,以便编程人员将应用软件写入 Windows 系统。微软同时要支付数十亿美元的罚款并且赔付各个竞争者和供应商。目前,欧洲委员会和韩国公平贸易委员会也正在酝酿反托拉斯法案。

《中华人民共和国反垄断法》于 2008 年 8 月 1 日生效,这部法律强化了最初在 1993 年颁布的一系列反垄断法规。该法律规定三种行为属垄断行为,即经营者达成垄断协议;经营者滥用市场支配地位;具有或者可能具有排除、限制竞争效果的经营者集中。此外,根据《中华人民共和国反垄断法》,当国外收购案牵涉到收购中国企业,或外国企业在中国企业投资时,中国反垄断监管机构将有权对其进行审查,此外还会考虑国家安全问题。

这些例子表明,反垄断政策对许多商业决策都作出了限制,因此,反垄断因素也是投资环境的一个重要方面。

8.6 公司治理

8.6.1 所有权与控制权

公司是法律上的实体。企业采取公司制形式的最大优势是,可以最大限度地降低风险,因为它允许成千上万的个人投资者进入从而为企业提供经济资源。投资者一般不愿意跟完全不认识的人结成合伙关系,因为合伙关系的责任最终会落在每个合伙人的头上。比如,如果一个合伙企业在一个失败的投资或者一个不利的法律判决中损失了几百万美元,每一个合伙人都有义务承担相应的责任。在一个合伙企业中,每个合伙人都要付无限的责任。而在公司制企业中,投资者的责任仅限于它投入到公司的资金,公司可以申请破产,但是在破产公司中投入一小部分资金的个人投资者可以依靠他们在其他渠道的投资而继续发展。

当我们谈到公司是独立的法律实体时,我们通常指的是所有权和控制权的分离。特别是在大的公司中,管理层只是拥有很小一部分的公司股份,比如,在标准普尔500的公司中,大部分高层管理者和执行董事每个人所持有的公司股份一般会低于1%—2%。在有些情况下,公司会因为严重的公司治理问题而蒙受损失,那些自利的管理者会制定一些有利于管理层、员工以及其他固定投资者而不利于普通投资者的公司政策,这就是著名的委托-代理问题。当高管采取与普通股东经济利益不一致的手段来运作公司时,委托—代理问题就产生了。股东由此所付出的监管成本被称为代理成本。

解决公司代理问题的办法是,给管理层恰当的激励并且密切监视其管理表现,这一套激励机制及其监视措施被称为**公司治理**(corporate governance)体系。

8.6.2 激励薪酬

公司通常通过**激励薪酬**(incentive pay)来保证管理层和股东利益。公司决策层会以各种不同的方式得到薪酬,他们不仅获得基本的工资,包括标准养老金计划和各种额外补贴,在长期激励机制中,许多高管还可以根据公司财务及其股价表现获得奖金,这一类激励通常包括赠送股票期权,另外,授予限售股也是一种长期的奖赏。采取高管薪酬的一个先行者是韬睿咨询公司(Towers Perrin),2005年该公司宣布,在美国总公司的CEO薪酬中27%来自于基本工资,62%来自于股票期权等激励薪酬,6%来自于福利,5%来自于其他,可见其CEO的大部分薪酬来自于激励机制。

管理者股票期权(executive stock options)是激励薪酬的最普通形式。所谓股票期权,是指给予管理者以一个固定的执行价买入公司股票的权利的合约,在发行之日,典型的股票期权合约会设定一个等于主流股价的执行价,合约的通常期限为10年。如果公司股票上涨并超过执行价,股票期权就会被执行,管理者将获得执行价与当前价的差额作为普通收入。股票期权有助于激励管理者努力管理公司并使公司股价上涨,这正是股东所愿意看到的。因此,激励薪酬专家认为,股票期权使得管理者和股东的目标趋于一致。

最近的公司丑闻已经引起很多公司纷纷重新审视股票期权的益处。在某些情况下,股票期权也可能造成不恰当的激励。由于股票期权的价值取决于股价上涨的幅度,一些公司的CEO会故意不分配合理的股息,以期通过冒险性地增加杠杆水平回购股票。另外,股票期权倾向于奖赏管理者对正常股价上涨作出的贡献,而不是其他和卓越管理效率相关的非正常收益。而且,当股价下降并远远低于执行价的时候,股票期权也无法提供必要的激励。最后,股票期权还可能造成有害的激励,使得管理者只重视短期内的突出业绩,甚至以损害公司长期发展为代价。

精明的投资者通常会仔细研究公司每年发布的关于激励薪酬的计划,这些计划经过证监会审核并存档。

表8-8显示了2007年万科公司董事、监事、高级管理人员年度薪酬情况。报告期内,公司业务快速增长,公司高级管理人员的薪酬亦有相应幅度的提升,在公司任职的12位董事、监事、高级管理人员从公司获得的税前薪酬合计8 143.6万元,税后薪酬合计4 680万元。其中,由于实施资本公积金转增股本方案及全额认购公开增发配售股份,董事会主席、总裁和监事会主席的年度持股数均显著增加。

表8-8 万科2007年度管理层薪资水平

姓名	职务	任期起止日期	年初持股数	年末持股数	变动原因	从公司领取的薪酬总额(万元)
王石	董事会主席	2005.4—	628 016	993 835	实施资本公积金转增股本方案及全额认购公开增发配售股份	691
郁亮	董事、总裁	2001.2—	175 113	277 116		596
丁福源	监事会主席	2007.4—	185 423	293 431		357
张力	监事	2007.3—	0	0	—	228
刘爱明	执行副总裁	2002.12—	0	0		399
丁长峰	执行副总裁	2001.2—	0	0		353
解冻	执行副总裁	2004.3—	0	0		283
张纪文	执行副总裁	2004.8—	0	0		366
莫军	执行副总裁	2004.10—	0	0		331
徐洪舸	执行副总裁	2005.7—	0	0		417
肖莉	董事、执行副总裁	2005.4—	0	0		339
王文金	执行副总裁	2007.10—	0	0		320
合计	—		988 552	1 564 382	—	4 680

资料来源:万科2007年年度报告。

8.6.3 管理层监控

管理层的表现会受到公司董事会的监控,董事会负责招聘并监督管理者。在与高管的日常会议中,董事会成员与大股东和机构投资者代表一样,代表的是股东的利益。其他的外部监督者包括独立审计师、证券分析师、投资银行家、信用评级机构和监管者。

董事会成员由全体股东选举产生并代表股东的利益,董事会主要有以下四个职能:(1)雇用、评价甚至更换公司高管;(2)通过主要的经营事项(大额资本支出、兼并等);(3)通过主要的金融决策(股票和债券的发行、股息支付、股票回购等);(4)给管理层提供经营和战略建议。通过执行这些职能,董事会成员就代表了广大股东的利益。

诸如养老基金、共同基金和保险公司等**机构投资者**(institutional investors)会面临持有债券类型的种种限制。比如,一些机构投资者在构造投资组合时投资于普通股的份额将受到限制,或者只能持有每股5美元以下的股票。专业的基金经理通常可以在所管理的基金收益超过基准收益后获得激励报酬,因此他们就面临强烈的激励来使其投资组合赚取稳定的收益率。结果,很多机构投资者积极鼓励管理层采取能够提高股票市场价格的策略,它们也就成了股东利益的有效倡导者。由于机构投资者通常持有公司的大量股票，故它们从监督管理层这一行动中可能获得的潜在收益要远远大于监督成本。

一个最重要的外部监督来自于公司的独立审计师。**审计师**（auditors）由董事会聘用，其职责就是检查公司的财务控制系统，并且就公司的财务报表是否真实反映了公司的财务状况给出他们的意见。在公司每年向股东发布的年报中，独立审计师的公正意见书也列在其中。**证券分析师**（security analysts）实时跟踪公司的进展，并且将自己对公司经济活动的独立评估报告向他们的雇主或者整个投资群体发布。当证券分析师向普通投资群体发表他们的意见时，他们应当给出客观、专业的评价。一些证券分析师由那些帮助公司筹资的**投资银行**（investment banks）雇用，比如高盛集团。当公司从公众投资者中获得额外的资本时，他们会将各种财务文件提交给监管层，并向穆迪公司这样的**信用评级机构**（credit-rate agency）寻求有益的独立意见。穆迪公司将给出信用评级，并且提供对债务工具及全球资本市场中的其他证券的研究分析。这些信用评级评估了发行者及时支付本息的能力，从而是发行者能够在市场上顺利发行债券的重要决定因素。

美国联邦政府也会通过证券交易委员会和国家税务局监视经济活动。证券交易委员会的职责就是，监督上市公司以保护大众投资者的利益。国家税务局通过强制实施税法以确保公司缴税，正如它要求每个美国公民缴税一样。对于非法的融资，证券交易委员会将移交美国司法部处理。另外，州政府也会通过各种机构进行严格的监管。为了提高联邦和州政府对公司活动监管的有效性，美国国会在2002年7月通过《萨班斯-奥克斯利法案》，这是自20世纪30年代颁布证券法案以来，联邦政府出台的最严厉的法案，旨在监督公司的财务数据披露和公司治理状况。总体而言，《萨班斯-奥克斯利法案》创造了一个新的监督审计师的主体，建立了一套监督（公司董事会成员和管理层的）公司责任的规则，而且还加大了对公司白领犯罪的惩罚力度。

8.6.4 所有权结构

所有权结构指的是公司管理者、董事会成员、机构投资者以及广大的个人投资者各自所持有的股票的份额，其中，内部融资的股票所占的比例最引人注意。**内部股权**（inside equity）是公司的CEO以及其他内部人员（包括高管和董事会成员在内）所持有的股票，公司雇员是内部股权融资的另外一个重要来源，或许可以作为员工持股计划（ESOP）的一部分。股票融资的另外一部分来自外部的大股东，如共同基金、保险公司、养老基金以及普通大众。投资者可以很容易地获得公司内部持股的数量，这些信息通常可见于公司每年发布的经过证监会备案的委托书中；另外，一些有名的财经网站诸如雅虎财经、MSN理财和nasdaq.com等都会发布这些消息。

当内部持股数额很"大"时，我们可以预见公司未来的表现中将出现大量的内部自利行为。拥有显著所有权利益的管理者具有将公司按照价值最大化的方式进行经营的明显激励。类似地，当股权集中在少数有发言权的大机构手中时（其持有的股票称为**机构股权**（institutional equity）），管理者就有强烈的动机去最大化公司的业绩。反之，当公司高管持有的股权数额很"小"时，股权广泛分散于大量个人投资者手中，高管有时就不会受到股东制裁的威胁,因此公司的经营业绩表现就不好。

然而,并不是所有的机构投资者都是一样的。公共养老基金和保险公司更倾向于从长远的眼光来看待它们的投资,一些公共养老基金会竭尽全力对外宣传,以刺激管理者增加股东价值,改善公司治理。在美国最为活跃的机构投资者当属加州公共雇员养老基金(CalPERS)和美国教师退休基金(TIAA-CREF)。此外,许多机构投资者都加入了机构投资者委员会(CII)。另一方面,许多共同基金组合经理却倾向于关注短期利益,他们宁愿卖出手中的股票转向另外一个投资,也不愿意花时间说服管理者做出大的改变。

为了更直观地了解大公司中的所有权结构,请看表8-9,该表显示了沪深300公司的机构持股情况,排名前10位的公司机构持股比例均在77%以上。平均而言,机构投资者持有的股份将近40%。一些内部股权有时候也被包括在机构股权这一类别中,因为一个公司可能持有另一个公司的股票并且在双方董事会都有自己的代表。当机构持有的股权增加时,投资者将发现管理者缺乏效率或者弄虚作假的可能性也随之增加。内部股权和机构股权代表了两种可替代的股权集中度模式,两者结合将产生一种有效的方法确保大公司的管理者更加关心投资者利益。

表8-9 2007年度沪深300机构持股比例

证券代码	证券简称	机构持股数量合计(股)	流通A股(股)	机构持股比例合计(%)
600383.SH	金地集团	534 882 286	599 000 497	89.30
601991.SH	大唐发电	3 834 276 550	4 412 760 240	86.89
600011.SH	华能国际	2 403 351 734	2 769 982 505	86.76
600585.SH	海螺水泥	221 472 681	262 784 000	84.28
601699.SH	潞安环能	175 482 135	212 500 000	82.58
000829.SZ	天音控股	301 438 269	376 135 763	80.14
000895.SZ	双汇发展	231 868 999	294 002 294	78.87
600875.SH	东方电气	77 306 253	98 700 000	78.32
600519.SH	贵州茅台	315 200 948	407 930 966	77.27
000157.SZ	中联重科	321 809 048	417 013 908	77.17
沪深300平均		—	—	39.06

资料来源:Wind资讯。

总结

◎ **宏观经济学**研究如何度量全球、国家、地区或者州的总体经济活动,**微观经济学**则是站在行业、企业、工厂或者产品的层面对经济数据作出分析。

◎ 在过去的十年中,推动经济增长的三大动力是人口、生产率和国际贸易。"**婴儿潮**"一代的消费推动了经济增长,他们的投资支撑了股票和债券市场的繁荣，如今这一代人即将步入退休年龄。**生产率的提高**指的是每单位投入带来的产出增加，当生产率迅速提高时，经济福利也会快速增长。国际贸易反映一国的**进口**和**出口**的情况，美国在过去二十年中贸易赤字不断扩大。

◎ 对投资者而言，最重要的经济指标之一就是**商业周期**，或者称作经济**紧缩和扩张**的周期性频率，其中，大萧条指的就是严重的经济衰退。世界大企业联合会提供了一系列**经济指标**的深度数据，用以描述将来、现在或者过去的经济活动。诸如建房许可之类的指标被称为**先行指标**，因为它们反映了经济体将向何处去，与之对应的滞后指标则反映经济体已经发生的变化。所谓**情绪调查**旨在揭示人们对未来消费和投资的预期。

◎ **市场结构**通常由反映行业竞争水平的五大因素来刻画：现有企业的竞争；新进入者的威胁；来自替代品的压力；消费者的讨价还价能力；生产者的讨价还价能力。

◎ 在不完全竞争市场中，一个有效的投资策略在于挖掘具有显著**竞争优势**的公司。所谓竞争优势就是一种能够创造、分配或者提供顾客认为有价值的产品的独特能力。

◎ 由若干领先公司组成的团体所占有的市场份额数据称作**集中度（CRs）**，这个指标测度的是一个行业内前四大（CR_4）、八大（CR_8）、二十大（CR_{20}）或者五十大（CR_{50}）公司集中占有的市场份额。**HHI指数**衡量的是竞争者规模不平等的程度，反映了大公司和小公司之间的规模差异，该指数以发明这个指数的经济学家的名字命名。

◎ 尽管经济中所有的部门从某种程度上说都是受**监管**的，但是监管的方法和范围却参差不齐。除了在实行普遍工资-价格管制的时期，大部分公司都没有受到价格和利润限制，但是，在消除污染、产品包装与分类、工人安全与健康等方面却受到了严格的经营监管。另外，**反垄断政策**对许多商业决策都作出了限制，因此，反垄断因素也是投资环境的一个重要方面。

◎ 上市公司所有权和控制权的分离引起管理层和股东之间的委托—代理问题。为了监控管理层，上市公司都有一套严密的**公司治理**系统，其中激励薪酬是重要的一方面，其中包括协调管理层和股东利益的**管理者股票期权**。

◎ 公司的内部监管主要由**董事会**来执行，**机构投资者**作为大股东也会对管理层产生重大影响。公司也面临诸多外部监管，例如，**审计师**要核查财务报表的有效性，**投资分析师**向投资者提供评级推荐，在公司发债时**投资银行**要进行尽职调查，**信用评级机构**要给出合理建议。自20世纪30年代以来，美国政府通过**证券交易委员会**对上市公司进行严格监管。

◎ **所有权结构**指的是公司管理者、董事会成员、机构投资者以及广大的个人投资者各自所持有的股票的份额，其中，内部融资的股票所占的比例最引人注意。**内部股权**是公司的 CEO 以及公司的其他内部人员（包括高管和董事局成员在内）所持有的股票。当股权集中在少数有发言权的大机构手中时（称为**机构股权**），管理者就有强烈的动机去最大化公司的业绩。

习题

8.1 (原书9.3) 为什么商业周期对投资者来说很重要?为什么周期性的经济扩张和收缩很难预测?

8.2 (原书9.4) 什么是经济指标?请解释先行指标、同步指标和滞后指标以及三者之间的关系。

8.3 (原书9.7) 考虑某个拥有120万美元销售额和6家公司的行业。最大的公司的销售额是30万美元,第二大的公司的销售额是25万美元,第三大和第四大的公司的销售额分别都有20万美元,第五大的公司的销售额有15万美元,最小的公司的销售额只有10万美元。请计算 CR_4。

8.3 (原书9.8) 考虑某个拥有120万美元销售额和6家公司的行业。最大的公司的销售额是30万美元,第二大的公司的销售额是25万美元,第三大和第四大的公司的销售额分别都有20万美元,第五大的公司的销售额有15万美元,最小的公司的销售额只有10万美元。请计算 HHI。这个行业的竞争性如何?

8.4 (原书9.9) 某行业由25家不同的公司组成。市场份额的分布如下。这个行业的 HHI 是多少?竞争性如何?

占有16%的市场份额的公司有1家。
占有12%的市场份额的公司有2家。
占有8%的市场份额的公司有3家。
占有4%的市场份额的公司有4家。
占有2%的市场份额的公司有5家。
占有1%的市场份额的公司有10家。

8.5 (原书9.18) 某行业现在的增速是整个经济增速的两倍。新的竞争者开始进入这个行业,于是之前处于高位的边际利润率开始下降。这个行业现在所处的阶段是:

A. 成熟增长
B. 开拓发展
C. 加速增长
D. 稳定和市场成熟

8.6 (原书9.19) 下面哪一个选项最不能解释为什么政府监管对于垄断市场通常只是次优的解决方案?

A. 监管机构经常反映了利益方的观点。
B. 受监管的公司的所有者缺乏以最低成本生产的动力。
C. 监管机构可能缺乏关于各公司的真实的成本和利润信息。
D. 监管机构一般只能通过边际成本定价,而不是平均成本定价。

8.7 (原书9.20) 如果政策效应可以被完全预期,那么扩张性货币政策对实际经济活动的效应最可能是怎样的?

A. 几乎没有任何效应
B. 很大的扩张效应
C. 适度的扩张效应
D. 适度的收缩效应

第 9 章
财务报表分析

本章学习目标
- 评估公司获利能力
- 评估和解释股本回报率
- 评估公司的财务流动性
- 计算估值指标

  许多投资者都期待盈余季度的到来。在美国,上市公司每年会对外公布四次业绩和财务报告,包括三次季度报告和一次年度报告,由于大部分公司每年 12 月 31 日结束一个财政年度,因此它们通常会在 1 月份发布年报,而季报的发布时间是每年的 4 月、7 月、10 月,故华尔街就将这些月份称为"盈余季度"。在中国,上市公司每年也会对外公布四次业绩和财务报告,包括两次季度报告、一次中期报告和一次年度报告。

  公司财务报告备受分析师和媒体关注,投资者也不例外。每一份报告都是经过严格审核的,并对外公布公司的利润率、增长率及其财务健康状况。投资者可以通过仔细研究公司财务报表中的相关数据,回答以下重要问题:管理层利用股东的钱创造了多少利润?公司的生产效率如何?公司目前面临多大的财务风险?

  财务报表不仅反映公司过去的业绩表现,也对未来发展做出了预测,管理层通常会给出下一年公司预期利润和收入增长的"指导",这种意见相当重要,因为管理层比任何人更了解公司,也有更多信息做出相应的预期。然而,管理层也可能误导投资者,因此投资者应该对管理层的预期做出判断,看看是否过于乐观或者悲观。

9.1 股票投资者

9.1.1 企业所有权

普通股股东是发行公司的实际所有者。如果一个投资者持有发行总股份的1%,那么他就拥有公司1%的所有权。当投资者在考虑持股是否合算的时候,他们应该牢记自己是在做一笔真实的买卖生意。长期来看,从股票市场上可能获得的利润是直接与真实经济中相应业务的可能收益密切相关的。如果投资者买入并持有一只好股,相应的公司正在做一笔极具吸引力的生意并且未来有大量的利润增长,那么投资者将获得长期的投资收益;相反,如果投资者买入并持有的是一只经济前景暗淡的股票,投资收益自然欠佳。公司的前景依赖于公司管理层的经营能力,同时也要求有一个健康的整体经济环境。本章探讨的就是用以衡量管理层经营能力的财务报表分析工具。

9.1.2 投资与投机

股票市场投资(stock market investment)是买入并持有股票,以期获得股息收入,并且分享公司内在经济价值增长而产生的长期资本利得的过程。投资者旨在通过分享这些公司正常的可预期的财富增长而获利。**股票市场投机**(stock market speculation)是为了从股价变动中获取短期的交易利润而进行的证券买卖,并且股价变动仅仅是基于公司暂时性的财产收入,投机者只在乎股价短期上涨的趋势或者公司所处经济环境突然发生利好的变化。

投资过程取得成功的关键是认真分析商业和股市投资的重要经济特征的变化,而成功的投机则取决于基本经济条件、投资者心态和运气等难以预料的变化。本章的焦点,事实上也是本书所关注的,是投资过程。在确定一个给定公司的投资价值的过程中,投资者必须回答一系列关于给定条件下投资价值的确定问题。

每个股市投资者都密切关注公司的增长前景,其中最重要的一条是一个有价值的投资应该具有高的利润率。如果一顿晚餐食物很多,"可以随便吃",但是都是一些不好的东西,那么这样的晚餐肯定没人喜欢;类似地,一个高速成长的公司却在从事糟糕的业务,也同样是一个糟糕的投资选择。因此,投资者在做出投资决定之前,必须能够分清哪些业务能够带来利润,因此,对投资者而言要回答的最重要的问题其实很简单,那就是:这是一笔好生意吗?

9.2 公司财务报表分析

9.2.1 资产负债表

上市公司必须将季度和年度财务报告提交给股东和证监会,这些报表简要概述了公司的财务状况。财务报表分析就是从研究公司的资产负债表开始的。为了弄清具体内容,我们先看看表9-1中万科的资产负债表,其中包括股东权益数据。详细的资产负债表信息请见万科向股东发布的年报。投资者可在中国证监会指定刊载年度报告摘要的全国性报纸上看到年度报告摘要,也可在中国证监会指定的国际互联网网站上看到年度报告的全文。上海证券交易所上市公司指定披露的网址为http://www.sse.com.cn,深圳证券交易所上市公司指定披露的网址为http://www.cninfo.com.cn。

表 9-1 万科资产负债表

报表类型	2006年年报 合并报表	2007年年报 合并报表
流动资产:		
货币资金(元)	10 743 695 198.09	17 046 504 584.31
交易性金融资产(元)	2 304 725.76	—
应收账款(元)	364 609 673.22	864 883 012.55
预付款项(元)	2 313 835 552.23	8 284 197 850.73
其他应收款(元)	671 005 746.39	2 764 056 869.18
存货(元)	34 167 114 653.21	66 472 876 871.40
流动资产合计(元)	48 262 565 548.90	95 432 519 188.17
非流动资产:		
可供出售金融资产(元)	81 743 415.00	488 844 114.16
长期股权投资(元)	819 927 416.39	2 438 609 165.05
投资性房地产(元)	9 452 880.03	277 090 574.96
固定资产(元)	500 064 794.52	575 205 554.97
在建工程(元)	3 272 022.92	271 270 240.23
长期待摊费用(元)	9 282 294.52	6 871 651.49
递延所得税资产(元)	233 532 008.85	604 057 419.26
非流动资产合计(元)	1 657 274 832.23	4 661 948 720.12
资产总计(元)	49 919 840 381.13	100 094 467 908.29

（续表）

报表类型	2006 年年报 合并报表	2007 年年报 合并报表
流动负债：		
短期借款(元)	2 715 470 000.00	1 104 850 000.00
交易性金融负债(元)	—	20 957 112.00
应付账款(元)	5 952 263 493.07	11 103 797 389.76
预收款项(元)	8 836 350 970.30	21 622 747 400.80
应付职工薪酬(元)	325 218 938.80	729 790 790.42
应交税费(元)	203 550 729.36	795 716 626.98
其他应付款(元)	2 893 322 464.50	5 907 447 420.79
一年内到期的非流动负债(元)	1 090 094 000.00	7 488 676 903.65
流动负债合计(元)	22 016 270 596.03	48 773 983 644.40
非流动负债：		
长期借款(元)	9 452 876 950.91	16 362 079 840.21
长期应付款(元)	57 003 863.92	—
预计负债(元)	31 677 271.29	37 962 953.43
递延所得税负债(元)	891 116 532.12	991 004 610.53
其他非流动负债(元)	17 391 619.87	9 913 830.68
非流动负债合计(元)	10 450 066 238.11	17 400 961 234.85
负债合计(元)	32 466 336 834.14	66 174 944 879.25
所有者权益(或股东权益)：		
实收资本(或股本)(元)	4 369 898 751.00	6 872 006 387.00
资本公积金(元)	5 315 012 258.19	12 830 465 899.13
盈余公积金(元)	4 402 087 926.99	5 395 470 156.38
未分配利润(元)	831 480 143.76	4 032 906 217.68
外币报表折算差额(元)	10 068 656.36	147 798 941.01
少数股东权益(元)	2 524 955 810.69	4 640 875 427.84
归属于母公司所有者权益合计(元)	14 928 547 736.30	29 278 647 601.20
所有者权益合计(元)	17 453 503 546.99	33 919 523 029.04
负债和所有者权益总计(元)	49 919 840 381.13	100 094 467 908.29
公告日期	2008-3-21	2008-3-21
数据来源	上市公司公布值	上市公司公布值

资料来源：Wind 资讯。

万科的资产负债表信息使我们对其在某一特定时点的财务状况约略有所了解。在这个案例中，2006 年年末和 2007 年年末的财务信息已经给出，关于财务状况的变化率信息我们也略有了解，当然，根据会计惯例我们知道，总资产等于总负债加上所有者权益。

在总资产项下,很重要的一部分是流动资产,包括现金、现金等价物及存货。总的流动资产占到万科公司总资产的90%以上,其中以货币资金和存货居多。现金或短期投资的迅速减少,表明公司出现了应收款项回收问题或者经营费用估算的应计制会计问题。类似地,任何应收账款的快速增加也应当引起注意,特别是一笔比较早的应收账款的生成。另外,任何产成品存货的不正常的快速增加同样是一个问题,这种变化有时候就表示产品需求在下降。但是,从万科的资产负债表中我们看到,2007年总资产比2006年翻了一番,货币资金、应收账款、存货也相应增加一倍左右,这表明公司的规模在迅速扩大,财务数据的变化基本上是健康的。不过,预付款项和其他应收款大幅攀升应该引起注意,存在较大风险。

从万科的报表上我们还可以看出,负债是该公司融资最重要的一部分,构成公司总资产来源的三分之二,其中应付账款、预收款项和长期借款占到大部分,而股东权益只占总资产的三分之一,这表明万科是财务杠杆比较高的公司。

9.2.2 利润表与现金流量表

资产负债表信息给出了公司在某一特定时点的财务状况,而公司的利润表则反映了公司财务的动态变化。如果说资产负债表只是公司财务表现的"快照",那么利润表和现金流量表则是详细的"录像"。在万科的案例中,表9-2给出了2005—2007年公司的经营状况,使投资者能够对公司的经营表现变化做出判断。

表 9-2　万科利润表

报表类型	2007年年报	2006年年报	2005年年报
	合并报表	合并报表	合并报表
一、营业总收入(元)	35 526 611 301.94	17 918 331 517.79	10 558 851 683.83
营业收入(元)	35 526 611 301.94	17 918 331 517.79	10 558 851 683.83
二、营业总成本(元)	28 059 491 714.41	14 663 532 290.33	8 528 623 095.51
营业成本(元)	20 607 338 964.44	11 441 263 798.73	6 884 920 656.05
营业税金及附加(元)	4 115 772 993.85	1 579 543 054.05	641 346 741.57
销售费用(元)	1 194 543 702.00	625 716 844.96	466 289 323.58
管理费用(元)	1 763 765 823.49	859 458 982.47	519 869 226.09
财务费用(元)	359 500 074.40	140 151 591.93	16 197 148.22
资产减值损失(元)	18 570 156.23	17 398 018.19	—
三、其他经营收益(元)			
公允价值变动净收益(元)	−22 252 783.90	1 295 671.90	—
投资净收益(元)	208 030 696.10	170 811 919.80	−84 428 399.95
加:营业利润差额 　(合计平衡项目)(元)	—	—	12 570 882.78

(续表)

报表类型	2007年年报 合并报表	2006年年报 合并报表	2005年年报 合并报表
四、营业利润(元)	7 652 897 499.73	3 426 906 819.16	1 958 371 071.15
加:营业外收入(元)	31 457 800.24	21 307 390.59	28 255 029.67
减:营业外支出(元)	42 749 614.64	13 719 549.57	10 444 439.84
五、利润总额(元)	7 641 605 685.33	3 434 494 660.18	1 976 181 660.98
减:所得税(元)	2 324 104 867.51	1 011 497 609.00	542 755 949.14
六、净利润(元)	5 317 500 817.82	2 422 997 051.18	1 433 425 711.84
减:少数股东损益(元)	473 265 323.61	125 113 285.00	83 062 895.06
归属于母公司所有者的净利润(元)	4 844 235 494.21	2 297 883 766.18	1 350 362 816.78
七、每股收益:			
(一) 基本每股收益(元)	0.73	0.39	—
(二) 稀释每股收益(元)	0.73	0.39	—
公告日期	2008-3-21	2007-3-21	2006-3-21
数据来源	上市公司公布值	上市公司公布值	WIND调整计算值

资料来源:Wind资讯。

利润表从营业收入开始,营业总收入减去营业总成本再加上其他经营收益就得到公司的营业利润。在万科的案例中,主要的营业费用包括营业成本、营业税金及附加、销售费用、管理费用、财务费用和资产价值损失。其他经营收益主要是公允价值变动净收益和投资净收益。另外,营业利润差额是采用新会计准则重新评估造成的调整项。

营业利润加上营业外收支净额就得到利润总额,扣除所得税以后,再减去少数股东损益,最后得到归属于母公司所有者的净利润,用这个值除以公开发行的股份数就得到基本每股收益,这是每股收益表现的一个重要指标。但是,当公司向高管及其他雇员发行大量的股票期权的时候,这个指标有时候也会产生误导作用。如果管理层和员工的股票期权是总工资报酬的一个重要组成部分,当大量发行股票期权的时候,投资者更关注的就是稀释后的每股收益数量,而不是基本每股收益。

尽管利润表是当前公司表现的一个重要衡量指标,会计处理的遗漏与偏差有时候会降低它作为经济表现衡量指标的价值。在这种情况下,投资者会利用现金流量表进一步分析公司所处经济状态的变化。如表9-3所示,现金流量有三个基本来源,分别来自经营活动、投资活动与筹资活动。经营活动现金流量来自于公司流动性的变化,主要是销售商品、提供劳务收到的现金,以及收到的其他与经营活动有关的现金,扣除购买商品、接受劳务支付的现金,支付给职工以及为职工支付的现金,支付的各项税费,支付的其他与经营活动有关的现金,从而得到经营活动产生的现金流净额。投资活动现金流量主要包括短期投资,固定资产、无形资产和其他长期资产的构建和处置引起的变化。筹资活动现金流量包括吸收投资、取得借款、偿还债务、分配股利等产生的现金流变化。现金流量表与利润表结合起来,可以让投资者对公司当前的经营状况有一个清晰的认识。

表9-3 万科现金流量表

报表类型	2007年年报 合并报表	2006年年报 合并报表	2005年年报 合并报表
一、经营活动产生的现金流量:			
销售商品、提供劳务收到的现金(元)	44 712 799 355.37	19 063 303 001.26	12 669 088 676.52
收到的其他与经营活动有关的现金(元)	1 251 115 826.87	477 318 095.55	128 679 650.03
经营活动现金流入差额(合计平衡项目)(元)	—	—	31 170 255.16
经营活动现金流入小计(元)	45 963 915 182.24	19 540 621 096.81	12 828 938 581.71
购买商品、接受劳务支付的现金(元)	46 171 068 846.22	17 453 843 968.08	8 411 005 629.66
支付给职工以及为职工支付的现金(元)	1 107 413 005.50	749 263 247.62	452 287 228.49
支付的各项税费(元)	4 864 723 045.32	1 992 112 568.51	1 329 180 408.65
支付的其他与经营活动有关的现金(元)	4 258 426 101.00	2 369 522 794.47	1 775 941 525.70
经营活动现金流出差额(合计平衡项目)(元)	—	—	17 084 654.56
经营活动现金流出小计(元)	56 401 630 998.04	22 564 742 578.68	11 985 499 447.06
经营活动产生的现金流量净额(元)	**−10 437 715 815.80**	**−3 024 121 481.87**	**843 439 134.65**
二、投资活动产生的现金流量:			
收回投资收到的现金(元)	60 714 270.46	341 092 672.73	98 717 571.00
取得投资收益收到的现金(元)	88 698 832.24	677 600.00	—
处置固定资产、无形资产和其他长期资产收回的现金净额(元)	1 008 580.78	11 450 255.22	10 184 689.44
处置子公司及其他营业单位收到的现金净额(元)	70 715 899.33	6 895 655.00	—
收到其他与投资活动有关的现金(元)	167 527 344.24	77 473 253.14	—
投资活动现金流入差额(合计平衡项目)(元)	—	—	84 384 154.25
投资活动现金流入小计(元)	388 664 927.05	437 589 436.09	193 286 414.69
购建固定资产、无形资产和其他长期资产支付的现金(元)	257 897 785.32	136 018 238.71	47 439 552.20
投资支付的现金(元)	536 167 214.80	381 140 188.00	523 604 081.00
取得子公司及其他营业单位支付的现金净额(元)	4 198 635 152.12	1 472 251 854.00	—
投资活动现金流出小计(元)	4 992 700 152.24	1 989 410 280.71	571 043 633.20
投资活动产生的现金流量净额(元)	**−4 604 035 225.19**	**−1 551 820 844.62**	**−377 757 218.51**

(续表)

报表类型	2007年年报 合并报表	2006年年报 合并报表	2005年年报 合并报表
三、筹资活动产生的现金流量:			
吸收投资收到的现金(元)	11 949 769 155.72	5 501 690 722.81	—
取得借款收到的现金(元)	18 558 699 204.56	11 422 040 181.07	2 551 425 704.83
筹资活动现金流入差额(合计平衡项目)(元)	—	—	9 000 000.00
筹资活动现金流入小计(元)	30 508 468 360.28	16 923 730 903.88	2 560 425 704.83
偿还债务支付的现金(元)	7 156 929 770.90	3 681 696 980.16	2 313 450 000.00
分配股利、利润或偿付利息支付的现金(元)	1 990 536 759.07	1 177 873 626.52	600 297 643.95
筹资活动现金流出小计(元)	9 147 466 529.97	4 859 570 606.68	2 913 747 643.95
筹资活动产生的现金流量净额(元)	**21 361 001 830.31**	**12 064 160 297.20**	**−353 321 939.12**
四、汇率变动对现金的影响(元)	−16 441 403.10	6 442 516.99	4 675 211.74
五、现金及现金等价物净增加额(元)	6 302 809 386.22	7 494 660 487.70	117 035 188.76
期初现金及现金等价物余额(元)	10 743 695 198.09	3 249 034 710.39	—
期末现金及现金等价物余额(元)	17 046 504 584.31	10 743 695 198.09	—
公告日期	2008-3-21	2007-3-21	2006-3-21
数据来源	上市公司公布值	上市公司公布值	WIND调整计算值

资料来源:Wind资讯。

9.2.3 附注与审计意见

财务报表是对公司业务活动的一个清楚而简要的总结报告。然而,有时候现代商务活动需要更进一步的说明,公司财务报表附注就是用来增加、阐明和补充各个披露项目的。在附注里会写明所使用的会计方法和假设,说明退休金和税收状况,并且详细阐述各种表外活动,在一份年报里附注所用的页数通常远远超过财务报告正文所用的页数。

呈现给股东的年报通常是以管理层对公司表现的乐观看法开始,因此,聪明的投资者知道有时候一些隐藏的问题只有在附注里才能看出来。比如,联合航空的母公司UAL在审计报表上显示的是资产250亿美元,负债222亿美元,但是,这幅财务健康的画面并不包括附注中所披露的表外负债项目,即245亿美元不可取消的维护性租赁承诺,因此,这家公司事实上已无偿债能力,因为UAL的表外负债加上表内负债已经远远超出它的总资产。为了避免这种怪象,精明的投资者事实上是从阅读附注开始他们的财务报表分析的。

财务报表信息都是经过独立审计师严格审查的,审计师审查过后将给出一份公正意见。审计师的作用就是证实公司财务报表符合通用会计准则,并且对公司的财务状况做出了合理的说明。审计报告通常都是同样的模板,只有当审计师与公司高管之间存在重大的、不可调和的分歧时,审计师才会发布一份保留意见书。投资者通常会对保留意见书的发布持负面的反应态度,因为他们开始怀疑公司的经营表现和财务状况。只有在极少数的情况下,审计师与公司高管之间存在重大的、不可调和的分歧会导致审计师辞职或者被解雇。审计师与客户之间关系的非常规变化经常会导致股价下跌,因为这种变化代表了公司未来经营表现与财务状况的极端不确定性。

9.2.4 会计信息的一些问题

会计信息是按照一种符合逻辑的一致框架编制出来的。资产负债表以历史记录的形式反映公司过去的投资决策及其相应的融资决策,利润表则是按照通用会计准则(Generally Accepted Accounting Principles,GAAP)反映收入与成本的当前变化量。由于这些信息是按照公司和行业之间固定的模式编制,并且是基于历史数据而不是未来的视角,因此有时候会给投资者分析带来麻烦。

在公司所得税申报表上计算成本时,法律要求的是在实际生产中用于购买劳动力、原材料以及资本设备的实际美元数量。由于纳税的缘故,**历史成本**(historical cost),或者称作"实际现金支出",是一种相关成本,呈交给证监会或者股东的报告也是用历史成本计算的。尽管有用,但是历史成本并不适合作为投资者决策的唯一依据,现时成本通常更为相关。**现时成本**(current cost)是在现行市场条件下必须支付的数量,它受到市场条件的影响,包括买者和卖者的数量、当前的技术水平、通货膨胀水平,等等。对于刚刚购买的资产,历史成本与现时成本通常是一样的,但是对于若干年前购买的资产,历史成本与现时成本却可能有很大不同。自第二次世界大战以来,几乎在全世界范围内,通货膨胀使得历史成本与现时成本存在明显的差异。如果每年的通货膨胀率大约为5%,价格就可以在不到15年内翻一番,大概22年就可以增长为原来的三倍。以美国为例,1970年以50 000美元购买的土地现在卖到250 000美元以上,在加州、佛罗里达州、德州及其他快速发展的地区,现时成本更高。正如没有房主会以基于历史成本计算的低价卖出他们的房子一样,也没有公司会以低于现时成本的价格卖掉它们的产品或者资产。类似地,投资者也必须能够调整历史会计信息,从而解释资产负债表上出现的资产低估或者高估现象。因此,投资者不仅要努力寻找报表中的隐含资产,也要小心可能存在的隐含负债。

公司重组通常包括剥离公司的一些非战略性业务,以重新调配资产,增强主营业务。当一些不必要的资产在一个萧条的市场上出售的时候,低的"减价出售"收益与账面价值或历史成本之间通常就没有关系。相反,当资产卖给那些能够有效利用这些资源的公司时,销售收益就能接近重置价值,并且大大超过账面价值。即使在正常情况下,经济价值与账面价值之间也只有细微的关系,经济价值是由创造利润的生产能力,而不是账面价值决定的,因此,在确定特定资产的投资价值的时候,经济价值往往是最重要的考虑因素。

9.3 财务比率

9.3.1 利润的度量

衡量业务好坏的一个最有用的指标是一个持续的高利润率,更确切地说,一项好的业务能够持续赚取相对于所投入的资本量而言的高利润。为了深入了解利润率,投资者就会使用各种利润率度量指标,其中之一就是销售收益率,即**净利润率**(net profit margin),其定义是账面净收入占销售收入的百分比,表示每单位销售额所获得的利润。在这里,净收入、销售收入分别与前文财务报表中的净利润、营业收入等同。除了考虑净利润率,分析师有时候还研究总利润率,或者利用现金流量而不是账面收入数字来计算利润率。当利润率高时,表明公司高效运作,竞争压力较小,或者两者兼而有之。

$$净利润率 = \frac{净收入}{总销售额} \tag{9.1}$$

经营利润率也可以用会计期间**股本回报率**(return on stockholders' equity, ROE)来衡量。ROE 被定义为净收入除以股东权益的账面价值,ROE 表明公司用股东投入的每一美元赚取了多大利润。ROE 的一个局限性是它会被股份回购和其他的公司重组所扭曲。根据 GAAP 准则,股东权益的账面价值仅仅是股东投入企业的资本总额,它是实收资本和留存收益扣除支付股份回购金额后的总和。当"超常规"支出很大时,股东权益的账面价值就下降了,ROE 就被夸大了。类似地,当公司以超过每股账面价值的市场价格回购股票时,每股账面价值就下降了,ROE 就上升了。

$$股本回报率 = \frac{净收入}{股东权益} \tag{9.2}$$

鉴于一些经历过重大重组的公司和高杠杆的公司的 ROE 难以解释,一些投资者开始关注**资产收益率**(return on assets, ROA)指标,即净收入除以总资产的账面价值。和 ROE 一样,ROA 也用来刻画管理层经营决策的效率,但和 ROE 相比,ROA 受公司使用财务杠杆的数量的影响较小。在利润率计算的例子中,分析师有时候使用毛利或者现金流数字来计算资产回报率。不论是使用利润率、ROE、ROA 还是其他衡量指标,公司之间的比较都要求使用同一个指标以保持一致性。

$$资产收益率 = \frac{净收入}{总资产} \tag{9.3}$$

对同一个行业中的公司进行利润率指标的比较通常是合适的,因为,在一般情况下,一个既定行业中的公司面临相似的经济机会,利润率的不同经常被用作衡量管理效率的指标。而跨行业间典型的利润率指标的不同,也给投资者一个有用的提示,即哪些行业面临的是容易找到大量投资机会的高利润率的市场环境,哪些行业面临的是很难找到有价值投资机会的普通市场环境。

例 9-1 利用表 9-1 和表 9-2 的财务报表,计算万科的净利润率、股本回报率(ROE)和资产收益率(ROA)。以 2007 年度数据为参考。

解答

$$\text{净利润率} = \frac{\text{净利润}}{\text{营业收入}} = \frac{5\,318}{35\,527} = 14.97\%$$

$$\text{ROE} = \frac{\text{归属于母公司所有者的净利润}}{\text{归属于母公司的所有者权益}} = \frac{4\,844}{29\,279} = 16.5\%$$

$$\text{ROA} = \frac{\text{净利润}}{\text{总资产}} = \frac{5\,318}{100\,094} = 5.3\%$$

9.3.2 ROE 的要素

尽管 ROE 指标存在局限性,但许多投资者还是继续把它视为衡量公司利润率最好的单一指标,因为它同时反映了公司使用经营杠杆和财务杠杆的能力。ROE 可以被视为三个普通财务比率的简单产物,即 ROE 等于公司的利润率乘以总资产周转率,再乘以公司的财务杠杆比率,这个方程就是著名的杜邦公式:

$$\begin{aligned}\text{股本回报率} &= \text{利润率} \times \text{总资产周转率} \times \text{杠杆比率} \\ &= \frac{\text{净收入}}{\text{销售额}} \times \frac{\text{销售额}}{\text{总资产}} \times \frac{\text{总资产}}{\text{股东权益}} \end{aligned} \quad (9.4)$$

如果把 ROE 看做利润率、总资产周转率和财务杠杆比率的简单乘积,我们就有可能找出公司利润的来源。一般而言,那些有稳定的高利润的公司,如微软、可口可乐、英特尔,最有可能每年报告一个比去年突出的 ROE。对于这样的公司,管理层需要知道,ROE 的提高是因为更好的产品组合带来了更高的利润,还是因为更有效的资产管理从而形成了更高的资产周转率,还是仅仅因为公司改变了财务杠杆?这些都是在作出重要运营决策和财务决策之前必须回答的重要问题。

总资产周转率(total asset turnover)指的是销售收入除以总资产的账面价值。当总资产周转率高时,公司通过努力周转投资资金从而产生大量的销售额。杂货店和折价零售业就是很好的例子,这些行业的总资产周转率很高,所以尽管利润率很低,但高效运转的公司也能赚取令人满意的股本回报率,沃尔玛就是这个领域的杰出代表。尽管只有 3.5%—4% 的微薄利润率,但沃尔玛却能赚取超过 20% 的股本回报率,靠的是精明的支出管理、严格的存货控制以及出色的总资产周转。

杠杆比率(leverage)是总资产的账面价值除以股东权益的比例,它反映的是公司在普通股融资之外通过债务和优先股融资的程度。杠杆作用能够放大公司在商业周期内的利润率。在经济繁荣时期,杠杆作用可以显著地提高公司利润率;而在经济衰退或者紧缩时期,杠杆作用即使不导致亏损,也会极大地减少已经实现的回报率。然而,值得一提的是,高风险的财务结构在经济膨胀时期可以带来不可思议的利润率,正像美国在 20 世纪 90 年代中期所经历的那样,但在经济紧缩或者衰退时也会造成巨大的亏损,正如美国 1991 年的状况。在金融服务部门,高的财务杠杆比率可以在降息期催生大量的利润,但是在快速加息的时期就会引起财务困难。例如,像花旗集团和 JP 摩根这样经营很好的银行,在好的时候公布的 ROE 达到 20% 或更高,而在不利的市场环境中也可能报出重大亏损。

在美国,对于大部分上市公司,比如那些在纽约证交所和纳斯达克上市的公司,在第二次世界大战以后的时期,ROE 在 8%—16% 这样一个大的范围内波动。在经济衰退时期,许多公司报出经营亏损,平均的 ROE 就降到 10% 以下;而在连续的经济扩张期,比如 20 世纪 90 年代,行业领头羊的平均 ROE 可以暴涨到 20% 以上,所有公司平均的 ROE 每年也可以达到 16%;而在第二次世界大战时期的普通年份,平均的 ROE 大致介于 12%—14% 之间。

例 9-2 在 2006 年和 2007 年,万科的 ROE 分别为 15.4% 和 16.5%,请解释,为什么万科的 ROE 只是略微增加?

解答

2006 年:

$$\text{ROE} = \frac{\text{归属于母公司所有者的净利润}}{\text{营业收入}} \times \frac{\text{营业收入}}{\text{总资产}} \times \frac{\text{总资产}}{\text{归属于母公司的所有者权益}}$$

$$= \frac{2\,298}{17\,918} \times \frac{17\,918}{49\,920} \times \frac{49\,920}{14\,929}$$

$$= 0.128 \times 0.359 \times 3.344 = 0.1537 = 15.4\%$$

2007 年:

$$\text{ROE} = \frac{\text{归属于母公司所有者的净利润}}{\text{营业收入}} \times \frac{\text{营业收入}}{\text{总资产}} \times \frac{\text{总资产}}{\text{归属于母公司的所有者权益}}$$

$$= \frac{4\,844}{35\,527} \times \frac{35\,527}{100\,094} \times \frac{100\,094}{29\,279}$$

$$= 0.136 \times 0.355 \times 3.419 = 0.1651 = 16.5\%$$

从上面的计算看到,与 2006 年相比,2007 年归属于母公司所有者的利润、营业收入、总资产、归属于母公司的所有者权益基本上同比例增长,因而净利润率和杠杆比率只是略有增加,而总资产周转率却有所下降,这表明公司的盈利能力和财务杠杆都有所提高,但总资产周转效率下降,从而 ROE 只是略微增加。

9.4 公司业绩评估

9.4.1 经营效率

经营效率是决定利润率的重要因素。管理层需要知道工厂的运作是否处在或者接近最大生产能力。公司从客户那里及时收到货款了吗?公司是否积压了太多的存货?这些就是经营效率的问题。投资者通过考察公司的资产周转率来判断管理层是否在有效地利用资产创造销售额和利润。资产周转率越高,公司对其资产的利用就越有效。其他的效率指标包括**应收账款周转率**(receivables turnover)和**存货周转率**(inventory turnover)。

$$\text{应收账款周转率} = \frac{\text{销售收入}}{\text{应收账款}} \tag{9.5}$$

$$存货周转率 = \frac{销售成本}{存货} \tag{9.6}$$

高水平的经营效率意味着公司能够在每个会计年度内快速地周转它的应收账款和存货。由于这些周转率测度在各个行业间是相当不一样的,因而最好在一个既定的行业内进行公司间的比较。

例 9-3 请利用万科 2007 年的财报数据计算应收账款周转率和存货周转率。

解答

利用表 9-1 和表 9-2 中的数据,我们得到:

$$应收账款周转率 = \frac{销售收入}{应收账款} = \frac{35\,527}{865 + 2\,764} = 9.79$$,此处应收账款为流动资产项下应收账款和其他应收款的加总。

$$存货周转率 = \frac{销售成本}{存货} = \frac{20\,607}{66\,473} = 0.31$$,存货周转率低与万科作为房地产公司有关。在房地产业,存货按房地产开发产品和非开发产品分类。房地产开发产品包括已完工开发产品、在建开发产品和拟开发产品;非开发产品包括原材料、库存商品、低值易耗品。其中,在建开发产品和拟开发产品占据存货的大部分,也是公司未来的利润来源。

9.4.2 财务杠杆

一个公司通过借钱从而增加财务风险来经营,会相应地放大它的经营风险。考虑一个公司,它想投资于一项资产,风险回报率要么是 10%,要么是 -10%。如果公司投入自有资金 50 美元,那么它要么盈利 5 美元,要么亏损 5 美元。现在假设公司以 6% 的利率借入 50 美元(每年支付利息 3 美元)再次投资进去,公司将获利 7 美元(盈利 10 美元 - 利息 3 美元)或者亏损 13 美元(亏损 10 美元 + 利息 3 美元)。通过利用财务杠杆,公司改变了它的盈亏可能分布,从 5 美元或者 -5 美元变为 7 美元或者 -13 美元。换句话说,财务杠杆的使用增加了这项投资的经营风险。

大部分公司使用负债来增加投资资金。**财务杠杆**(financial leverage)可以用各种债务比率来衡量,最常用的是债权比率和债务-总资产比率:

$$债权比率 = \frac{长期负债}{股东权益} \tag{9.7}$$

$$债务-总资产比率 = \frac{长期负债}{(股东权益 + 长期负债)} \tag{9.8}$$

较高的负债水平并不表示一个公司比其他公司更好或者更坏,而仅仅表示它是一家具有更高风险的公司,因为它使用了更高的财务杠杆。而且,不同行业的负债水平也不同,实物资产水平较高的行业,比如制造业,通常负债水平较高;而无形资产水平较高的行业,例如计算机软件,通常很少或者不使用债务。

公司也可以通过**经营杠杆**(operating leverage)的选择改变它的经营风险。当公司的生产结构是高固定成本和低可变成本时,我们说这个公司的经营杠杆高,比如,使用高自动化生产设备生产的公司、拥有并使用一系列大型飞机的航空公司,等等。相反,当一个公司的生产结构是低固定成本和高可变成本的时候,它就是低经营杠杆的公司,比如,把生产制造转移给低成本外国供应商的公司、租用飞机运营的航空公司,等等。经营杠杆水平定义为销售额的百分比变化引起利润的百分比变化。当销售额增加5%时,利润会变化几个百分点？如果一个公司的经营杠杆水平高,利润的增加就会超过5%,而低经营杠杆的公司可能看到的是低于5%的利润变化。当经营杠杆高时,销售额的强势增长将使利润高涨;另一方面,当销售额减少时,高经营杠杆也会带来利润的急剧下降。

9.4.3 财务流动性

财务流动性往往是信贷和投资价值的一个重要决定因素。关键的问题是,公司有足够的现金支付短期负债吗？必需的利息支付有困难吗？这些就是流动性和偿付能力问题。流动性的两个常用的衡量指标是流动比率和速动比率。**流动比率**(current ratio)是公司的流动资产与流动负债的比值：

$$流动比率 = \frac{流动资产}{流动负债} \tag{9.9}$$

流动比率小于或者等于1经常是潜在问题的信号。如果流动比率小于1,公司手上就没有足够的现金支付即将到期的债务,然而,不是所有的流动资产都能马上用来偿付债务,例如,存货可能过时或者不容易转化为现金。因此,许多投资者更喜欢用**速动比率**(quick ratio)作为短期流动性的衡量指标：

$$速动比率 = \frac{(现金 + 可交易证券 + 应收账款)}{流动负债} \tag{9.10}$$

所有使用杠杆的公司一般都需要及时支付债务本息。负债越高,支付的难度就越大。公司的正常利息支付能力用**利息偿付比率**(interest coverage)来衡量：

$$利息偿付比率 = \frac{EBIT}{债务利息费用} \tag{9.11}$$

记住,EBIT 表示息税前收益,这是可以用来支付利息的现金流数量。利息偿付比率越高,公司就越容易按期支付利息。对于利息偿付比率较高的公司,信用评级机构通常会给以更高的债务评级。然而,当流动比率、速动比率、利息偿付比率开始下降的时候,投资者就会开始担心该公司的偿付能力。

9.5 行业地位

9.5.1 市场价值

股票通常会按照行业或者部门分类。按照规模大小对公司进行分类也是一种常见的做法,因为学术研究已经表明规模是决定风险的一个重要因素,其中最常见的规模测度是普通股的总市场价值,或者简称**市值**(market cap)。

市值超过 50 亿美元的大公司通常被认为比中小市值的公司风险低,这是因为,大公司的股票有一个大的流动市场,收益和股息增长的历史也长得多,大公司不仅经历了时间的考验,而且通常都从事许多不同的业务,在国内和全球各种市场做生意。相反,许多小市值的公司只从事单一的或者很少的几项业务,并且局限于分离的地区市场,没有在全球市场上有所作为。小市值公司常常经受不住更大的、财务状况更好的对手的竞争压力。

尽管大公司的成长易于预测,但是投资者必须意识到,大规模也限制了投资者获得超过平均水平收益率的机会。例如,微软公司在 1986 年 3 月 13 日向投资大众以每股 21 美元发行股票,在第一个交易日,微软以 25.50 美元开盘,最高价达到 29.25 美元,收盘价是 28 美元。在 1986—2006 年间,微软股票拆股 9 次,1986 年 3 月 13 日购买的 1 股股票到 2006 年变为 288 股,同期投资于微软的 10 000 美元现在的价值高达 375 万美元,年增长率大约为 34.5%。因为 20 世纪 80 年代和 90 年代取得的巨大成功,微软基本上不可能复制这种辉煌。微软现在的市值大约为 3 000 亿美元,如果在未来的 20 年按照 375∶1 的回报率计算,微软的市值将超过 112.5 万亿美元,这个结果大约是目前全球股票市场所有上市公司总市值的 5 倍。凭借其强大的实力,也许微软在接下来的 20 年里也会获得令人瞩目的成功,但是它在 20 世纪 80 年代和 90 年代取得的股票市场上的巨大成功却是不可能复制的。大象是不可能像袋鼠那样奔跑的。

9.5.2 行业比较

每一个行业的资本结构和商业运作模式都是不一样的,因此,通常是将一个公司的财务表现与其所处的部门或者行业内的其他公司进行比较,或者是与该部门或者行业的平均水平进行比较。表 9-4 列示了万科及其所在行业(房地产开发)的财务比率。其中,万科总资产占房地产开发行业总资产的比重,2005 年为 9.25%,2006 年为 15.24%,2007 年为 18.73%,这表明万科的扩张速度遥遥领先于同行业,市场占有率越来越高。从净资产收益率的比较看,万科的盈利能力也远远超过同行业水平,虽然行业的整体盈利能力在提高,但万科绝对是市场的领跑者。销售净利率也反映出万科在营运能力方面的领先优势。在流动比率和速动比率上万科和同行业的差别不大,但也在同行业水平之上。另外我们看到,整个房地产开发行业的资产负债率都很高,一方面与该行业的高投入要求有关,另一方面也反映出整个行业的财务杠杆比率较高,企业负债较多,公司将承担较大的风险。但是,若公司营运状况刚好处于向上趋势中,较高的资产负债率反而可以创造更高的盈利;通过提高公司的股本回报率,对公司的股票价值产生正面激励效果。

表 9-4　万科 A 及其所在行业的财务比率对比

指标 \ 项目	2005-12-31		2006-12-31		2007-12-31	
	SW*房地产开发Ⅲ	万科 A	SW 房地产开发Ⅲ	万科 A	SW 房地产开发Ⅲ	万科 A
净资产收益率(%)	6.24	18.61	9.97	19.78	15.27	21.92
销售净利率(%)	6.26	13.58	9.27	13.52	13.15	14.97
流动比率	1.46	1.83	1.62	2.19	1.75	1.96
速动比率	0.48	0.46	0.51	0.64	0.55	0.59
资产负债率(%)	63.03	60.98	63.7	65.04	63.79	66.11
资产总计(十亿元)	237.66	21.99	327.46	49.92	534.31	100.09

* SW 代表申银万国的行业分类标准。
资料来源：Wind 资讯。

9.6　估值指标

9.6.1　市盈率

投资者用来衡量相对价值的最常用的估值尺度是**市盈率**(price-earnings ratio, P/E)，即股价除以每股收益。主要的金融出版物,如《华尔街日报》,以及大部分主要的日报都会根据每日股价数据及时公布市盈率。市盈率背后的含义很简单：市盈率等于 20∶1 意味着投资者以市价买入股票相当于为 1 美元每股收益支付 20 美元,类似地,当投资者支付了 20∶1 的市盈率时,他获得的**盈利率**(earnings yield),或者称作盈利-价格比率(E/P),是 5%。在当前的市场环境下无风险的短期国债利率差不多是 5%,那么为什么当前的投资者还愿意支付 20∶1 的市盈率,或者只愿意赚取 5% 的盈利率呢？显然,只有当潜在的每股收益有希望快速增长的时候,支付 20∶1 的市盈率才是有意义的。那么,收益多快的增长才能够使得支付一个既定的市盈率是值得的,取决于未来收益增长率的预期和投资者的信心水平。

图 9-1 显示了 1999 年 3 月至 2008 年 2 月上证指数的市盈率,我们注意到,随着时间的推移,市盈率既有大涨的时候也有大跌的时候。之所以发生这样的波动是因为,在经济扩张和投资者极度乐观的时期,投资者会抬高股价;而在预期经济衰退到来之前,投资者就变得小心谨慎,从而市盈率下降。随着 2005 年中国股权分置改革的启动,加之中国经济强势增长,外汇储备剧增,人民币升值预期不断强化,中国股市开始了一轮大牛市。于是,资金纷纷入场,投资者信心膨胀,股指不断创出新高,市盈率也随之陡升。2007 年 8 月次贷危机席卷美国、欧盟和日本等世界主要金融市场,中国股市价格也开始从顶部回落。随着通货膨胀压力不断扩大,信贷紧缩政策陆续出台,再加上中国特有的大小非解禁洪流,市场陷入恐慌,投资信心散失,股指也一路下挫,市盈率随之下滑。

图 9-1 上证指数历史平均市盈率（1999 年 3 月—2008 年 2 月）

资料来源：上海证券交易所。

表 9-5 反映了沪深 300 指数的 10 个行业指数的平均市盈率及其相关信息，市盈率从最低的沪深 300 材料到最高的沪深 300 消费都不尽相同。投资者认为，在通货膨胀的预期下，消费部门将有更大的获利机会，因而市盈率高；而材料和工业的成本上升压力使其吸引力下降，市盈率处于较低的估值水平。

表 9-5 沪深 300 行业指数的指标对比（2008 年 6 月 26 日）

简称	总市值（亿元）	每股收益（元）	市盈率 P/E	市净率 P/B	净资产收益率（%）
沪深 300 金融	64 652.83	0.12	22.13	3.24	5.13
沪深 300 能源	52 419.63	0.14	23.30	4.16	3.67
沪深 300 材料	16 598.82	0.18	17.66	2.71	3.96
沪深 300 工业	16 463.40	0.16	20.31	3.48	5.24
沪深 300 公用	6 286.64	0.03	23.85	2.75	0.82
沪深 300 可选	5 317.23	0.13	23.40	2.89	3.15
沪深 300 消费	4 254.75	0.20	48.26	7.14	5.82
沪深 300 电信	2 092.98	0.06	30.40	3.06	1.88
沪深 300 信息	906.89	0.04	30.82	3.53	1.18
沪深 300 医药	793.22	0.10	32.12	4.94	3.33

资料来源：Wind 资讯。

为了确定随着时间变化的公司估值，投资者会计算**相对市盈率**（relative P/E ratio），该比率可简单地表示为，公司的市盈率值除以一个基准行业或者指数的市盈率值。相对市盈率值大于 1 意味着该公司的估值比基准高。

9.6.2 市净率和股息收益率

虽然和市盈率比起来不常用，但许多投资者在判断一只股票是否太贵时，也会用到当前的市场价格相对于每股会计账面价值的比率。**市净率**（price-book ratio，P/B）反映了一只股票的市价与其账面净值的关系,这里的每股会计账面价值可简单表示为总资产减去总负债。当然,会计账面价值是按照 GAAP 调整的同等价值的历史度量。尽管有强制的逻辑一致性,但 GAAP 账面价值经常不能反映重要的无形资产,如有价值的商标、版权、专利等,因此,我们经常发现股价超过账面价值,市净率一般都超过 1:1。如表 9-5 所示,沪深 300 行业指数代表的各行业市净率平均在约 2:1 与 4:1 之间,如果市净率低于 1:1,股价就被认为是不正常的便宜,而当市净率超过 3:1 时,股价就被认为是不正常的昂贵。由于市净率也随着时间改变,投资者也会考察一个公司的相对市净率,其定义为公司的市净率值除以基准行业或者指数的市净率值。

股息收益率(dividend yield)是相对估值的另一个流行指标。这个衡量指标告诉投资者未来股息收入的数量,这里股息收益率表示为股息与股价相比的一个百分数。如果一只公司股票现在卖每股 40 美元,每季度支付的股息为 25 美分,或者一年支付 1 美元,那么股息收益率就是每年 2.5%。投资者不应忽视股息在整个股票市场表现中的作用,因为股息在决定投资者总收益中扮演着重要的角色,投资者的总收益是股息收入与资本利得的总和。股息随着时间变化的复利效应也是巨大的,从长期来看,股息收入占从普通股中获得的总收益的三分之一至二分之一。例如,从 1950 年开始,DJIA 公司平均每年支付 4% 的股息,每年提供 8% 的资本利得,这意味着,长期投资者总收益的三分之一来自于股息收益。为了提供更具竞争力的长期收益率,一只不支付股利的较高风险的股票必须每年增长 12%,即以比 DJIA 股票平均 8% 的增长率快 50% 以上的速度增长。

9.6.3 经济价值

当许多专业投资者和个人投资者集中关注传统的关于利润和利润率的会计指标(EPS、P/E、ROE 和利润率)的时候,其他人还关注与会计衡量指标相对的经济指标。因为权责发生制会计信息是不准确的而且会被人为地修改,一些投资者就会关注经济活动中产生的现金流的数量。作为账面净收入的备选项,这些投资者关注的是**自由现金流**(free cash flow)。自由现金流是公司在考虑到厂房和设备上必要的资本支出后,产生的现金流数量。经营活动中产生的现金流是计算自由现金流的一个很好的起点。用经营中产生的现金流扣除资本支出,加上任何偶然的进款(如从财产处置中获得的收益),即可得到自由现金流:

$$自由现金流 = 经营活动中产生的现金流 - 资本支出 \tag{9.12}$$

自由现金流已经成为经济利润率的一个特别重要的测量指标,人们认为它比传统的会计信息要难以被人为修改。一些投资者已经不再考察市盈率,而是重点关注价格-自由现金流比率。产生大量的自由现金流使得公司能够追逐新的商业机会,支付股利,进行股票回购,减少负债。

除了用自由现金流衡量经济利润,一些投资者还使用与公司随时间而增加的财富值相关的指标。股东拥有公司,自然也就对公司财富随时间增加的数量感兴趣。股东不仅希望公司增加收入、利润和现金流,还要求公司以具有成本-效益的方式来实现上述目标。如果面临的资本成本是 10%,而一个公司的增长率只有每年 5%,则这样的投资是失败的。只有当公司创造的资本回报率超过资本成本时,公司的经济财富才会随时间增加。

美国思腾思特咨询公司(Stern Stewart)提出了一个通用的指标——**经济增加值**(economic value added, EVA),定义为:

$$经济增加值(EVA) = 税后净经营利润(NOPAT) - 公司资本 \times 资本成本 \quad (9.13)$$

请看万科公司的 EVA。在 2007 年,万科的 NOPAT 约为 53 亿元,总市值约为 1 982 亿元,假设资本成本为 8.6%,按照公司 2007 年实现的每股收益增长率计算,万科公司的 EVA 是 -117.45 亿元(= 53 亿元 - 1 982 亿元 × 0.086)。虽然万科在利润率和 ROE 上的表现很出色,但它还是没有创造足够的财富来充分补偿股东所承担的风险数量。EVA 分析能够帮助投资者识别有价值的投资机会。

9.7 财务报表可信度

9.7.1 会计造假

复杂的会计准则有时候会令投资者很难辨别公司的财务状况和经营表现,长期以来,投资者主要依赖审计师和财务分析师对财务报表的解释,以及他们对公开上市公司财务健康状况的评论。然而,这些专家在分析阿德尔菲亚公司(Adelphia)、安然公司(Enron)、世通公司(WorldCom)等的财务报表的时候,并没有预测到它们即将破产。在上百家的网络公司的年报中,审计师意见书似乎都证实这些公司健康运作,没想到这些公司竟会快速倒闭。如果连分析师和审计师在审查财务报表的时候都很难发现问题,那么普通投资者还能期望什么呢?

报表发布中隐含的两个常见问题是:编造数字和篡改数字。自 20 世纪 90 年代以来,为了跟上华尔街的高增长预期,许多公司都面临极大的压力,一些公司甚至编造它们的财务表现。能源交易商安然公司就与其离岸合伙机构联合,将其债务的增加登记为收入;有线电视巨头阿德尔菲亚公司将其数亿美元的债务从财务报表中剥离;电讯巨头世通公司虚报收益 90 亿美元;药物零售商来爱德(Rite Aid)利用非法的会计手段虚增净收益 10 亿美元以上;施乐公司(Xerox)通过四年内的租赁安排使其收入增加 30 亿美元,净利润增加 15 亿美元。尽管绝大部分的上市公司都真实报告其财务状况,投资者要识别那些造假的公司还是很困难,等到他们发现时通常已经太晚了。

在 20 世纪 90 年代末和 21 世纪初发生了一系列公开会计丑闻之后,政府监管者非常担心出现财务报表可靠性普遍缺失的情况,于是,美国国会出台新的法律来治理会计和审计行业,其中最著名的是 2002 年的《萨班斯-奥克斯利法案》,目的是加强会计规章制度,重拾投资者信心。具体而言,《萨班斯-奥克斯利法案》设立了一个新的监管主体,以监督审计师的行为,建立了与公司责任相关的法律,同时加大了对公司白领犯罪的惩罚力度。

9.7.2 重编财务报表

《萨班斯-奥克斯利法案》生效以来,诸如联邦住房贷款抵押公司(Freddie Mac)、联邦国民抵押贷款协会(Fannie Mae)、美国美亚保险公司(AIG Insurance)、德尔福公司(Delphi)和其他公司的会计丑闻都在《华尔街日报》的首页上纷纷曝光。如图9-2所示,重编利润表的公司数量在上升。一般在公司变更会计方法或者发现已经发布的数字出错的时候,需要重编报表。原则上,因会计变更而**重编财务报表**(accounting restatements)是正常的,然而,公司有时候试图掩盖基本经济表现的恶化,就会宣称重编财务报表"只不过"是会计变更引起的,既不会影响现金流也不会影响公司的基本经营状况。聪明的投资者是不会相信上市公司发布的财务报表没有发生"实质性"改变的。

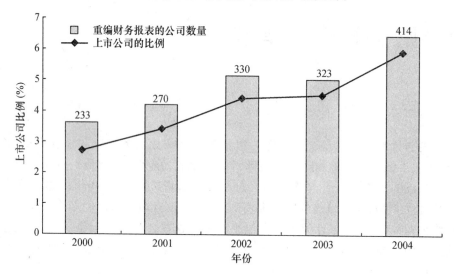

图9-2 重编财务报表的公司数量在增加

资料来源:Huron Consulting Group, 2004 Annual Review of Financial Reporting Matters。

《萨班斯-奥克斯利法案》颁布两年多以来,重编财务报表的公司数量创下历史新高,从2000年的270家上升到2004年的400家。由于同期在股票交易所上市的公司数量下降,重编财务报表的公司数量相对增加,2004年在股票交易所上市的公司中接近6%重新发布了收益数据。不幸的是,最近新增的这些重编报表的公司大部分都是在纠正以前财务报表的错误。

大部分的上市公司及其审计师都竭尽全力为股东提供真实的公司财务健康状况,然而,投资者还是要继续面对少部分新公司错误发布数据的挑战。

总结

- **股票市场投资**是买入并持有股票,以期获得股息收入,并且分享公司内在经济价值增长而产生的长期资本利得的过程,投资者旨在通过分享这些公司正常的可预期的财富增长而获利。**股票市场投机**是为了从股价变动中获取短期的交易利润而进行的证券买卖,并且股价变动仅仅是基于公司暂时性的财产收入。投机者关注的是股价短期上涨的趋势或者公司所处经济环境突然发生利好的变化。

- **资产负债表**信息给出了公司在某一特定时点的财务状况,而公司的**利润表**则反映了公司财务的动态变化。尽管利润表是当前公司表现的一个重要衡量指标,但会计处理的遗漏与偏差有时候会降低它作为经济表现衡量指标的价值。在这种情况下,投资者会利用**现金流量表**进一步分析公司所处经济状态的变化。

- 在评估营业利润时,投资者关注的是企业产生的**净收益**,或者**每股收益**。净收益是收入与支出的差额,通常以税后基准来表示。每股收益就是简单地将净收益除以在外发行的股份数,或者称为**基本每股收益**。如果考虑到股票期权可能产生的影响,我们将得到**稀释后每股收益**。这些细节和其他商业活动的披露都放在报表的**附注**中。

- 在财务报表中,公司使用的是在实际生产中用于购买劳动力、原材料以及资本设备的实际美元数量。由于纳税的缘故,**历史成本**,或者称作实际现金支出,是一种相关成本,尽管有用,但是并不适合作为投资者决策的唯一依据,现时成本通常更为相关。**现时成本**是在现行市场条件下必须支付的数量。

- **净利润率**是账面净收入占销售收入的百分比,表示每 1 美元的销售额获得的利润。当利润率高时,表明公司高效运作,竞争压力较小,或者两者兼而有之。**股本回报率(ROE)**被定义为净收入除以股东权益的账面价值,ROE 表明公司用股东投入的每 1 美元赚取了多大利润。另外,一些投资者关注**资产收益率(ROA)**指标,即净收入除以总资产的账面价值。

- **总资产周转率**指的是销售收入除以总资产的账面价值。当总资产周转率高时,公司在努力周转投资资金从而产生大量的销售额。**杠杆比率**是总资产的账面价值除以股东权益的比例,它反映的是公司在普通股融资之外通过债务和优先股融资的程度。一个公司通过举债的方式提高**财务杠杆**将使总风险放大,公司也可以通过改变**经营杠杆**(即固定成本和可变成本比重)来改变它的经营风险。

- 经营效率是决定利润率的重要因素。当公司有效地管理其资产和工作流程时,与竞争对手相比,它们将有更高的**应收账款周转率**和**存货周转率**。另外,投资者可以通过研究公司的**流动比率**、**速动比率**和**利息偿付比率**来考察公司的流动性。

- 公司规模有时也可用来衡量风险,其中最常见的规模测度是普通股的总市场价值,或者简称**市值**,即在外发行的股份数乘以当前股价。在评估风险时,通常是将公司财务表现与自己所处的部门或者行业中的其他公司进行比较,或者是与该部门或者行业的平均水平进行比较。

◎ 投资者用来衡量相对价值的最常用的估值尺度是**市盈率（P/E）**，即股价除以每股收益。当投资者支付了 20∶1 的市盈率时，他获得的**盈利率**，或者称作收益-价格比率（E/P），是 5%。**市净率（P/B）**反映了一只股票的市价与其账面净值的关系，这里的每股会计账面价值可简单表示为总资产减去总负债。**股息收益率**指标告诉投资者未来股息收入的数量，这里股息收益率表示为股息与股价相比的一个百分数。股息在决定投资者总收益中扮演着重要的角色。投资者还会关注基于经济基本面的衡量指标，比如**自由现金流**和**经济增加值**，进而评估一个公司在扣除**资本成本**后产生的经济利润和财富。

◎ 财务报告发布隐含的两个常见问题是：编造数字和篡改数字。对于一个成熟有效的资本市场而言，财务报表的**可信度**至关重要。如果公司采用激进的会计方法试图掩盖公司的问题，这通常会导致**重编财务报表**以纠正之前的错误。

习题

9.1 什么是资产周转率？它对于利润率的作用是什么？
（原书 10.3）

9.2 公司的资产收益率和股本回报率之间的区别是什么？当股本回报率很高的时候，投资者为什么应当产生怀疑？
（原书 10.4）

9.3 下表是戴尔公司的资产负债表，计算杠杆比率、债权比率和债务-资本比率。
（原书 10.8）

流动资产总额	$10 633	应付账款	$7 316
房屋、厂房及设备总额	1 517	预提费用	3 580
长期投资	6 770	流动负债总额	10 896
其他长期资产总额	391	长期负债总额	505
		其他负债总额	1 630
		总负债	$13 031
		总股本	6 280
总资产	$19 311	总负债和股本	$19 311

9.4 下表是戴尔公司的利润表，用第 3 题中的信息和下表计算戴尔公司的 ROE。如果戴尔公司发生重组，那么它可能会有更多的负债和更少的股本。如果总股本只有 3 140 美元，净利润只有 2 525 美元（因为增加的利
（原书 10.9）

息费用），那么 ROE 应该是多少？股东们对这样的变动会有什么看法？

销售额	$41 444
销售成本	33 892
EBIT	3 738
净利润	2 645

9.5 到上海证券交易所的网站（http://www.sse.com.cn/sseportal/ps/zhs/home.html）点击上市公司—浦发银行代码—定期报告，找到浦发银行的财务报表，计算它的净利润率、ROE、资产周转率、杠杆比率。根据杜邦公式，浦发银行的 ROE 的来源主要是什么？

9.6 到上海证券交易所的网站（http://www.sse.com.cn/sseportal/ps/zhs/home.html）点击上市公司—招商银行代码—定期报告，在 EXCEL 分析板块中计算招商银行的市盈率。相对于市场基准水平，它的市盈率值较

高还是较低?

9.7 某公司的流动比率是 2.0,如果公司用现金支付一年内到期的应付票据,这会使流动比率和资产周转率如何变化呢?
(原书 10.17)

A. 流动比率上升,资产周转率上升
B. 流动比率上升,资产周转率下降
C. 流动比率下降,资产周转率上升
D. 流动比率下降,资产周转率下降

9.8 某公司的财务年度是从 1 月 1 日到 12 月 31 日,它今年的财务状况如下:
(原书 10.18)

- 今年的净利润为 1 050 万美元
- 今年优先股分红为 200 万美元
- 普通股分红为 350 万美元
- 今年年初在外流通的普通股数量为 2 000 万股
- 今年 4 月 1 日新发行了 600 万普通股
- 资本结构不包含任何可能稀释股份的可转换证券、期权、权证等

这家公司今年的基本每股收益接近于多少?

A. 0.35 元
B. 0.37 元
C. 0.43 元
D. 0.46 元

第10章
股票投资分析

本章学习目标

- 了解价值投资策略的特征
- 计算股票基本价值
- 识别被低估的股票
- 了解股利的价值
- 理解和识别成长性股票

1934年,本杰明·格雷汉姆(Benjamin Graham)和戴维·L.道(David L. Dodd)合作出版了一本书,用了一个很谦虚的书名——《证券分析》(Security Analysis)。当时,格雷汉姆是一位对冲基金经理兼任哥伦比亚大学金融学讲师,道是那里的副教授,两人一起提出了价值投资的基本准则——一种旨在识别股市定价的投资方法。七十多年过去了,格雷汉姆和道提出的基本准则经受住了时间的考验,《证券分析》依然是有关投资的最有影响力的书之一。

在内布拉斯加的奥马哈,每年5月份的第一个星期一,格雷汉姆最出名也最成功的学生沃伦·巴菲特都会在伯克希尔-哈撒韦公司的年会上宣讲本杰明的"投资圣经"。作为伯克希尔的主席兼CEO,巴菲特拥有超过400亿美元的个人财富,并且帮助许多投资者加入了千万富翁的行列。市场上有几十本书在宣传巴菲特及其投资理念和战略,因此,也就不难理解为什么每年有成千上万的富有投资者赶着去奥马哈朝拜,聆听巴菲特的演讲。不可避免地,当巴菲特批评股票市场普遍接受的投机信条时,人群就会怒吼。被误导的金融理论家、动量策略交易者以及日交易者都可以感受到他的声音。

另一方面,从1991年3月到2001年3月,人类经历了20世纪最长的不间断的经济扩张时期,使得投资者偏向于投资高科技设备供应商,如思科、捷迪讯(JDS Uniphase)、高通公司(Qualcomm)等。1990年3月26日思科经过分股调整以每股0.08美元开盘,十年后收盘价是53.56美元。90年代如果买入并持有思科股票,投资者每年将获得94.9%的收益。即使大公司也获得了令人难以置信的收益,前提是其表现出持续的收益增长,比如世界上最大的公司之一、道琼斯工业平均指数的创始成员通用电气公司在整个20世纪90年代每年获得了56.2%的总收益(资本利得加上股利)。

10.1 价值型股票

价值投资(value investing)集中关注由于各种原因而被低估的或者不受欢迎的股票。传统的价值投资者寻找的是相对于整个市场折价卖出的不受欢迎的股票,这种折扣是以低P/E比率、低P/B比率和高股息收益率来衡量的。价值投资者青睐那些经营良好,并且P/E比率低于市场水平(常常小于10)或者股息收益率非常高的公司。这些投资标准常常导致投资偏向于基础工业股票、金融服务公司股票、公共事业股票。

在评判价值投资方法时,投资者自己要认识到,低价的股票并不必然代表投资价值,正如超市或杂货店出售的商品,尽管廉价却并不意味着吸引人。理性的购物者不会进入杂货店后只买价格低于1美元、5美元或者10美元的商品。类似地,理性的价值投资者也不会限制自己只买价格低于1美元、5美元或者10美元的股票。大幅降价的产品也不代表真正的便宜货,它们可能是由于刚好过时或者拿到手上已成无用之物。一个精明的购物者寻找的是新鲜而廉价的水果或者蔬菜,类似地,一个聪明的价值投资者也是在寻找优质的公司,而它们的卖价,与传统的P/E、P/B或者股息收益率标准相比较时,显得相当地低,极具投资价值。

表10-1列出了标准普尔500指数中价值投资者可能认为有价值的公司样本。你也许没有听说过所有的公司,即使它们也是美国最大的公司之一。价值股票常常是那些在媒体报道中相当负面的公司,它们经常是在许多投资者不考虑投资的行业中。

表10-1 标准普尔500指数中价值股的特征是低P/E值和高股息收益率

代码	公司	股息收益率	P/E值
VZ	Verizon Communications	5.1	10.1
F	Ford Motor Co.	4.8	8.6
FHN	First Horizon National Corp.	4.6	11.6
BAC	Bank of America Corp.	4.4	10.9
WM	Washington Mutual Inc.	4.4	12.2
BLS	BellSouth Corp.	4.3	12.3
NCC	National City Corp.	4.2	8.9
AEP	American Electric Power	4.0	12.4
KEY	KeyCorp	3.9	13.1
ASO	AmSouth Bancorporation	3.9	13.3

(续表)

代码	公司	股息收益率	P/E 值
CMA	Comerica Corp.	3.8	11.3
NFB	North Fork Bancoporation, Inc.	3.8	13.0
WB	Wachovia Corp.	3.8	13.1
C	Citigroup Inc.	3.6	11.0
PCG	PG&E Corp.	3.5	9.7
EMN	Eastman Chemical Co.	3.4	7.6
DOW	Dow chemical	3.1	9.3
CVX	Chevron Corp.	2.9	9.8
CTB	Cooper Tire & Rubber Co.	2.6	9.2
CLX	Clorox Co.	2.0	9.4
FNM	Fannie Mae	1.9	7.0
COP	ConocoPhillips	1.9	7.4
LPX	Louisiana-Pacific Corp.	1.9	7.7
ASH	Ashland Inc.	1.7	2.4
OXY	Occidental Petroleum Corp.	1.6	7.7
	平均	3.4	10.0

资料来源：msnMoney, January 18, 2006（http://moneycentral.msn.com/investor/finder/custom-stocksdl.asp）。

价值投资者寻找那些与公司的经济价值或者**基本价值**（fundamental value）相比严重折价的公司。这就像是在买一家待售的公司,如果公司股票每股值 40 美元,则 25 美元的市场价格就代表存在购买一家被**低估**（undervalued）的公司的机会。当整个行业都陷入低谷时,有吸引力的股票市场价值可能呈现出来,那些仅仅是受行业问题短暂影响的公司在市场中被低估。例如,若干年以前,投资者对钢铁行业失去兴趣,因为美国大厂商已经在世界市场失去竞争力,然而,一些小型的高效特种钢制造商向带有偏见的投资者证明,它们具有卓越的投资价值。另外,健康医疗行业和金融服务行业的快速变革也为聪明的价值投资者创造了机会,这归功于他们在众多的不确定性业务中鉴别廉价品的能力。

尽管价值投资的基本原则容易掌握,然而发现被低估的机会需要大量的专业知识和投资研究。低价本身并不表示资产被低估,重要的是要比较其市场价格和基本价值。

10.2 基本价值分析

10.2.1 基本价值估算

考虑一种简单的情形,即持有期为一年的股票的定价,这种股票的基本价值 P_0 等于第一年年末将获得的股利的现值加上一年后该股票的预期价格 P_1 的现值。但是未来的股票价格和股息支付都是不确定的,所以它们代表的是期望价值而不是确定的数量。一年后卖出的股票的每股价值等于未来预期股息和卖时价格的现值:

$$P_0 = \frac{D_1 + P_1}{1 + k} \tag{10.1}$$

在方程(10.1)中,风险调整贴现率 k,或者称为预期收益率,是指刚好抵补投资者承担风险所需的收益率。

大部分公司都不喜欢削减股利,所以估计股利比较容易,因此,假设一年后的股价也能以类似的精度估计,方程(10.1)就提供了一个很好的估算股票真实经济价值的方法。为了估算一年后的股价 P_1,我们再次应用方程(10.1),采用的是与估算 P_0 同样的逻辑。

$$P_1 = \frac{D_2 + P_2}{1 + k} \tag{10.2}$$

如果投资者假定股票明年将以其真实价值出售,那么我们可以将方程(10.2)代入(10.1)得到:

$$P_0 = \frac{D_1}{1 + k} + \frac{D_2 + P_2}{(1 + k)^2} \tag{10.3}$$

这个方程给出了股票的当前价值,即接下来两年的股利的现值加上两年后每股价格的现值。注意到,方程(10.3)右边第二项下方的表达式变成了二次方,这表示第二年的股利及其股票销售收益是在两年后获得的。

方程(10.3)所代表的逻辑可以在任意年限内重复。假设股票持有 t 年,股票的基本价值就等于未来 t 年的股利现值加上最后卖价 P_t 的现值:

$$P_0 = \frac{D_1}{1 + k} + \frac{D_2}{(1 + k)^2} + \cdots + \frac{D_t + P_t}{(1 + k)^t} \tag{10.4}$$

这个公式包括了未来的股利支付和未来的股价,因此,它既包括股利收入又包括资本溢价或者损失,它全面涵盖了投资者总收益的两个主要组成部分。

例 10-1 假设一只股票当前的价格为 45 元,你预计该公司 1 年后将支付股利 1.50 元,2 年后 1.60 元,3 年后 1.75 元,如果你认为该股票的价格 3 年后将涨到 60 元,预期收益率为 9%,那么现在这只股票是被低估还是被高估了?

解答
根据方程(10.4),我们可以算出该股票的价值 P_0:

$$P_0 = \frac{1.50}{1 + 0.09} + \frac{1.60}{(1 + 0.09)^2} + \frac{1.75 + 60}{(1 + 0.09)^3} = 1.37 + 1.347 + 47.682 = 50.40(元)$$

可见,该股票的实际价值为 50.40 元,大于当前的股价 45 元,因此该股票被低估了。

10.2.2 未来股价的估算

为了计算方程(10.4)给出的股票基本价值,价值投资者需要估计第 t 年的未来股票价格。一个常用的方法是,合理估算公司未来的 P/E 比率和每股收益。预期股价就等于相关的 P/E 比率乘以预期的每股收益。

$$P_t = \left(\frac{P}{E}\right)_t \times E_t = \left(\frac{P}{E}\right)_t \times E_0 \times (1+g)^t \tag{10.5}$$

10.2.3 股利贴现模型

对价值投资者而言，股票的基本价值就是所有预期现金流的现值之和，当未来的现金流以股利的方式支出的时候，股票的基本价值就是所有未来股利的现值之和。如果将方程(10.4)反复替代，我们就得到用所有未来股利的现值表示的股票基本价值：

$$P_0 = \frac{D_1}{1+k} + \frac{D_2}{(1+k)^2} + \frac{D_3}{(1+k)^3} + \cdots \tag{10.6}$$

这个公式就是**股利贴现模型**(dividend discount model)。这个公式很容易被误解为资本利得是不重要的，尽管股利贴现模型只关注未来的股利收入，但未来任何时点的股价是由预期的股利收入决定的。预期资本利得隐含在股利贴现模型中，但它的影响是以预期未来股利收入的形式表现出来的，股利贴现模型中只出现股利并不意味着普通股投资者在做出买卖决定时可以忽略资本利得因素，而仅仅是说，资本利得取决于在你卖出股票时其他投资者对股利收入的预测，这就是为什么任何时点的股价可以表示为股利的现值加上任何投资水平下的卖价的现值。

10.2.4 固定增长模型

股利贴现模型很难应用，因为它要求准确预测未来的股利收入。为了简单起见，投资者常常假定一个固定的股利增长率 g。下一年的股利是今年的股利以 g 增长得到的，即 $D_1 = D_0(1+g)$。在固定股利增长率假定下，方程(10.6)可以改写为：

$$P_0 = \frac{D_0(1+g)}{1+k} + \frac{D_0(1+g)^2}{(1+k)^2} + \frac{D_0(1+g)^3}{(1+k)^3} + \cdots \tag{10.7}$$

这个**固定增长模型**(constant-growth model)可以简单地写为：

$$P_0 = \frac{D_0(1+g)}{k-g} = \frac{D_1}{k-g} \tag{10.8}$$

在金融经济学家梅隆·J.戈登的推广使用后，这个固定增长模型有时候被称为**戈登增长模型**(Gordon growth model)。在这个模型中，预期收益率 k 必须大于股利增长率 g，才能算出有限的股票价格；如果 $k \leq g$，快速的增长将掩盖贴现效应，理论上投资者愿意为股票支付无限的价格，而在经济学上这是没有意义的结果。长期来看，任何股票的股利增长都不可能超过整个经济每年 5%—7% 的名义增长率。当采用 10%—15% 的典型贴现率时，这个贴现率往往都将超过可以获得的固定股利增长率，因而固定增长模型就可以得出有意义的估值结果。

固定增长模型应用的一个例子是**优先股**（preferred stock）的估值。这里"优先"指的是在破产诉讼中优先股股东比普通股股东获得的优先权。当公司申请破产保护时优先股股东可以比普通股股东获得更多的价值，此外，优先股与普通股的不同还在于优先股支付的是固定股利，但优先股又不同于债券，因为优先股一般没有到期日。由于股息没有变化，优先股股利增长率为0，因此，投资者可以简单地计算出优先股的基本价值，即 $P = D/k$。

当经济中利率随时间变化时，风险调整贴现率 k 也发生变化。利率上升，风险调整贴现率也趋于上升，普通股和优先股价格都将趋于下降。相反，利率下降，风险调整贴现率也趋于下降，普通股和优先股价格都将趋于上升。由于利率和优先股之间的联系特别紧密，许多投资者将优先股作为**固定收益证券**（fixed-income securities）的一个例子。

例 10-2 某公司今年支付的股利为 0.75 元，预期将以 5% 的速度增长。假设该公司的预期收益率为 10%，请问：该股票的基本价值是多少？

解答

利用方程 (10.8) 可以得到：

$$P_0 = \frac{D_0(1+g)}{k-g} = \frac{0.75 \times (1+0.05)}{0.10 - 0.05} = 15.75$$

可见，该股票的基本价值为 15.75 元。

10.2.5 预期收益率估算

预期收益率 k 是模型中用以决定基本价值的重要因素。预期收益率包括两部分：正常的无风险利率和风险溢价。因此，预期收益率的估算要求估算一个合适的名义无风险利率和风险溢价。在大多数情况下，名义无风险利率可以用短期国库券的收益率来估算。作为联邦政府的债务，国库券没有违约风险；当到期期限为 90 天或者低于 90 天时，国库券也没有持有期风险。

虽然用国库券利率估计名义无风险利率比较简单，但是估计一个合适的风险溢价却要难得多。估计预期收益率的一个通用方法是资本资产定价模型（CAPM），然而，对于CAPM 的有效性存在诸多争议，因而许多投资者使用其他的几种方法来估算预期收益率。一些人用公司所发行普通股的年均历史收益率来估算预期收益率，另一种方法是用今天的无风险利率加上该公司投资者一段时期内获得的平均风险溢价。投资者只需要将每年实现的收益率减去国库券利率，就可以得到每年的风险溢价，然后，再将一段时期之内的年风险溢价进行平均，就可以得到一个平均的风险溢价。

固定增长率模型也可以用来估算基于市场的个别普通股的要求回报率。方程 (10.8) 表明预期收益率 k 包括两部分，即股息收益率加上资本增值引起的股利增长率：

$$k = \frac{D_1}{P_0} + g = 股息收益率 + 资本利得 \tag{10.9}$$

比如，如果一个公司预期支付2%的股息收益率，而证券分析师预期股利增长率为每年10%，则投资者基于市场的要求回报率估算为12%。

10.3 股利与价值投资

10.3.1 股利降低了风险

保守的股票投资组合的一个显著特点是重点关注股息收益率和股利增长率超过平均水平的上市公司。重点关注有固定股利收益的"便宜"股票使得投资者可以积极参与牛市，并且当市场不可避免地下跌时能够尽量减小损失的可能。对价值投资者而言，限制下跌风险是长期价值最大化的一个重要组成部分。

当一个投资组合的股息收益率在平均水平之上时，就可以保证投资者的投资收益率的两个组成部分中至少有一个是正的，而组合市场价值变化的那一部分可以是正的，也可以是负的。例如，一只股票的股价是40美元，每年支付1美元的股利，即股息收益率为2.5%，如果年末股价上涨了7.5%，即3美元，则投资者的总收益率为10%，相当于2.5%的股息收益率加上7.5%的资本溢价；如果股价下降7.5%，则2.5%的股利收益将抵消三分之一的股价下跌值，从而使得投资者总的损失为5%。由于公司都很不愿意削减股利，所以股息收益率比资本利得要容易预测得多，它们对投资者的收益产生了重要而稳定的影响。股利收入在投资者的选股策略中起重要的作用，这种策略的优势在于，该方法可以降低高估股票的风险，从而降低股价下降的风险，增加上涨的可能。

正如表10-2所示，全美市场所有主要部门的股息收益率在长期中呈下降趋势。从市场的角度看，股息收益率的长期下降减少了普通股长期收益的一个重要来源。在整个19世纪，股息收益率大概占到普通股股东总收益的40%—50%，而在第二次世界大战后的时期里，股息收益率只占总收益的大约25%。从历史上看，买入普通股的最佳时期是股息收益率在平均水平之上的时候，就像在1982年，当时标准普尔500的平均股息收益率将近6%。而股价下跌一般都是在股息收益率低于平均水平的时候，就像在1972年，当时标准普尔500的平均股息收益率只有大约3%。即使在2000—2002年股市下跌之后，股息收益率水平仍然很低。如果标准普尔500的股息收益率只有2%，就意味着在接下来的几年里，普通股的预期收益率都将很低。然而，价值型股票倾向于具有较高的股息收益率，这可以帮助投资者降低在震荡股市中的风险。

表 10-2 标准普尔 500 中的价值股（按市销率、市净率以及价格-现金流比率排序）

代码	公司名称	价格	市销率	市净率	价格-现金流
A. 低市净率的股票					
DNC	Dana Corp.	4.95	0.08	0.44	1.12
GM	General Motors	19.78	0.06	0.51	0.74
DDS	Dillard's Inc.	25.61	0.26	0.92	27.51
AMCC	Applied Micro	2.87	3.39	0.93	2.32
UNM	Unumprovident Corp.	22.60	0.65	0.95	17.97
CTB	Cooper Tire Rubber	16.18	0.46	1.03	2.22
SANM	Sanmina-Sci Corp.	4.16	0.20	1.05	2.17
OMX	Office Max Inc.	26.60	0.20	1.09	24.01
TAP	Molson Coors Co.	66.96	1.05	1.10	56.32
PNW	Pinnacle West Cap.	42.30	1.36	1.16	4.45
平均		**23.25**	**0.77**	**0.92**	**13.88**
B. 低价格-现金流比率的股票					
CFC	Countrwide Fnl. Corp.	36.33	1.82	1.81	0.58
GM	General Motors	19.78	0.06	0.51	0.74
F	Ford Motor Co.	8.22	0.09	1.17	0.90
WB	Wachovia Corp.	53.63	3.29	1.79	0.90
FRE	Freddie Mac	67.39	16.61	1.71	0.96
HIG	Hartford Financial Svc.	86.51	1.03	1.72	1.05
DCN	Dana Corp.	4.95	0.08	0.44	1.12
PRU	Prudential Financial	74.65	1.22	1.62	1.36
LTR	Loews Corp.	99.38	1.17	1.46	1.64
CMA	Comerica Inc.	57.43	3.35	1.88	1.75
平均		**50.83**	**2.87**	**1.41**	**1.10**
C. 低市销率的股票					
GM	General Motors	19.78	0.06	0.51	0.74
DCN	Dana Corp.	4.95	0.08	0.44	1.12
F	Ford Motor Co.	8.22	0.09	1.17	0.90
TWX	Time Warner Inc.	17.23	0.15	1.27	10.09
OMX	Office Max Inc.	26.60	0.20	1.09	24.01
SANM	Sanmina-Sci Corp.	4.61	0.20	1.05	2.17
ABS	Albertsons Inc.	22.84	0.21	1.51	33.05
SVU	Supervalu Inc.	32.59	0.22	1.68	7.80
DDS	Dillard's Inc.	25.61	0.26	0.92	27.51
AN	Autonation Inc.	22.20	0.29	1.29	20.98
平均		**18.46**	**0.18**	**1.09**	**12.84**

资料来源：Yahoo! Finance, January 18, 2006 (http://screener.finance.yahoo.com/newscreener.html)。

10.3.2 股利增长率

股票支付股利的好处是它给收入驱动型投资者提供了分享股利收入增长的机会。从历史上看，标准普尔 500 的股利收入比通货膨胀率增长得更快。随着时间的推移，标准普尔500股票股利的提高已经使得投资者保持并增加了他们的股利收入。如果收入驱动型投资者愿意接受某些价格的波动,持有付息的股票是一个值得考虑的长期投资策略。

举个例子。一个投资者买入一只股票,每股50美元,现在每股支付股利1美元,在上述条件下,投资者的股息收益率为2%。如果公司发展壮大并且继续支付与增长的收入流量相匹配的份额作为股利,那么支付给投资者的现金股利将稳定增长,股利增长将使得投资者获得比初始投入50美元更多的收入。如果股利收入以一个适中的比例增长,如以标准普尔500历史股利增长率8%来计算,在25年后,每股股息将达到6.85美元。如表10-3所示,投资者到时将获得相当于股票价格2%的年度股息,而那时股价已经涨到342.42美元,25年后获得的较高股息相当于初始投资获得了13.7%的股利。

表10-3 股利增长产生的投资收入

年份	当前股票价格（$50以8%速度增长）	当前股利（$1以8%速度增长）	股息收益率	按照$50购买价格计算的股息收益率	$50股票投资的累计价值（10%总收益）	债券收益率（$50以6%速度增长）	$50债券投资的累计价值（6%利率）
2006	$54.00	$1.08	2.00%	2.2%	$55.00	$3.00	$53.00
2007	58.32	1.17	2.0	2.3	60.50	3.00	56.18
2008	62.99	1.26	2.0	2.5	66.55	3.00	59.55
2009	68.22	1.36	2.0	2.7	73.21	3.00	63.12
2010	73.47	1.47	2.0	2.9	80.53	3.00	66.91
2011	79.34	1.59	2.0	3.2	88.58	3.00	70.93
2012	85.69	1.71	2.0	3.4	97.44	3.00	75.18
2013	92.55	1.85	2.0	3.7	107.18	3.00	79.69
2014	99.95	2.00	2.0	4.0	117.90	3.00	84.47
2015	107.95	2.16	2.0	4.3	129.69	3.00	89.54
2016	116.58	2.33	2.0	4.7	142.66	3.00	94.91
2017	125.91	2.52	2.0	5.0	156.92	3.00	100.61
2018	135.98	2.72	2.0	5.4	172.61	3.00	106.65
2019	146.86	2.94	2.0	5.9	189.87	3.00	113.05
2020	158.61	3.17	2.0	6.3	208.86	3.00	119.83
2021	171.30	3.43	2.0	6.9	229.75	3.00	127.02
2022	185.00	3.70	2.0	7.4	252.72	3.00	134.64
2023	199.80	4.00	2.0	8.0	278.00	3.00	142.72
2024	215.79	4.32	2.0	8.6	305.80	3.00	151.28
2025	233.05	4.66	2.0	9.3	336.37	3.00	160.36
2026	251.69	5.03	2.0	10.1	370.01	3.00	169.98
2027	271.83	5.44	2.0	10.9	407.01	3.00	180.18
2028	293.57	5.87	2.0	11.7	447.72	3.00	190.99
2029	317.06	6.34	2.0	12.7	492.49	3.00	202.45
2030	342.42	6.85	2.0	13.7	541.74	3.00	214.59
总计		$78.95				$75.00	

请注意,与固定收入型投资者相比,**增长-收入型投资者**(growth-and-income investors)的业绩表现有多好!即使一个年均只有10%的总收益也比固定收入型投资者获得的6%的利息收入更有投资优势。除了大量的资本利得之外,再看股票投资者的股息收入比固定收入型投资者的利息收入超出了多少。中等水平的8%的股利增长率与6%的债券收益率相比,就可以每年获得2%的收益率。当然,在这个例子中,固定收入型投资者在初始投资的前几年可以获得更多的投资收入,然而在此后的几年,增长-收入型投资者将获得双重收益,即大幅资本溢价和极为可观的股利收益。

如果将股利用于再投资,它们还可以在投资者资本增值方面发挥强大的作用。举例来说,在1976年至2005年间,如果持有现金股利,投资于标准普尔500指数所包含股票的初始的10 000美元,将增长到138 640美元;而如果将股利用于再投资,同样的初始投资将增长到364 642美元;在这段时期内,股利再投资的总价值为226 002美元。正如图10-1所示,股利再投资收益占到过去30年来投资于标准普尔500的长期总收益的一半以上。

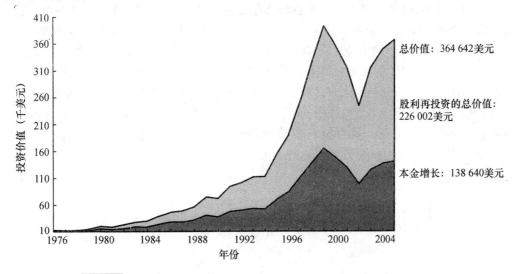

图 10-1 股利再投资收益是标准普尔500股票总收益的重要组成部分

资料来源:MSCI Barra, www.mscibarra.com。

显然,高增长的股利收入是普通股投资中长期总收益的一个重要组成部分。

10.3.3 股利和利润率

股利也是衡量公司利润率的一个有用指标。公司并没有被强制要求与股东分享收益,这就使得自愿支付现金股利成为衡量公司利润率大小和潜在可持续性的有用指标。

显然,只有通过当前收益、资产清算或者债务增加获得资金后才能支付现金股利,如果一个公司在不减少资产或者增加负债的情况下,还有能力支付1美元的现金股利,我们可以保守估计公司在这一段时期内有利润增长。只有高利润率的公司才有能力长期支付高股利。由于大多数上市公司不愿意削减股息,支付高股利的政策同时也表明管理层对未来满怀信心。如果说股利增长意味着利润增长,那么持续增加股利支付的公司也应该享受到股价的上涨。

因此,我们应该好好研究分析股息收益率,在评估股息收益率时,投资者应当细心研究,搜寻相对高又相对安全的收益率。大部分的工业企业将不到50%的收益以现金股利方式进行分配,然后把剩余资金再投资于厂房和设备,以促进未来增长;而一些增长前景一般的公用事业公司可能会把60%—70%的总收益以现金股利方式分配掉。当股利支付比例高于上述比例时,也许公司暂时出现了收益问题。如果公司基本的盈利能力出现明显的持续恶化,削减股利就在所难免了。因而,投资者在寻找风险适中的高股息收益率时,必须小心谨慎地将投资组合配置于多个不同的行业。

权益收入型投资者(equity-income investors)首先看重的是收入,然后才是长期的资本增值。一般而言,随着投资者信心的增强,个人持有的股票将从低估慢慢上升到公平价格,这样预期的资本增值也就实现了。权益收入组合的股息收益率一般要明显高于整个市场的收益率,这对于寻求额外收益的已经退休的投资大众具有极强的吸引力。**股利增长型投资者**(dividend-growth investors)则把潜在的股利增长放在选股策略的第一位。如果公司的收益增长率能够超过整体的通货膨胀率,那么它通常就能获得持续的股利增长,尽管这类公司在任意给定的时点都倾向于支付相对较小比例的收益,但是收益的增长通常会使得长期的股利收入水平较高,这样公司股价也会随着收益增长而提高,从而创造了资本利得的机会。股利增长型投资者一般只要求股息收益率与整个市场的股息收益率相当或者略低。虽然股利增长型投资者比其他的价值投资者可能获得更好的长期资本利得,但这种投资哲学也隐含着较高股价波动的可能。

10.4 价值投资策略

10.4.1 寻找价值股票

寻找价值股票几乎都是从回顾基本的财务信息开始,包括市盈率、市净率和股息收益率。**远期市盈率**(forward P/E)倍数经常被使用到,该倍数使用的是当前的股价与未来12个月的预期每股收益,由于人们通常预测下一年的收益要高于上一年的收益,因而远期市盈率倍率比传统市盈率倍率要低一些。如果一只股票的市盈率显著低于同行业的股票、整个市场指数或者其历史标准,则可能代表这是一只便宜的股票。当然,仔细的研究是必要的,我们要知道较低的市盈率是源于基本的业务问题,还是暂时的困难,或者仅仅是因为缺乏对该公司的认识。市盈率或许是应用最广的价值尺度,通常市盈率低表示股票相对便宜,而市盈率高则表示股票相对较贵。

从历史上看,市场平均的市盈率倍数落在10到20之间,典型的平均值大约是15。在今天的市场上,低于15的股票市盈率是相对较低的,而超过30的市盈率则相对较高。《华尔街日报》和大部分的报纸每天都会根据当日股价数据报告每个公司的市盈率。

价值投资者每天都在寻找机会，企图从众多的股票中找出市盈率和市净率低且被错误定价的股票。真正的便宜货也可能在被市场误解的小股票中找到，它们很可能只是暂时被低估。不幸的是，市盈率低的公司常常面临严重的收益下降或者未来增长前景暗淡。类似地，低市净率的公司常常出现一些资产的价值难以在当前的市场条件下实现的情况，持有大量过时存货的零售商就是一个很好的例子。就像将小麦从糠中分离出来一样，价值投资者依赖他们的专业知识从众多的低市盈率和市净率的公司中挖掘出真正的便宜股票。在他们看来，市场最终会对这些股票给出合理的估价。

一些价值投资者则重点关注**自由现金流**（free cash flow）。自由现金流包括支付利息、税收、折旧、摊销之前的收益（有时候表示为 EBITDA），减去必要的资本支出。自由现金流是利润率的一个基本衡量指标。与市盈率相似，价格-自由现金流比率测度的是公司的股价与公司经营活动中产生的净现金流量的关系。如果一个公司的每股自由现金流为 10 美元，股价为 50 美元，则该公司的价格-自由现金流比率为 5，现金-价格收益率为 20%。价格-自由现金流比率低的公司也许会成为被收购或者重组的对象。

表 10-4 总结了通常用来鉴别股票价值的财务标准。一只价值股票不可能符合所有这些标准，但是大部分价值股票都符合其中的多条标准。

表 10-4　鉴别股票价值的财务标准

充裕的现金储备（现金 > 市值的 10%）
充裕的现金流以保证必要的投资基金（EBIDTA > 资本支出）
保守的派息政策（红利 < 每股收益的 75%）
保守的财务结构（债务 < 市值的 50%）
对管理人员和其他雇员的保守的普通股发行（流通股数量不变或减少）
相对市场和公司历史的低市净率（P/B < 标准普尔 500 指数平均值的 75%）
相对市场和公司历史的低价格-现金流比率（P/CF < 标准普尔 500 指数平均值的 75%）
相对市场和公司历史的低市盈率（P/E < 标准普尔 500 指数平均值的 75%）
消极投资者的情绪反映在金融评级中（标准普尔评级为 B− 或更低）
重要的股息收入（收益率 > 标准普尔 500 指数平均值的 150%）

10.4.2　追求合理价格

为任何一只股票确定一个合理的价格都是很困难的。为了有效处理所包含的不确定性，一些价值投资者依赖一个被称为 **ROE 价值**（value of ROE）的简单投资法则，简称 VRE。

VRE 比率可简单地表示为股票收益率（ROE）的百分数除以 P/E 比率。如果一个公司的预期 ROE 为 20%，P/E 比率为 20 倍，则 VRE 就是 1。一般来说，价值投资者认为 VRE 比率小于 1 意味着该股票已经充分估值，如果 VRE 大于 1，则该股票就值得进行投资考虑。VRE 比率黄金法则大概是这样的：

如果 VRE ≥ 1，这只股票就值得投资考虑，也许可以购买；

如果 VRE≥2,这只股票就肯定值得投资考虑,很可能代表了非常有价值的投资机会;

如果 VRE≥3,这只股票极有可能代表一个非比寻常的投资机会。

显然,随着 VRE 比率的增大,股票的投资价值也在增加,严格的**追求合理价格的投资者**(quality-at-a-reasonable-price investors)在 VRE 小于 1 时是很少买入股票的。

10.5 执行价值投资策略

10.5.1 选股专家

在美国,投资者可以利用网上股票搜索专家找出符合基本标准的价值股票列表。表 10-5 列出了一些**计算机选股**(computer stock screen)搜索器的免费网址和投资者可以获得的搜索类型,图 10-2 显示了这样一个来自雅虎财经(Yahoo! Finance)的搜索器。

表 10-5 在线选股的免费网址

	搜索领域数量	分类
MSN Money http://moneycentral.msn.com/investor/finder/customstocksdl.asp	134	公司基本面,投资回报,价格比例,管理效率,财务状况,红利,交易和成交量,增长率,股票历史价格,利润率,财务报告,分析师预测,参考建议,Stockscouter 评级
Quicken http://screener.finance.yahoo.com/newscreener.html?quicken=2	41	行业,估值比率,增长率,分析师估计,财务实力,股票收益,所有权信息
Morningstar http://screen.morningstar.com/StockSelector.html	18	股票基础知识,晨星等级,公司业绩,股票表现,估值
Yahoo! Finance http://screen.yahoo.com/stocks.html	17	行业,股票数据,业绩,销售和利润,估值比率,分析师估计
CBS MarketWatch www.marketwacth.com/tool/stockresearch/screener/default.asp	11	价格,成交量,基本面,技术分析,交易与产业

在中国,价值投资理念刚刚兴起,投资者想通过各种价值标准选出价值股票并不容易,因为大部分的中国财经网站还没有开发出这样的选股平台,它们提供的仅仅是针对个股的查询。其中,证券之星的"智能选股"[①]提供了一个优秀的模板。此外,投资者可以

---

① 证券之星智能选股网址 http://smart.stockstar.com/smart/sm.asp。

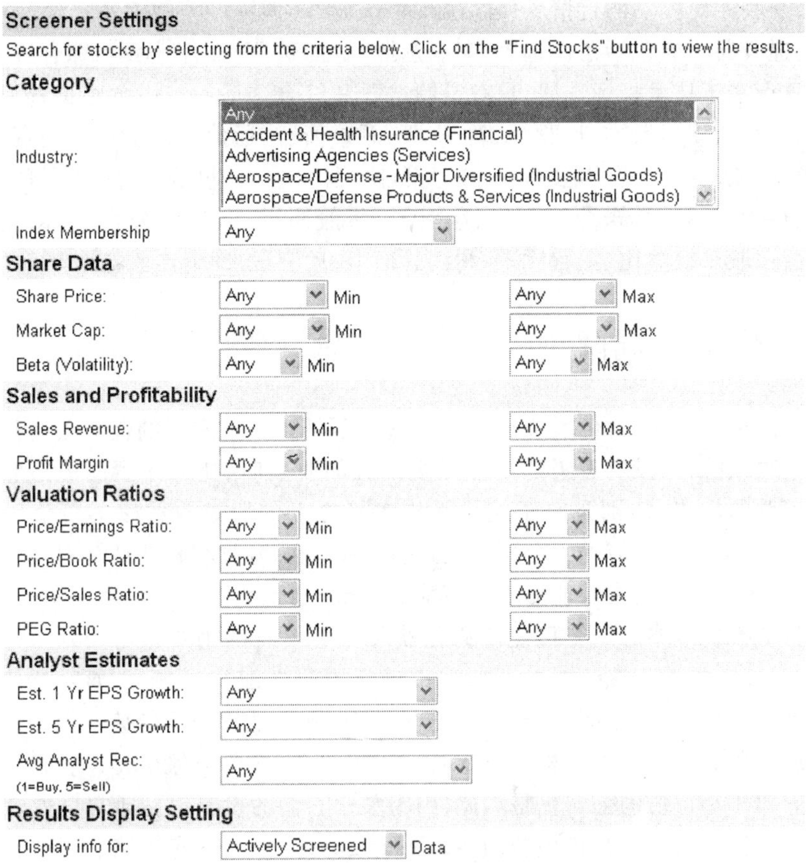

图 10-2 雅虎财经的搜索器

资料来源：Yahoo! Finance，http://finance.yahoo.com。

通过其他渠道，比如机构荐股，获得可能的价值股票，然后对这只股票做全面的价值分析，确认该股是否值得进行价值投资。表 10-6 列出了中国投资者获得财经信息的主要渠道。

表 10-6 一些主要的中国财经渠道

类型	主要网站					
证券网站	金融界	中国证券网	东方财富网	证券之星	巨潮资讯网	第一投资网
综合财经	全景网	和讯财经	搜狐财经	网易财经	雅虎财经	新浪财经
证券公司	银河证券	海通证券	申银万国	国泰君安	安信证券	华夏证券
咨询机构	和讯理财	北京首放	万国测评	银华投资	广州万隆	武汉新兰德
理财网站	财智网	百信股票	天元投资	今日牛股	勇华投资	至诚理财
股票论坛	和讯论坛	炒股大赢家	理想论坛	通吃岛论坛	创幻论坛	股票吧
证券报刊	《中国证券报》	《证券时报》	《上海证券报》	《金融时报》	《信息早报》	《证券日报》
股票软件	同花顺	分析家	大智慧	钱龙	指南针	股经
管理机构	中国证监会	证券业协会	上海交易所	深圳交易所	登记结算	人民银行

资料来源：http://www.xntt.com/。

另外，一些券商提供的行情软件中也具有选股器功能。以"中信建投通达信"行情软件为例，其选股器功能包括条件选股、定制选股、智能选股、插件选股和综合选股，这些选股功能的重点在于技术指标选股，只有定制选股和综合选股中有财务指标选股的部分功能，包括：总股本、流通股本、B 股/A 股、H 股、总市值、流通值、总资产、流动资产、无形资产、长期投资、流动负债、资本公积金、应收账款、营业收入、投资收益、经营现金流量、总现金流量、存货、净利润、未分配利润、净资产、每股净资产、每股公积金、每股未分配利润、每股收益、股东权益比、主营收入、利润总额、税后利润、净资产收益率。

10.5.2 优势与局限性

像所有的策略一样，价值投资也有其优点和不足。一个主要的优势是通过精心选股可以限制下跌风险，当投资者买的是已经很便宜的股票时，比起很贵的股票它就不容易受到市场下跌的拖累，特别是对于支付平均水平之上的股息收益率的价值股票更是如此，许多跌入价值股票区域的大公司就是这种类型。因为股利收益往往对总收益有正的贡献度，所以大量的股利常常能够支撑下降的股价。

采用价值投资策略的一个可能障碍是获取相关信息的困难。尽管好的财务数据容易得到，但是想获得关于该公司的业务和市场环境的详细情况，则需要对这些数据做出正确的解释。比如，低市盈率意味着公司暂时被低估还是长期低价值？因为许多低市盈率和市净率的股票被华尔街分析师所忽略，要想找出许多价值股票是一件极其耗时且艰巨的任务。对于小市值的公司更是如此，因为关于它们的投资信息通常很少。

另外一个潜在的缺点是价值投资并不一定是一个买入持有策略。当股票的价值被市场认可后应该对组合的股票进行定期的更换，也就是说，价值投资者需要进行经常的研究和监控，这对个人投资者有时是很困难的。此外，还需牢记价值策略要求买入的是经营和财务历史经过严格审核的、不受欢迎的股票。一个成功的价值投资者应该是一个真正意义上的逆向投资者，在悲观的市场中买入股票、在乐观的市场中卖出股票是一个心理挑战。我们都喜欢备受欢迎的股票，因而买入在市场中不受欢迎的股票肯定会招致批判。

最后，很重要的一点是，我们应该认识到简单投资策略的经验法则所面临的复杂问题，譬如 ROE 和市盈率的价值有多大。当它们被普遍使用时，其有用性也就大打折扣。如果低市盈率的股票作为一个整体倾向于超越市场表现，这样的股票就会开始大受投资者的欢迎，于是它们将失去廉价的地位，然后市盈率开始提高。在投资的世界里，通用的投资策略是不能获得超额利润的。如果一个投资者选择和其他人一样的投资策略，该投资者一定也只能获得与其他人一样的收益率。只有选择不一样的投资策略，投资者才有希望获得不同的收益；只有选择一种高级但不普及的投资策略，投资者才有希望获得超额投资收益。

10.6 成长型股票

10.6.1 前瞻性分析

价值投资者关注眼前利益,他们将资产价值与市场价格进行对比然后找出便宜货;而成长投资者面向未来,他们寻找的是未来能够获得较高收入、盈利和股利的公司。

不同的成长型股票投资者使用不同的标准识别有吸引力的购买对象。有些人要求公司的每股收益和总收入连续三年以上超过平均的增长速度,而有些人要求公司利润率高并且未来三到五年内计划的收益增长达到10%到15%,甚至更多,还有些人要求收益增长率至少是标准普尔500指数公司平均水平的两倍。成长型股票投资者不仅关注每股收益,还会把目光放远,谨慎估计该公司能否持续保持高增长。

必须着重考虑的一点是,成长公司是否有足够的财务资源为未来增长进行内部融资或者从外部借入资金?理想的状态是成长股票能够从留存收益中获取足够资金保证超额增长,而在成长公司不能自融资的情况下,它们就应当交出一份健康的财务报表。

对成长型股票投资者来说,管理层素质也是一个重要因素。管理者是否有充足的经验和专业技能来处理高速增长?管理层和员工的薪酬计划是否为高增长提供了适当的激励?如果这些问题的答案是肯定的,也许高成长的公司确实适合考虑投资。

10.6.2 寻找机会

成长型股票投资者喜欢积极进取的公司,虽然按照传统的市盈率测算这些公司已经溢价估值。股利收入通常是他们考虑的第二个要素。为了获取超额长期投资回报,这类投资者愿意接受超过一般水平的风险。

许多成长型股票投资者首先关注的是一个公司所处的外部经济环境,公司运作是否处在一个"水涨船高"的高速成长的经济部门?或者,公司虽然处于一个增长缓慢的部门,但是否依然占据有利可图的位置?公司的市场地位是否在扩大?如果公司正处于一个爆炸性增长的市场,新进入者是否会消除或者削减未来的获利机会?

找到最近的和预期的收入增加的来源是关键。理想的情况是销售增长、收入增加应该伴随着较高的利润率,但是,当快速的收入增加伴随的是停滞不前或者下降的利润率时,预示着未来的增长机会不容乐观。比如,如果收入增长是因为零售商店扩张带来的较高的单位产品销售额引起的,已建立的商店可能正在一个完全饱和的市场中失去发展势头。或者,如果销售增加是因为大削价引起的,未来的收入增长可能会受到产品市场竞争的限制。更糟糕的情况是,收入增加仅仅是因为一次性大涨,例如一次正合时宜的并购,或者公司有效税率的降低等。

10.7　成长型股票的特征

10.7.1　基本特征

成长型股票投资主要关注经营良好的公司,这些公司的预期收入和盈利增长超过通货膨胀和整个经济的增长水平。20世纪30年代末,马里兰州的共同基金公司T. Rowe Price and Associates, Inc.的创始人托马斯·罗·普莱斯(Thomas Rowe Price)是成长型股票投资方法的先驱。他辨别成长公司的方法是,其在经济放缓时期也具有保证持续盈利势头的能力,他认为这样的公司能够带来长期的收益、股利、资本的增长,并且防止投资者的购买力受到持续通货膨胀效应的侵蚀。

根据普莱斯的方法,成长型股票具备一系列特别的经济特征,包括:
- 利润率高,总资产收益率极具吸引力,每股收益持续增长,债务融资水平低。
- 缺乏激烈的竞争。
- 在开发个性化产品和新市场方面有卓越的研究。
- 总体劳动力成本低,却给优秀员工支付高工资。
- 豁免管制。

在任何时点,要想找出包含以上所有基本特征的成长股投资机会几乎不可能,然而,再谨慎的投资也需要一些变化。菲利普·费舍尔(Phillip Fisher)是早期另外一位著名的成长型股票投资的支持者,他致力于买最好行业中的最好公司,因此他常常主张投资组合只包括3到5家精心挑选的行业领头羊。普莱斯也强烈主张买最好行业中的最好公司,但是他的投资方法却倡导较为分散的投资组合,一般包括20到25家。

成长型股票投资的一个特征是,它首要关注的是一个既定投资机会的内在经济质量,而丝毫不关心估值的问题。一只成长股值多少？普莱斯并没有帮助投资者回答这个问题。成长股投资有时候指的是"一旦拥有,别无所求"的投资,一旦做出了买入决定,一个真正的成长股投资者愿意持有好几年,只有在相应公司原本有利的经济特征快速恶化时才会考虑卖出。如果成长股投资者已经做足功课,那么卖出决定是很少见的,投资组合的变化应该尽可能小。

10.7.2　增长的沃土

按照普莱斯的成长股选择标准,很明显,保持持续增长的首要条件是公司必须参与到有内在优势的商业活动中,而高利润率和超额总资产收益率则是最基本的成长股选择标准。高利润率意味着公司主打产品面临的价格竞争程度较低,或者公司的经营效率很高。如果一家公司满足上述两者之一或者两者都满足,则为丰厚的长期投资收益打下了良好的基础。

对个别处于优越竞争环境的行业领导者,收入增长显著,利润率合理,进入壁垒很高,因而更有可能获得持续的超额收益增长。只有生产独特产品的成长公司才可能为投资者创造可持续的超额利润。为了保住超额利润,还必须通过广告、专利、版权或者其他手段杜绝盗版。尽管一小部分成长公司有能力占领大规模的市场或高速成长的市场,但是大部分成长公司是通过开发**缝隙市场**(market niche)来保证它们优越的投资地位,所谓缝隙市场是指能够被既定企业通过专门技能成功开发的一部分市场。长期来看,从缝隙市场中获得的超额利润必须是不容易被竞争者模仿的。

10.7.3 销售额增长

对公司业务前景变化最有用的整体衡量指标是**销售收入增长**(top-line growth)。建立有价值的业务的第一步就是产生销售额,没有销售收入,再精明的削减成本策略和经营效率都无法实现。

表 10-7 列出了 2003—2007 年中国 A 股上市公司中创造了出色销售收入的 10 家公司,包括 4 家房地产公司、2 家交通运输设备制造公司、2 家综合公司、1 家批发零售贸易公司和 1 家综合类券商公司,尽管这些公司和其他高速发展的公司一样很难保证长期的成功,但它们已经迈出了很重要的第一步。过去 5 年正是中国房地产业发展最快的黄金时期,难怪房地产开发与经营公司成为这一轮膨胀期最为耀眼的明星。与此同时,跟房地产开发紧密相关的设备制造业也获得发展良机。综合类公司的崛起则得益于 2003 年以来中国居民消费水平的提升和消费物价水平的上涨。然而,这些公司过去的经营表现并不稳定,吓跑了大部分的投资者,因为没有一家公司显示出有能力保持可持续的利润率或者股利支付。

表 10-7 2003—2007 年创造出色销售收入水平的公司

证券代码	证券简称	所属行业*	5 年主营业务收入增长率(%)	几何年均增长率(%)
000338.SZ	潍柴动力	交通运输设备制造	149 066.8	331.2553
600823.SH	世茂股份	房地产开发与经营	43 320.87	236.9300
000558.SZ	莱茵置业	房地产开发与经营	38 808.33	229.6162
000572.SZ	海马股份	综合类	23 032.87	197.0612
000829.SZ	天音控股	批发和零售贸易	15 538.53	174.6877
600858.SH	银座股份	综合类	10 846.19	155.7718
600837.SH	海通证券	综合类证券公司	8 211.761	142.0687
000502.SZ	绿景地产	房地产开发与经营	6 098.213	128.2723
000951.SZ	中国重汽	交通运输设备制造	5 671.087	125.0358
600175.SH	美都控股	房地产开发与经营	4 502.537	115.0797

* 按照证监会的行业分类标准划分。
资料来源:Wind 资讯。

10.7.4 每股收益增长

因为公司的价值是将未来所有利润贴现得到的净现值,所以收益增长率是决定公司价值的一个重要因素。如果长线投资者发现并持有**每股收益增长率**(EPS growth)在平均线以上的公司的股票,那么预期的长期回报率就可能超过平均水平;如果长线投资者买入的是每股收益增长率在平均水平之下的公司的股票,则至多只能获得普通的收益。

表 10-8 列出了中国股票市场 2003—2007 年每股收益增长率表现出色的 10 家公司,其中包括上海房地产开发商上实发展(五年来每股收益年均增长 477%),还包括专用设备制造商中国船舶(每股收益增长率年均达到 185%)。表中所列出的 10 家公司表明,设备制造业、房地产开发业、制药业和零售业给投资者带来了高额的回报,但我们注意到分析师都预期其未来的收益增长将大幅下降。成长股投资的主要任务就是找出未来收入、利润和股利将快速上涨的公司,历史高增长率是一个有用但并非完美的关于未来潜力的衡量指标。

表 10-8 2003—2007 年每股收益增长率表现最好的 10 家公司

证券代码	证券简称	所属行业*	平均每股收益增长率(%)
600748.SH	上实发展	房地产开发与经营	476.5242
000777.SZ	中核科技	普通机械制造	410.4855
600875.SH	东方电气	电器机械及器材制造	190.6746
600150.SH	中国船舶	专用设备制造	185.3068
600206.SH	有研硅股	其他制造	168.1858
000418.SZ	小天鹅 A	电器机械及器材制造	165.8522
600858.SH	银座股份	综合类	165.8174
000708.SZ	大冶特钢	黑色金属冶炼及压延加工业	148.3125
600829.SH	三精制药	非金属矿物制品业	118.5732
600840.SH	新湖创业	零售业	117.4213

注:每股收益增长率表现的选择方法为,先选出五年来每股收益增长率都大于 0 的公司,然后对选出的公司计算平均值,最后依次排序。

* 按照证监会的行业分类标准划分。

资料来源:Wind 资讯。

表 10-9 列出了预期未来净利润率很高的公司样本,通常净利润率高的公司每股收益增长率也有相当不错的表现。这些公司分布广泛,包括能源、化工、电气设备、汽车零部件、投资银行与经纪公司和工业综合类公司。其中,投资银行和经纪公司被分析师普遍看好,这和中国资本市场正处于发展壮大的黄金时期密切相关;另外,能源类公司也受到追捧,近年来国际能源紧缺更加凸显新能源公司的价值。

表 10-9　预计 2008—2012 年净利润增长率表现出色的公司

证券代码	证券简称	所属行业*	预测净利润增长率(%)
000578.SZ	ST 盐湖	化肥与农用化工	91 319.04
000686.SZ	东北证券	投资银行与经纪业	8 846.287
000887.SZ	中鼎股份	汽车零部件	8 462.599
000159.SZ	国际实业	能源	5 789.263
600551.SH	科大创新	工业综合类	5 291.969
600290.SH	华仪电气	电气设备	3 589.945
000780.SZ	ST 平能	能源	3 529.898
600837.SH	海通证券	投资银行与经纪业	3 149.271
600804.SH	鹏博士	工业综合类	2 628.878
600109.SH	国金证券	投资银行与经纪业	2 120.256

* 按照 Wind 行业分类标准划分。
资料来源：Wind 资讯。

10.7.5　股利增长

高速的收入和盈利增长对投资者而言是很有价值的,因为它们为快速增长的高股利奠定了良好的基础。假如一家公司当前没有股利支付,未来也没有希望支付股利,那这样的公司到底值多少？答案是零,不能得到任何回报的投资当然一文不值。相反,那些支付高股利并且增长迅速的公司则相当有价值。表 10-10 中列出了 2003—2007 年中国 A 股上市公司中股利增长快速的公司,这些公司也是多种多样的。排在前 10 名的公司主要集中在化工、制药、制造、公用设施、电力、交通、旅游等行业,五年间平均股利支付率都达到 100% 以上。而金融服务和百货零售等传统行业的股利增长则显得相当缓慢。

表 10-10　2003—2007 年股利快速增长的 10 家公司

证券代码	证券简称	所属行业*	平均股利支付率(%)
000155.SZ	川化股份	化肥与农用化工	333.04
000790.SZ	华神集团	医药、生物制品	250.00
600114.SH	东睦股份	汽车零部件	237.04
600054.SH	黄山旅游	旅游业	225.214
002019.SZ	鑫富药业	制药、生物科技	193.20
600008.SH	首创股份	公用设施服务业	153.98
600810.SH	神马实业	化学纤维制造	144.91
600863.SH	内蒙华电	电力	126.98
600897.SH	厦门空港	交通运输	125.38
000687.SZ	保定天鹅	化学纤维制造	125.14

* 选取证监会行业分类和 Wind 行业分类中指标更具体的分类标准。
资料来源：根据 Wind 资讯整理得到。

10.7.6 保守的财务结构

投资于高利润率和高资产收益率的成长股有一个明显的优势,那就是这些公司往往能够通过内部资金为投资项目融资。如果股权融资需求不断提高,就只有通过增售普通股来实现,这样一来就稀释了现有股东的所有权地位,并使得超额 EPS 增长率的获得更加困难。像普莱斯这样的成长股投资者在投资高财务杠杆水平的公司时也是很谨慎的。债务融资的支持者宣称,债务融资是一种很好的手段,可以放大投资者从好的投资决策中获得的收益,但问题是,在发生财务危机时,债主就纷至沓来,银行就经常在借款人最不方便的时候来催还贷款。

表 10-11 列出了沪深 300 中最赚钱的 10 家公司的**财务杠杆**(financial leverage)水平,以及另外 10 家财务杠杆水平最高的公司的利润率(ROA)情况。通常我们用**资产负债率**(debt-to-assets ratio)来衡量财务杠杆,用以说明公司为新厂房和设备融资所使用的永久的杠杆来源。当长期债务加上短期债务的量很大时,债务对总资产的百分比就变得很高,在经济出现下滑时,公司就有出现重大财务危机的风险。

表 10-11 的 A 部分显示,最赚钱的公司的平均 ROA 为 17.28%,这远远超过沪深 300 的平均水平 6.09%。相应地,它们的杠杆比率平均为 37.41%,虽然这个值大大超过国际知名公司的资产负债水平,但是,与沪深 300 的平均水平 51.44% 相比,这些最赚钱的公司的财务杠杆已经属于较低水平了。事实上,在沪深 300 中杠杆水平最低的 10 家公司的平均资产负债率为 13.14%,相应的平均 ROA 为 8.45%,也超过了沪深 300 的整体盈利水平。

很自然地,投资者会问,为什么这些经营良好又有很高利润的公司只使用较低的财务杠杆?例如,为什么像中国石油和贵州茅台这样的公司的资产负债率只有约 30%?显然,贵州茅台可以极为优惠的利率借入上亿元的资金,即使贵州茅台并不立刻将这部分资金用于投资,它也可以将这些债务融资收入用于赎回普通股,从而平衡股东的未来收益。

只有贵州茅台内部才知道公司选择这种较为保守的财务结构的确切原因,然而,我们发现,贵州茅台似乎更专注于开拓高档的白酒市场,而不是分心搞普通的白酒、啤酒生产。贵州茅台在努力占领能够带来巨大现金流的业务领域,却不需要投入巨大的营运资金,因为现有的厂房和设备足以生产出高档的品牌酒,从而创造惊人的税前利润。

表 10-11 的 B 部分显示,很多使用大量财务杠杆的沪深 300 的公司只获得了微薄的利润。实际上,沪深 300 中高杠杆公司的平均 ROA 是 0.64%,这和最赚钱的公司的 ROA 有很大不同。高杠杆的公司似乎增长机会也较少,分析师通常认为这些公司未来的每股收益增长有限,当然这并不是说所有的高杠杆公司都只能获得低利润率,然而,数据显示,大量使用财务杠杆的公司的盈利表现都很一般。

从财务杠杆和业务质量的关系中,投资者得到的教训可以简单概括为:庞大的财务杠杆难以将一项普通的业务转化为出色的业务。如果在一项出色的业务中使用高水平的财务杠杆,获得杠杆效应所带来的潜在收益需要承担牺牲财务和经营决策灵活性的风险;而在普通的业务中,财务杠杆的使用既可能放大投资者的收益,也可能放大其亏损的风险。

表 10-11　沪深 300 公司的利润率、杠杆比率对比

证券代码	证券简称	5 年资产负债率平均值(%)	5 年 ROA 平均值(%)
A. 2003—2007 年平均 ROA 最高的 10 家公司			
600309.SH	烟台万华	46.22444	18.66178
600026.SH	中海发展	25.73152	18.25648
002122.SZ	天马股份	59.81205	18.1171
600519.SH	贵州茅台	31.21328	17.78522
000088.SZ	盐田港	10.55692	17.50914
002128.SZ	露天煤业	57.79163	17.2797
601857.SH	中国石油	30.12368	16.70174
601666.SH	平煤天安	44.60358	16.4282
600428.SH	中远航运	32.94946	16.17774
600837.SH	海通证券	35.11738	15.87566
平均	—	37.41239	17.27928
B. 2003—2007 年平均杠杆水平最高的 10 家公司			
601398.SH	工商银行	101.0201	0.7472
000001.SZ	深发展 A	97.41218	0.38816
600015.SH	华夏银行	97.1184	0.38104
601166.SH	兴业银行	96.96214	0.76455
600000.SH	浦发银行	96.88224	0.52972
600016.SH	民生银行	96.68846	0.57882
601169.SH	北京银行	95.94733	0.895633
600036.SH	招商银行	95.69158	0.77522
601998.SH	中信银行	95.48204	0.663125
601328.SH	交通银行	95.29818	0.68485
平均	—	96.85027	0.640832
沪深 300 平均	—	51.43913	6.09139

资料来源：Wind 资讯。

10.8　股票成长性估值分析

10.8.1　可变增长模型

成长公司往往很难估值，因为它们的增长变化很快，高增长率也许可以持续几年却不能永远持续下去，近期呈现高增长的公司在未来更可能出现普通的增长率。让我们再考虑一下股票估值中的固定增长模型，当前股价 P_0 取决于预期每股股利 D_1、预期收益率 k 和预期增长率 g。

$$P_0 = \frac{D_1}{k-g} \tag{10.10}$$

利用这个模型估计一些成长股价值可能遇到的问题是,预期增长率可能会大于预期收益率,此时模型失效。当 $g > k$ 时,模型估计出的股价变为负值,这是毫无意义的结论,因为如此高增长在现实中是不可能一直持续的。当增长率发生变化时,投资者就应当用一个可变的增长率模型为成长股定价。为了使用这个模型,投资者应当选择两个不同的增长率:第一个增长率是 g_1,即当前的高增长率;几年以后,这个增长率将慢慢降低为一个更可持续的增长率 g_2。如果第二个增长率从第 $t+1$ 年开始,则股利贴现模型可以重新写为:

$$P_0 = \frac{D_1}{1+k} + \frac{D_2}{(1+k)^2} + \cdots + \frac{D_t + P_t}{(1+k)^t} \tag{10.11}$$

在接下来的几年里支付的股利 $D_1, D_2, \cdots$ 可以用当前股利 D_0 和超额增长率 g_1 来表示,而最终股价 P_t 则可以用固定增长模型来表示(所用的增长率为 g_2)。将其代入上式得到:

$$P_0 = \frac{D_0(1+g_1)}{1+k} + \frac{D_0(1+g_1)^2}{(1+k)^2} + \frac{D_0(1+g_1)^3}{(1+k)^3} + \cdots$$

$$+ \frac{D_0(1+g_1)^t + \frac{D_0(1+g_1)^t(1+g_2)}{k-g_2}}{(1+k)^t} \tag{10.12}$$

可见,投资者必须确定当前的高增长率可以持续多久,才会下降成为一个可持续的增长率。

例 10-3　一个高速增长的公司今年支付 1.50 元的股利,预计未来两年股利的增长率均为 25%,两年以后股利增长率将稳定在 8% 的水平。如果预期收益率为 10%,那么该股的价值是多少?

解答

把上面的数据代入等式(10.12):

$$P_0 = \frac{1.50(1+0.25)}{1+0.10} + \frac{1.50(1+0.25)^2 + \frac{1.50(1+0.25)^2(1+0.08)}{0.10-0.08}}{(1+0.10)^2}$$

$$= \frac{1.875}{1.10} + \frac{2.344 + \frac{2.531}{0.02}}{1.21} = 1.705 + 106.534 = 108.24$$

计算得到该股的价值为 108.24 元。

10.8.2　市盈-增长比率(PEG)

为一只成长股确定一个合理的价格通常是困难的。为了有效地解决所包含的不确定性,成长股投资者已经发展出一些直接的估值测度。

例如,传奇的共同基金投资者彼得·林奇就因为提出了一个所谓的**市盈-增长比率**

(PEG ratio)而闻名于世。PEG 只是简单地将市盈率除以预期的每股收益增长率(用百分比表示)就可以得到。如果一个公司的市盈率为 20 倍,预期的每股收益率为 20%,那么该公司的 PEG 即为 1(=20/20)。总体而言,如果一只股票的 PEG 大于等于 1,该股票已经充分定价;而如果 PEG 小于 1,该股票就值得投资考虑。PEG 比率的黄金规则如下:

如果 PEG≤1,该股票可能值得投资考虑,也许可以购买;

如果 PEG≤0.5,该股票就肯定值得投资考虑,可能代表了一个非常有价值的投资机会;

如果 PEG≤0.33,该股票极有可能代表一个非比寻常的投资机会。

显然,随着 PEG 比率的下降,股票的投资价值却在上升。当 PEG 显著大于 1 时,忠实的**合理价格增长型投资者**(growth at-a-reasonable-price (GARP) investors)几乎不会买此类股票。

为了有效地使用 PEG 方法,投资者必须提出一些简单但有效的用来预测每股收益增长的方法。许多投资者依赖证券分析师提供的每股收益增长率的估计值,但还有一些投资者通过公司的财务信息自己估计每股收益增长率。在通用的方法中,成长股投资者将留存收益视为内部融资的基本来源,留存收益指的是没有以股利形式支付给股东的收益部分,而股利则可宽泛地定义为常规和非常规的现金股利及股票回购。**留存收益率**(retention rate)指的是收益中用于再投资的比例:

$$留存收益率 = 1 - \frac{股利}{净收益} \qquad (10.13)$$

当留存收益作为内部融资的基本来源时,**内部可持续增长率**(internally sustainable growth)可表示为:

$$内部可持续增长率 = 留存收益率 \times ROE \qquad (10.14)$$

既然留存收益率指收益中用于再投资的比例,**股利支付率**(dividend payout ratio)就是以股利形式支付的收益在收益中所占的比例:

$$股利支付率 = \frac{股利}{净收益} \qquad (10.15)$$

显然,75% 的留存收益率意味着股利支付率为 25%,反之亦然。于是,留存收益率和 ROE 决定了内部融资资金可能带来的增长率。也就是说,如果一个公司的 ROE 为 20%,并且将净收益的一半留做未来投资的资金,那么内部融资引起的账面价值增长将为 10%(=20%×0.5),此时若公司的市盈率和市净率保持不变,留存收益和 10% 的账面价值增长率也同样会导致每年 10% 的资本溢价。

GARP 投资者也是依据 ROE 和每股收益增长率信息来确定一只成长股的合理市盈率。考虑固定收益增长模型 $P_0 = D_1/(k-g)$,此时,增长率 $g = b \times ROE$,留存收益率 $b = 1 - D_1/E_1$,ROE 是股本回报率,这样,一只股票的合理市盈率可以用下面的公式计算:

$$\frac{P_0}{E_1} = \frac{D_1/E_1}{k-g} = \frac{1-b}{k-b \times ROE} \qquad (10.16)$$

在其他条件不变时,留存收益率的下降或者风险调整的预期收益率的上升都将引起市盈率的下降;而 ROE 的上升将引起市盈率的上升。这个方程还表明了公司增长与市盈率之间的关系,增长率 g 越高,支付更高的市盈率就是合理的。

例 10-4:

1. 请看下表列出的三个公司的股价、每股收益以及增长率的数据,然后利用 PEG 比率判断哪个公司更受成长型股票投资者的青睐。

	EPS 增长率	股价	每股收益(EPS)
公司 A	20%	13.25 元	2 元
公司 B	35%	75.00 元	2 元
公司 C	25%	12.40 元	1 元

解答

根据定义,PEG 表示为:

$$PEG = 市盈率 / 每股收益增长率$$

对于公司 A: $PEG = (13.25/2)/20 = 0.33$

这表示公司 A 很具有投资价值;

对于公司 B: $PEG = (75/2)/35 = 1.07$

$PEG > 1$,最好不要考虑投资公司 B;

对于公司 C: $PEG = (12.40/1)/25 = 0.496$

可以考虑买入公司 C 的股票。

2. 现在考虑一家公司,每股收益为 5 元,股利支付 1 元,管理层预期的每股收益增长率为 25%,如果该公司的 ROE 为 20%,公司能够通过内部融资保证发展,还是需要筹集外部资本?

解答

利用等式(10.14):

$$内部可持续增长率 = 留存收益率 \times ROE = (1 - 1/5) \times 20\% = 16\%$$

可见,25% 的预期增长率大于 16% 的内部可持续增长率,因而公司很可能需要筹集更多资本或者调低预期增长率。

10.8.3 现金流模型

快速成长的公司需要资本投入以保证增长,因此,许多快速成长的公司不支付股利,它们将这些本来用于支付股利的资金再投入到商业机会上。此时,贴现模型如何适用于这些不支付股利的公司呢?我们不再考虑投资者持有股票获得的股利流量,而是对公司的业务进行估值。具体而言就是,投资者可以估计公司业务产生的自由现金流量。公司业务的价值 V 由下面的公式决定:

$$V = \sum_{t=1}^{n} \frac{CF_t}{(1+k)^t} \tag{10.17}$$

此时,CF_t 是公司第 t 年的自由现金流量。如果公司通过举债获得资本,那么公司的股权价值 EV 就等于总价值 V 减去债务的市场价值,然后简单地除以在外发行的股份数,就可得到每股价值。不支付股利的股票的内在价值可以用以下模型表示：

$$P_0 = \frac{EV}{\text{在外发行的股份数}} = \frac{\sum_{t=1}^{n} \frac{CF_t}{(1+k)^t} - \text{债务的市场价值}}{\text{在外发行的股份数}} \quad (10.18)$$

这个模型对于为那些不支付股利的新兴成长股定价很有帮助。投资者应当意识到，等式(10.18)的结果对预期未来经营现金流量很敏感。许多年轻的成长公司刚开始只有很少甚至负的经营现金流量，但预期未来有大量的现金流，因而公司的价值很大程度上取决于公司有可能存活多久以实现那些未来的现金流。当有消息说公司将获得好的发展前景时，投资者会认为未来现金流实现的可能性加大。未来前景很小的变化将使得公司的估值 P_0 产生很大的变化。确实，年轻的成长公司的股价是很容易波动的。

例 10-5 一家快速成长的年轻公司当期没有股利，预计最近的几年也将不支付股利。明年公司预计获得的自由现金流大约为 3 000 000 元，并且在往后的 4 年里自由现金流将每年增长 20%，从第 6 年开始增长率将变为 8%。另外，我们知道该公司负债 50 000 000 元，在外发行的普通股数量为 300 000 股。假设贴现率为 15%，请计算该股票的内在价值。

解答

首先我们计算接下来的几年的现金流：

$$CF_1 = 3\,000\,000$$
$$CF_2 = 3\,000\,000 \times 1.20 = 3\,600\,000$$
$$CF_3 = 3\,000\,000 \times (1.20)^2 = 4\,320\,000$$
$$CF_4 = 3\,000\,000 \times (1.20)^3 = 5\,184\,000$$
$$CF_5 = 3\,000\,000 \times (1.20)^4 = 6\,220\,800$$

利用等式(10.10)的固定增长模型，我们可以算出第 6 年开始的现金流总和贴现到第 5 年的现值：

$$CF_{5*} = \frac{6\,220\,800 \times (1.08)}{0.15 - 0.08} = 95\,978\,057$$

根据等式(10.18)得到：

$$P_0 = \frac{EV}{\text{在外发行的股份数}}$$

$$= \frac{\frac{3\,000\,000}{1.15} + \frac{3\,600\,000}{(1.15)^2} + \frac{4\,320\,000}{(1.15)^3} + \frac{5\,184\,000}{(1.15)^4} + \frac{6\,220\,800 + 95\,978\,057}{(1.15)^5} - 50\,000\,000}{300\,000}$$

$$= 39.82$$

所以，该股的内在价值为 39.82 元。

总结

◎ **成长股票**通常被定义为 P/B 比率超过平均水平的股票,与之相反,低 P/B 比率的股票被称为价值股票。价值投资者采取一种**逆向投资哲学**,即假设投资者可以通过与过度情绪化的人群反向操作而获利,因而,他们坚称只有"买入恐慌"和"卖出贪婪"才能获得成功。传统的**价值投资者**寻找的是相对于整个市场折价出售的不受欢迎的股票,这种折扣是以低 P/E 比率、低 P/B 比率和高股息收益率来衡量的。

◎ 价值投资者依赖的是反映股票**基本价值**的各种有形指标。所谓基本价值就是由公司的现有资产、确定性前景、持久优势和利润预测而确定的股票价值。价值投资者寻找的就是那些市价低于基本价值的**被低估**的股票。

◎ 股票的现值,或者公司的基本经济价值,是由投资者以普通现金股利或股票回购形式收到的预期未来现金流量决定的。**风险调整贴现率**,或者称为预期收益率,是指刚好抵补投资者风险所需的收益率。虽然贴现现值方法可以看成股利贴现模型的一种类型,但它全面涵盖了投资者**总收益**的两个主要组成部分,即股利收入加上资本溢价。

◎ 尽管**股利贴现模型**只关注未来的股利收入,但未来任何时点的股价都是由预期的股利收入决定的。预期资本利得隐含在股利贴现模型中,但它们的影响是以预期未来股利收入的形式表现出来的。**固定增长模型**为投资者提供了一种简单的计算预期收益率的方法,其应用的一个例子是**优先股**的估值,因为优先股股利增长率为 0。由于利率和优先股之间的联系特别紧密,许多投资者将优先股作为**固定收益证券**的一个例子。为了得到最佳参数,对模型的结果做**敏感性分析**是很有必要的。

◎ **增长-收入型投资者**寻求稳定高收入和长期资本增长双重目标的相对平衡。**权益收入型投资者**首先看重的是收入,然后才是长期的资本增值。权益收入组合的股息收益率一般要明显高于整个市场的收益率。**股利增长型投资者**则把潜在的股利增长放在选股策略的第一位。如果公司的收益增长率能够超过整体的通货膨胀率,那么它通常就能获得持续的股利增长。

◎ 一些价值投资者依赖一个被称为 **ROE 价值**的简单投资法则,简称 VRE。VRE 比率简单地表示为股票收益率,即 ROE 的百分数除以 P/E 比率。随着 VRE 比率的增大,股票的投资价值也在增加,严格的**追求合理价格的投资者**在 VRE 小于 1 时是不会买入股票的。

◎ 投资者可以利用**计算机选股搜索器**找出符合基本标准的价值股票系列。通过精心选股可以限制下跌风险,但是价值投资并不一定是一个买入持有策略,投资者需要进行经常的研究和监控。

◎ 成长型股票代表的是那些投资者认为未来将快速扩大经营规模的公司,这种扩张以**销售收入增长**和**每股收益增长**衡量。尽管一小部分成长公司有能力占领大市场或高速成长的市场,但是大部分成长公司是通过开发**缝隙市场**来保证它们优越的投资地位的。所谓缝隙市场是可以通过特定企业的专有技能成功开发的一部分市场。通过**财务杠杆**取得成功的成长型股票是很少见的。

◎ 给成长型股票确定一个合理的价格往往

是很困难的,投资者通常采取的是具有**可变增长率**的估值模型。成长股投资者依赖各种简单的估值策略,那些经过时间检验的投资估值法则被称为**黄金投资规则**。传奇的共同基金投资者彼得·林奇就因为提出了一个所谓的**市盈-增长比率(PEG)** 而闻名于世。总体而言,如果一只股票的 PEG 大于等于 1,该股票已经充分定价,当 PEG 显著大于 1 时,**合理价格增长型投资者**几乎不会买入此类股票。

◎ 为了有效地使用 PEG 方法,投资者必须提出一些简单且有效的用来预测每股收益增长的方法,除了使用证券分析师提供的估计值,成长股投资者可以通过公司的财务信息估计可持续的增长率。**留存收益率**指的是收益中用于再投资的比例,当留存收益作为内部融资的基本来源时,**内部可持续增长率**可表示为留存收益率乘以 ROE。**股利支付率**是以股利形式支付的收益在收益中所占的比例。在其他条件不变时,留存收益率的下降或者风险调整的预期收益率的上升都将引起市盈率的下降。ROE 的上升会引起市盈率的上升。

◎ **现金流模型**对那些不支付股利的新兴成长股的定价很有帮助。许多年轻的成长公司刚开始只有很少甚至负的经营现金流量,但预期未来有大量的现金流,因而公司的价值很大程度上取决于公司有可能存活多久以实现那些未来的现金流。年轻的成长公司的股价是很容易波动的。

习题

10.1 你认为某只股票的价格在两年后将达到 15 元,请计算它现在的价格。假设这只股票每年分红 0.25 元,风险调整后的贴现率为 20%,如果这只股票现在的价格为 12 元,你会买吗?
(原书 11.2)

10.2 某项投资承诺在今天起的一年后支付 100 元,两年后支付 200 元,三年后支付 300 元。如果要求回报率为 14%,按年复利计算,那么今天这项投资的价值大约为多少?
(原书 11.16)

    A. 404 元
    B. 444 元
    C. 462 元
    D. 516 元

10.3 某分析家找到关于某只股票的如下信息:
(原书 11.17)

每股分红   2.10 元
无风险利率   7%
风险溢价   4%

如果年分红预期保持在 2.10 元,这只股票的价值为多少?
    A. 19.09 元
    B. 30.00 元
    C. 52.50 元
    D. 70.00 元

10.4 某分析家搜集到关于某公司今年的如下信息:
(原书 11.18)

净销售   1 000 万元
净利润率   5%
明年预期销售增速   -15.0%
明年预期利润率   5.4%
明年预期在外流通普通股数量   120 万

则公司明年预期每股收益为:
    A. 3.26 元

B. 3.72 元
C. 3.83 元
D. 4.17 元

10.5 某快速成长的公司今年支付的红利为每股 1 元,并且预期在以后的三年里按 20% 的速度增长,三年后,按 7% 的速度增长。如果要求回报率为 9%,这只股票的价值为多少?
(原书 12.6)

10.6 某分析家用杜邦系统来估计某公司的股本回报率（ROE）,相关信息如下：
(原书 12.17)

股权周转率	4.2
净利润率	5.5%
总资产周转率	2.0
派息率	31.8%

则该公司的 ROE 是：
A. 1.3%
B. 11.0%
C. 23.1%
D. 63.6%

10.7 两家公司除了派息率不同外,其他方面都一样。几年后,低派息率的公司最有可能具有：
(原书 12.18)
A. 低的股价
B. 高的债务-股本比率
C. 较慢的每股收益增长
D. 较快的每股收益增长

10.8 财务杠杆和经营杠杆不同,因为财务杠杆解释了公司的：
(原书 12.19)
A. 债务的使用情况
B. 销售额的变化
C. 厂房和设备的使用情况
D. 固定经营成本的变化

第 11 章
债券工具与市场

本章学习目标
- 学习公司债券的性质
- 识别信用风险低的债券
- 理解国债、机构证券和资产支持证券

美国债券市场的总市值大约为 25 万亿美元,是世界上最大、流动性最好的证券市场(参见 http://www.bondmarket.com)。债券市场能够很快反映出公司和政府发行者信用品质的改变,以及总体经济情况的预期波动带来的投资者预期的改变。在债券市场中,很难发现价格被严重低估的情况。对于债务工具的大交易商而言,债券市场是非常有效的市场。

同时,对于那些从事不到"一手"的固定收益证券的小额交易的交易者来说,债券二级市场的流动性则较差。在债券市场中,"一手"由面值为 100 万美元的债券组成。对于小额交易,交易成本通常为本金的 3% 到 4%。这意味着,买卖面值为 10 000 美元的债券所要支付的经纪人手续费为 300 美元到 400 美元。而通过互联网股票经纪人买卖 5 000 股普通股的交易费用可能还不到 10 美元。对于小投资者,高交易成本使得在债券市场上进行交易变得成本高昂。

债券指数基金克服了这个缺点,但是它却不受投资者欢迎。这让人十分匪夷所思。跟踪债券市场的低成本指数基金可以得到很高的收益,并且完全可以击败几乎所有债券型共同基金。奇怪的是,债券投资者不喜欢购买指数基金。债券指数基金不受投资者的青睐,尽管它们自称具有相当低的成本以及广泛的分散性——正是这些特性使得股票指数基金获得了巨大的成功。

11.1 债券市场概述

11.1.1 债券市场的现状

债券市场将需要资金的公司和政府机构与资金盈余的投资者联系起来。**债券承销商**(bond dealers)通常包括证券公司和银行,它们在**债券发行者**(bond issuers)和**债券投资者**(bond investors)之间起到金融中介的作用。债券发行者在**一级市场**(primary bond market)上向承销商出售新债券,然后承销商在**二级市场**(secondary bond market)上把这些债券出售给投资者。一旦债券被发行并出售给个人和机构投资者,债券承销商就会使用他们的资金来维持二级市场的活跃。当投资者试图卖出债券时承销商买入,而当投资者想买时它们就从自己的库存中提供债券给投资者。

近年来,我国债券市场得到了快速发展,债券市场融资规模、参与主体和产品结构也逐渐丰富。央行的数据显示,2010年上半年,银行间债券市场现券成交量为24.5万亿元。截至2010年7月底,在中央国债结算公司托管的债券余额达19.5万亿元,银行间债券市场机构投资者数量达9813家,日均交易量8000亿元,包括了各类金融机构和非金融机构投资者,形成了以金融机构为主体、其他机构投资者共同参与的多元化格局。

11.1.2 债券市场及其交易活动

股票市场包括巨大而活跃的交易所市场,如美国的纽约证券交易所(NYSE)、中国的上海证券交易所和深圳证券交易所,还包括场外交易(OTC)市场,如美国的纳斯达克(NASDAQ)。相比较而言,美国债券市场是一个巨大的OTC市场,尽管也有一部分债券的交易在NYSE进行。目前中国的三大债券市场是银行柜台市场、银行间市场和交易所市场,前两者都是场外市场,而后者是利用两大证券交易所系统的场内市场。银行柜台市场成交不活跃,而银行间债券市场是个人投资者几乎无法参与的,所以都跟老百姓的直接关联程度不大。交易所市场既可以开展债券大宗交易,也便于普通投资者参与,交易的安全性和成交效率都很高。

债券的收益率会随着市场情况的变化而变化,而且收益率曲线一般不会是平的。常见的情况是短期债券的收益率低于长期债券的收益率。如图11-1所示,在2007年4—6月,我国债市连续下跌,债券指数急速下挫,收益率曲线大幅平行上移。在这一季度,宏观经济数据持续高位徘徊,通货膨胀阴云降临。CPI自3月份突破3%的警戒线后,5月份继续上行至3.4%,市场加息恐慌被点燃,再加上一季度GDP同比增速仍然保持在11.1%的高位,也引发了机构对经济过热的担忧。基于以上紧张态势,央行加快了货币调控频率,在三个月内先后分别上调了三次存款准备金率和一次存贷款利率,加息通道继续延续。中债综合指数(财富)急转直下,3月连续下挫2.12点。收益率曲线在此期间也不断被重新定位,形成了平行上移态势。其中中期和长期品种受一级市场发行影响加速调整,上移幅度较大,且利差不断缩小,短期品种上移幅度较小,与长期品种利差增大。

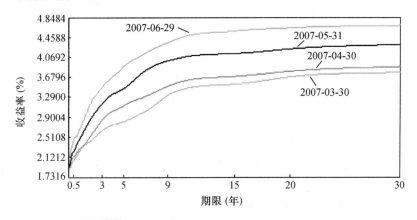

图 11-1 2007年4—6月我国银行间国债收益率曲线

资料来源:www.chinabond.com.cn。

美国短期利率中最重要的是**联邦基金利率**(federal funds rate),该利率是由联邦储备银行体系的成员银行向其他成员银行贷款以平衡联邦储备所决定的。比联邦基金利率稍高一些的利率是欧洲美元拆借短期利率和**伦敦银行间同业拆借利率**(LIBOR)。2007年1月4日,中国基准利率雏形亮相,这个由全国银行间同业拆借中心发布的**上海银行间同业拆放利率**(简称"Shibor")正式运行。Shibor以位于上海的全国银行间同业拆借中心为技术平台计算、发布并命名,是由信用等级较高的银行组成报价团自主报出的人民币同业拆借利率计算确定的算术平均利率,是单利、无担保、批发性利率。目前,对社会公布的Shibor品种包括隔夜、1周、2周、1个月、3个月、6个月、9个月及1年。

Shibor报价银行团现由16家商业银行组成。报价银行是公开市场一级交易商或外汇市场做市商,是在中国货币市场上人民币交易相对活跃、信息披露比较充分的银行。中国人民银行成立Shibor工作小组,依据《上海银行间同业拆放利率(Shibor)实施准则》确定和调整报价银行团成员,监督和管理Shibor的运行,规范报价行与指定发布人的行为。

全国银行间同业拆借中心受权计算和发布Shibor的报价。在每个交易日根据各报价行的报价,剔除最高、最低各两家报价,对其余报价进行算术平均计算后,得出每一期限品种的Shibor,并于上午11:30对外发布。

11.2 公司债券

11.2.1 公司债券的作用

公司筹集资金用于投资,如购买存货、工厂和设备,研发新产品,进行产业扩张。在决定怎样融资时,公司可以采取的方法有发行债券、股票或者两者结合的方法。一家公司融资策略的目的是使得融资成本最小。为了达到该目的,公司利用各种不同的负债工具,从而可以满足投资者不同的融资需求。

通过利用变化的市场条件,公司债券发行者也可以降低借贷成本。大多数公司债券向投资者提供可预见的现金流和收益率。这种投资一般是一种安全投资,因为债券持有者与债权人一样,都对公司的现金和资产有优先索取权。大多数公司债券不是由公司直接发行,而是先由承销商购买,再由它们卖给投资者。债券发行之后,公司债券在一个由全国性和地区性的债券承销商组成的有效的 OTC 市场中进行交易。根据美国证券业及金融市场协会的最新统计,截至 2007 年第 1 季度末,美国债市的总规模约达 28.1 万亿美元,其中公司债券 5.5 万亿美元,占 19.4%。近年来,我国的公司债规模也在迅速扩大,2009 年 1—10 月,银行间市场的公司债券发行量已累计达到 1.25 万亿元,较 2008 年全年增长了 48%,是 2006 年全年的 3 倍。

11.2.2 公司债券的特征

公司债券发行人的义务包括在某一特定时间向债券持有者支付一定数额的现金和事先约定的利息。公司与债券持有者订立的法律协议的详细条款称为**契约**(indenture)。契约分列了托管人(通常是一家银行或者公司雇用的信托公司)的权利和义务,包括对偿付本金的方式和时间、利率、抵押和赎回等特征的描述,以及在违约事件发生后债券持有者应该采取的措施,等等。

传统的公司债是**无记名债券**(bearer bonds),或者**息票债券**(coupon bonds)。两者都支付**息票**(coupons),一年支付两次利息。例如,一个 20 年期、支付 8% 利息的 1 000 美元无记名债券,将会有 40 个 40 美元的息票收入和 1 000 美元的本金收入。利息每 6 个月支付一次。这种债券的流动性很好,可以被当做现金使用。流通领域中仍然有许多无记名债券,它们使得美国国税局(IRS)跟踪利息收入很困难,1982 年的税制改革中止了无记名债券的发行。如今,美国所有固定收益证券都以**登记债券**(registered bond)出售。债券以持有者的姓名注册,利息收入以支票的形式一年支付两次。在债券到期日,注册的债券所有者也会收到一张本金的支票。像大多数债券一样,公司债一般以**记账方式**(book-entry form)发行。

虽然许多市政债券的面额为 5 000 美元,但是除了特殊情况外,公司债券的面值通常为 1 000 美元。**无担保公司债券**(unsecured corporate bond)由公司的名誉和财务稳定性来支持。无担保债券通常由一些最大和信用最好的公司来发行。在发生违约或破产事件时,**高级债券**(senior bond)比低级债券有优先索取权。债务凭证比优先股和普通股的优先级要高。**抵押债券**(mortgage bond)或者**设备信托凭证**(equipment trust certificates)经常被当做高级债券,因为它们比任何其他形式的债务工具的级别都高。

设备信托凭证与个人汽车贷款很相似。当一个顾客贷款买车时,需要支付的首期数额大幅下降,以后按月分期付款。整个贷款期间汽车的价值都比未付的贷款额的价值高。许多运输业和电脑零售公司使用这种方式融资。通常先支付购买价格的20%—50%,剩余的在3—10年的期限内付清。当贷款全部支付完后,公司收到来自信托的清单。许多设备信托凭证都是**分期还本债券**(serial bonds)。每次支付都包括利息和部分本金偿付。

级别最低的公司债券为**收益债券**(income bond)。顾名思义,收益债券仅在发行公司赚取盈利时才支付利息。收益债券是唯一不及时支付利息而不会立即违约的债券。收益债券通常由那些信用最低的公司和处于破产中的公司发行。

11.2.3 债券评级

当发行一只债券时,发行者有义务提供其财务状况的细节。但是,债券投资者仍然很难了解该公司是否有能力在发行日后的10年、20年或30年中支付协议规定的利息和本金。正因为如此,由独立的**债券评级**(bond rating)机构评估发行时债券的风险、监控债券存续期内风险的变化是非常必要的。

信用风险(credit-quality risk)是指债券发行者因为无力按时偿付利息和本金而造成的投资损失的可能性。债券信用品质最高的是国债,由政府的国家信用做保证,最低的是**投资级以下的债券**(below-investment-grade bonds),或者具有很高投机性的**垃圾债券**(junk bonds)。因为长期债券可能不会被赎回或者到达10年、20年或者30年的到期日,所以信用品质是债券投资者首先要考虑的。在美国,声望很高的债券评级机构包括穆迪投资者服务公司、标准普尔公司、惠誉国际公司(Fitch IBCA)、DBRS公司和贝氏公司(A. M. Best)。每一家信用分析机构基于对发行者财务状况、整体经济环境和信用市场状况、每个担保的经济价值的详细分析来确定信用评级。如表11-1所示,信用等级最高为AAA(S&P、Fitch和DBRS)、Aaa(Moody's)和aaa(A. M. Best)。BBB级或以上一般被认为是投资级的,该等级的发行者具有按时支付利息和本金的能力。BB级及以下的债券被认为是垃圾债券,或者**高收益债券**(high-yield bonds)。

表 11-1 债券信用评级,从投资级债券到高收益率债券或者垃圾债券

信用风险	穆迪	标准普尔	惠誉	DBRS	贝氏
投资级别					
信用质量最高	Aaa	AAA	AAA	AAA	aaa
信用质量高	Aa	AA	AA	AA	aa
中级以上	A	A	A	A	a
中级	Baa	BBB	BBB	BBB	bbb

(续表)

信用风险	穆迪	标准普尔	惠誉	DBRS	贝氏
低于投资级					
轻度投机	Ba	BB	BB	BB	b
投机	B	B	B	B	b
高度投机	Caa	CCC	CCC	CCC	ccc
极度投机	Ca	CC	CC	CC	c
违约	C	D	D	D	d

信用调查机构通过"CreditWatch"(标准普尔)、"review"(穆迪)或者"rating alert"(惠誉)对单一债券,或者一个特定发行者的所有债券进行信用等级的调整。评级机构通过信息平台把评级信息向公众发布。除了机构出版物的报告以外,它们的评级信息还会被放在许多公共图书馆和互联网上。

因为债券投资者承担了信用风险,许多债券参照高信用品质债券的收益报出自己的收益率溢酬。**收益率价差**(yield spreads)体现了到期日相同但信用风险不同的债券之间的收益率差异。违约风险的差异是政府债券和公司债券之间的收益率价差的主要来源。

11.2.4 高收益债券(垃圾债券)

规模小、成立时间不长或者财务状况不佳的公司提供**高收益债券**(high-yield bonds,也称为"垃圾债券")以补偿投资者购买债券带来的巨大风险,毕竟投资者有许多其他安全性高而收益低的选择。例如,像IBM或者花旗这类公司发行的安全性高但收益率低的公司债券是由世界上信用最好的发行者的完备信用做担保的。

一些垃圾债券是由一些财务状况不很健康的公司发行的,而另一些垃圾债券则是由一些以前财务状况很好的公司发行的投资级债券转化而来的。后来这些公司遇到一些困难,它们的债券也由投资级降到了垃圾级。例如,通用汽车债券在20世纪50年代到80年代被认为是最高等级的债券。当公司在20世纪90年代早期遇到一些财务困难后,通用汽车债券在1995年至2005年间仍然保持投资级的信用级别。后来在2005年5月9日,标准普尔把通用汽车债券降为垃圾级。从投资级降到垃圾级的债券通常被称为"堕落天使"。高收益率债券通常被认为是垃圾债券,因为它们都有相对较高的违约风险。当发行者违约时,债券投资者无法按时获得利息和本金。在最糟糕的情况下,利息和本金可能永远无法支付。在债券投资者看来,最大的问题是垃圾债券提供的高收益率是否足以补偿高违约风险。

表11-2显示了穆迪公司对公司债券各个级别的评级变动或违约的历史。例如,在表14.2中,所有被评为Aaa的债券中有23.3%的债券在五年内被降级到Aa级。另外,BaaB债券中有1.6%的债券在五年内违约,而Aaa债券中仅有0.1%在五年内违约。需要注意的是,这是平均的违约率和降级率。在经济衰退时期,违约率和降级率会更高一些。

表 11-2　穆迪对公司债券五年内的评级变动率和违约率(%):1970—2001

	Aaa	Aa	A	Baa	Ba	B	Caa-C	违约	
Aaa	56.0	23.3	5.0	0.5	0.5	0.2	0.1	0.1	
Aa	4.5	52.0	23.3	3.6	0.9	0.3	0.0	1.3	投资级
A	0.3	8.2	58.3	13.7	3.0	0.8	0.1	0.4	
Baa	0.2	1.6	15.8	47.1	9.6	2.4	0.3	1.6	
Ba	0.1	0.3	2.9	12.5	33.0	10.6	0.7	8.2	非投资级
B	0.1	0.1	0.5	2.9	13.3	30.4	1.6	19.6	
Caa-C	0.0	0.0	0.0	2.2	6.1	7.7	16.2	41.9	

资料来源:Moody's,2002。

经济波动为债券投资者提供了绝佳的环境,因为它可能会降低违约风险。在好的经济环境中,一些陷入财务困境的公司经营情况好转,并且升级到投资级别。这引起它们的债券价格上升。在经济环境不好的情况下,高收益率债券因为其高违约风险而不被追捧。为了避免整体经济环境难以预测的衰退风险,许多垃圾债券投资者持有广泛多样化的垃圾债券组合。

11.2.5　中国公司债的发展现状

长期以来,我国的债券市场处于市场分散、规模小的局面。目前在证券市场上挂牌交易的公司债,绝大多数是所谓的企业债,即大型国企以经审批的投资项目为基础向国家发展改革委员会(以下简称"发改委")提出申请,由国务院统一审批发行额度后发行上市的"政府债券",隐含着政府信用担保,并不是建立在企业信用基础上的真正意义上的公司债。其中发改委控制大部分企业债的发行审批,而央行控制年限在一年内的企业债(短期融资券)的发行,而且债券市场也分为交易所市场和银行间市场两个割裂的市场。

近年来,受我国的宏观经济政策调整的影响,我国国债和金融债的融资额都出现了大幅增长。但是,企业债券的融资额度却没有显著变化,一直在较低的水平徘徊。2000—2006 年间,我国企业债发行仅占债券市场发行总额(剔除了央行票据后)的 3.5%,而国债和金融债券分别占到了 52.7% 和 38.5%。与国债和金融债相比,企业债处于边缘地位。而国外公司债和国债、市政债呈三足鼎立之势,美国公司债券占债市规模的 20% 以上。虽然我国的企业债隐含着国家的信用担保,不能真实地反映企业的信用风险,但是还是可以从图 11-2 中看出资产抵押证券、企业债与国债之间的信用差别。

2007 年 8 月 14 日,经国务院批准,证监会发布《公司债券发行试点办法》,正式启动公司债券发行试点工作,揭开了我国债券市场发展新的一幕。

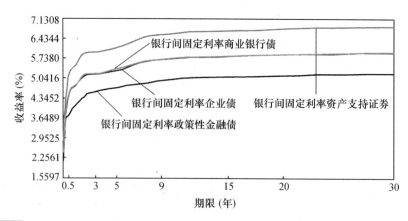

图 11-2 银行间固定利率金融债、企业债、商业银行债和资产支持证券收益率曲线比较图

11.3 政府证券

11.3.1 美国的国债市场

美国联邦储备系统通过其在纽约的分支机构利用国债市场来实施货币政策。如果美联储希望增加货币供应,只需简单地买入国债,将资金注入金融系统,降低利率;如果美联储希望减少货币供应,也只需卖出国债,从金融体系中抽出资金,提高利率。美联储试图以这样的方式管理经济增长和抑制通货膨胀。

国债还是一种以尽可能低的成本为联邦赤字融资的有效方式。美国国债的信用是美国政府的全额信用,并且一直被认为是世界上最安全的固定收益投资。因此,美国国债的利率不是以公司债券的风险水平定价,它们被认定具有很高的信用等级。维持这样的安全信誉、确保市场流动性和有效性对美国纳税人极其重要。新发行的美国政府债券的利率每增加一个基点,将会让纳税人每年多偿还上亿美元的利息。

美国政府发行债券通过事先定好的公开拍卖形式。这些拍卖中重要的参与者是投资银行。投资银行有义务在每场拍卖中为自己的账户和代表客户报价,并且形成一个连续的国债二级市场。一旦国债发行,投资银行将在二级市场上提供买入卖出价并维持一个债券的动态存货。投资银行联合债券经纪人一起行动,债券经纪人扮演投资银行与机构和个人投资者之间的中介。

11.3.2 短期国库券、中期国债与长期国债

国债是经济循环中最安全的债券。它们享受的是美国政府的全权偿付信用,而且利

息和本金收入来自美国的税收收入。

刚开始发行时,大多数国库券的到期日为3个月和6个月。它们每周由政府竞拍出售。1个月、9个月和1年期的国库券也都拍卖。**国库券**(T-bills)的票面金额可以从1 000美元到5 000 000美元不等。这样的国库券交易活跃、流动性高,而且是美国政府的直接短期债务。国库券不支付利息,而是投资者以一定的折扣购买,到期支付债券面值的金额。例如,投资者可能以9 877.28美元的拍卖价格购买3个月期价格为10 000美元的国库券。当国库券3个月后到期时,投资者会收到足额的10 000美元。在3个月后收到的这10 000美元中,9 877.28美元为本金的支付,122.72美元为应税的利息收入。在这个例子中,国库券投资者的收益率(复利)为大约每年5%。

国库券是国债中唯一折价发行且没有利息收入的债券,其价格在供需力量的平衡后由拍卖决定。如果政府借款增加,国库券的供给增加,价格下降,则到期收益率上升。相反,如果国库券的需求上升,价格上升,则到期收益率下降。

国债是美国政府的直接债务,到期时间从1年到10年不等。**中期国债**(T-notes)每半年支付一次利息,面值从1 000美元到10 000美元再到5 000 000美元不等。不同期限的中期国债在每年的几个不同时段拍卖。历史上,美国财政部也发行过30年期的国债。但是,2001年财政部中止了30年中期债券的发行,2006年又再次恢复了30年期债券的发行。

在1997年,美国开始发行一种与通货膨胀指数挂钩的国债。**通货膨胀保值国债**(Treasury Inflation Protected Securities, TIPS)与传统的债券一样是固定利率。不同的是,债券的本金是随着通货膨胀率调整的。TIPS的票面价值随着通货膨胀率的升高而增加,通货膨胀率通过每个季度由劳动统计局公布的CPI指数来测量。当债券的面值随着时间改变时,利息支付也随之改变。在到期日,支付给投资者经通货膨胀调整过的本金,如果通货膨胀率较高,本金数额可能会比初始的1 000美元高出很多。

例如,2005年1月发行的TIPS有2%的息票率,半年支付一次。在2005年1月,CPI为190.7。债券持有人于2005年7月收到第一次利息支付,当时的CPI为195.4。这个时候,票面价值调整为1 024.65美元[=1 000美元×(195.4/190.7)],利息支付为10.25美元(=1 024.65美元×2%×1/2)。投资者从债券价值的24.65美元的增加中获益,多获得了10.25美元的利息。政府在TIPS中考虑了通货膨胀的风险。因为债券投资者不承担通货膨胀风险,所以TIPS提供比同样到期日的普通债券更低的收益率。

例11-1 考虑1999年1月发行的TIPS,息票率为$3\frac{7}{8}\%$。CPI在发行时为164.3。到了2005年1月,CPI上升到190.7。请问:2005年1月TIPS的票面价值和利息支付为多少?

解答

票面价值调整为:1 000美元×(190.7/164.3)=1 160.68美元

利息支付为:$\frac{1}{2}\left(3\frac{7}{8}\% \times 1\,160.68\ 美元\right)=22.49$ 美元

11.3.3 中国的国债市场

1981年1月,我国颁布了《中华人民共和国国库券条例》,财政部开始发行国债。经过25年的发展,我国的国债市场有了翻天覆地的变化,表现在以下方面:

1. 发行规模迅速扩大

这些年来,我国国债的发行规模快速扩大。从图11-3可以看出,从1993年后,国债发行规模急剧扩大,这一时期国家实行积极的财政政策,发行国债进行基础设施建设。可见,国债是支持国家财政政策的重要的融资手段。

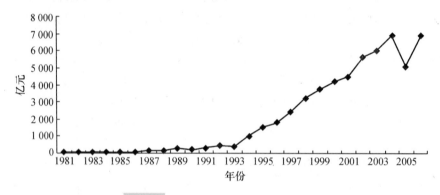

图11-3 国债发行规模(1981—2006)

2. 发行种类较多,发行方式越来越合理

我国国债的发行种类包括凭证式和记账式两种,前者针对社会公众,后者主要针对机构投资者。前者流动性较差,而后者可以在银行间债券市场或者交易所市场买卖。从期限上讲,2005年以前没有1年期以下的国债,从2006年开始发行了真正意义上的短期国债。长期债券的发行也很少,例如在2001年7月31日,财政部发行了2001年第七期记账式国债,期限为20年。

1981—1990年,我国国债的发行基本上是依靠行政摊派的办法完成的。1991年,财政部第一次组织国债发行的承购包销,这标志着国债一级市场初步建立起来。自1999年第九期记账式国债开始,中国的国债市场发行基本上采用招标机制。从招标的标的物来看,经历了交款期招标、价格招标和收益率招标的方式;从竞标规则来看,财政部先后在短期贴现国债发行中采用了"荷兰式"单一价格拍卖方式,在中长期国债和附息债券的发行中采用了多重价格拍卖方式。2004年总共14期记账式国债中,只有4期按照单一价格拍卖方式,而剩余14期都是多价竞价。

3. 国债市场容量扩大,交易手段多样化

我国的国债交易包括现货交易、回购交易,也包括2005年6月份和2006年2月份推出的远期和利率互换。相信不久的将来,国债的期货交易也会恢复。

在1997年之前,国债交易基本上都是现货交易。1997年银行间债券开展质押式回购业务。在国债市场上,质押式回购量一直大于现券买卖量,质押式回购为投资者短期融资提供了一个很好的途径。2004年,我国又推出了买断式回购。这一方式有助于债券的流通,也有助于在市场中实现套利,进而有利于债券的定价。

我国债券交易市场包括银行间市场和交易所市场。这两个市场的交易规模都有了长足的发展。以银行间市场为例。2006年全年的交易规模为382 053亿元,而2001年才40 940亿元。4年的时间,交易量增长了8倍多。根据表11-3可以看出,我国的银行间交易规模要远远大于交易所市场。而且交易所市场的交易量呈逐渐快速萎缩的态势,银行间交易将逐渐成为主流。

表11-3 我国银行间市场近年来债券现券与回购交易情况　　　单位:亿元

年份	现券成交金额	回购成交金额	现券成交笔数	回购成交笔数	总成交金额
1999	98	3 949	107	3 587	4 047
2000	645	15 677	915	14 545	16 322
2001	843	40 089	1 350	36 118	40 940
2002	4 300	101 954	7 205	69 178	106 254
2003	31 600	119 700	26 013	71 444	151 300
2004	28 196	99 653	26 033	69 442	127 849
2005	63 379	165 078	54 724	51 858	228 457
2006	109 216	273 524	87 886	72 450	382 053
2007	166 000	462 900	90 000	97 300	631 273

注:(1) 2004年以来的回购交易数据包括质押式回购与买断式回购;(2) 现券成交金额只计算买入或卖出数据;(3) 回购成交笔数与回购成交金额均为首期数据。

资料来源:www.chinabond.com.cn。

表11-4 交易所市场近年来债券现券与回购交易情况　　　单位:亿元

	2004年全年	2005年全年	2006年全年	2007年全年
国债成交总额	50 140	26 394	17 024	17 462
现货总额	3 530	2 773	1 541	1 169
回购总额	46 610	23 621	15 483	16 293

资料来源:www.chinabond.com.cn。

4. 市场参与主体扩大,参与者增多

2000年4月,全国银行间债券市场债券交易管理办法出台,下列机构可成为全国银行间债券市场参与者,从事债券交易业务:(1) 在中国境内具有法人资格的商业银行及其授权分支机构;(2) 在中国境内具有法人资格的非银行金融机构和非金融机构;

(3) 经中国人民银行批准经营人民币业务的外国银行分行。

2002年4月15日银行间债券的准入制度由审批制改为备案制。实行准入备案制,向所有可以投资国债和金融债的金融机构以及各类投资资金开放了全国银行间债券市场,在一定程度上解决了银行间债市交易主体成分不够的问题。2002年6月17日起,商业银行柜台记账式国债交易开始试点,将个人投资者纳入银行间市场。2002年10月29日,银行间债券市场向非金融机构开放。2004年2月16日,银行间债券市场向外资银行开放。2006年,在中央国债公司直接或间接开立一级托管账户的投资者共6439个。总体上看,投资者的类别相当广泛,基本覆盖了几乎所有种类的投资者群体。

5. 中央银行的公开市场业务得以开展

1998年5月,中国人民银行恢复了公开市场业务,有力地促进了银行间债券市场的发展。央行通过公开市场操作,来调控和引导一级交易商在市场的交易,并传递和影响银行间债券市场债券交易结算业务;央行公开市场操作的债券回购利率,成为银行同业间债券回购利率的指导性利率。

11.4 机构证券与资产支持证券市场

11.4.1 机构证券和抵押贷款支持证券

某些美国政府机构和**政府资助企业**(government-sponsored enterprises)为如"居者有其屋"、农业和教育等活动提供低成本融资。联邦机构市场包括由联邦国民抵押协会(FNMA 或 Fannie Mae)、联邦住宅贷款抵押公司(THLMC 或 Freddie Mac)、联邦农场信用体系(Federal Farm Credit System)、联邦房屋贷款银行(FHLB)、学生贷款市场协会(Sallie Mae)、小企业管理局(Small Business Administration)和其他机构发行的债务凭证。虽然大多数机构证券没有政府的全权信用担保,但是由于它们是政府机构发行的证券,故信用等级比较高,借款成本则比较低。美国联邦机构证券市场的规模比国债市场要小,目前大约有2.6万亿美元未付的债务。

抵押贷款支持证券由政府资助的企业和其他大的金融机构发行。例如,联邦国民抵押协会("房利美")和联邦住宅贷款抵押公司("房地美")通常被描述为有公共目标的私人公司。两者开始时都是政府所有的企业,但是房利美在1968年变成私人企业,随后房地美也在1970年变为私人企业。两者通过在二级市场上购买房屋抵押提供资金。房利美和房地美把这些抵押汇集到多样化的资产包或者该类贷款的资产池中,然后发行以这个资产池产生的利息和支付的本金为权益的股份。这被称为**抵押贷款证券化**(mortgage securitization)。当房主按月支付资产池中的抵押贷款时,投资者按月收到利息和本金的支付。在抵押贷款支持证券被发明出来之前,一些地区的人发现很难得到抵押贷款,因为资金来源的渠道很窄。贷款方现在能够出售他们的抵押贷款,并使用这些程序来制造新的抵押贷款。这使得抵押资金得到持续的补充,并且使人们更能负担得起房屋抵押贷款。

房利美和房地美通过把证券卖给股权投资人,并从私人投资者和财政部门借款取得资金。两种方式都能获得利润,因为抵押贷款支持证券支付的利息大约为每年1%,低于抵押资产池赚取的数额。竞争限制了利润率的大小,并且确保房屋购买者和出租者能够以更低的购房成本分享活跃的二级抵押市场带来的益处。房利美和房地美做得如此成功,以至于某一年中它们共购买了超过50%的住房贷款。

当美国政府把房利美变为私人公司时,房利美的传统业务被剥离为两部分。美国政府住宅抵押信贷机构("吉利美")是第二部分。吉利美是住房和城市发展部(HUD)里的一个政府机构;国会设立吉利美的目的是确保由联邦房屋协会(FHA)承保、退伍军人事务部(VA)和退伍军人管理部担保的政府贷款有足够的资金。它以某个FHA和VA抵押池为基础发行修改的过手凭证。当房屋所有者支付抵押贷款时,其中一部分按一定比例按月支付给投资者。投资者收到的每笔款项都包含一部分利息和一部分本金。最小的面额是25 000美元。吉利美的债券以美国政府的全权信用做担保,但是利息则是用州和地方的税收支付的。

另外一个机构和资产支持证券的主要受益人是农业借贷市场。例如,农业信用协会(Farm Credit Association)负责管理给农民和大农场经营者的贷款。他们的抵押被联邦土地银行通过联邦土地银行协会(Federal Land Banks Association)进行担保。这些被认为是美国政府道义上的措施。投资者收到的利息可以免除州和地方的税,但是不能免除联邦所得税。联邦中介信用银行(FICB)是由被授权可以向农民贷款的12家银行组成的组织。这些资金被用来补偿损失,购置机器和家畜。贷款一般不超过10年。同样地,银行的合作社贷款给农业合作社。投资者收到的利息免除州和地方政府的税,但是不能免除联邦所得税。

11.4.2 其他资产支持证券

近年来,创造多样化贷款池然后发行资产支持证券来分享利息和本金支付的方式越来越流行,利润率也很高。相关证券已经从房屋抵押扩展到了消费者和商业债务等更广阔的范围。典型的例子包括信用卡债务、汽车贷款、房屋所有权贷款和设备出租。资产抵押证券市场不仅为顾客和其他借款者提供了资金来源,而且促进了金融中介提供专业化服务,为生产商免除了融资顾虑。

像抵押贷款支持证券一样,资产支持证券由承销商承销,并且卖给全世界范围内的投资者。当贷款者偿还贷款时,利息收入和本金偿付被相应地支付给投资者。在某些情况下,保险或信用证被用来加强资产支持证券的信用可靠程度,以增加它们对投资者的吸引力。资产支持证券市场是金融服务部门发展最快的领域。

11.4.3 中国的机构证券和资产支持证券市场

一如中国金融创新乃至制度创新的传统路径,资产证券化和资产支持证券生根中国也被罩上浓重的本土气息;另一方面,这也使预期变得相对可靠。

2005年12月15日,中国建设银行(下面简称"建行")、国家开发银行(下面简称"国开行")同日发行了首只信贷资产支持证券(ABS)和抵押贷款支持证券(MBS)。建行、国开行的资产证券化产品和运作本身,很大程度上仍是"特事特办"的产物,资产证券化在中国大规模发展,仍需要相关立法配套。

概括起来,我国的资产证券化市场有两个特点:

1. 市场成长性看好

从资产证券化的成长性判断,其前景十分广阔。资产证券化将极大地推动债券市场发展,包括发起人、金融中介机构、投资人都可望从中获益。而他们在利益驱动下的理性行为,反过来又会推动资产证券化规模的不断壮大。首先能从中获益的是发起人(如试点中的国家开发银行和建设银行)。以建设银行的MBS为例,住房抵押按揭等不流通资产的质量评级,可能因市场、经济环境等而变差,令信贷风险增加。在现行会计制度下,银行持有这类资产就只能每年度做大额拨备,以反映资产现值。而通过资产证券化,不流通资产的风险就将得到分散。我国资产证券化的中介机构主要是信托机构,这使得信托机构突破原来的政策限制,获得法定地位,得以进入银行间债券市场进行交易。这给了信托公司及信托业大力发展的契机。而对购买资产证券化产品的投资者来说,资产证券化产品作为一项新的投资工具,将使其可享有原本由发起人享有的收益。就试点收益和风险而论,应该说都属于风险相对较小、收益很稳定的投资品,尤其适合于追求长期、稳定收益的投资者。

2. "中国特色"的资产证券化

资产证券化落地中国后,进行了一些创新以适应中国国情。这样的例子有很多,其背后的逻辑是金融创新要与中国既有的国情、金融体系相结合,改革本身也是顺序推进的。如试点方案中的发行人以信托公司为主,而在国外普遍的做法是设立一个SPV(特殊目的机构)来操作。在试点方案中,国家开发银行和建设银行都采取了借助信托公司做发行人的方式,这给了信托公司甚至信托业大力发展的良机。

其他比较典型的有"中国特色"的环节包括:资产证券化在国外往往是因为银行迫于资金的流动性压力或处理不良贷款的需要,而中国进行资产证券化的银行目前并不缺乏资金,而且拿出来的资产也是相对较好的优良资产;银监会颁布的《金融机构信贷资产证券化监督管理办法》中,资产证券化的范围限于由金融机构持有的信贷资产,符合条件的机构仅包括商业银行、政策性银行、信托投资公司、金融公司、城信社、农信社以及管理活动受银监会监督的其他金融机构等,并未涵盖商务部监管下的租赁公司、公共事业公司及非银行政府机构;而在其他国家或地区,这些机构都积极投入了资产证券化。

11.5 货币市场

11.5.1 货币市场的特征

货币市场是一年期以内的短期金融工具交易所形成的供求关系及其运行机制的总和。货币市场的活动主要是为了保持资金的流动性,以便随时可以获得现实的货币。短期金融工具的交易,一方面满足了资金需求者的短期资金需要,另一方面也为资金盈余者的暂时闲置资金提供了获取盈利机会的出路。同时,短期金融工具还为中央银行实施货币政策提供了操作手段。这些短期金融工具一般期限较短,最短的只有一天,最长的也不超过一年,较为普遍的是 3 至 6 个月。正因为这些工具期限短,可随时变现,有较强的货币性,所以,短期金融工具又有"准货币"之称。在 1970 年以前,美国国库券的最小面额为 100 美元。1970 年年初,国库券的最小面额升至 1 000 美元,现在已升至 10 000 美元。其面额远远低于其他货币市场票据的面额(大多为 10 万美元)。对许多小投资者来说,国库券通常是他们能直接从货币市场购买的唯一有价证券。

11.5.2 货币市场工具

货币市场的工具主要包括短期政府债券(也称为国库券)、商业票据、大额可转让定期存单、回购协议等。

国库券起源于英国,属于一种弥补国库短期收支差的政府债券。在西方国家,国库券利率是市场利率变动情况的集中反映,同时,它又极富流动性,有广大的一级市场和二级市场,交易和变现都很方便。

商业票据(commercial paper),是信誉较高的工商企业发行的、承诺在指定日期按票面金额向持票人付现的一种短期无担保期票。

浮动利率票据是指发行人在发行票据时,规定票据利率以预先约定的某一市场利率为参考指标,随参考利率的波动而变化。

银行承兑汇票(banker's acceptances),是指出票人开立的远期汇票,它以银行为付款人,命令其在未来某一确定时刻支付一定金额给收款人。这张汇票经过付款银行承兑后,承兑银行成为第一付款人,承担了到期付款的不可撤销的责任。一般来说,银行承兑汇票用于商业贸易货款结算中。实质上是购货方利用银行信用向售货方进行短期融资的工具。

存款证或**大额可转让存单**(certificate of deposit, CD),就是银行为满足不同客户的需要、增加银行存款而提供的一种金融服务方式。其首创是在商业银行服务手段发达的美国。1961 年之前,所有的存单都是不可转让的,也就是说,在存款到期之前,不能将它再转卖给任何人,而且,除非付出一笔可观的罚金。存款人不能提前支取,要求银行清偿存款。1961年，为了使存单更具流动性并使之对投资者更具吸引力，花旗银行(Citibank)发行了第一张大额(10万美元以上)可在二级市场上转卖的可转让存单。因为这种存单有着一个活跃的市场，所以它成为一种高度流动的资产。现在，几乎所有主要的美国商业银行都发行这种债务工具而且都非常成功。由于大额可转让存单具有良好的流通性，美国银行的定期存款迅速增长。发行大额可转让存单已成为商业银行从公司、货币市场基金、慈善机构和政府机构取得资金的极重要的来源。

回购协议(repurchase agreements)是证券持有人在卖出证券的同时，与买方签订再购回协议，约定以一定期限和价格，买回同一笔证券的活动。实质上，这是一种短期抵押贷款行为，即证券卖方以一定数量的证券进行抵押借款，条件是一定时期内再购回证券。而且回购价格高于卖出价格，两者之间的差额为借款利息。与回购协议相关的一个概念是逆回购协议。所谓**逆回购协议**(reverse repurchase agreement)是指买入证券的一方同意按约定期限以约定价格出售其所买入的证券。从资金供应者的角度看，逆回购协议是回购协议的逆操作。

11.6 市政债券

11.6.1 税收优惠

州和地方政府通过发行**市政债券**(municipal bonds)筹集资金，这些钱用于建造、修缮和维护学校、街道、高速公路、医院、下水道和其他公共设施。市政债券发行者以两种方式偿还它们的债务：对整个社区有益的工程，如学校、法院和政府大楼，都是用普通公债融资并由税收来偿付；只对某些使用者或集团有益的工程，如公用设施和收费公路，则用收益债券融资并由使用者付费来偿付。

当美国于1913年实施联邦所得税法时，市政债券的利息不在联邦税的征税范围内。潜在的逻辑是，联邦政府对州和地方政府收税是不合理的。因此，市政债券投资者可以接受比应税债券更低的收益率。一般来说，在风险调整后，投资者对应税债券的税后利息收入和市政债券的免税收入相同。合适的税率是市政债券投资者支付的最高边际联邦税率。因此，州和地方政府可以以低于正常利率30%到40%的利率借款。虽然信用品质随着发行者不同而不同，但是由于有州和地方政府税收的保障，市政债券普遍被认为有较高的信用品质。

在现在的美国联邦税收法律下，投资市政债券得到的利息是免于缴纳联邦所得税的。在大多数州，投资本州之内政府发行的债券得到的利息也免于缴纳州和地方税收。在所有50个州，投资者投资于自己居住地发行的债券得到的利息免于缴纳联邦、州和地方所得税。如果纽约的一个居民购买了纽约市发行的市政债券，那么得到的利息无须缴纳联邦政府、纽约州和纽约市的税收。而如果这个投资者购买了康涅狄格州一个城市的市政债券，那么所得利息需要支付州和地方税收。而且要注意的是，任何通过销售市政债券而获得的资本利得都是不能免税的。

估计市政债券免税优惠的最好办法之一,是对免税债券的税后收益与相似的应税债券的投资所得收益进行比较。假设一个处于所得税税率为35%档次的投资者将100万美元投资于公司债券或市政债券,下面哪种投资收益更大:从收益率为7%的公司债券中赚取70 000美元的应税收入;从收益率为5%的市政债券中赚取50 000美元的免税收入? 在这个例子中,市政债券的5%的收益要高于公司债券7%的应税收益。在纳税后,应税公司债留给投资者45 500美元[=(1-0.35)×70 000美元],而免税的市政债券的收益则为50 000美元。另一个简单的分析方法是把市政债券的收益率转换为同等的应税债券的收益率,对于所得税税率为35%的高收入档次的投资者,5%的市政债券收益率的等价应税收益率为7.69%[=5%÷(1-0.35)]。对于所得税税率为28%的中等收入档次的投资者,等价应税收益率为6.9%。从而,我们很容易理解为什么市政债券在边际所得税税率高的高收入人群中很受欢迎。

$$等价应税收益率 = 市政债券收益率 \div (1 - 所得税税率) \quad (11.1)$$

例11-2 一只公司债券,息票率为7.5%;一只市政债券,息票率为5.5%。对于所得税税率为30%的投资者而言,哪个更有吸引力?所得税税率为多少时,两者对投资者没有区别?

解答

市政债券的等价应税收益率为7.86%[=5.5%÷(1-0.3)]。该收益率大于应税债券的7.5%,所以对于投资者来说,市政债券更有吸引力。

该投资者对于两只债券没有偏好的所得税税率可用以下公式计算:7.5% = 5.5% ÷ (1-所得税税率),这样可解得,所得税税率为26.67%时,两只债券没有区别。

11.6.2 市政债券的类型

市政债券由州和地方政府发行以支持各种融资需求。**普通公债**(general-obligation bonds)是由发行者的完备信用做支持,以保证按时支付本金和利息的。由城市、乡村和公立学区发行的债券的安全性更高,因为发行机构可以通过提高税率来确保债券偿付。如果不能立即得到足够的税收,发行者可以变卖不动产和其他资产来满足还本付息的需要。因此,普通公债是所有市政债券中信用等级最高的。

收入债券(revenue bonds)的本息偿付来自于营利性政府机构或者公共企业,例如自来水和下水道设施机构、公立学区和机场管理机构。许多类似的机构有能力征收税收、收取服务费或管理费(如在机场里的停车费)。收入债券有巨大风险,因为工程收入的任何不足都会危及利息和本金支付。例如,在20世纪50年代后期,芝加哥建造了一条新高速公路,发行了芝加哥高速路收入债券并用新公路的收费来支付。但是由于公路的使用率低于预期,该债券在1964年出现违约并一直违约达30年之久。到了1994年,该高速路的使用率大幅提高,芝加哥高速路收入债券才承诺恢复支付利息。另外一些收入债券违约并且再也不向投资者支付本息。例如,在20世纪70年代至80年代期间,华盛顿公共能源供应系统(WPPSS)为新建五座核电站而融资,发行了数十亿美元的市政债券。然而在1983年,两座核电站的建造计划被取消,而且其余三座核电站的建造看起来也不可能了。因而该收入市政债券最后被华盛顿高等法院宣布作废。无怪乎市政债券投资者把WPPSS债券称为"大叫债券"(whoops bonds)。

最后,许多社区发行**工业收入债券**(industrial revenue bonds)来发展工业或商业地产,为私人谋利。这类市政债券筹集的资金被用于建造新设施,然后将这些设施租赁给公司担保人。工业收入债券的安全性取决于发行机构和公司担保人的信用等级。收入债券的收益率通常高于普通公债的收益率,因为后者的税收来源要比以收费为基础的收入现金流有保障得多。

11.7 债券市场信息与创新

11.7.1 债券信息

如果有人对买卖债券感兴趣,最容易上手的方法是从比较相似债券的价格开始。投资者很容易在金融媒体上找到债券价格信息,如《华尔街日报》、《投资者商业日报》或者《巴伦斯道琼斯商业与金融周报》。这些出版物上都用大版面刊登了最近的债券价格。这些出版物上也提供了关于近期影响固定收益市场的最新评论。投资者必须认识到,金融刊物的债券价格和其他信息反映的是历史状况。当前的价格和交易信息可能会并且也确实在随着当前市场状况的变化而变化。

因特网是另一个富含债券市场信息的地方。许多网站提供广泛的市场数据和各种债券的信息。其中最好的网站是美国债券市场协会设立的。该协会是总部设在纽约的非营利性组织,它发布承销、交易和出售债券的公司和银行的证券信息。美国债券市场协会代表债券协会的利益。该协会向其成员提供立法、管理和市场操作方面的信息,并为该行业回顾总结和应对当前事务提供了一个论坛。该协会还致力于呼吁立法者、管理者、媒体和投资者认识到债券市场的重要性,汇编和研究相关行业的历史数据,把这些信息发布在研究报告中或者债券信息网站(www.bondmarkets.com)上。

11.7.2 债券创新

创新型的固定收益产品被源源不断地引入到市场中来。一些新的证券开始流行,而另一些则慢慢退出了历史舞台。过去50年中引入的新型债券已经有了自己独立的市场。抵押贷款支持证券是这些创新中最激动人心的。这种开始于20世纪60年代的证券已经占据了债券行业最大的市场。其他成功的创新产品包括其他资产支持证券、无息票支付的债券(零息票债券)和布拉迪债券(以美元发行的外国政府债券)。

一些最近的创新产品也取得了成功。美国财政部引入的通货膨胀调整国债看起来也已经为人们所接受。许多其他有趣的债券也开始发行了。例如,1993年迪斯尼发行了到期时间为100年的债券。业内冠之以"睡美人债券"的昵称。此外,保险公司还发行了高收益率的或有索取权的债券。如果保险公司因为一场灾难(地震或者飓风,等等)而遭到巨大损失,那么发行者支付利息、偿还本金的义务就会推迟或者完全豁免。这种债券的优点在于,对于投资者来说,它的定价动态与通常的商业周期无关。因此,它提供了比其他债券更大的分散性。

总结

- **债券承销商**通常包括证券公司和银行,它们在**债券发行者**和**债券投资者**之间起到金融中介的作用。债券发行者在**一级市场**上向承销商出售新债券,然后承销商在**二级市场**上把这些债券出售给投资者。一旦债券发行并出售给个人和机构投资者,债券承销商就会使用它们的资金维持二级市场的活跃。

- 美国短期利率中最重要的是**联邦基金利率**,该利率是由联邦储备银行系统的成员银行向其他成员银行贷款以平衡联邦储备所决定的。比联邦基金利率稍高一些的利率是**欧洲美元拆借短期利率**和**伦敦银行间同业拆借利率**(LIBOR)。

- **无记名债券**或**息票债券**的特征是一年支付两次利息。今天,所有的固定收益证券都是**记名债券**。在到期日,注册人会收到本金的支票。**无担保公司债**是以公司的名誉、信用记录和财务健康状况做担保。无担保债券通常由最大的或信用最好的公司发行。

- **高级债券**在违约事件发生后,比低级债券有财产优先索取权。**抵押债券**或者**设备信托凭证**通常被认为是高级债券,因为它们比其他的债务工具的优先级高。次级债务索取权排在其他债务之后,但是仍然在优先股和普通股的前面。**分期还本债券**是可以依次到期的一系列债券。级别最低的公司债券是**收益债券**。

- 独立的债券评级机构在债券发行时评估债券的风险,并跟踪债券风险的变化。**信用风险**是债券发行人没有能力支付本金和利息造成损失的可能性。**债券信用等级**从最高级的美国国债到**投资级以下的债券**,如垃圾债券或**高收益债券**。因为债券投资者承受了信用风险,故许多债券都比最高信用等级债券的收益率高,这个差距称为**收益率价差**。

- 美国财政部发行债券通常采取公开拍卖的形式。**国库券**交易非常活跃,流动性很高,是美国政府的短期债务。国库券不支付利息,投资者以一定的折价购买。**中期国债**半年支付一次利息,面值为5 000美元、10 000美元或100 000 000美元。**长期国债**的到期日在10年到30年之间。最后,**通货膨胀保值国债**是面值和通货膨胀率挂钩的国债。

- 某些美国政府机构和**政府资助企业**为如"居者有其屋"、农业和教育等活动提供融资。房利美和房地美把这些抵押汇集到多样化的资产包或者该类贷款的资产池中,然后发行以这个资产池产生的利息和支付的本金为权益的股份。这被称为**抵押贷款证券化**。

- 货币市场的**买卖价差**很小,用**基点**来衡量,基点为1%的百分之一,即0.01%。**商业票据**是私人实体发行的货币市场工具。**银行承兑汇票**是指出票人开立的远期汇票,它以银行为付款人,命令其在未来某一确定时刻支付一定金额给收款人。
◎ 州、地方政府及其代理机构通过发行**市政债券**融资。市政债券的税收优惠政策对应税收入很高的投资者很有吸引力。**普通公债**是以发行者的完备信用做担保,以保证按时支付本金和利息的。**收入债券**的本息偿付来自于营利性政府机构或者公共企业创造的收入。许多社区发行**工业收入债券**来发展商业地产,为私人谋利。

习题

11.1 （原书14.2） 债券的一级市场和二级市场有什么区别？

11.2 （原书14.6） 2003年6月4日,通用电气发行的公司债的市场报价为1 144.52美元,该公司债的利息率为6%,预期于2011年10月25日到期。请问购买者愿意为此债券支付多少的溢价？

11.3 （原书14.7） 2002年1月发行了一只TIPS债券,息票率为3½%。该债券于2002年7月、2003年1月、2003年7月支付利息。对于上述四个日期,CPI分别为177.1、180.1、181.7和183.9。在三个支付日,利息支付分别是多少？2002年1月至2003年7月,该债券面值的收益是多少？

11.4 （原书14.11） 利用债券评级对下面四个债券进行排序：(a) 按照收益率降序排列；(b) 按照信用风险升序排列；(c) 按照投资级别降序排列。

公司	穆迪的评级
Bell South	A
Ford Motor Credit	Baa
Credit Suisse First Boston	Aaa
General Motors Acceptance	B

11.5 （原书14.18） Omega公司已经发行了一个在市场上流通的付息债券。该债券的总价值为100万美元,息票率为9%,且该债券到2010年7月1日为止都有偿还保护。这个债券：
a. 是不可赎回的
b. 在2010年7月1日之前都有赎回保护
c. 利用正常运营的资金,现在可以赎回
d. 只要有更低成本的融资,现在就可以赎回

11.6 （原书14.19） 以下陈述中哪一个最好地描述了发行零息票债券如何影响一个公司的财务状况？该公司的：
a. 每年的净利润被高估,直到债券到期
b. 营运现金流在债券的存续期内会减少
c. 投资现金流在债券到期那一年会减少
d. 融资现金流在债券发行那一年会增加

11.7 （原书14.20） 当政府扩张性宏观经济政策的通货膨胀效应被迅速地预测到时,需求刺激政策的主要影响是：
a. 产出的增加
b. 价格水平的提高
c. 失业率的降低
d. 总供给的增加

第 12 章
债券估值

本章学习目标

- 计算债券的价值
- 计算不同类型债券的到期收益率
- 使用久期和凸性计算债券的利率风险
- 讨论可转换债券的性质
- 学习怎样进行债券投资

中国人民银行是我国的中央银行。它是 1948 年 12 月 1 日在华北银行、北海银行、西北农民银行的基础上合并组成的。1983 年 9 月,国务院决定由中国人民银行专门行使国家中央银行职能。1995 年 3 月 18 日,第八届全国人民代表大会第三次会议通过了《中国人民银行法》,至此,中国人民银行作为中央银行以法律形式被确定下来。

央行的政策直接影响到金融市场的情况,对金融体系的各个参数影响巨大。货币的价格为利率。当货币的供给和需求改变时,货币的价格——利率也随之改变。当央行增加货币供给来刺激经济增长时,利率降低;当央行减少货币供给来抑制通货膨胀时,利率上升。市场利率的变动对债券价格和债券组合价值有巨大的影响。在市场利率急剧下降的情况下,长期债券的价值会升高 5% 到 10%;而在利率急剧升高的情况下,长期债券价格会直线下跌。债券组合的管理者经常试图预测市场利率的变动,并且使用杠杆扩大他们的赌注。因为央行的行为可以直接影响利率,所以央行的意图就成为债券投资者和投机者关注的焦点。央行行长是更担心经济增长乏力还是更关注正在出现的通货膨胀?市场利率、债券组合价值和债券组合经理的工作内容都与此密切相关。

12.1 债券估值的相关概念

12.1.1 债券的经济特征

债券是一种定期支付基于债券面值的利息的债务凭证。利率既可以是固定的,也可以是浮动的。大多数债务凭证都是固定利率的。债务投资者通常每年得到两次利息支付。例如,面值1 000美元、息票率为5%的债券以平价出售,其支付的利息是每年50美元,即每6个月获得25美元。债券一般的到期期限为10年、20年、30年。在债券到期日,债券投资者会收到债券的面值。一直以来,利率随着经济情况的变化而改变。如果利率从5%上升到7%,票面利率为5%的固定利率债券仍然每年支付50美元。但是,新发行的违约风险相似的固定利率债券则会支付70美元。这样,支付50美元的老债券将对投资者失去吸引力,它的市场价格将会降低到一个水平,在这个水平上提供给购买者的收益率与利率为7%的债券相同。当**市场利率**(market interest rate)改变时,固定利率债券的价格也随之发生改变。

虽然固定利率债券最为普遍,但是债券市场参与者有时更喜欢利率每日、每月或者每年进行调整。这使得债券的利率可以跟踪市场利率。浮动利率债券的利率会定期重置,以便与**基准利率**(benchmark interest rate)的变动保持一致。短期国库券或者30年期的国债利率是比较流行的基准利率。

另一种流行的债券称为**零息票债券**(zero-coupon bonds),即不支付利息的债券。这种债券的投资者在到期日会收到购买价格和利息。零息票债券的价格是在面值的基础上打一个折扣。例如,面值为1 000美元的债券,期限为30年,收益率为6%,它的价格大约为174美元。在30年后到期时,债券投资者会收到1 000美元。1 000美元和174美元的差价表示收到的利息收入,利率大约为6%。

零息票债券于1982年开始发行。因为发行者不需要定期支付利息,所以零息票债券变得很受欢迎。长期债券投资者也喜欢零息票债券,因为它们消除了**利息再投资风险**(interest reinvestment risk)。现在,美国财政部、公司、州及地方政府都可以发行零息票债券。像其他国债一样,零息国债通常被认为是最安全的,因为它们是由完全的政府信用支持的。市政零息票债券的信用级别也很高,当考虑税收优惠时也能提供具有吸引力的收益。尽管债券持有者没有得到定期的现金支付,公司或者财政部发行的零息票债券也会产生应税收入。每年,零息票债券的持有者必须按在购买期和到期日之间的债券预期增值的一定比例支付税款。

12.1.2 债券的现值

债券价格通常以票面价值的百分比来报价,典型的票面价值为1 000美元。这意味着,98½的债券价格是指债券市值为985美元(=98.5%×1 000美元)。虽然债券的初始值一般是1 000美元,但是从发行日到到期日的时间内,它的价格由市场的供求关系来决定。新发行债券的价格一般接近面值或本金,而流通中债券的价格则会大幅波动。

流通中债券的价格取决于许多因素,包括市场利率、同类债券的供给和需求、信用品质、到期期限和单个债券的税收政策。一般来说,债券的经济价值等于所有预期到的利息和本金支付的现值。

$$债券现值 = 利息的现值 + 本金的现值 = \sum_{t=1}^{T} \frac{现金支付}{(1 + 收益率)^t} \qquad (12.1)$$

其中 T 是到期的年限数,收益率即为与之具有相同经济性质的证券的市场利率。当其他变量保持不变时,市场利率的升高使得上述等式的分母增加,从而降低了债券的价值。当市场利率升高时,债券价值降低,而市场利率的降低则会带来债券价值的上升。

12.1.3 债券定价

为了计算单一债券的价格,投资者需要很多信息,如债券的结算期限、到期日、息票率、到期收益率、偿还价值、利息支付频率和利息计算方法,等等。债券的**结算日**(settlement date)是指购买者有效占有证券的日期。对于一个初始公开发行的债券,结算日为发行日的后一天。在大多数情况下,债券交易是按日结算的,所以结算日随着交易日顺延一天。**到期日**(maturity date)是证券停止获得利息的日期。剩余期限则是到期日与结算日之间的时间。债券估价的另一个重要组成部分是**债券息票率**(bond coupon rate),由票面价值的百分比表示。这个利率与债券的到期收益率不同。债券的偿还价值是在到期日从发行者那里得到的数额。这个数额通常等于面值。大多数债券每6个月支付一次半年期利息。在美国,惯例是以每月30天和每年360天来计算债券利率。

利息支付和债券价格的现值可以使用年金的现值公式很容易地计算出来。因此,公式(12.1)可以描述为:

$$债券价格 = 年金现值(pmt, i, T) + 本金现值(FV, i, T) \qquad (12.2)$$

在年金的公式中,pmt是半年期的息票支付,i 是贴现利率,T 是半年计算的距离到期日的次数。公式(12.2)中的第二个现值函数是在到期日支付的本金的现值。投资者可以使用现值表格、现值公式来很容易地计算债券的价格。债券投资者也可以使用表单软件程序,如Microsoft Excel,快速容易地计算债券价格。

为了便于理解,考虑表12-1给定的债券定价信息。该表表明了如何使用Excel中的现值函数。所有债券的面值为1 000美元,支付半年期利息。以表12-1中的债券(1)为例,息票率为5.5%,或者每六个月27.50美元。到期收益率是5.75%。这也是具有相同支付结构和信用品质的证券的市场利率。债券于1978年1月26日发行,于30年后即2008年1月26日到期,而且最后一次买入是在2007年1月26日。在这次购买时,债券还有一年时间到期,价格为99.76美元(以面值的百分比表示)。这意味着2007年1月

26日的债券的经济价值为997.60美元。

从表12-1的例子中可知,当到期收益率低于债券的息票率时,债券价格超过面值。当市场利率高于债券息票率时,债券价格小于面值。

表12-1 债券定价

	A	B	C	D	E	F	G	H	I	J
1										
2										
3										
4					债券类型					
5			(1)	(2)	(3)	(4)	(5)			
6	面值		$1,000	$1,000	$1,000	$1,000	$1,000			
7										
8	半年期利息		$27.50	$37.50	$25.00	$45.00	$35.00	=(G10*G6)/2		
9										
10	息票率		5.50%	7.50%	5.00%	9.00%	7.00%			
11										
12	到期收益率(市场利率)		5.75%	6.50%	7.00%	7.25%	7.25%			
13										
14	发行日		1978-1-26	1991-2-16	1999-4-9	1987-11-6	2006-10-12			
15										
16	结算日(购买日)		2007-1-26	2007-2-16	2007-1-14	2006-7-16	2006-10-13			
17								=(G18-G16)/365		
18	到期日		2008-1-26	2012-2-16	2020-4-9	2028-11-6	2036-10-13			
19										
20	剩余期限(年)		1	5.0	13.2	22.3	30.0	=-0.1*PV(0.5*G12,2*G20,G8,G6,0)		
21										
22	债券价格(面值的百分比)		99.76	104.21	82.92	119.22	96.96			
23								=G22*10		
24	债券估值		$997.60	$1,042.13	$829.15	$1,192.16	$969.58			
25										

例12-1 某债券每6个月支付25美元,还有三年零一个月到期。债券收益率为每年6%。该债券的价格是多少?

解答

需要知道四个值才能计算债券的价格,它们是:(1)到到期日的时期数;(2)债券到期收益率;(3)每次利息支付的数额;(4)债券的赎回价值。

$$N(T) = 2 \times 3\frac{1}{2} = 6.167 \text{ 期}$$

$$I/Y(i) = 6\%/2 = 3\%$$

$$pmt = 25 \text{ 美元}$$

$$FV = 1\,000 \text{ 美元}$$

把这些数据输入到财务计算器或者表单软件程序中去,计算出债券的价格为972.23美元。

12.2 到期收益率

12.2.1 到期日

债券到期日从隔夜拆借的一天到长期的30年不等。在极少数的情况下,公司和政府还发行到期期限为100年的债券!从到期期限来看,债券可以分为这样几种类型:
- 短期债券的初始到期日最高为5年;
- 中期票据或债券的一般年限为5到10年;
- 长期债券的一般年限为11年或者更长。

一些债券,尤其是抵押债券,都是基于债券预期**平均寿命**(average life)而不是规定的到期时间定价和交易的。当抵押利率下降时,房屋所有者通常会很快搬走,以提前支付他们的抵押贷款。这会降低债券持有者投资的预期平均寿命。当抵押利率上升时,会出现相反的情况。房屋所有者会延迟支付固定利率的抵押贷款来应对上升的利率。在这种情况下,债券持有者通常发现他们的投资持有期比预期的要长。

投资者对更好到期日的选择取决于需要支付本金的时刻、对投资收益的要求和投资者的风险偏好。许多债券投资者更偏好短期债券,因为它们提供相对稳定的本金和利息支付。这样的投资者愿意接受短期债券提供的低回报率。要求更高收益率的债券投资者更偏好长期债券,尽管这样的债券对利率波动和其他市场风险更敏感。

12.2.2 预期收益率的计算

债券收益率是根据支付价格和预期收到的利息和本金计算的投资者的预期收益率。**到期收益率**(yield to maturity)比简单的当前收益率更有意义。当前收益率是债券利息除以当前市场价格。它给出了债券现金回报的大概估计。到期收益率则告诉债券投资者,如果他购买债券并持有至到期日,总的收益率会是多少。

到期收益率比当前收益率蕴涵的信息量更丰富,因为它能够让投资者比较不同到期日和息票性质的债券。债券价格与债券收益率呈负相关。当债券价格下降时,到期收益率上升;债券价格上升,则到期收益率下降。

例如,如果新发行的30年期的债券以1 000美元的价格被买入,承诺的利率为7%(年利息70美元),那么债券的当前收益率和到期收益率都为7%(70美元/1 000美元)。如果该债券到期时间还有30年且在二级市场上以933美元购买,到期收益率就大约等于7.57%。该债券的当前收益率为7.50%(=70美元/933美元)。如果该债券以1 077美元买入,给定每年利息支付70美元,到期收益率大约等于6.42%。当前收益率应该为6.50%(=70美元/1 077美元)。从以上可知,折价债券的到期收益率高于当前收益率,溢价债券则反之。

投资者知道债券价格、债券息票率和到期日后,就能计算出到期收益率。到期收益率是使得债券现金流的现值等于债券现价的贴现率。为了计算到期收益率,投资者必须求出贴现率 i,从公式(12.2)可计算得到如下公式:

$$债券价格 = 年金现值(pmt, i, T) + 本金现值(FV, i, T) \tag{12.3}$$

投资者通常使用财务计算器或 Excel 来计算到期收益率。为了解释清楚,参照表12-2。表格使用了 Excel 中的 RATE 函数。与表12-1一样,所有债券票面价值为1 000美元,而且每半年支付一次利息。以表12-2 中的债券(1)为例,息票利率为4%,或者每6个月20美元。这是1977年7月4日发行的30年期的债券,于2007年7月4日到期,最后一次投资购买是在2006年7月4日。在那次购买日或结算日,债券仍然有一年时间才到期,并且价格为98.21美元,该价格是用票面价值的百分比表示的。这意味着2006年7月4日的价值为982.10美元。

表 12-2　到期收益率的计算

	A	B	C	D	E	F	G
1							
2							
3							
4					债券类型		
5			(1)	(2)	(3)	(4)	(5)
6	面值		$1,000	$1,000	$1,000	$1,000	$1,000
7							
8	半年期利息		$20.00	$35.00	$27.50	$38.75	$36.25
9							
10	息票率		4.00%	7.00%	5.50%	7.75%	7.25%
11							
12	发行日		1977-7-4	1991-2-16	1999-4-9	1990-11-6	2006-10-12
13							
14	结算日(购买日)		2006-7-4	2007-2-16	2007-3-14	2006-7-16	2006-10-13
15							
16	到期日		2007-7-4	2012-2-16	2021-4-9	2030-11-6	2036-10-13
17							
18	剩余期限(年)		1	5.0	14.1	24.3	30.0
19							
20	债券价格(面值的百分比)		98.21	104.65	88.92	106.54	100.00
21							
22	债券估值(美元)		$982.10	$1,046.50	$889.20	$1,065.40	$1,000.00
23							
24	到期收益率(市场利率)		5.87%	5.91%	6.73%	7.18%	7.25%
25					=2*RATE(2*G18,G8,-G22,G6,0)		

从表12-2的债券定价例子中知道,当债券价格小于票面价值时,到期收益率超过息票率;当债券当前的市场价格大于票面价值时,到期收益率小于债券的息票率。

例12-2　考虑如下息票债券。债券每6个月支付25美元,还有三年零一个月到期。债券的价格为972.23美元。该债券的收益率是多少?

解答

需要知道四个值:(1)距离到期的期限数;(2)债券价格;(3)每次的利息支付;(4)债券的赎回价值。

$$N(T) = 2 \times 3\frac{1}{12} = 6.167 \text{ 期}$$

$$PV = 972.23 \text{ 美元}$$

$$PMT = 25 \text{ 美元}$$

$$FV = 1\,000 \text{ 美元}$$

注：为了把现金流输入到财务计算器中，现金回报和现金支出必须使用不同的符号。在这个例子中，PV 为负（−972.23 美元），因为你必须购买债券以得到现金流。计算器计算得到的收益率为 3%。注意，该收益率是按 6 个月计算的。我们计算出年收益率为 6%（=2×3%）。

这个例子（以及表 12-1 中的例子）表明，在债券的五个变量的其中四个已知的情况下，另一个变量可以被很容易确定出来。

12.2.3 可赎回条款

大多数债券在发行时含有**可赎回条款**（call provisions），即允许发行者在某一特定时间以特定价格购回债券。发行者通常在市场利率大幅下跌后赎回债券。通常情况下，当债券被赎回时，发行者向债券持有者支付债券面值加上一年的利息。当发行者的信用品质因为良好的商业预期或者政府机构的税收增加而显著上升时，债券也会被赎回。如果债券被赎回，赎回日通常是每年支付利息的两天中的一天。债券被提前赎回的原因很明显。当利率下降或者信用品质上升时，新债券可以以更低的利率发行。公司像房东们一样想对自己的债务再融资。可赎回条款对发行者是很有利的，因为发行者得到了一个再融资的机会，类似于一个看涨期权。**赎回保护期**（call protection）是指在这一时期内，发行人不得行使赎回权。

可赎回条款对于债券投资者是一把双刃剑。如果利率下降或者信用上升，债券可能会在到期日前被赎回。这制约了债券市场价格的上升空间，降低了投资者的投资收益率。如果利率上升或者信用品质下降，债券价格暴跌，可赎回条款可能不会执行。结果，投资者在不利的债券价格波动面前只能持有债券至到期日。可赎回条款必须在债券的通告中详尽列出。可赎回债券通常有更高的预期收益率，以补偿债券可能被提前赎回的风险。

赎回收益率（yield to call）与到期收益率的计算方法相同，但是它假定投资者在赎回到期日收到债券的面值以及一个赎回溢价。可赎回条款对于那些在二级市场上交易的溢价很大的债券尤其重要，因为这样的债券很有可能被赎回。可赎回条款对于那些折价很大的债券则不太重要，因为发行者不太可能赎回这些债券。

虽然许多债券包含的可赎回条款给了债券发行者一个以更好利率再融资的选择权，但同时债券**回售条款**（put provisions）也给了债券投资者一个在到期日前以特定价格把债券卖给发行者的选择权。当利率上升，或者发行者的信用品质快速下降或受到下降的严重威胁时，债券投资者就会履行该条款。

例 12-3 使用 Excel 函数计算债券价格和收益率。债券支付的息票率为 7.25%，2015 年 6 月 1 日到期。

（1）如果今天是 2006 年 11 月 11 日，市场利率为 6%，计算债券的价格。

（2）如果债券价格在 2007 年 3 月 18 日变为 111.85，到期收益率为多少？

（3）如果债券可以在 2010 年 6 月 1 日赎回，支付面值加一年的利息，那么在 2007 年 3 月 18 日赎回的收益率为多少？

解答

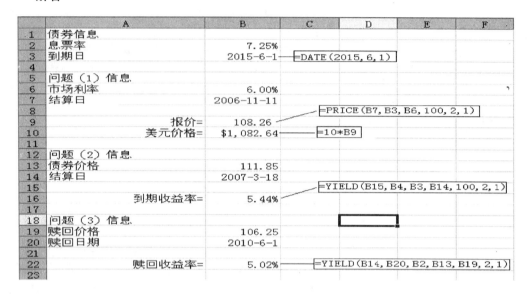

12.3 利率风险

12.3.1 市场条件的变化

债券从发行到到期，它在二级市场的价格随着市场信用状况和发行者信用品质的变化而波动。二级市场上债券价格的连续波动反映了投资者不断变化的预期。因为所有的长期债券都使用信用市场的总体信息进行定价，所有的长期债券都对市场范围内的利率变化很敏感。这被称为**利率风险**（interest rate risk）。

当利率上升时，新发行的债券承诺支付的利息要高于以前发行的债券。结果，当市场利率上升时，未到期债券的市场价格就会下降到使得其到期收益率与新发行债券的高收益率相同。同样地，当市场利率下降时，未到期债券的市场价格将上升到使得其到期收益率与新发行债券的低收益率相同。债券投资者必须意识到债券价格逐日波动。如果债券投资者卖掉他以前购买的债券，可能会获得资本利得，也可能会遭受资本损失。在利率波动很大的时期，债券投资者得到的盈利和遭受的损失都可能很大。尽管信用级别最高的机构发行的期限极短的债券的风险极小或者没有风险，但即使是信用质量最高的发行者发行的长期债券也可能包含了实质性的利率风险。

表12-3解释了息票率为6%、票面价值为1 000美元的不同国债的利率风险。这些数据显示了不同国债对利率升降的敏感程度。假设一个两年期国债每年支付60美元的利息加上面值。如表12-3所示,两年内每年支付60美元利息、期末再支付1 000美元面值的国债的市场价值对利率很敏感。如果利率上升,这种债券的市场价值会下降到足以与更高票面利息的新发行债券相竞争。如果利率下降,这种债券的价值将会上升。

表12-3 面值为1 000美元、息票率为6%的国债的利率风险

债券类型	到期日	随着利率的上升,债券价值的下降(%)			随着利率的下降,债券价值的上升(%)		
		+1%	+2%	+3%	-1%	-2%	-3%
国库券	6个月	0	0	0	0	0	0
中期国债	2年	-1.84	-3.63	-5.38	1.88	3.81	5.78
中期国债	5年	-4.16	-8.11	-11.87	4.38	8.98	13.83
中期国债	10年	-7.11	-13.59	-19.51	7.79	16.35	25.75
长期国债	20年	-10.68	-19.79	-27.60	12.55	27.36	44.87
长期国债	30年	-12.47	-22.62	-30.96	15.45	34.76	59.07

许多投资初学者不理解债券价格是如何随着市场条件的变化而变化的。如果新发行的两年期国债的利率上升1%,如从6%上升到7%,则旧的债券必须下降到足以提供给后继投资者相当于7%的到期收益率。以两年期债券为例,利率1%的上升引起未付的两年期国债价值下降大约1.84%。如果利率上升3%,即使是非常短的两年期债券的市场价值也会下降5.38%。

对于更长期限的债券,债券价格对利率变动的反应会更加剧烈。当市场利率从6%上升到7%时,息票率为6%、以面值出售的30年期国债的市场价格将会下降12.47%。如果利率上升3%,即从6%上升到9%,则该30年期国债的价值会下降30.96%!当然,当利率下降时,长期债券的波动性会对债券投资者有利。如果长期利率下降1%,如从6%下降到5%,息票率为6%、以面值出售的债券的价值会上升15.45%。如果长期利率下降3%,如从6%下降到3%,则该30年期债券的价值将上升59.07%。

从上面的分析可以看出,利率下降造成的债券价值上升的比例与利率上升造成的债券价值下降的比例并不对称。这是因为,债券价格的上升理论上是无限制的,但任何债券价值的下降比例都不会大于100%。注意,如果债券价值下降了三分之一,那么,价格需要上升50%才能收回你的初始投资。

虽然市场利率变化1%在每天和每月中并不常见,但这样的变动在一年之中并不罕见。如图12-1所示,我国的10年期国债在2006年4月只有2.8%的发行利率,而到了2007年12月,发行利率已经达到4.5%,可见利率在一年之中变化很大。从不同年限国债发行利率的变化可知,期限越长,价格受到市场利率变化的影响越大。

因为债券收益率每日、每周或每月的变化都相当小,所以债券收益率的变化都是用

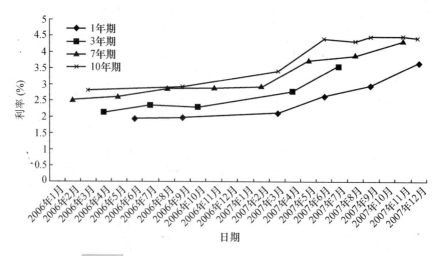

图12-1 我国记账式国债(含特别国债)发行利率走势图

资料来源:中国国债协会。

基点的形式来报价,一个**基点**(basis points)等于1%的百分之一。因此,利率上升1.25%就是利率上升125个基点,收益率下降0.30%则表示收益率下降30个基点。

12.3.2 影响当前利率的因素

债券市场波动最重要的影响因素是市场利率的变化。利率变动是对很多因素的反映,这些因素包括信贷供求关系的变化、中央银行政策、财政政策、汇率、经济情况、市场心理和通货膨胀预期。

一般的公众经常对这样一个事实很困惑,即债券价格对积极的经济新闻时常做出负面的反应。对这种现象有个简单的解释,即债券市场是通货膨胀预期的晴雨表。债券投资者害怕通货膨胀率的上升,因为它降低了未来利息和本金的购买力。预期通货膨胀率的增加会提高市场利率,降低现有债券的价值。因此,任何可能升高和在未来升高通货膨胀率的报道都会提高利率,降低债券价格。"好"的经济新闻,例如低失业率或者高零售额,对于债券是典型的"坏"消息,会降低债券价格;"坏"的经济新闻,如高失业率或低经济增长率,则会降低通货膨胀预期,对于债券是"好"消息。当通货膨胀预期减弱时,债券价格会上升。债券价格和收益率是朝相反的方向运动的。债券收益率在经济条件好的时候会上升,繁荣的经济对债券价格不利;相反,债券收益率在经济条件差的时候会下降,萧条的经济对债券价格有利。

12.3.3 利率的期限结构

30年国债被广泛认为是债券市场的"指示针",并被债券投资者跟踪观察,就像中国的上证指数和深证指数被股市投资者跟踪观察一样。一般说来,债券投资者希望补偿投资长期债券带来的很高的利率风险。所以，处于相同风险等级的债券，到期期限与到期收益率之间有着直接的正相关。把风险相似的债券的收益率按照到期年限从短到长，用一条线连接起来，能最好地体现这种相关性。这样的线叫做**收益率曲线**（yield curve），用来描述**利率期限结构**（term structure of interest rates）。

利率期限结构描述了到期收益率与债券的到期期限之间的关系。图 12-2 显示了 2007 年 12 月 28 日中国交易所国债市场的利率期限结构。**流动性偏好假说**（liquidity preference hypothesis）认为，向上倾斜的收益率曲线给了长期债券投资者一个持有期风险溢价。利率期限结构的这一解释被学术界和实务界广泛接受。另一个理论称为**市场分割假说**（segmented-market hypothesis），认为收益率曲线反映了机构投资者的对冲以及对特定到期日债券的需求。该假说对某些市场异象从"**追随者效应**"（clientele-effect）的角度给出了强有力的解释，例如短期债券有时提供与长期债券相同，甚至更高的收益率。

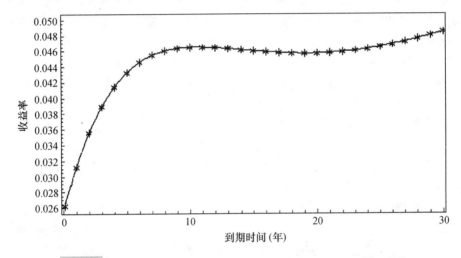

图 12-2　2007 年 12 月 28 日的中国交易所国债市场的利率期限结构

从图 12-2 中也可以看出收益率曲线通常向上倾斜的属性。这反映了这样一个事实，即长期债券的利率风险相对来说更高一些，投资者在长期债券上的投资需要一个利率风险溢价。如果收益率曲线是"陡峭"的，则与长期债券的收益率相比，短期债券的收益率相对较低。陡峭的收益率曲线说明，债券投资者买入期限长的债券、卖出期限短的债券会得到明显的收益。如果收益率曲线相对"平坦"，则短期利率和长期利率的差异相对较小。这意味着，延长债券持有期限所带来的回报相对较小，从而相对保守的债券投资者通常会选择期限较短的债券。当短期债券的收益率比长期债券的收益率高的时候，我们称收益率曲线发生了"反转"。反转的收益率曲线反映出利率下降的强烈预期，有时被认为是经济衰退的信号。

12.4 久期与凸性

12.4.1 久期

债券的到期期限是指支付所有利息和本金所需要的时间。假定其他条件保持不变，到期期限越长，债券价格对市场利率的变动越敏感。但是，到期期限不能完全反映出债券风险，因为它忽略了不同息票和本金支付对定价的影响。

考虑当利率突然升高1%（或100个基点）时，三种不同债券的价格变化情况。第一个债券息票率为6%（半年支付一次），将在8年后到期。如果当前利率为5%，则债券价格为1 065.28美元（使用财务计算器，$N=16$，$I/Y(\text{or } i)=2.5$，$PMT=30$，$FV=1\,000$）。如果利率上升1%，价格将变为1 000美元。价格下降了65.28美元，下降幅度为6.1%。第二种债券与第一种类似，但是到期期限为15年。该债券在利率改变前以1 104.65美元出售，利率改变后价格为1 000美元。利率上升1%，债券价格下降9.5%。可见期限较长的债券价格对于利率的变动更敏感，风险也更大。第三种债券也与第一种类似，但息票率为3%。在利率上升前，该债券卖869.45美元；在利率改变后，该债券的价格为811.58美元。利率升高1%，债券价格下降57.87美元，下降了6.7%。与长期债券一样，息票率较低的债券价格对于利率的变动更敏感，风险也更高。

为了评估债券的风险水平，把债券到期期限与息票水平结合起来考虑是很有用的。金融学家弗雷德里克·R.麦考利（Frederick R. Macaulay）提出了一种称为**久期**（duration）的方法，为债券持有者提供了一种对市场利率风险更直接的评估方法。久期是对债券经济寿命的估计，通过计算利息和本金的加权平均来得到。在久期计算中，每次现金流的权重等于该现金流的现值占债券的总市场价值的百分比。债券的久期以年为单位，衡量债券价格对市场利率变化的敏感程度。久期越短，债券价格对市场利率的波动越不敏感；久期越长，债券价格对市场利率的升降越敏感。用来计算久期（有时也被称为**麦考利久期**）的公式为：

$$\text{久期} = \frac{\sum_{t=1}^{T} \dfrac{t \times \text{现金流}_t}{(1+\text{收益率})^t}}{\sum_{t=1}^{T} \dfrac{\text{现金流}_t}{(1+\text{收益率})^t}} = \frac{\sum_{t=1}^{T} \dfrac{t \times \text{现金流}_t}{(1+\text{收益率})^t}}{\text{债券价格}} \quad (12.4)$$

其中t是距离收到第t期现金流的时间，收益率的时间单位是1期。这个公式看起来很复杂，但原理很简单，即把各期现金流的现值按照收到它们的年限加权平均。该公式的分母是债券未来利息和本金支付的现值。因此，分母等于债券当前的市场价格。

12.4.2　久期与债券价格

久期是比较不同面值、息票和到期期限的债券的利率风险的一种方式。因为到期日只是久期公式的一部分,所以到期期限相同但息票不同或赎回权不同的债券也有不同的久期。对于债券持有者,当久期等于债券投资者的投资年限时,价格波动和再投资带来的风险被消除,或者被免疫。银行和其他金融机构使用这个概念来匹配它们的金融资产和债务,并且锁定它们的贷款组合的利润率。因此,久期概念的主要用途是为了进行**风险免疫**(risk immunization)。

从公式(12.4)可知,久期取决于债券的到期期限、承诺现金支付的规模和到期收益率(或者市场利率)。这些关系在表 12-4 的例子中可得到更进一步的解释。通过这些例子可以看出,到期期限更长意味着久期更长,因此风险更大。债券的息票率有助于决定久期,因为当收到更高的利息收入时,债券投资者将更快地收回初始投资。因此,息票率越高,久期就越短。在其他条件相同的情况下,可赎回债券比不可赎回债券的久期更短。久期概念的核心思想很简单;债券投资者越快地收回投资,投资的风险就越小。

表 12-4　久期

	债券类型				
	(1)	(2)	(3)	(4)	(5)
面值	$1,000	$1,000	$1,000	$1,000	$1,000
半年期利息	$0.00	$37.50	$25.00	$0.00	$35.00
息票率	0.00%	7.50%	5.00%	0.00%	7.00%
到期收益率(市场利率)	6.00%	6.75%	7.00%	8.25%	7.50%
发行日	2003-1-26	1981-6-30	1999-4-9	1994-9-12	2006-10-12
结算日(购买日)	2007-1-26	2006-6-30	2007-1-1	2006-7-21	2006-10-13
到期日	2008-1-26	2011-6-30	2020-4-20	2024-9-12	2036-10-13
剩余期限(年)	1	5.0	13.3	18.2	30.0
债券价格(面值的百分比)	94.26	103.14	82.86	23.04	94.06
债券估值(美元)	$942.60	$1,031.40	$828.63	$230.38	$940.64
久期(年)	1.0	4.3	9.4	18.1	12.5
修正久期	1.0	4.1	9.1	17.4	12.0

=DURATION(D16,D18,D10,D12,2,0)　　=MDURATION(E16,E18,E10,E12,2,0)

如表 12-4 所示,支付息票利息的债券的久期通常比到期期限短。久期随着到期期限的增加而增加,但是增加速度比后者慢。对于零息票债券来说,债券投资者直到到期才收到支付,久期等于到期期限。如果两个债券具有相同的息票率和收益率,有更长到期期限的债券有更长的久期。如果两个债券有同样的收益率和期限,息票率更低的债券有更长的久期。久期还随着息票支付或到期收益率的增加而减小。

久期的概念可以被修正以测量债券价格对到期收益率变动的敏感度。修正久期可以由久期除以(1+到期收益率)计算得出：

$$\text{修正久期} = \frac{\text{久期}}{1 + \left(\dfrac{\text{到期收益率}}{\text{每年付息次数}}\right)} \quad (12.5)$$

修正久期给出了市场利率变动1%时债券价格变动百分比的一个估计：

$$\text{债券价格变动百分比} = -1 \times \text{到期收益率变动百分比} \times \text{修正久期} \quad (12.6)$$

公式(12.6)中的负号表示债券价格与利率的变动方向相反。例如,在表12-4中的债券(4),修正久期为17.4意味着,当利率上升1%时,零息票债券的价格大约下降17.4%;或者当利率下降1%时,债券价格上升17.4%。能够理解久期概念的债券投资者就能对固定收益投资的风险进行评估,从而根据自身情况来选择承担适当的风险。

投资者经常同时购买几种不同类型的债券。债券投资者想知道他们的债券组合随着利率的改变如何改变,而不是每种债券随着利率的改变如何变化。债券组合的久期可以通过计算每种债券久期的加权平均来得到,权重是每种债券的价值占综合总价值的百分比。考虑一个由表12-4中的一份债券(1)和两份债券(2)组成的组合。该组合的总价值为3 005.40美元(= 942.60美元 + 2×1 031.40美元)。组合中债券(1)的权重为0.314(= 942.60美元/3 005.40美元),债券(2)的权重为0.686。根据表12-4中给出的三种债券的久期,可计算出该组合的久期为3.26年(= 0.314×1.0 + 0.686×4.3)。使用这种方法,投资者可以计算出修正久期,并了解债券组合的利率敏感度。

对于单独的债券,久期能很快地使用公式计算出来。领先的债券共同基金族,如Vanguard投资集团公司,都定期计算和公布其债券基金的久期。其他刊物,包括《晨星基金》和《价值线共同基金报》(*The Value Line Mutual Survey*),也报告基金的久期信息。

例12-4 考虑表12-4中的债券(2),如果利率下降0.5%,债券价格将如何变化？

解答

该债券还有5年时间到期,因此还将支付10次37.50美元的利息,以及本金1 000美元。债券价格为1 031.40美元,收益率为6.75%。使用公式(12.4),久期可以计算为：

$$\text{久期} = \left[\frac{0.5 \times \$37.50}{1.0675^{0.5}} + \frac{1 \times \$37.50}{1.0675^{1}} + \frac{1.5 \times \$37.50}{1.0675^{1.5}} + \cdots\right.$$

$$\left. + \frac{4.5 \times \$37.50}{1.0675^{4.5}} + \frac{5 \times (\$37.50 + \$1\,000)}{1.0675^{5}}\right] \div \$1\,031.40$$

$$= 4.3(\text{年})$$

因此,使用公式(12.5),修正久期为:4.3/1.0337 = 4.16。

收益率0.5%的下降将使债券价格增加 - (- 0.5%)×4.16 = 2.08%,也就是使债券价格增加21.45美元(= 2.08%×1 031.40美元)。

12.4.3 凸性

修正久期测量债券价格对到期收益率变动的敏感度。**凸性**(convexity)测量修正久期对利率变动的敏感度。如果修正久期可以被认为是到期收益率变化所带来的债券价格变动的速度,凸性则是到期收益率变化所带来的债券价格变动的"加速度"。表12-5给出了30年期、6%息票率的债券和5年期、6%息票率的债券的到期收益率、债券价格以及修正久期。从中可以注意到,30年期债券的价格要比5年期债券的价格对于利率变动更敏感;从中也可以看出,30年期债券的修正久期比5年期债券的修正久期的凸性更大。

表12-5 债券价格受收益率变化的影响取决于到期收益率

收益率(%)	30年期、6%的债券		5年期、6%的债券	
	价格(美元)	修正久期	价格(美元)	修正久期
1.00	2 293.14	19.42	1 243.26	4.44
1.50	2 083.90	18.85	1 215.99	4.43
2.00	1 899.10	18.29	1 189.43	4.41
2.50	1 735.61	17.72	1 163.55	4.39
3.00	1 590.70	17.15	1 138.33	4.37
3.50	1 462.05	16.58	1 113.77	4.35
4.00	1 347.61	16.02	1 089.83	4.34
4.50	1 245.62	15.46	1 066.50	4.32
5.00	1 154.54	14.91	1 043.76	4.30
5.50	1 073.06	14.37	1 021.60	4.28
6.00	1 000.00	13.84	1 000.00	4.27
6.50	934.37	13.32	978.94	4.25
7.00	875.28	12.81	958.42	4.23
7.50	821.97	12.32	938.40	4.21
8.00	773.77	11.85	918.89	4.19
8.50	730.09	11.39	899.86	4.18
9.00	690.43	10.95	881.31	4.16
9.50	654.34	10.53	863.21	4.14
10.00	621.41	10.12	845.57	4.12

上述关系也可以用图形表示出来。在图12-3中,纵轴是债券价格,横轴是到期收益率。图中画出了30年期和5年期债券的价格-收益率曲线。价格-收益率曲线表示债券价格的变动对到期收益率的影响,该曲线是凸向原点的。曲线上任何一点的斜率是在该到期收益率水平上债券的久期。收益率越低,斜率越大。因此收益率越低,久期越长。斜率变化的速率就是凸性。因此,凸度描述价格-收益率曲线的弯曲程度。

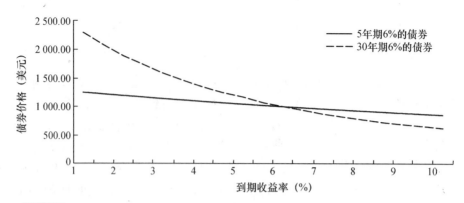

图 12-3 30 年期、6% 的债券的价格-收益率曲线比 5 年期、6% 的债券更加凸向原点

5 年期债券相对低的凸性反映为具有较小斜率的比较平坦的价格-收益率曲线。30 年期债券较大的凸性反映为具有较大斜率的更加陡峭的价格-收益率曲线。在这个例子中,30 年期的长期债券比 5 年期的短期债券的凸性更大。

计算凸性的公式和计算久期的公式有很多相似之处。公式为:

$$凸性 = \frac{\sum_{t=1}^{T} \frac{(t^2 + t) \times 现金流_t}{(1 + 收益率)^t}}{债券价格 \times (1 + 收益率)^t} \tag{12.7}$$

久期公式与凸性公式的不同之处包括:在凸性的计算公式中,现金流乘以 $t^2 + t$ 而不是 t,分母包括一个收益率的函数。

凸性随着价格-收益率曲线而增大,因为当收益率改变时,现金流时间权重的波动比收益率更大。一般来说,息票越低,期限越长,收益率越低,则凸性越大。对于收益率很低、期限很长的债券,低到期收益率的很小变化就会导致债券价格的巨大变化;而对于高收益率的短期债券,高到期收益率的很大变化才会引起债券价格的显著变化。

使用久期和凸性使我们可以对债券价格随利率变化的程度作出更加准确的估计。把凸性对价格的影响加入到关于债券价格变化的公式(12.6)中去,结果为:

$$债券价格变动百分比 = -1 \times 到期收益率变动百分比 \times 修正久期$$
$$+ \frac{1}{2} \times 凸性 \times (到期收益率变动)^2 \tag{12.8}$$

注意,公式(12.8)中必须使用收益率变动的小数形式。把凸性考虑进去后,可以提高对债券价格随利率变动程度的预测精确度。在利率发生大幅波动的情况下,精确度的提高是很重要的。

例 12-5 计算表 12-4 中债券(2)的凸性。债券的修正久期是 4.16。如果利率下降 0.5%,债券价格会受到怎样的影响?

解答

使用前面的信息计算。使用公式(12.7),凸性的计算为:

$$凸性 = \left[\frac{(0.5^2 + 0.5) \times \$37.50}{1.0675^{0.5}} + \frac{(1^2 + 1) \times \$37.50}{1.0675^1} + \cdots \right.$$

$$+ \frac{(5^2 + 5) \times (\$37.50 + \$1\,000)}{1.0675^5} \Big] \Big/ \$1\,031.40 \times (1.0675)^2$$

$$= 21.49$$

使用公式(12.8),收益率0.5%的下降会使债券价格增加:

$$-(-0.005) \times 4.16 + \frac{1}{2} \times 21.49 \times (-0.005)^2 = 2.11\%$$

增加值为 21.73 美元(=2.11% ×1 031.40 美元)。该答案比仅用久期计算出来的价格高 28%。

12.5 可转换债券

12.5.1 可转换债券的特征

可转换债券(convertible bond)是一种特殊的公司债券,可以在某种情况下转换为更低级别的证券。许多可转换债券可以转换为普通股。可转换权利的条款事先已经在**契约协议**(indenture agreement)、债券合同中列明,可以根据债券持有者的意愿执行。可转换债券是一个直接融资工具和一份期权的混合,是一种混合债券。

例如,可转换债券规定某只面值为1 000 美元的债券可以转换为25 股股票。这种情况下,**转换率**(conversion ratio)为25∶1。转换期权也可以转换价格的形式表示。**转换价格**(conversion price)是公司同意股票和债券进行转换的价格。如果契约规定转换价格为每股40 美元,则一张1 000 美元的债券可以转换为25 股股票。这等于说转换率为25∶1。在一些实例中,可转换债券契约可能会规定转换率随时间而改变。第一个五年中转换价格可能是40 美元,下一个五年可能是50 美元,以此类推。这样变化的目的是推动快速转换,从而降低利息费用。为了保护债券持有人,可转换债券一般有防止稀释的特性。如果公司要分拆股票为2∶1,且股票分拆前转换率为25∶1,则分拆后的转换率为50∶1。股票分红对转换率和转换价格有相似的影响。

转换价值(conversion value)是可转换债券转换成低等级证券后的证券价值。对于债券转换成普通股,转换价值通常表示为转换后得到的**等值普通股**的价值。因为可转换债券提供的收入溢价高于低等级证券提供的收入溢价,所以它们在市场上的出售价格比等值普通股要高。**转换溢价**(premium to conversion)是现在可转换债券的市场价格超过转换价值的百分比。**保本期**(break-even time)是指转换溢价被高等级证券和低等级证券之间的收入差别抵消所需要的年限。

12.5.2 可转换债券的定价

假设XYZ公司的普通股,支付25 美分的红利,市场价格为每股20 美元。又假设

XYZ 公司的可转换债券息票率为 7%，出售价格为 80（或者 800 美元），可以以每股 40 美元转换为股票。细节参看表 12-6。

表 12-6　可转换债券定价的例子

票面价值	$1 000
市场价值	$800
转换价格	$40
XYZ 公司普通股的市场价格	$20
股票的每股分红	$0.25
股票的股息收益率（$0.25/$20）	1.25%

转换率 = 票面价值/转换价格 = $1 000/$40 = 25∶1
转换价值 = 等值普通股数量 × 股票价格 = 25 × $20 = $500
转换溢价 = $\dfrac{\text{债券的市场价格} - \text{转换价值}}{\text{转换价值}} = \dfrac{\$800 - \$500}{\$500} = 60\%$
保本期 = $\dfrac{\$800 - \$500}{\$70 - (\$800 \times 1.25\%)} = 5$ 年

　　因为投资于可转换债券比投资于等值普通股要提前获得利息收入，因此可转换债券与等值普通股相比，通常以溢价出售。在本例中，债券的市场价值为 800 美元，比等值普通股的价值 500 美元高出 300 美元。这意味着该债券的转换溢价为 60%〔=（800 美元 -500 美元）/500 美元〕。

　　保本期是转换溢价被可转换债券的更高收入抵消所需要的时间年限。在本例中，一只 20 美元的股票支付 25 美分的红利，为股票持有者提供 1.25% 的收益率。在公司股票上投资 800 美元，股票持有者可以赚到 10 美元（=0.0125 × 800 美元）的红利收入。相反，同样投资 800 美元在可转换债券上，债券的持有者可以赚取 70 美元的利息收入。以每年计算，可转换债券的持有者可以多赚 60 美元。因为可转换溢价为 300 美元，持有者需要五年的时间来收回转换溢价。在本例中，保本期为 5 年（=300 美元/60 美元）。

　　可转换债券对有耐心的、长期的投资者有吸引力。如果投资者希望在一个较长的时期内购买并持有某一证券，可转换债券是一个性价比较高的投资。在上面的例子中，如果投资者想购买并持有 XYZ 公司的股票五年或更长的时间，购买可转换债券比购买股票更好。可转换债券的购买者倾向于持有证券到期，然后将其转换成股票。但如果预期的红利收入超过预期的利息，则应该早点将其转换为股票。

　　例 12-6　MNO 公司的普通股，每股支付 35 美分的红利，市场价格为每股 55 美元。MNO 公司也有 6% 的可转换债券，出售价格为 118 美元，可以每股 50 美元的价格转换为股票。转换率为多少？转换价值为多少？转换溢价为多少？可转换债券的持有者应当将其转换为普通股吗？

　　解答
　　转换率为 $1 000/$50 = 20∶1
　　转换价值为 20 × $55 = $1 100

转换溢价为 $1 180 - $1 100 = $80

可转换债券持有者每年赚6%的利息，即每年60美元。转换为20股股票可以每年赚取7美元的红利收入。持有可转换债券允许投资者赚取更高的年现金流，并保持转换溢价。如果投资者继续看好公司的前景，可转换债券应当被继续持有而不是转换为股票。

12.6 债券投资策略

12.6.1 为什么要投资债券？

债券之所以吸引投资者是基于两个重要的原因：稳定收入和分散化。债券的利息收入通常比投资于货币市场基金、存款凭证或银行存款的利息收入更高、更稳定。但是，债券更高的收入也伴随着更高的风险。许多投资者，尤其是需要现金收入的退休人员，把债券作为他们投资组合中相当大的部分。股票市场的许多投资者也会持有债券，来平滑他们总投资组合价值的不可避免的波动。虽然债券价格也随价值波动，但与股票的变动方向和幅度经常不同。

大多数财务顾问推荐投资者建立一种分散化的投资组合，组合中包括股票、债券和现金准备，具体依个人情况和投资目标而定。因为债券通常提供可预测的利息和本金，许多投资者将其视为一种保本并赚取可靠利息收入的途径。固定收益证券的多样性为投资者不同的投资目的提供了多样化的选择。

12.6.2 资产配置

因为投资风险是无法避免的，所以投资者最好采取经过时间检验的风险管理策略。进行风险管理的一个重要工具是认识到长期收益是由经济基本面决定的，但恐惧与贪婪使得短期收益波动。当处于人们情绪高涨的疯狂牛市中时，就像在20世纪90年代后期的情况，投资者必须严格执行他的资产配置目标，而不能变得过于激进。成功的长期投资者在面对股价的剧烈下跌时也不会惊慌，就像2000年至2002年的熊市中发生的那样。当在熊市中股价下降20%到25%的时候，你会怎样反应？在这个时候你更倾向于买还是卖？最好提前问自己这些问题。预先警告就是预先准备。

表12-7显示了一系列资产配置决策的投资结果，投资者可以权衡投资于股票、债券和现金的比例。它报告了从1950年到现在各种组合的平均年度收益率、损失年数和最大年度损失。该表比较了四种不同资产配置组合与只包含股票的"积极成长型"组合的年收益率。在"成长型"组合中，80%分配给股票，20%分配给国债。"成长收入型"组合包括60%的股票和40%的国债。另外两个资产配置组合是"平衡型"组合和"收入型"组合。其中，"平衡型"组合包含40%的股票、40%的国债和20%的国库券，"收入型"组合包含20%的股票、20%的国债和60%的国库券。

表 12-7　资产配置可以帮助投资者达到风险和收益的平衡（1950—2008）

资产配置类型	年度收益率	风险（标准差）	风险报酬（协方差）	最佳混合的频率	损失年份占比	最大损失率（年度）
积极成长型（100%的股票）	13.27%	17.24%	1.30	64.3%	23%	-26.47%（1974年）
成长型（80%的股票、20%的国债）	11.90%	14.19%	1.19	0%	25%	-20.31%（1974年）
成长收入型（60%的股票、40%的国债）	10.52%	11.60%	1.10	7.1%	20%	-14.14%（1974年）
平衡型（40%的股票、40%的国债和40%的国库券）	8.85%	8.55%	0.97	5.4%	18%	-7.25%（1974年）
收入型（20%的股票、20%的国债和60%的国库券）	6.88%	4.70%	0.68	23.2%	0%	0.09%（2002年）

资料来源：联邦储备公告。

资产配置最主要的好处是大大降低了风险。当使用年度收益的波动率计算风险时，"收入型"组合的年度收益波动率大约是"积极成长型"组合的一半。但是，如此高风险带来的收益也很高，"收入型"组合的收益是"积极成长型"组合的收益的一半。

12.6.3　基于到期期限的策略

如果一个债券组合只包括短期债券，会使得价格高度稳定但是赚取的收益率很低。相反，一个全部投资于长期债券的组合的收益率相对较高，但是价格波动会很大。如果债券投资者寻求较高的利息收入和最小的价格波动，可以使用一种称为"**梯形配置**"（laddering）的基于到期期限的策略。

当投资者使用一系列特定到期期限的债券构造一个组合，从而完成了一次债券"梯形配置"时，源于利率波动的损失的风险就会被降低或者消除。例如，假如一个投资者在2、4、6、8、10年中有融资需求，则可以通过购买适当数量的到期期限为2、4、6、8、10年的债券来构造一个梯形组合。在每两年的年末，都有足够的债券到期以满足投资者的融资需求。这种组合不需要在到期期限前卖出债券，从而市场波动带来损失的风险也被消除了。债券梯形配置的好处是显而易见的。梯形组合的收益率比只含有短期债券的组合的收益率要高。这样一个组合的风险也比仅有单一到期期限的债券或者长期债券的组合的风险更小。

杠铃策略（barbell strategy）也是通过投资于多个到期期限的债券来限制价格波动风险。杠铃策略不是把组合分为一系列到期时间不同的债券，而是把组合集中在短期和长期债券。例如，某种杠铃策略可能是将组合集中于6个月期的国库券和30年期的国债。这样的组合的到期期限可以加权平均为8年到10年，且承担很小的价格波动来得到很高的利息收入。

债券互换（bond swap）涉及固定收益证券的同时买卖。投资者可能会有各种各样的动机来进行债券互换，比如想改变组合的平均期限、信用品质、利息收入或者达到其他一些目的。一个比较普遍的动机是避税。任何投资者以低于买入价格卖出债券而受到账面损失时,该损失可以被用来抵消其他的资本利得和上限为每年3 000美元的普通收入。在一个债券互换交易中,投资者可以卖掉低于买入价格的债券,同时再以相同的价格买入一个类似的债券。通过这种互换,投资者把账面损失变为实际损失,可以用来抵消资本利得和普通收入。同时,投资者保持了具有同样预期收益率和风险特性的债券组合。

总结

◎ 债券的经济特性包括债券的利息、价格、到期收益率、偿还结构以及信用品质。这些因素与流行的**市场利率**一起,决定了债券价值以及满足投资者特定投资目的的程度。**浮动利率债券**的利率跟随市场基准利率变动。**零息票债券**避免了**利息再投资风险**。**已发行债券**的价格取决于几个因素,包括当前市场利率、同类债券的供给与需求、信用品质、到期期限和债券的税收状况。

◎ 债券的**结算日**是购买者正式拥有证券的日期。**到期日**是该证券不再产生利息的日期。债券估值的另一个重要因素是**息票率**,用面值的百分比表示。**债券偿还价值**是发行者在到期日收到的金额。该金额通常等于面值,一般为1 000美元。大多数债券半年支付一次利息。在美国,一般按每个月30天和每年360天来计算利息。

◎ 债券收益率有用的衡量指标是**到期收益率**,即如果债券被持有到不再产生利息时的总利率。大多数债券有**赎回条款**,允许发行者在规定日期赎回债券。**赎回保护期**是新债券发行后限制赎回的时间期限。

◎ **赎回收益率**告诉债券投资者如果债券被持有直到被赎回能获得的总收益。债券被赎回的日期为**赎回日**。一些债券有回**售条款**,赋予投资者在利率上升、发行者的信用状况恶化或者一系列可能使信用恶化的事件发生的时候把债券卖回给发行者的权利。

◎ 因为长期债券价格至少部分地反映了市场整体的信用状况,长期债券价格都对市场利率的变化很敏感。这被称为**利率风险**。因为债券收益率的每日、每周或每月的变动相对较小,债券收益率变动通常用**基点**表示,一个基点等于1%的百分之一。

◎ **收益率曲线**是把风险相似的债券的收益率按照到期年限从短到长用一条线连接起来。它描述了利率的期限结构状况。**流动性偏好假说**认为上升的收益率曲线给了长期债券投资者一个风险溢价。这种解释有广泛的证据支持。另一种观点称为**市场分割假说**,认为收益率曲线反映出机构投资者的对冲以及对特定到期日债券的需求。**久期**是债券经济寿命的估计,通过计算利息和本金的加权平均来得到。久期越长,利率涨跌对债券价格的影响越大。久期最重要的应用是**风险免疫**。**修正久期**是久期除以(1 + 到期收益率)。修正久期可用于估计当市场利率变动1个百分点时债券市场价格的变动百分比。**凸性**衡量修正久期对到期收益率变动的敏感度。

◎ **可转换债券**是一种特殊的公司债券,可以在某种情况下转换为更低级别的证券。可转换期权的条款事先已经在**契约协议**或债券合同中列明,可以根据债券持有者的意愿执行。例如,一个面值1 000美元的可转换债券可以转换成25股股票,其**转股比率**就为25∶1。**转换价格**是公司同意股票和债券进行转换的价格。**转换价值**是可转换债券转换成低等级证券后的证券价值。对于债券转换成普通股,转换价值通常表示为转换后得到的股票的价值。**转换溢价**是现在可转换债券的市场价格超过转换价值的百分比。**保本期**是指转换溢价可以被高等级证券与低等级证券之间的收入差别抵消所需的年限。

◎ **资产配置决策**是投资者做出的如何在股票、债券和现金投资中进行风险-收益平衡的决策。债券投资者试图用最小的价格波动赚取最大的利息收入。如果债券投资者寻求较大的利息收入和最小的价格波动,可以使用一种称为"梯形配置"的基于到期期限的策略。**杠铃策略**不是把组合分为一系列到期时间不同的债券,而是把组合集中在短期和长期债券。**债券互换**涉及固定收益证券的同时买卖。

习题

12.1 10年期、息票率为7%的债券,价格为1 050美元。该债券可在三年内
(原书15.2) 被赎回,赎回价格是票面价值加一年的利息。该债券的赎回收益率是多少?

12.2 某债券票面价值为1 000美元,息票
(原书15.3) 率为9%,每年支付两次利息,且于6年后到期。该债券以1 205.6美元出售。计算到期收益率。

12.3 债券到期时间的概念与麦考利久期
(原书15.5) 和凸性的区别在哪里?

12.4 息票率为8%、每半年支付一次利息
(原书15.6) 的债券于2005年12月被购入。该债券将在10年后到期,其到期收益率为11%。该债券的久期是多少?

12.5 计算习题12.4中债券的修正久期。
(原书15.7) 如果市场利率变化1%,该债券的市场价格将变化多少?

12.6 计算一个修正久期为3.5的债券,当
(原书15.12) 利率上升30个基点时,债券价格的百分比变化。

12.7 一位固定收益部门的经理预测几个
(原书15.16) 月后利率将下降。下面哪种到期时间和息票率的组合最可能使资产组合价值上升最多?

	到期时间	息票率
A	2015	10%
B	2015	12%
C	2030	10%
D	2030	12%

12.8 一位分析人员在考虑关于一半年付
(原书15.17) 息债券的如下信息(面值为1 000美元):

面值	1 000美元
修正久期	10
现价	800美元
到期收益率	8%

如果到期收益率增至9%,用久期来预测价格的下降,下面哪项最接近:

A. 80.00美元
B. 77.67美元
C. 76.92美元
D. 75.56美元

12.9 某新发行的10年期无期权的债券在
(原书15.18) 2000年6月1日为平价债券。该债

券的息票率为每年8%。2003年6月1日,该债券的到期收益率为7.1%。第一笔利息收入按照8%再投资,第二笔利息收入则以7%再投资。2003年6月1日的债券价格最接近:

A. 面值的100%
B. 面值的102.5%
C. 面值的104.8%
D. 面值的105.4%

12.10 不可赎回债券的利率风险最可能与下面哪项同向变动:
(原书15.19)

A. 无风险利率
B. 债券的息票率
C. 债券的到期时间
D. 债券的到期收益率

12.11 内含期权的债券的利率敏感性由下面哪项计算最准确?
(原书15.20)

A. 凸性
B. 有效久期
C. 修正久期
D. 麦考利久期

第 13 章
共同基金

本章学习目标
- 理解基金的组成和定价
- 了解共同基金的优缺点
- 能够评价基金的表现
- 评价基金经理的激励
- 认识到税收分配对基金收益的影响

9 200 多万美国人拥有总价值超过 9 000 亿美元的共同基金。美国市场上有大约 8 000 多只不同的基金,这些基金由超过 600 家共同基金公司管理。根据投资公司报告(参考 www.ici.org),世界范围内有超过 180 亿美元的资金投资于共同基金。因为投资者可以很容易地把资金从一只基金转移到另一只,所以表现好的基金很可能会有大量的现金流入,而且基金管理公司还可从中获得快速增长的投资管理费和巨额的利润。

直到最近,基金行业给人的印象都是非常遵纪守法的。但是,一桩丑闻在本世纪初被披露了出来。纽约司法部部长埃利奥特·斯皮策(Eliott Spitzer),发现基金存在延迟交易的非法行为,以及这些基金偏袒对冲基金和其他大型客户。延迟交易行为包括在闭市后发出的指令。在某些例子中,基金的大型客户被允许在闭市后按照滞后价格进行交易,滞后价格是指没有反映出延迟发布的消息的价格。比如说,如果政府在华尔街闭市后发布利率方面的利好信息,则非法延迟交易会使购买者获得高额利润。同样地,当负面消息在闭市后公布出来时,卖空者也能通过以滞后价格抛售股票来获利。斯皮策还发现,一些共同基金允许某些对冲基金频繁从事短线交易,使投资于共同基金的其他投资者背负昂贵的交易成本。

投资者对基金丑闻的愤慨导致了涉嫌丑闻的基金管理公司的基金份额被大量赎回,而其他一些诚实对待所有投资者的基金公司的基金份额则被大量买入。基金公司已经认识到,公平对待每一个投资者是对一个可信赖的投资顾问的本质要求。投资者也认识到,时刻对投资项目保持警惕是非常必要的。

13.1 共同基金概述

13.1.1 什么是共同基金?

共同基金(mutual fund)是一个向公众发行股份的投资公司。从基金股份持有者那里得到的资金被汇集起来,然后投资于股票、债券或者货币市场证券来满足特定的投资目的。专业的管理者按照声明的投资策略进行基金组合中的不同投资。一些基金主要投资于能够提供长期收益的证券,另一些基金投资于能够立即提供收益的证券,还有一些基金关注特定的行业或者特定类型的证券。许多基金力争实现多重目标。

在一个共同基金里,每个投资者按比例分享基金投资产品产生的盈利和损失。同样地,投资者也按比例承担基金运作带来的经纪费用、管理费用和其他运营成本。大部分共同基金为**开放式基金**(open-end funds),投资者在任意工作日可以以每份基金的现金储备、股票和债券的价值卖出他们的份额或者购买新的份额。共同基金的股票、债券和现金储备的每份价值被称为基金的**资产净值**(net asset value, NAV),如公式(13.1)所示。

$$NAV = \frac{资产的市场价值 - 组合负债}{发行的基金份额数} \tag{13.1}$$

所有的共同基金都有一个基金经理或者投资顾问,他根据明确的投资目的直接操作投资。基金的投资目的通常是长期增长、高的当前回报和本金安全性的某种结合。根据共同基金的投资目的,它会投资于普通股、纳税和不纳税的债券,以及货币市场工具。

共同基金已经存在了80多年。历史最悠久的基金在各种各样严峻的经济和政治环境中存活了下来,经历了如大萧条和第二次世界大战这样的严峻形势。共同基金在这么长的历史中,从来没有像今天这样流行过。根据投资公司协会统计,美国的投资者将近900亿美元委托给8 000多家基金公司。共同基金资产大约占到股票和债券市场整个市值的四分之一。共同基金的信息都可以从投资公司协会(Investment Company Institute, ICI)的网站(www.ici.org)上得到,该协会是一个代表共同基金、单位投资信托和封闭基金的全国范围的协会。ICI是一个主要由其成员支持的非营利性组织。ICI的宗旨是代表其成员和基金持有者处理关于基金监管、税收、营销、行业统计和市场研究等事务。

例13-1 某共同基金包括1亿美元的组合资产和300万美元的短期债务。如果该基金发行了10 765 000份,则该基金的NAV是多少?如果资产组合价值上升至103 000 000美元,那么NAV又将变为多少?

解答

使用公式(13.1),

$$\mathrm{NAV} = \frac{资产的市场价值 - 组合负债}{发行的基金份额数}$$

$$= \frac{10\,000\,万美元 - 300\,万美元}{1\,076.5\,万份} = 9.010\,7\,美元/份$$

在资产价值改变后，NAV 变为

$$\mathrm{NAV} = \frac{资产的市场价值 - 组合负债}{发行的基金份额数}$$

$$= \frac{10\,300\,万美元 - 300\,万美元}{1\,076.5\,万份} = 9.289\,4\,美元/份$$

或者上升了 3.09%。

13.1.2　中国基金业的发展现状

我国基金业的发展可以分为三个历史阶段：

第一阶段是从 1992 年至 1997 年 11 月 14 日《证券投资基金管理暂行办法》(以下简称《暂行办法》)颁布之前的早期探索阶段。1992 年 11 月，我国国内第一家比较规范的投资基金——淄博乡镇企业投资基金(简称"淄博基金")正式设立。该基金为公司型封闭式基金，募集资金 1 亿元人民币，并于 1993 年 8 月在上海证券交易所挂牌上市。淄博基金的设立揭开了投资基金业发展的序幕，并在 1993 年上半年引发了短暂的中国投资基金发展的热潮。但基金发展过程中的不规范性和积累的其他问题逐步暴露出来，多数基金的资产状况趋于恶化。从 1993 年下半年起，中国基金业的发展因此陷于停滞状态。

第二阶段是从《暂行办法》颁布实施以后至 2001 年 8 月的封闭式基金发展阶段。1997 年 11 月 14 日，国务院证券管理委员会颁布了《暂行办法》，为我国基金业的规范发展奠定了法律基础。1998 年 3 月 27 日，经中国证监会批准，新成立的南方基金管理公司和国泰基金管理公司分别发起设立了规模均为 20 亿元的两只封闭式基金——"基金开元"和"基金金泰"，由此拉开了中国证券投资基金试点的序幕。至 1999 年年初，我国共设立了 10 家基金管理公司。截至 2001 年 9 月开放式基金推出之前，我国共有 47 只封闭式基金，规模达 689 亿份。

第三阶段是从 2001 年 9 月以来的开放式基金发展阶段。2000 年 10 月 8 日，中国证监会发布了《开放式证券投资基金试点办法》。2001 年 9 月，我国第一只开放式基金——"华安创新"诞生，使我国基金业发展实现了从封闭式基金到开放式基金的历史性跨越。从近年来我国开放式基金的发展看，我国基金业在发展中表现出以下几方面的特点：一是基金品种日益丰富，基本涵盖了国际上主要的基金品种；二是合资基金管理公司发展迅猛，方兴未艾；三是营销服务创新活跃；四是法律规范进一步完善。总体而言，中国基金业虽然发展迅猛，但是目前正处于一个新兴市场的初级阶段，行业集中度还不明显。随着基金管理公司数目的增长、外资机构的纷纷进入，一些各方面资源不足、资产管理规模有限、业绩不能有效改善的公司将难以生存，由此会引发行业界的整合。

13.1.3 共同基金的类型

投资者有不同的目的,所以就需要不同类型的共同基金来帮助他们完成各自不同的目的。表 13-1 列出了基金的三种基本类型:货币市场基金、债券型基金和股票型基金。

表 13-1　共同基金的类型

基金类型	投资者目的	这些基金持有什么	基金成长潜力	当前收入能力	本金的安全性
货币市场基金					
应税货币市场基金	当前收入,本金安全	现金投资	无	中等	很高
免税货币市场基金	免税收入,本金安全	市政现金投资	无	中等	很高
债券型基金					
应税债券基金	当前收入	广泛的政府和/或公司债券	无	中等到高等	低等到中等
免税债券基金	免税收入	广泛的市政债券	无	中等到高等	低等到中等
股票型基金					
平衡型基金	当前收入,资本增长	股票和债券	中等	中等到高等	低等到中等
证券收入	增长中的红利收入,低波动率	高收益率股票,可转换债券/B、P/E 的股票	中等到高等	中等	低等到中等
价值型基金	低波动率,增长潜力		中等到高等	低等到中等	低等到中等
增长与收入	收入增长和资本利得	支付红利的股票	中等到高等	低等到中等	低等到中等
国内增长	资本增长	潜在高增长的美国股票	高	很低	低
国际增长	分散化增长	美国以外公司的股票	高	很低到低	很低
高增长	资本的高增长	潜在的很高增长的股票	很高	很低	很低
小盘	分散化高成长	小公司的股票	很高	很低	很低
专业化	设定的高增长率	工业部门的股票	高到很高	很低到中等	很低到低等

货币市场基金(money market mutual funds)持有现金储备,或者政府、公司或金融机构发行的短期债务工具。90 天或更短期限的美国国债和银行存款凭证是两种流行的现金投资工具。**债券型基金**(bond funds)投资于公司或政府机构发行的债务工具。债券基金可以分为短期、中期和长期的,或者根据信用品质或税收状态来划分。**股票型基金**(stock funds)是基金中最普遍的一种,包括证券收入基金、价值型基金、成长型基金、高成

长型基金、小公司基金和国际基金。

13.1.4 共同基金信息的来源

在互联网时代,信息的散播非常快。大家可以通过出版物和网络获得自己想要知道的基金信息。出版物包括各证券公司的基金投资报告,如华安基金的投资报告等。网络则是更加方便的查询基金咨询的媒体,百度公司(www.baidu.com)公布的《百度风云榜·基金行业报告(第二期)》透露,在网民关注的众多基金行业信息中,基金媒体的受关注程度达24.81%,甚至超过了对基金代码和基金公司的直接关注,这也说明,近四分之一的基金网民是直接通过网络搜索和访问基金媒体来了解基金信息的。

晨星公司是行业领先的基金信息提供商(如图13.1所示)。晨星公司不是由共同基

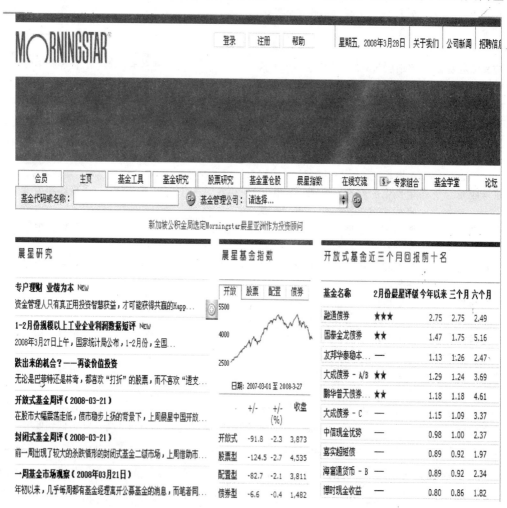

图 13-1 cn.morningstar.com 是基金投资者查询信息的首选

资料来源:晨星中国网站,www.cn.morningstar.com。

金拥有、运作或持有的,所以投资者可以信任晨星提供的客观数据和分析。财务投资策划者和其他投资专家通过晨星来帮助自己进行投资决策。电视、报纸和杂志邀请晨星的编辑和分析家们对突发的基金相关新闻进行权威的评论。晨星公司是第一家跟踪个人基金经理表现的公司,也是第一家计算基金盈利账面比的公司、第一家对基金持有股票作基础分析的公司。

晨星公司在网站上发布独特的所有权分析、交互工具、信息更新和市场报告。在该网站上可以查询到开放式基金、封闭式基金的排行榜,大家可以通过研究各基金的历史业绩来决定自己的投资方向。表13-2列出了晨星公布的3年期回报最高的前二十只基金,这些基金都是晨星认为历史业绩最好的基金,可以供投资者参考。晨星网站还列举了最近1个月、1年期、2年期的基金的历史表现,如表13-3给出了开放式基金近3个月回报的前十名。

表13-2 中国3年期回报最高的前二十只基金

基金代码	基金名称	1天回报(%)	1周回报(%)	1个月回报(%)	3个月回报(%)	6个月回报(%)	1年回报(%)	2年年化回报(%)	3年年化回报(%)	设立以来总回报(%)	标准差(%)	晨星风险系数
000011	华夏大盘精选	-3.35	-2.60	-11.47	-9.48	-3.34	81.46	156.89	96.71	655.11	34.72	0.71
375010	上投摩根中国优势	-3.95	-6.04	-18.85	-21.95	-19.35	54.27	112.23	79.38	483.84	34.70	0.97
100020	富国天益价值	-2.03	-2.94	-12.26	-20.10	-10.80	44.49	96.20	70.49	470.27	30.24	0.85
160605	鹏华中国50	-1.97	-2.61	-14.35	-19.77	-18.30	48.55	102.28	69.67	370.41	30.82	0.92
184713	基金科翔	—	-0.70	-11.82	-7.93	-6.07	70.89	106.41	69.67	584.77	29.06	1.01
162703	广发小盘成长	-3.06	-5.09	-15.95	-23.16	-24.73	38.36	90.54	68.49	366.23	33.10	1.15
110002	易方达策略成长	-2.20	-2.90	-14.30	-22.81	-24.43	44.91	97.58	68.16	469.97	36.80	1.15
500002	基金泰和	—	-2.52	-15.54	-15.24	-12.31	65.03	103.66	68.07	605.38	26.62	0.71
184712	基金科汇	—	0.56	-10.70	-8.57	-4.53	71.95	102.30	67.29	630.41	28.09	0.81
160505	博时主题行业	-2.22	-3.78	-14.97	-24.60	-17.51	62.92	101.00	65.58	362.18	26.57	0.75
162204	泰达荷银行业精选	-1.95	-2.70	-12.83	-23.17	-25.76	49.99	94.17	64.89	356.95	35.60	1.28
110005	易方达积极成长	-1.75	-2.15	-12.25	-17.95	-17.86	49.85	92.21	64.16	361.61	33.63	1.06
184692	基金裕隆	—	0.29	-11.17	-12.46	-17.40	76.31	101.12	63.49	468.15	27.81	1.00
162605	景顺长城鼎益	-2.76	-5.15	-15.31	-23.21	-21.55	45.82	97.03	63.26	335.16	31.39	1.02
240005	华宝兴业多策略增长	-2.26	-2.79	-9.90	-9.42	-11.54	75.18	98.18	63.07	320.16	28.91	0.68
002001	华夏回报	-1.26	-1.03	-6.56	-10.68	-7.93	72.45	91.75	62.87	382.82	27.32	0.79
151001	银河银联稳健	-1.81	-2.74	-14.08	-21.28	-19.56	41.25	90.74	62.37	307.53	29.17	1.03
270002	广发稳健增长	-1.05	-2.24	-14.18	-21.31	-22.85	54.19	83.48	62.15	360.26	31.54	1.29
270001	广发聚富	-1.99	-3.26	-11.59	-18.09	-17.60	44.50	85.56	62.00	401.72	27.70	0.93
184703	基金金盛	—	-0.84	-11.32	-11.45	-13.96	67.52	92.78	61.85	389.32	29.27	1.03

资料来源:晨星中国网站,www.cn.morningstar.com。

除了晨星网站外,还有其他很多网站也提供详细的基金信息和投资报告,如基金中国(www.fundschina.com)、中国基金网(www.chinafund.cn)和中国基金网(www.cnfund.cn)等网站,都各具特色。有兴趣的"基民"可以访问它们的主页来获取自己需要的信息。

表 13-3　晨星中国开放式基金近 3 个月回报前十名

基金名称	2 月份晨星评级	今年以来	3 个月	6 个月	1 年
融通债券	★★★	2.75	2.75	2.49	6.79
国泰金龙债券	★★	1.47	1.75	5.16	7.51
友邦华泰稳本	—	1.13	1.26	2.47	3.30
大成债券—A/B	★★	1.29	1.24	4.61	9.76
鹏华普天债券……	★★	1.18	1.18	4.61	9.14
大成债券—C	—	1.15	1.09	3.37	9.10
中信现金优势	—	0.98	1.00	2.37	3.90
嘉实超短债	—	0.89	0.92	1.97	4.30
海富通货币—B	—	0.89	0.92	2.34	4.05
博时现金收益	—	0.80	0.86	1.82	3.23

注：收益率单位为%，评级为两年星级。　　　　　　　　　　截止日期：2008-03-28
资料来源：晨星中国网站，www.cn.morningstar.com。

13.2　共同基金的优点和缺点

13.2.1　共同基金的优点

大多数共同基金持有不同形式的资产。分散化股票型基金持有的大盘股和小盘股广泛分布于不同行业中。分散化的债券型基金持有各种各样的由不同发行者发行的债券，这些债券具有不同的到期期限结构、息票率和信用品质。通过把资金聚集在一起并投资于这些分散化的股票型和债券型基金，股份持有者能够达到一定的分散化水平，而很少有投资者能够依靠自己的能力达到这种水平。当投资者持有一个精心挑选的共同基金时，他们能够把资产分散到许多不同的证券和资产类型中去。这样做也能明显降低一家公司或资产类型带来损失的风险。

共同基金的另一个主要好处是能够在一个合理的成本下保持专业的投资管理。专业投资管理者决定买卖哪种证券是基于广泛的公司研究、市场信息和熟练的交易员提供的真知灼见。专业管理是很有价值的服务，因为投资者没有时间或者专门技术去仔细调查金融市场上数以万计的股票和债券。同样地，投资者也没有时间和能力来每天管理他们个人的投资。

此外，共同基金还有一个好处，就是为投资者带来了便利。资金可以根据投资者的需要从一只基金流向另一只。每月自动投资一定数额，或者自动赎回一定数额，可以很容易地通过在投资者银行账户和基金账户之间进行电子转账来实现。根据投资者的选择，利息和红利收入可以直接支付给基金股份持有者，也可以自动再投资。大多数基金也提供广泛的记录查询服务。这可以帮助投资者跟踪基金的交易,观察基金的表现,协助完成纳税申报单。基金表现可以在每天的报纸上(如《华尔街日报》)以及许多金融网站上查到。

13.2.2 共同基金的缺点

共同基金受到 SEC 和州证券官员的广泛监管。相关规定主要集中于投资信息被完全和公平披露的需要。对基金的监管并不能消除资金损失的风险。共同基金投入到股票和债券市场的资金每天都会发生变化。有时候这种波动会很明显。

虽然广泛的分散化投资降低了持有单一证券发生价格垂直下降这样的灾难性损失的风险,但是也同时消除了持有单一证券发生价格火箭般上升这样巨大收益的可能性。分散化无法避免金融市场整体下降带来损失的风险。某些特定行业的基金可能在经济周期中的某些时期遭受明显的损失。

此外,一些共同基金还有一个缺点,即收取高额的管理费用和销售佣金(但这一点是可以避免的)。在大多数情况下,共同基金以成本很低的方式购买股票和债券。但是,如图 13-2 所示,共同基金的成本和税收有时会大大削减投资组合的财富。如果没有成本或税收,收益率为 10% 的 100 美元投资在 40 年后会变为 4 526 美元。如果共同基金管理费用和相关费用使得总收益仅下降 1%,这样的组合 40 年后将仅增长到 3 141 美元。如果每年有 30% 的资本利得税,组合在 40 年后仅仅增长到 1 152 美元。当通过收取销售费用的零售经纪人和其他专业投资机构购买基金时,这样的费用会急剧地减少基金持有者赚取的收益。相反,无费用基金由基金管理公司直接卖给投资者,不需要缴纳佣金。所以基金持有者必须十分小心地比较不同基金的总成本,以确定一个成本最低的选择。

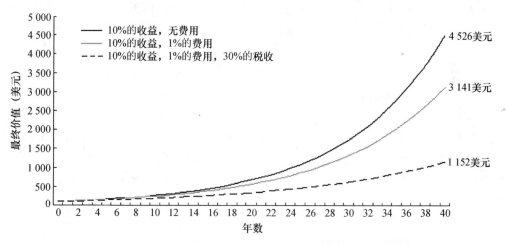

图 13-2 10% 收益下费用和税收的影响

13.3 共同基金的业绩

13.3.1 投资收益的来源

基金的**总收益**(total return)是用来度量共同基金表现的最佳标准,总收益包括红利和利息收入、实现的与未实现的资本增值。基金的总收益反映了投资价值随着时间而改变的情况。

共同基金通过从所投资的证券(如短期和长期债券)获得的利息收入和普通股获得的红利收入作为支付给份额持有者的当前收入。所有基金在扣除费用后,其收入都以**收入分配**(income distribution)的形式发放给基金份额持有者。货币市场基金和短期债券基金的收入分配一般按月进行,而股票和长期债券基金按季度、半年或一年进行。基金份额持有者可以选择接受现金收入,或者用他们的分红再投资于另外的基金份额。基金份额持有者在开户时可以选择分红的支付方法,并且可以随时改变他们的选择。

当基金买入的证券价值上升时,基金产生未实现的资本利得。**未实现的资本利得**(unrealized capital gains)提升了基金净值。如果某只基金卖出证券并获利,就实现了需要纳税的资本利得。实现的资本利得在12月以**资本利得分配**(capital gains distribution)的形式支付给基金份额持有者。当基金向持有者支付所实现的资本利得时,基金的份额价格就会相应地降低,降低的幅度等于分配的数额。在收入分红的情况下,资本利得分配可以以现金方式支付给份额持有者,也可以用于再投资,以期获得未来的资金升值。当然,股票和债券也可能下降,使得基金遭受资本损失,从而降低基金份额的市场价值。同样地,个人投资者以低于买入价的价格卖出手中的基金份额时,就会遭受资本损失。

例13-2 假设你持有一只基金276.3245的份额。本季度末,该基金宣布收入分配为每份0.511美元,资本利得分配为每份1.245美元。在分配前,基金净值为38.109美元。如果你想把分配再投资于更多的基金份额,那么在分配后你的份额将达到多少?

解答

本次分配总额为每份1.756美元,总计为185.225美元(=1.756美元×276.3245)。分配后基金的净值为36.353美元(=38.109美元-0.511美元-1.245美元)。自动再投资可得到新份额13.3476(=485.225美元/36.353美元)。在收到这些新份额后,你持有的基金份额为389.6721。

13.3.2 共同基金的费用

共同基金的运营费用是要从利息和红利收入中扣除的。只有在该费用被支付后,剩余的净收入才能以红利的形式分配给基金份额持有者。基本的基金运营费用包括投资咨询费、法律和会计服务的成本、邮资、印刷品和相关的服务成本等。这些开销的总和以基金平均净资产的百分比表示,称为基金的**运营费用率**(operating expense ratio)。

基金的年度运营费用率一般从较低的 0.2% 到较高的 2%。年度运营费用率最低的是货币市场基金,最高的是国际股票基金。货币市场基金一般的运营费用为每年 0.5%。对股票型基金而言,每年 1.5% 的运营费用率是很常见的。债券型基金的运营费用率介于 0.5% 到 1.5% 之间,取决于基金规模和投资策略。投资于交易最活跃(流动性好)的股票和债券的大型基金的运营费用率是最低的。投资于流动性很差的市场或者规模更小、风险更高的外国市场的小型基金或者特殊基金的运营费用率一般是最高的。

不管基金类型如何,投资者都必须意识到费用是怎样影响基金的总收益的。这些成本是货币市场基金和债券型基金收益率区别的最重要的来源。一旦债券型基金投资者选择了一个可接受的信用品质和平均到期期限水平,大多数基金在扣除费用前的总收益率都相差不多。高费用可能消耗这个总收益率中的很大一部分。例如,如果某短期公司债券基金的总收益率为 6.5%,且行业平均费用率为 0.86%,那么投资者的净收益率为 5.64%。如果另一只能够有效控制成本的基金具有相同的总收益率但费用率只有 0.3%,则投资者的净收益率为 6.2%。低成本基金的投资者获得的利息收入比平均成本基金的投资者的利息收入高出大约 10%。高成本基金管理者倾向于承担额外的风险以期获得更高的收益。低成本基金则倾向于在比其他基金更低的风险水平上提供更具竞争力的收益率。

许多共同基金也支付一次性销售佣金,或者**销售费用**(load charges)。通常,在购买基金时就要把支付投资数额的一定百分比作为销售费用。这些**前端费用**(front-end loads)通常从 4% 到 8.5% 不等。收取从 1% 到 3% 的销售费用的基金称为**低费用基金**(low-load funds)。销售费用的另一种形式为**后端费用**(back-end loads),是在投资者赎回基金时支付的。后端费用有时也被称为或有延迟销售费用,因为它们的支付时间取决于投资者卖出的决定。当赎回发生在初始投资后的一年内时,后端费用可能会高达 6%。这些费用随着时间而下降,在购买基金份额 7 年后这些费用可能就没有了。

一些基金也向投资者收取额外的费用来支付基金市场营销活动的成本。自 1980 年美国证券交易委员会作出相应规定后,这些营销费用被称为 **12b-1 费用**(12b-1 fees)。根据 SEC 的规定,基金需要披露 12b-1 费用率。虽然没有法律限制基金收取的 12b-1 费用,但是这样的费用通常占到基金年平均净值的 0.25% 到 1%。如果基金收取的 12b-1 费用超过 0.25%,该基金就不能自称为**免佣金的基金**(no-load fund),即使没有其他销售费用。没有前端费用或者后端费用的基金称为免佣金的基金。

有些共同基金也收取各种各样的费用。当投资者把一只基金的份额交换为同一基金族的另一只基金时,每笔交易要收取 5 美元到 25 美元的**转换费用**(exchange fee)。许多基金也允许使用基金的免费电话或者电脑交易系统来转换基金份额。在许多情况下,网上交易收取的费用都比通过其他媒介要便宜得多。每年 10 美元到 25 美元的**账户保管费用**(maintenance fees)也是可以理解的。

我国的基金费用情况如下:从 1998 年年初到 2001 年期间,我国发行的新基金绝大多数是封闭式基金。封闭式基金没有持续性的认购和赎回，它的费用结构相对简单，一般包括初次认购费用、持续性的管理费用、托管费用、持有人大会费用、信息披露费用、会计师和律师费用以及证券交易费等。目前，**初次认购费用**统一为认购额的1%，基金管理费用从基金资产中列支。根据《证券投资基金管理暂行办法》，**基金管理费**按前一日的基金资产净值的2.5%的年费率计提。**托管费**按前一日的基金资产净值的0.25%的年费率计提。**基金交易费用**是指投资者在买卖证券投资基金过程中要支付的费用，如交易佣金（我国原来定为0.25%，不足5元的按5元收取，现在则自由浮动）、登记过户费（按成交面值的0.05%收取，深圳证券交易所还要按流通面值的0.0025%向基金收取基金持有人名册服务费）、分红手续费（按派现金额的0.3%，由登记公司向基金收取）。

而2001年后，我国主要发行的是开放式基金。开放式基金的费用结构与封闭式基金相比，在首次认购费、持续性费用和证券交易费方面，两者的费用率和费用结构是基本一致的，在费用方面的不一致之处主要在于开放式基金存在申购和赎回的费用，而没有基金交易费用。**申购费**是指投资者在申购开放式基金时所支付的费用，这部分费用主要用于基金广告费、中间人佣金和设备费用支出。《开放式证券投资基金试点办法》明确规定，开放式基金申购费率不得超过申购金额的5%。我国规定开放式基金赎回费率不得超过赎回金额的3%，我国大部分基金的**赎回费**按照赎回总额的0.5%收取，作为注册登记费。

13.3.3 共同基金的成本如何影响收益

帮助投资者确定基金成本最好的信息来源是基金的**招股说明书**(prospectus)，该说明书必须在投资者购买基金时或购买基金前提供给所有投资者。美国证券交易委员会要求有关基金销售费用和运营费用的信息在说明书的前面以表格形式清楚地说明。该信息使得基金成本的比较很容易，以帮助投资者识别那些能在低成本下满足他们投资目的的基金。这个费用表包括一个假想的投资者将支付的所有费用，假设他投资10 000美元，投资年限为1、3、5和10年，每年5%的收益率。SEC的规定也使得基金持有者比较基金的销售费用和运营费用率变得容易。支付更高的运营费用或者销售费用可能是有意义的，如果这样做会带来更高的投资收益的话。遗憾的是，没有证据可以证明，有更高费用率或销售费用的基金比成本低的免佣金的互助信托投资基金做得更好。相反，更具成本-效益的免佣金的互助信托基金能留给基金投资者更多的资金来构建长期的财富。

发布的招股说明书费用表如表13-4的第Ⅰ部分所示。该表显示了三只假想基金的所有费用。首先显示的是基金是否在初始投资或红利再投资中收取销售费用。任何交易费用也必须被显示出来。基金的年运营费用的重要部分也要被记录下来。最后一行是基金总的运营费用。虽然这个百分比看起来相当的小，但是很小的节约经过一段长时间的积累也会变为巨大的收益。如表13-4的第Ⅱ部分所示，投资于更具成本-效益的股票型基金所带来的节约效果，从长期来看是非常明显的。

表13-4　基金费用对投资收益有很大的影响

	基金 A	基金 B	基金 C
I．基金招股说明书的费用表格			
基金交易费用：			
销售费用	无	无	4.75%
红利再投资费用	无	无	4.75%
赎回费用	无	无	无
转换费用	无	无	无
年度运营费用：			
管理费用	0.22%	0.60%	0.70%
投资顾问费用	0.02%	—	—
12b-1 营销费用	—	0.30%	—
分配成本	0.02%	—	—
其他费用	0.03%	0.32%	0.26%
总运营费用	**0.29%**	**1.22%**	**0.96%**
10 000 美元的投资所需要的费用*			
1 年	$30	$124	$587
3 年	93	387	823
5 年	163	670	1 077
10 年	368	1 477	1 805
II．股票型基金的成本对长期投资者收益的影响			
初始投资	$10 000	$10 000	$10 000
1 天	10 000	10 000	9 525
5 年	18 189	17 451	16 186
10 年	33 084	30 565	29 689
15 年	60 178	53 145	52 416
20 年	109 458	92 743	92 539
总收益率	13.00%	13.00%	13.00%
运营费用	0.29	1.22	0.96
净收益率	**12.71%**	**11.78%**	**12.04%**

注：该表格列举出三个假想基金的份额持有者的所有费用。该表也表明了投资者在不同的时期内投入 10 000 美元的费用，假设(1)年回报是 5%；(2)在每个期末赎回。

* 此处的费用是根据一年中的平均投资水平收取的。

资料来源：Vanguard，www.vanguard.com。

在假想的例子中，基金 A 是典型的具有成本-效率的**指数基金**(index fund)，用来模拟市场指数的表现，如标准普尔 500。基金 B 是传统的有运营费用但不收取销售费用的股票型基金。基金 C 是收取较少的年度运营费用和销售费用的股票型基金。为了简便起见，我们假定每只基金在计算费用前都赚取了市场平均的利润率 13%。从这三个例子可以看出，基金的高成本是很明显的，但有时候却被忽视了，它限制了基金的长期投资表现。在投资于一只有前端费用或后端费用的基金之前，投资者必须对成本与投资专家给出的投资建议中的价值进行权衡。最后，所有的基金投资者都应该考虑投资于费用率低的基金。营销费用和管理费用的高昂降低了整体收益。

例 13-3 考察三只基金的表现。第一只基金有销售费用,第二只有后端费用而无前端费用,第三只没有销售费用。给定这些信息,计算每只基金的:(a) 一年前以 10 000 美元购买的股份数额;(b) 该年赚取的利润。

	销售费用	一年前的 NAV	今天的 NAV
基金 A	3% 的销售费用	$10.23	$11.25
基金 B	2% 的后端费用	$23.45	$25.79
基金 C	没有销售费用	$44.22	$48.64

解答

A. 基金 A 的股份数:$\dfrac{\$10\,000}{10.23 \times (1+0.03)} = 949.046$ 股

基金 B 的股份数:$\dfrac{\$10\,000}{23.45} = 426.439$ 股

基金 C 的股份数:$\dfrac{\$10\,000}{44.22} = 226.142$ 股

B. 基金 A 的利润:$\$11.25 \times 949.046 - 10\,000 = \$676.77$

基金 B 的利润:

① 如果基金份额没有被卖出,$\$25.79 \times 426.439 - 10\,000 = \$997.86$

② 如果基金份额被卖出,$\$25.79 \times (1-0.02) \times 426.439 - 10\,000 = \$777.90$

基金 C 的利润:$48.64 \times 226.142 - 10\,000 = \$999.55$

观察到三只基金赚取的收益都为其 NAV 的 10%。但是,不是所有的投资者都赚取 10%。基金 A 的投资者赚取 6.77%,因为他们支付 3% 的销售费用。基金 B 的投资者如果没有卖出基金份额,赚取 10%;如果卖出基金份额,那么投资者就要支付后端费用,则投资者只赚取 7.78%。无须支付销售费用的投资者赚取 10%。

13.3.4 基金风格箱

比较不同投资策略和风险水平的基金的表现是很困难的。更一般的做法是比较特征相似的基金。**风格箱**(style box)是根据股票市值和价值增长取向对组合风险进行定性的简单方法。表 13-5 为晨星使用的风格箱的概念。晨星不只是看每个基金自己宣称的投资目的,而且还深入研究每个基金持有的股票。

表 13-5 晨星的九格式风格箱让投资者可以对组合风险和收益进行定性分析

投资策略	价值型策略 (数值<1.75)	混合策略 (1.75≤数值≤2.25)	成长型策略 (数值>2.25)
大盘(前 5%)		标准普尔 500 基准	
中盘(接下来的 15%)		Wilshire 4500 基准	
小盘(底层的 80%)		罗素 2000 基准	

第一步是以股票市值作为基金和投资组合的特征。在美国,最大的 5 000 家公司组成了整个股票市场。市值最大的 250 家公司为"大盘股",接下来的 750 家公司为"中盘股",剩下的 4 000 家公司为"小盘股"。虽然这些数字看起来有点不平等,但相对数量很小的大盘蓝筹股占市场资金总额的很大一部分。标准普尔 500 很适合作为大盘股的基准。中盘组合的表现基准是道琼斯 Wilshire 4500 指数,该指数是由道琼斯 Wilshire 5000 指数减去标准普尔 500 指数得到的。罗素 2000 指数则是小盘股的基准。

为了把不同基金放入风格箱的坐标中,晨星要测定各个基金的持有组合相对于整个市场是便宜还是昂贵。低市盈率(P/E)和低市净率(P/B)的股票通常被定义为价值型股票。相对指标比绝对指标的信息更丰富。晨星关注的是和市值水平相对应的 P/E 和 P/B 比率。换句话说,小盘股基金的 P/E 和 P/B 比率是与小盘股股票的总体状况进行比较,而不是与那些大盘蓝筹股比较。

在晨星风格箱系统中,每个持有组合都有一个相对的 P/E 和一个相对的 P/B 数值。数值为 1.00 表示其 P/E 或 P/B 比率与大盘组合相同。对于每只基金,晨星都使用 P/E 和 P/B 比率计算一个平均的数值,并且把这两个结果加起来。如果一只基金的相对 P/E 和 P/B 加起来超过 2.25,它就被归入风格箱中的成长型基金。如果数值在 1.75 以下,该基金则被认为是价值型基金。数值处于 1.75 和 2.25 之间的基金都被归入混合型基金类型。

有了风格箱信息,投资者就能够充分了解组合管理者的表现。比如,大公司混合风格基金的表现应该与标准普尔 500 指数的表现比较。价值型股票组合的表现可以与从标准普尔 500 分离出来的低 P/B 组合进行比较。成长型股票组合的表现可以与从标准普尔 500 中分离出来的高 P/B 组合进行比较。中盘混合风格的基金和投资组合可以与 Wilshire 4500 指数进行比较。Wilshire 指数的价值和成长部分可以用于衡量中盘股价值和成长型组合的表现。罗素 2000 指数代表市场的小盘股部分,可作为衡量小盘混合风格的基金和组合表现的基准。相同地,罗素 2000 的价值和成长部分可以被用来衡量小盘股价值和成长组合的相对表现。

根据中国市场的特点,中国也开发出了自己的风格箱指数——申万市场风格指数,是用市净率、股本规模、股价价位等市场投资和分析常用的指标划分板块编制的分板块股价指数。指数基期为 1999 年 12 月 30 日,基期指数为 1 000 点。表 13-6 为 2008 年 6 月 4 日的风格指数变动数据表。

表 13-6　申万风格指数变动(2008 年 6 月 4 日)

指数名称	收盘指数	涨跌幅(%)	成交量(股)	成交额(元)
大盘指数	3 003.80	-0.52	3 328 437 311	39 775 806 781.26
中盘指数	2 650.21	-0.52	673 530 149	7 715 478 423.04
小盘指数	2 014.43	-0.41	192 745 236	3 413 650 137.59
高价股指数	2 456.52	-0.52	699 901 985	20 938 557 298.98
中价股指数	2 715.66	-0.85	893 042 117	10 569 439 193.81
低价股指数	4 905.36	-0.82	1 228 976 080	7 618 309 359.59

资料来源:《上海证券报》,2008 年 6 月 4 日。

13.3.5 评价基金的业绩

对投资基金进行评价的目的就是分析基金为投资者带来多高的回报,是否与其"专家理财"的称号相符,因此基金业绩评价实质上是对基金管理人能力高低的评价。

基金投资者评价基金业绩的工具一般有两种类型。投资者可以使用不同的评级工具比较具有相似投资目的的基金的表现。投资者也可以使用第 4 章描述的基于 CAPM 的组合评价工具(如 α、夏普比率和特雷诺指数等)。晨星公司还有自己的一些特殊评价指数,如晨星 β、晨星 α、晨星 R^2 等指数,可以用于对基金业绩做出评价。

在进行"五星"评级之前,晨星公司首先将基金分类,然后对每只基金在其所属类别中的业绩表现进行评级。晨星公司通过该公司提供的风格箱对基金进行分类,该风格箱考虑了基金投资对象(主要是股票)的属性,如公司的平均市值/账面价值比、平均市盈率、价格/预计收益、股息收益率、预计长期收益增长、历史收益增长、销售增长、现金流增长、账面价值增长以及基金最近公布的投资组合市值大小。表 13-7 列出了 2010 年 9 月被晨星评级为"五星级"的中国基金。

表 13-7 晨星评级为"五星级"的中国基金(2010 年 9 月)

序号	基金代码	基金名称	单位净值(元)	晨星评级
1	050008	博时第三产业股票	1.1080	★★★★★
2	162006	长城久富股票(LOF)	1.5001	★★★★★
3	100026	富国天合稳健股票	1.0276	★★★★★
4	481001	工银核心价值股票	0.4014	★★★★★
5	450002	国富弹性市值股票	1.4458	★★★★★
6	000031	华夏复兴股票	1.5380	★★★★★
7	000021	华夏优势增长股票	1.9990	★★★★★
8	159902	华夏中小板 ETF	3.2030	★★★★★
9	377020	上投摩根内需动力股票	1.2296	★★★★★
10	340006	兴业全球视野股票	3.6137	★★★★★
11	180012	银华富裕主题股票	1.3781	★★★★★

资料来源:晨星中国网站,www.cn.morningstar.com。

1996 年起,晨星公司将基金分为四类:国内股票基金、国外股票基金、市政债券基金和应税债券基金。在各类基金下面又进行了细分。对于国内股票基金和外国股票基金,晨星评级采用的评级标准是标准普尔 500 指数,对于市政债券基金和应税债券基金,晨星评级采用的评级标准是雷曼兄弟综合债券指数。对于不同生存期的基金,晨星评级也采用不同的评级期限。

13.4 共同基金的组织形式

13.4.1 治理结构

大多数共同基金依靠其他公司为他们的股东提供服务。例如,很多基金管理公司雇用其他公司来跟踪投资者账户、持有证券和提供账户服务。甚至连营销和投资顾问功能也可能外包给第三方去做。图 13-3 给出了博时基金管理公司的组织结构。

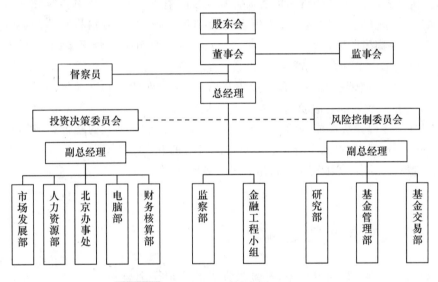

图 13-3 博时基金管理公司组织结构图

资料来源:何孝星,《证券投资基金运行论》,清华大学出版社,2003 年。

基金持有者(mutual fund shareholders)是拥有资产组合股份的投资者。像其他公司的股东一样,他们有对董事会以及变更投资顾问合同相关条款进行投票的权利。股东也有权在基金的投资目的发生重大改变时进行投票,例如从关注价值型到关注成长型的转变。

董事会不参与基金的日常运作,但是与投资顾问签订合同来决定股东应该支付的费用。共同基金董事会的大多数成员是**独立董事**(independent directors),并且他们与基金的顾问们没有很明显的利益关系。**投资顾问**(investment advisor)决定投资组合的组成,可以直接操作或者通过独立的专业资金管理人进行操作。投资顾问雇用一个**主承销商**(principal underwriter)来向公众发售自己的基金份额。投资顾问也可能是**监管员**(administrator),他监督所有提供的服务,或者由投资顾问雇用其他人来担任总经理。**过户代理人**(transfer agent)通常是第三方,执行股东交易和维护股东的信息记录。**托管人**(custodian)是一家银行,它持有组合中的证券,而且法律规定该银行要与投资顾问分离开来。像在其他上市公司一样,基金的董事会雇用一个**独立公共会计师**(independent accountant)来审计基金的财务活动。

13.4.2 共同基金竞赛

基金管理公司按管理资产(AUM)的一定比例赚取收益。例如,管理着 100 000 000 美元资产的基金如果收取1%的管理费用,就将获得 1 000 000 美元的收入。这种安排制造了一种使基金规模最大化的激励。投资者有一种追捧赢家和表现最好的基金的倾向。这种倾向会在基金管理者中间制造出危险的竞赛性质的行为。

为了使旗下的管理资产和资产管理费用实现快速增长,共同基金有采取高风险投资策略的动机。这样高风险的行为可能损害基金投资者的利益,因为基金是在拿着投资人的钱赌博。如果高风险赌博赢了,投资者将得到高回报,基金公司将收到高额管理费用的奖励;而如果高风险赌博输了,投资者会损失很大一部分的投资资金,而共同基金投资管理公司仅仅损失了一个制造利润的机会。从投资者的角度来看,这种"赢了算他们的,输了算我们的"的赌博在对冲基金行业中最常见,该行业的激励性薪酬给了基金管理者高达20%的投资收益而让投资者承担所有的损失。

共同基金表现评级造成的消极影响就是,它们制造了一种**共同基金竞赛**(mutual fund tournament)的氛围,使得基金管理公司只关注自身的利益。表现评级也增强了基金公司进行"业绩粉饰"和采取其他成本高昂的组合策略的动机,这些都损害了基金投资者的长期利益。

13.4.3 赢家是否总是赢?

在对优于大市表现的追求中,基金投资者经常追捧上一年的赢家。但是,追捧上一年的赢家是一种很危险的投资策略。赚取异常高或者异常低的投资收益的基金很可能有非正常的投资组合。如果一只基金把投资集中在很少的一些股票或者行业,很可能得到一个与市场普遍情况很不同的收益。当然,可能是超常地好也可能是超常地糟。大多数在某一年表现非常好的基金在分散化方面都有所欠缺。在去购买表现最好的基金之前,投资者需要问自己这样几个问题:基金中的赢家之所以成功是因为其高超的股票鉴别能力,还是仅仅因为幸运?

识别赢家的方法之一是查看晨星公司的五星级基金。所有这些基金在接到晨星的最高级评级之前都表现得很好。平均来说,这些基金在获得五星评级之前的三年中每年击败市场的程度只有不到5%。但是,在收到晨星的最高级评级后,研究表明这些基金每年的表现倾向于劣于市场大约5%。平均来说,基金的赢家不会总是赢!不幸的是,基金行业中唯一可以保持的表现是不好的表现。晨星评级最差的基金倾向于继续排在最后,因为它们普遍有较高的管理费用。因此,给长期投资者的建议很清晰:不要追随过去的表现,关注那些管理费用低的基金。

13.5 专业化基金

13.5.1 交易所交易基金

最近几十年间,共同基金业最热的新产品称为**交易所交易基金**(ETFs)。ETFs 为投资者提供了投资于任意一种市场指数的一揽子股票的便捷方法。交易所交易基金可以跟踪市场的平均表现,如标准普尔 500 指数;单一行业,如科技板块;国外的主要股票市场,如日本市场。传统的共同基金只能在交易日结束时购买和赎回,而 ETFs 可以在开市时的任何时候买卖。像股票一样,持有 ETFs 也可以是为了实现长期资本升值的目的。ETFs 按季度支付现金红利,这些红利来自于利息和红利收入,每年收取平均 0.1% 到 0.5% 的费用。

在众多 ETFs 中,最流行的是基于标准普尔 500 指数的**标准普尔存托凭证**(SPDRs),被称为"spiders"(SPY),SPDRs 跟踪标准普尔指数的价格表现和股息收益率。投资者通过买卖 SPDRs,可以像买卖股票那样简单地买卖整个标准普尔 500 组合。还有专门跟踪道琼斯工业指数(称为"DIAMONDS")、纳斯达克 100 指数(称为 QQQQs)和标准普尔中盘 400 指数(称为"MidCap SPDRs")的 ETFs。**特定部门指数存托凭证**(select sector SPDRs)也比较流行,它们反映了标准普尔 500 指数的特定市场板块或者行业。特定部门指数存托凭证包括基础工业、消费者服务、消费者常用品、运输物流、能源、金融服务、工业、科技、公共设施和其他板块。

巴克莱全球投资者已经成为发展 ETFs 的最具创造性的公司之一,现在提供了 80 多种指数组合,称为 **iShares**,或者指数单位。投资者可以使用 iShares 交易基于不同的市场指数、投资风格、市场板块、工业和区域构建的投资组合。使用 iShares 可以很容易地获得广泛的股票投资机会。比如,成长型和价值型投资者可用 iShares 跟踪道琼斯、标准普尔 500 和罗素投资集团创造的所有主要的美国市场指数和板块指数的表现;iShares 还可用于跟踪全球股票市场的表现。投资者可以通过投资于 iShares,实现投资地域的广泛多样化,同时投资于发达市场如加拿大、德国和英国,以及新兴市场如中国香港地区、马来西亚和墨西哥。

有 180 多只 ETFs 在全美股票交易所进行交易。ETFs 非常受欢迎。2006 年 2 月 10 日,美国交易最活跃的证券是 QQQQ(对纳斯达克指数的交易),总共有 9 900 万份的交易量。交易量第二高的是英特尔,交易量为 8 200 万股。标准普尔 500 指数 ETF(SPY)的交易量为 6 100 万份。对于长期投资者来说,ETFs 和 iShares 是很有价值的投资工具。详细资料可查看 www.amex.com。

我国自 2004 年推出第一只 ETF——上证 50ETF 后,又陆续发行了另外 4 只 ETF。如表 13-8 所示,到 2007 年为止,我国的 ETF 共 5 只,包括 50ETF(510050)、红利 ETF(510880)、180ETF(510180)、深 100ETF(159901)、中小板(159902)。目前,因受配套制

度的限制,境内的 ETF 产品仍处于导入期,与境外同类产品相比存在着较大的差距。然而,境内证券市场的发展十分迅速,而投资机构在投资与避险上的需求也将进一步与国际接轨。同时,境内证券市场对金融创新和市场开放坚定不移的推动,将不断完善使 ETF 进一步发展的市场环境。因此有理由相信,境内的 ETF 必然会像它在境外成熟市场中一样,迅速地发展壮大,成为证券市场的核心产品之一。

表 13-8 中国五只已上市 ETF 的基本信息

ETF 名称	180ETF	50ETF	红利 ETF	中小板	深 100ETF
基金管理人	华安基金	华夏基金	友邦华泰基金	华夏基金	易方达基金
发布公告日	2006.3.6	2004.11.25	2006.10.24	2005.5.19	2006.2.17
上市日	2006.5.18	2005.2.23	2007.1.18	2005.9.5	2006.4.24
标的指数名称	上证180指数	上证50指数	上证红利指数	中小板指数	深证100指数
标的指数代码	000010	000016	000015	399101	399004
目前成分股数量	150	50	50	66	100
最小申购赎回单位	30 万份	100 万份	50 万份	50 万份	100 万份
抽样方式	抽样复制指数	完全复制指数	完全复制指数	完全复制指数	完全复制指数

资料来源:《上海证券报》,2007 年 2 月 28 日。

13.5.2 封闭式基金

封闭式基金(closed-end fund)是上市交易的投资公司。封闭式基金的股份在纽约证券交易所(NYSE)和全美股票交易所(AMEX)或者纳斯达克股票交易所(NASDAQ)进行交易。封闭式基金通过首次公开发行(IPO)从投资者那里筹集资金,并用这些资金投资于证券。基金发行份额和管理的资产价值在基金 IPO 时是固定的。在此之后,管理的总资产的增长或下降取决于投资的成功与否。在某些情况下,封闭式基金可以通过向公众进行二次发行增加其资金。

封闭式基金提供很广泛的投资选择。广泛多样化的国内封闭式基金反映了组合经理选择股票方法的投资理念。在美国股票型基金中,有一些关注成长性、价值、市场择时、蓝筹股和小盘的基金。许多专业化的封闭式基金关注单一板块,如银行和金融服务业、环境、卫生保健、媒体、黄金和自然资源等。另外一些专业化封闭式基金关注国外市场,如德国、印度、韩国、墨西哥或泰国的股票。一些国外封闭式基金关注区域胜过关注单一国家。除了确定哪个国家有非常吸引人的投资环境以外,这类基金还要确定在每个国家如何配置资金。这类基金关注的区域包括非洲、亚洲、欧洲、拉丁美洲等。此外,还有一些封闭式基金关注新兴市场。

对于任何基金来说,资产净值是当前每份的净值。封闭式基金的交易价格可能会高于或低于资产净值。当每份的市场价格超过它的资产净值时,我们称基金以**溢价**(premium)销售。当投资者对基金的投资前景非常乐观时,封闭式基金以溢价出售。当每份的市场价格小于净资产时,我们称基金以**折价**(discount)销售。假设某基金的资产净值为每份 10 美元,在纽约交易所(NYSE)以每份 12 美元出售,则该基金以高于资产净值 20% 的溢价出售。

如果相同基金以8.50美元卖出,则该基金以低于资产净值15%的折价出售。

封闭式基金通常以5%到10%的折价出售。折价的部分原因是封闭式基金运作的不透明。虽然大多数投资者听说过传统的开放式基金,但是很少有人听说过封闭式基金。传统的开放式基金通过大量宣传和广告吸引新的投资者,因为基金经理按照管理总资产的一定比例收取费用。对于传统的共同基金,管理的资产池的增长会给投资顾问带来高额的收入。而封闭式基金除了极少的特殊情况以外,都运作资产规模相对稳定的资金池。

一些投资顾问建议投资者购买有明显折价的封闭式基金。这样的折价在熊市中会增加,在牛市中会减少。经济的、社会的或者政治的发展影响全球市场的短期变动,也就影响了封闭式基金的折价和溢价水平。新的有着相似投资理念或投资目的的封闭式基金的引入也能限制溢价或增加折价,因为资金可能从已有基金中撤离。

总之,封闭式基金提供给长期投资者一种投资选择,更适合在小的或流动性不高的市场上的专业化投资。但是,传统的共同基金也具有许多相同的优点,而且流动性更高,成本更低。

15.5.3 对冲基金

对冲基金(hedge funds)与传统的共同基金相似,但是在投资理念、投资者匹配和监管上都有重要的不同。与共同基金相似,对冲基金也是把一群投资者手中的金融资源汇集起来,购买不同类型的证券,以追求某种特定的财务目标。在美国,对冲基金被组织为合伙关系并且只接纳投资超过100万美元的投资者。对冲基金也可以使用共同基金禁止使用的投机技术。

不像共同基金那样被SEC广泛监管,对冲基金仅仅被有限监管,因为它们仅为成熟的投资者提供服务。美国共同基金不仅必须在SEC登记注册,还必须满足大量的报告和运作方面的要求,以保护投资者。事实上,共同基金运作的每个方面都受到严格监管。例如,共同基金被严格禁止将基金资产的5%以上投资在任何单一发行者的证券上。共同基金还被要求向基金持有者定期提供基金投资策略、表现、费用方面的信息。因为SEC对对冲基金的限制很少,所以市场上几乎没有关于它们运作的可靠信息。据SEC估计,全国有7 000只国内和离岸对冲基金,拥有大约1.5万亿美元的投资者股本。

表13-9给出了对冲基金与传统共同基金的重要区别。有9 100万美国人持有共同基金份额。投资于一只共同基金唯一的财务限制是有一个最小初始投资的账户,通常是1 000美元或者更少。对对冲基金来说,只有成熟的、有钱的人才适合投资于对冲基金。对冲基金典型的投资者为富有的个人或者拥有至少100万美元金融资产的机构投资者。共同基金年度费用率平均为净基金资产的1.24%,而对冲基金投资者支付的年度费用为净资产的1%到2%,再加上投资总收益的20%或更多。证券法规对共同基金运用杠杆和借贷有所限制,但是对对冲基金没有这种限制。很多对冲基金使用激进性的投资技术,如股票和指数期权、期货和远期协议、卖空等。杠杆和其他投机技术的使用是对冲基金的一个明显特征,这也可以解释为什么它们的许多操作即使对长期投资者也是保密的。

表 13-9　对冲基金与共同基金的区别

比较因素	共同基金	对冲基金
投资者	9 100 万美国人拥有基金份额。唯一的资格限制是要在基金公司开一个具有最小投资额度（通常为 1 000 美元或更少）的账户。	只有成熟的、富有的投资者被允许投资。典型的投资者是富有的个人或者机构投资者，如基金。最小投资额为 100 万美元或更多。
费用	基金持有者平均支付的年费率一般为资产的 1.5% 左右。加上销售费用，年费率可能增加到每年 2.5% 到 5%。基金必须披露费用和成本明细。销售费用和其他分配费用受到法规限制。	对冲基金投资者通常支付的组合管理费为净资产的 1% 到 2%，再加上业绩奖励（根据表现好坏，最高可到每年 10%）。其费用不受特定法规限制。
投资方法	证券法规对基金使用杠杆或者过度负债有所限制。基金使用期权、期货、远期合约和卖空通常必须使用现金或其他流动性证券对其头寸进行"抛补"。投资策略必须向投资者完全地披露。	杠杆策略是对冲基金的标志。投资策略甚至对基金的投资者也无须披露。
定价和流动性	必须每天对它们的证券组合进行估价，并计算基金份额的价值。它们通常也必须允许基金持有者在至少一天后赎回。	其估值或定价没有特定的规则，所以对冲基金投资者并不能在任意时间知道他们投资的真实价值。另外，新投资者必须保证他们的资金在对冲基金中投资至少一年。

总结

◎ **共同基金**是一个向公众发行股份的投资公司。从基金份额持有者那里得到的资金被汇集起来，然后投资于股票、债券或者货币市场证券来满足特定的投资目的。共同基金的股票、债券和现金储备的每份价值被称为基金的**资产净值**（NAV）。大部分基金是**开放式基金**，因为当投资者需求增长时，发行的股份数额和管理的资产金额也会增长。

◎ **货币市场基金**持有现金储备，或者政府、公司或金融机构发行的短期债务工具。**股票型基金**是基金中最流行的一种。**债券型基金**投资于公司或政府机构发行的债务工具。

◎ 共同基金的运营费用从利息和红利收入中扣除。只有在该费用被支付后，剩余的净收入才能以红利的形式分配给基金份额持有者。年度**运营费用率**从较低的 0.2% 到较高的 2%。许多共同基金也支付一次性**销售佣金**，或者销售费用。销售佣金通常在购买时就支付，是投资数额的一个百分比。这些**前端费用**从 4% 到 8.5% 不等。收取 1% 到 3% 的销售费用的基金称为**低费用基金**。销售费用的另一种形式为**后端费用**，是在投资者赎回基金时支付的。后端费用有时也被称为或有延迟销售费用，因为它们的支付时间取决于投资者卖出的决定。一些基金也向投资者收取额外的费用来支付基金市场营销活动的成本,称为12b-1费用。虽然没有法律限制基金收取的**12b-1费用**,但这样的费用通常占到基金年平均净值的0.25%到1%。如果基金收取超过0.25%的12b-1费用,就不能自称为免佣金的基金,即使没有其他销售费用。没有前端费用或者后端费用的基金称为**免佣金的基金**。

◎ 投资者可以使用**风格箱**,根据股票市值和价值增长取向对组合风险进行定性的分析。

◎ **基金持有者**是拥有资产组合股份的投资者。他们选举董事会监督基金活动。共同基金董事会的大多数成员是**独立董事**。**投资顾问**决定投资组合的组成,可直接操作或者通过独立的专业资金管理人进行操作。主承销商、过户代理人、托管人以及独立公共会计师提供其他的相关服务。共同基金的薪酬结构以及个人投资者追逐好的历史表现的基金的行为导致了竞赛的氛围。

◎ 最近几十年间,共同基金业最热的新产品称为**交易所交易基金**(ETFs)。ETFs为投资者提供了投资于任意一种市场指数的一揽子股票的便捷方法。交易所交易基金可以跟踪市场整体、某个行业以及全球各国市场。在众多ETFs中,最流行的是基于标准普尔500指数的**标准普尔存托凭证**,被称为"spiders"(SPY),SPDRs跟踪标准普尔指数的价格表现和股息收益率。还有专门跟踪道琼斯工业指数(称为"DIAMONDS")、纳斯达克100指数(称为QQQQs)和标准普尔中盘400指数(称为"MidCap SPDRs")的ETFs。**特定部门指数存托凭证**也比较流行,它们反映了标准普尔500指数的特定市场板块或者行业。巴克莱全球投资者已经成为发展ETFs的最具创造性的公司之一,现在提供了80多种指数组合,称为**iShares**,或者指数单位。

◎ **封闭式基金**通过首次公开发行从投资者那里筹集资金,并用这些资金投资于证券。基金发行份额和管理的资产价值在基金IPO时是固定的。当每份的市场价格超过它的资产净值时,称基金以溢价销售。当每份的市场价格低于它的资产净值时,称基金以折价销售。**对冲基金**与传统基金相似,但是在投资理念、投资者匹配和监管上都有重要的不同。

习题

13.1 免佣金和有佣金的共同基金的区别是什么?
(原书16.2)

13.2 开放式基金和交易所交易基金的区别是什么?
(原书16.3)

13.3 什么样的投资对冲基金可以参与,而共同基金则不允许参与?
(原书16.4)

13.4 封闭式基金和开放式基金的区别在哪里?哪一种更受欢迎?为什么?
(原书16.6)

13.5 假设你拥有43.158份某股票型基金,年初的NAV为每份12.04美元。今年,你决定将所有基金的收益用于购买更多的基金份额。如果你从红利再投资中获得额外的2.667份,年末时该基金的NAV为每份15.12美元,那么你的总收益是多少?
(原书16.10)

13.7 某共同基金的前端费用为5%,NAV为每份15美元。购买2 000美元该基金的费用是多少?2 000美元可以购买多少基金份额?
(原书16.11)

13.8
(原书16.12)
某封闭式基金的 NAV 为每份 10 美元,但该基金以 8.5 美元的价格进行交易。其资产净值的折扣率是多少?假设你以每份 8.5 美元的价格购买了该基金。如果 NAV 增加至 11 美元,并且消除了折价,你的收益是多少?

13.9
(原书16.17)
考察下面两只共同基金的表现。一只基金需要费用,而另一只则不需要。根据下面给出的 NAV 和费用的信息,计算每只基金的如下内容:(a)一年前用 10 000 美元购买的基金份额数;(b)本年的总利润。

	费用	NAV（一年前）	NAV（今天）
基金 X	4%	$14.57	$16.03
基金 Z	无费用	$33.16	$36.1

13.10
(原书16.18)
某年年初,某投资者持有 213.654 份某共同基金,其 NAV 为 67.92 美元。年末,该基金的收入分配为每份 2.05 美元,资本利得分配为每份 0.75 美元,本年年末 NAV 为 66.84 美元。如果投资者选择将所有的收益换成现金,并支付 20% 的红利和资本利得税,则本年的税后利润是多少?

第 14 章
全球化投资

本章学习目标
- 知道国际分散投资的好处
- 了解国际化投资的风险
- 追踪全球市场
- 认识本土偏见

如果你在寻找世界股票和债券市场正在充分融合的证据,可以思考一下一些跨国公司决策所隐含的信息。苹果电脑、IBM、百事可乐和宝洁公司决定在法兰克福、东京、维也纳和苏黎世的股票市场停止上市交易。像其他一些跨国企业巨头一样,这些大型的美国公司也在减少它们的股票交易场所。在某些情况下,全球投资者不愿在本地上市,因为他们在交易量巨大、集中的、分外活跃的美国市场可以更好地完成上市,并且交易成本更低。例如,IBM 股票交易的大约 90% 发生在纽约股票交易所,其中包括大量来自日本和其他国外市场的指令。因为公司在国外和国内交易所挂牌都是要支付年费的,所以它们有强烈的动机去加强在纽约股票交易所的交易活动,而减少在其他国外市场的交易活动。成千上万只跨国公司股票和债券分布在几个不同的时区,即使像 IBM 这样的大盘蓝筹股在国外市场的交易量也不是很大。同时,最近的研究表明,在美国(NYSE 或者 NASDAQ)和本国市场同时上市的外国公司股票比仅在本国市场上市的公司的股票价值更高。当进行全球股票交易时,世界向最活跃的市场集中。

当跨国公司能够在巨大的、流动性很好的全球交易所向公众发行股票时,该公司的价值会得到明显的提升。在 2005 年,NYSE 批准了 36 家外国公司上市。另一个受外国公司欢迎的股票交易所是伦敦股票交易所(LSE),2005 年有 19 家外国公司在这里挂牌上市。纽约交易所和伦敦交易所都是向真正意义上的全球股票交易所迈进的先行者。

14.1 全球化投资的好处

14.1.1 诱人的商机

世界上一些最大的、股票表现最好的公司都位于美国。所以,一些人会问,为什么美国投资者还要去国外投资于自己并不完全理解的市场、公司和货币呢?聪明的投资者知道,有吸引力的投资机会经常出现在美国以外的市场上。如表14-1所示,美国是世界上最大的经济体,但是其他国家也有非常大的经济体。一些最大的、股票表现最好的公司也有在美国以外的。另外,要认识到美国经济增长接近于世界的平均水平。几个新兴市场的经济增长比美国和其他几个发达国家要快一些。该表显示了为什么最近这么多人对中国如此感兴趣。中国是一个很大、增长也很快的经济体。印度和韩国的经济最近几年也呈现出强劲的增长势头。

表14-1 世界最大的经济体的GDP及其增长率

国家和地区	2007年GDP（10亿美元）	年度GDP增长率(%) 1985—2003	年度GDP增长率(%) 2003—2008
美国	139 800	3.17	2.57
日本	52 900	2.35	1.76
德国	32 800	2.17	1.36
中国	30 100	9.76	10.17
英国	25 700	2.69	2.47
法国	25 200	2.23	1.77
意大利	20 900	1.84	1.91
西班牙	14 100	3.20	3.45
加拿大	13 600	2.93	2.64
俄罗斯	11 400	-0.16	6.98
韩国	9 920	6.78	4.77
巴西	9 340	2.71	3.83
印度	9 280	5.83	7.59
墨西哥	8 850	2.65	6.66

资料来源:上海国际海事信息与文献网,http://www.simic.net.cn。

有时,其他国家和地区股市的表现好于美国股票市场。日本的日经225指数在20世纪80年代后期的表现就好于标准普尔500指数,澳大利亚在21世纪初的表现也好于美国。但是,从1985年开始,美国股票的表现比澳大利亚、日本和英国市场要好。虽然美国证券市场在20世纪90年代后期达到相对高点,但许多国外市场也达到了相对高点。2000年至2003年的股市下跌影响了全世界范围内的证券市场,中国也从2000年开始经历了长达五年的"熊市"。一些证券市场比美国市场的下跌幅度小,还有一些证券市场比美国市场的下跌幅度大。

14.1.2 分散化的好处

分散化是任何谨慎投资计划都需要考虑的一个重要策略。除了向全球投资者提供更多和更好的投资机会之外，进一步的分散化是从全球投资策略中得到的最主要的好处。所有的全球经济都受到本地经济状况的直接影响，而且许多国家经历的经济周期也与美国国内市场经历的不同。当美国经济慢下来或者处于衰退时，一些国外经济可能持续增长和繁荣。国外证券市场一般与美国证券市场的运行步伐不一致。当美国股票价格上升或下降时，国外股票可能会向相反的方向运动，如图14-1所示。**全球化分散策略**（global diversification）有可能缓冲投资组合在国内市场的向下波动。相同地，国内组合也可以缓冲国外股票市场的向下波动。

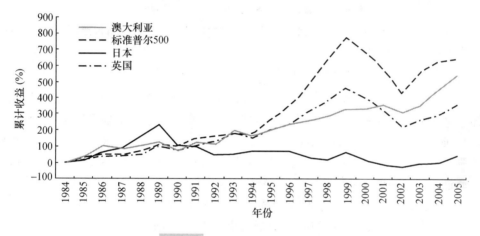

图14-1 各国股票市场的收益

研究表明，把国外股票添加到一个多样化的组合中，会提高总收益并降低总的波动率。通过缓冲下降的幅度，适当配置国外股票也会使得投资者更容易经受住国内市场的下降。假定国外证券市场的风险比美国证券市场的风险更大，在一个投资组合中加入国外股票能降低总风险听起来就不是很合理。但是，研究表明，国内和国外证券的组合在给定的预期收益率水平上经常能产生最低的风险。同样地，国内和国外证券的组合在给定风险水平上经常能产生最高水平的预期收益。

为了阐明包含国内和国外股票的有效组合的概念，图14-2画出了国内股票和国外股票的不同组合产生的预期收益率和风险水平。组合A全部投资于美国股票，由Wilshire 5000指数表示。如图所示，在1985年至2005年的21年中，该组合的平均年收益率为12.6%。在这段时期，由年度收益的标准差表示的市场波动率为16.8%。组合B包含95%的美国股票和5%的由欧洲、澳大利和远东指数表示的国外股票。该全球化分散策略组合产生了与组合A相同的平均年收益，但风险水平更低一些，大约每年16.5%。全球化分散策略组合C将50%投资在美国股票上，另外50%投资在国外股票上，产生较低的年收益率(12.2%)和较高的风险水平(18.3%)。

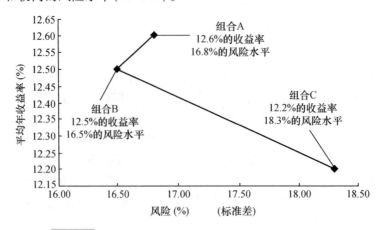

图 14-2 包含国内和国外股票的有效组合，1985—2005

注：组合 A 为 100% 的国内股票，组合 B 为 95% 的国内股票和 5% 的国外股票，组合 C 为 50% 的国内股票和 50% 的国外股票。

资料来源：Vanguard，www.vanguard.com。

总之，21 年期最高的组合收益来自于组合 A，一个完全的国内组合。但是，即使是在这样一个使美国投资者获得超常收益的时期中，全球多样化也带来了降低风险的好处。通过在组合中加入 5% 的风险更高的国外股票，全球多样化组合的总风险比 100% 投资于国内股票的组合的风险降低了。这表明，如果某种资产与组合的相关度较小，则投资者可以通过增加这种更高风险的资产来降低整体风险。因为美国证券市场和国外市场的运动方向并不总是一致，所以每种资产都持有一些就会产生多样化的好处。

在世界范围内，发达市场和新兴市场有着各种各样的经济增长方式和证券市场表现。在某些市场，如加拿大，其发展步调几乎与美国一致。其他证券市场，如澳大利亚，则表现出与美国市场很弱的正相关。一些市场还表现出与其负相关，如日本。当追求全球化分散策略的好处时，投资者必须小心选择投资国家以明显地降低投资风险。对于美国投资者，投资于日本证券就比投资于加拿大证券可以更好地降低风险。

14.2 全球市场概览

14.2.1 全球市场指数

每个国家的股票市场都有一个或多个指数来衡量该国证券的表现。大多数全球投资者都熟悉日本的日经 225 指数、英国的 FTSE 100 指数、德国的 DAX 指数和表 14-2 中列出的其他指数，你会注意到每日变动的巨大差别。在雅虎金融网站，投资者还可以看到组成每个指数的公司。显然，现在比以前有更好的关于外国股票市场的信息可以利用。今天的投资者即使是新手,也能够比几年前的老练的投资者更好地研究全球投资机会。

表 14-2　全球证券市场指数(2007 年 3 月 17 日)

标志	名称	国家(地区)	最近交易	涨跌
美洲地区				
^MERV	MerVal	阿根廷	2 056.960 上午 4:03	↓60.140 (2.84%)
^BVSP	Bovespa	巴西	60 011.80 上午 4:16	↓1 979.10 (3.19%)
^GSPTSE	S&P TSX Composite	加拿大	12 952.15 上午 5:05	↓300.69 (2.27%)
^MXX	IPC	墨西哥	29 048.510 3 月 15 日	↓654.580 (2.20%)
^GSPC	500 Index	美国	1 276.60 上午 4:59	↓11.54 (0.90%)
亚洲/太平洋地区				
^HSI	恒生指数	中国香港地区	21 084.61 3 月 17 日	0.00 (0.00%)
^TWII	台湾加权指数	中国台湾地区	8 024.26 上午 9:29	↑18.80 (0.23%)
^STI	海峡时报指数	新加坡	2 804.24 上午 9:28	↑11.49 (0.41%)
^N225	日经 225 指数	日本	11 938.38 上午 9:09	↑150.87 (1.28%)
000001.ss	上证指数	中国	3 820.05 下午 3:00	↓142.62 (3.60%)
399001.SZ	深成指数	中国	13 207.78 下午 2:59	↓609.87 (4.41%)
欧洲地区				
^ATX	ATX	奥地利	3 524.64 上午 12:35	↓193.53 (5.20%)
^FCHI	CAC 40	法国	4 431.04 上午 1:11	↓161.11 (3.51%)
^GDAXI	DAX	德国	6 182.30 上午 12:45	↓269.60 (4.18%)
^SSMI	Swiss Market	瑞士	6 774.26 上午 12:31	↓357.77 (5.02%)
^FTSE	FTSE 100	英国	5 414.40 上午 12:35	↓217.30 (3.86%)

资料来源:雅虎网站,www.finance.cn.yahoo.com。

这些本地指数的一个问题是它们一般不是在国家之间进行比较的。每个指数都以本地货币计算，而且每个指数的计算方法也不同。一些指数被赋予相同的权重，一些指数是按股本赋予权重，还有一些指数则是按价格赋予权重，像道琼斯工业平均指数。一些把红利加进来，而另外一些则不算红利。为了给投资者提供一致的信息和基准服务，摩根士丹利资本国际公司（MSCI）应用相同的公司选择标准和计算方法对所有市场的所有指数重新计算。实际上，摩根士丹利资本国际公司是唯一提供采用一致计算方法的发达市场和新兴市场指数的公司。

14.2.2 摩根士丹利资本国际公司

摩根士丹利资本国际公司（MSCI）是提供全球股票市场和债券市场指数的行业先行者。其指数是使用最为广泛的衡量全球组合管理者表现的基准。在互联网上，MSCI向全球投资者提供关于全球经济环境和全球股票及债券市场的风险收益性质的丰富信息（参考 www.mscibarra.com）。

为了说明全球投资的兴趣是如何产生的，了解这样一个事实，MSCI 直到 1969 年才发展出被普遍接受的发达市场股票市场的指数计算方法。18 年后的 1987 年，MSCI 感觉到人们对发展中国家的新兴股票市场的兴趣不断增长，因而设计了跟踪新兴市场的指数计算方法。在 20 世纪 90 年代，全球基准指数更新的节奏大幅加快。在 1995 年，MSCI 引入了所有国家系列（All Country Series）。1997 年，增加了发达市场和新兴市场的价值指数和增长指数。1998 年，又增加了小盘指数、扩展市场指数和固定收益指数。在 1999 年，若干种欧洲指数被引入，随后又在 2000 年增加了两种中国的指数。2001 年，所有国家行业指数（All Country Sector Indexes）被创造出来，所有的指数在 2002 年开始实时计算。

除了提供单个国家信息，MSCI 还汇集了发达市场、新兴市场和按区域划分的国家的区域混合指数，参见表 14-3。MSCI 世界指数、MSCI EAFE 指数和 MSCI 新兴市场指数是投资管理者用于衡量全球股票市场表现的最主要的基准。另外，MSCI 国际指数也经常被用来衡量股票市场投资在世界 50 多个国家中的表现。MSCI 还提供 30 多个国家的固定收益指数。对不同国家指数采用一致的计算方法使得可以通过国家指数的简单加总来构建区域股票市场指数。无论在发达市场还是新兴市场内部，都可以找到这样的区域指数。MSCI 构造的投资风格指数包括 MSCI 价值和成长指数，对发达市场和新兴市场都可以使用。

所有的 MSCI 证券指数都是用**整个市场的市值权重**（full-market-capitalization weight）（股票价格乘以发行股票数额）来计算的。MSCI 覆盖了超过 60% 的发达市场和新兴市场的证券市值。这样做的目的是创造一系列指数来共同复制一个真正的全球组合。但是，MSCI 隐含了复杂的红利再投资假设，这虽然与发达市场相符，但是在高通货膨胀的新兴市场却存在问题。因为一些资金管理者更愿意使用另外的权重方案，所以 MSCI 在计算各个新兴市场的区域指数时，是用 GDP 作为权重。

表 14-3　MSCI 全球指数

发达市场	
国际指数	**国家(地区)指数**
EAFE	澳大利亚
EMU	奥地利
Euro	比利时
Europe	加拿大
Far East	丹麦
G7 Index	芬兰
Nordic Countries	法国
North America	德国
Pacific	希腊
Pan-Euro	爱尔兰
The World Index	意大利
特定区域指数	日本
EAFE + Canada	荷兰
EAFE ex UK	新西兰
EASEA Index（EAFE ex JAPAN）	挪威
Europe ex EMU	葡萄牙
Europe ex Switzerland	新加坡
Europe ex UK	新加坡自由指数
Kokusai Index（World ex Japan）	西班牙
Pacific ex Japan	瑞典
World ex Australia	瑞士
World ex EMU	英国
World ex Europe	美国
World ex UK	中国香港地区
World ex USA	
新兴市场	
国际指数	印度
EM（新兴市场）	印度尼西亚
EM Asia	以色列
EM Eastern Europe	约旦
EM EMEA	韩国
EM Europe	马来西亚
EM Europe & Middle East	墨西哥
EM ex Asia	摩洛哥
EM Far East	巴基斯坦
EM Latin America	秘鲁
国家(地区)指数	波兰
菲律宾	俄罗斯
阿根廷	南非
巴斯	斯里兰卡
智利	泰国
中国	土耳其
哥伦比亚	中国台湾地区
埃及	

资料来源：MSCI Barra，www.mscibarra.com。

比较MSCI世界指数、剔除美国后的世界指数和美国证券市场指数（如图14-3），可以得出与图14-1和图14-2反映的情况相似的结论，即美国证券市场在最近几十年的表现比其他证券市场好得多。注意，从1995年1月到2005年12月这段时期，MSCI世界指数每年的收益率为6.66%，复合增长率为103.3%。在这段时期，美国证券市场每年的收益率为9.59%，复合增长率为173.8%，这远远高于剔除美国的世界指数的年度4.86%的收益率和68.6%的复合增长率。

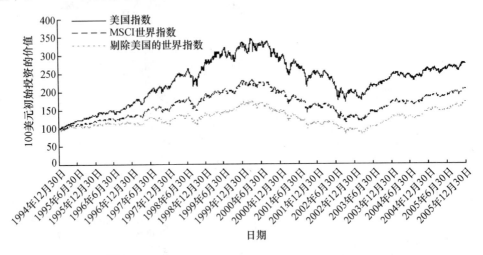

图14-3　全球股票市场在20世纪90年代末先是暴涨然后暴跌

世界主要证券市场有这样出色的表现是不多见的。此前的一个表现十分出色的主要市场是20世纪80年代的日本股票市场。那是一个"日本公司"和"日本的长期投资远景"成为美国商学院标准案例的时代。日本科技和创新的优越性也变得理所当然。在20世纪80年代，对日本的关注带来了日本股票指数的历史性上升。如图14-4所示，日经225指数在1989年12月29日触及了38 957点的历史最高点，是1984年1月1日的10 196点的三倍多。这时的日本蓝筹股的平均市盈率超过了100倍。然后泡沫破灭了。对全球投资者来说，当美国的电信巨头AT&T只有仅仅15倍的市盈率时，购买超过100倍市盈率的日本电信巨头NTT不再是明智之举。在2006年年初，日经225指数为16 400点，几乎与20年前的指数点位一样！

日本股票市场的例子表明，股票价格在大幅下降后并不总是能快速恢复。在到达顶点17年后，市场仍然没有达到当时高峰水平的一半。当然，你可能会把20世纪90年代末纳斯达克指数的科技股泡沫与80年代的日本股市进行比较。纳斯达克指数在2000年3月10日达到5 132点。五年后的2005年3月10日，纳斯达克指数接近2 060点，只有历史最高点的40%。那么，指数回到5 000点需要多少年呢？鉴于一个国家或者板块具有经历洪水决堤式崩溃的可能性，全球化分散策略有助于保护投资者不受损害。

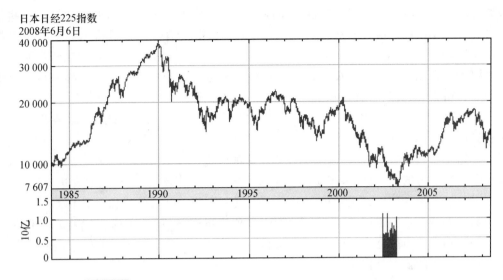

图 14-4 日本股市 20 世纪 80 年代的繁荣带来了 90 年代的大崩盘

资料来源：雅虎财经，http://biz.cn.yahoo.com。

14.2.3 发达市场和新兴市场

在美国、日本、英国、德国和其他国家（地区）建立的全球股票市场为不同行业和公司提供了投资可能性。巴西、墨西哥、南非、中国台湾地区以及其他新兴市场，具有投机潜力并给投资者提供了参与动态增长经济的机会。从投资角度来看，没有合适的经济特征可以用来准确定义一个新兴市场，但是新兴市场有一些共同的经济特征。"新兴"用于描述证券和债券市场处于发展、演进或成熟阶段。重要的是要认识到，新型市场在是否能将非常多的经济机会转化为持续的经济成功上存在不确定性。一些新兴股票市场，如阿根廷，在漫长的经济发展历史中夹杂着许多次经济混乱和衰退。一些新兴市场可能实际上永远不会发展到发达市场的行列。

投资者投资于新兴市场的问题之一是，可用于投资的资产的数额太小。例如，全球投资者在 20 世纪 90 年代早期和中期冲进很有前途的新兴市场，如泰国。然后，在 1998 年俄罗斯和其他新兴市场显现出金融困境，于是全球投资者迅速从这些国家（地区）抽离自己的资金。当资金大量逃离后，许多新兴经济崩溃了。新兴市场的政府需要国外资本来发展它们的经济，但是它们需要的不是游资。例如，中国的许多公司发行不同种类的股票。其中一类股票只能由中国投资者持有，一类股票被中国金融机构持有，而另一类股票（B 股）则从开始就被设计为由外国投资者所有（中国从 2005 年开始进行股权分置改革，解决了非流通股的股东和流通股的股东利益不一致的矛盾，股票市场开始启动，走出了漫漫四年的大"熊"市。而 B 股并没有吸引到国外投资者，现在 B 股市场的股票也可以由国内的投资者持有，市场一直在讨论 A 股和 B 股市场合并的问题，不过仍然没有形成一致的观点）。任何全球投资者从中国撤离只能影响其中的一种股票，而不是对整个股票市场产生影响。因此,新兴市场中的许多股票是不对国外投资者开放的。在一些新兴市场,MSCI设计了**自由指数**(free indexes)和**非自由指数**(nonfree indexes)。自由指数是指,所有成分股都可以让国外投资者自由投资而不加限制。非自由指数包括只能被国内投资者购买或者给予国内投资者比国外投资者更多优惠条款的证券。除非另外提供一个非自由指数,否则所有MSCI指数默认是自由指数。

图14-5显示了在发达市场和新兴市场的全球市场资本化的统计分析。在发达市场中,美国、英国和日本市场占据主导。在经过20世纪90年代后期的惊人增长和21世纪早期的熊市后,美国市场现在占全球证券市值的将近一半。英国和日本市场有着相似的规模和充满活力的、广泛的和流动性很好的发达市场。相比之下,其他的发达市场,如德国、法国、加拿大和瑞士就相对小一些。少数顶尖的美国公司的市值经常相当于几个新兴市场和发达市场的市值总和。这就说明,投资者试图在他们的投资组合中加入国际因素。即使在发达市场上,全球投资者也无法找到与这些美国巨头具有同样广泛的市场范围和经济实力的投资替代品。

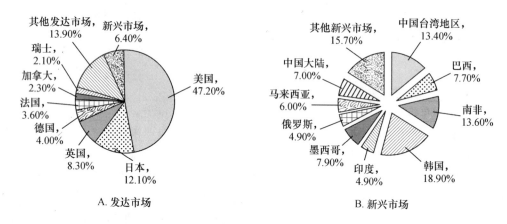

图14-5 发达市场以美国、英国和日本为主导;韩国、南非和中国台湾是主要的新兴市场

注:该图中包含的MSCI数据所有权属摩根士丹利资本国际公司。

资料来源:MSCI Barra, www.mscibarra.com

14.2.4 国家分散化和行业分散化

通过购买许多国家的股票构建分散化组合有很长的历史和经验支持。但是,经济在最近几十年中变化很大。当各国经济处于分割的情况下时,国家间的分散化意义很大,购买**分割市场**(segmented markets)的股票是投资这些地区的唯一途径。但是,在过去的几年中,经济越来越趋于融合。现在,许多公司可以在多国自由地贸易往来。

国家分散化的一种替代是全球行业分散化。许多国家有一个或两个优势产业。例如,在南非和澳大利亚投资,意味着购买采矿业的股票。分别投资于南非和澳大利亚提供了额外的分散化吗?还是它们在采矿业上的共同优势意味着我们在全球化分散策略组合中并不同时需要它们?许多全球投资者得出结论:如果说行业分散化不比国家分散化更重要的话,至少也和国家分散化同等重要。对于关注行业的全球投资者,MSCI 在 2001 年开发了所有国家行业指数。行业的划分使用了由 MSCI 和标准普尔共同开发的全球行业分类标准系统(GICS),并且该指数对新兴市场和发达市场都适用。投资者可以使用 ETFs 投资于这些行业。

14.3 全球化投资的风险

14.3.1 市场波动性

直到 20 世纪 90 年代中期,对全球投资,尤其是对新兴市场感兴趣的投资者的数量都在不断增长。在美国,有许多投资者对拉丁美洲感兴趣,许多人看到了从签订北美自由贸易协定的加拿大、美国和其拉丁美洲邻国的繁荣的经济合作中获利的机会。不幸的是,2000 年至 2002 年市场的剧烈调整给全球投资者带来了巨大的损失。

最近遭受的损失使许多美国投资者相信,全球投资,尤其是投资于新兴市场,不是为他们准备的。因为投资于国外市场,尤其是国外的新兴市场,通常比投资于美国市场具有更高的**市场波动性**(market volatility)。在国外证券市场获得高于平均水平的收益是因为在某些年承担了高于平均水平的风险。国外股票市场一般比美国市场更加不稳定。

表 14-5 表明,发达市场收益率的均值和波动率都小于新兴市场收益率的均值和波动率。例如,在 1992 年至 2007 年的 16 年时间里,美国和英国市场的平均收益率为 11.12%,而波动率为 17% 左右。新兴市场国家如巴西的收益率为 45.91%,土耳其的收益率为 36.82%,而土耳其的波动率为 108.06%,可见新兴市场的波动率很大。横向比较可以看出,新兴市场的收益率比发达市场高出两倍以上,而波动率则没有增加两倍,可见投资于新兴市场还是有利可图的。无怪乎近年来美国投资者有向海外投资的倾向。

表 14-5 新兴市场的波动率大于发达市场的波动率

年份	发达市场			新兴市场		
	美国	英国	日本	墨西哥	土耳其	巴西
1992	6.39%	-3.65%	-21.45%	23.42%	-49.86%	5.04%
1993	9.15%	24.44%	25.48%	46.28%	207.75%	75.26%
1994	1.13%	-1.63%	21.44%	—	-52.56%	63.82%
1995	37.14%	21.27%	0.69%	—	—	—
1996	23.24%	27.42%	-15.50%	16.72%	31.87%	38.01%
1997	33.38%	22.62%	-23.67%	51.65%	111.39%	23.38%
1998	30.14%	17.80%	5.05%	—	-53.53%	—

(续表)

年份	发达市场			新兴市场		
	美国	英国	日本	墨西哥	土耳其	巴西
1999	21.92%	12.45%	61.35%	78.50%	244.36%	61.57%
2000	-12.84%	-11.53%	-28.16%	-21.51%	-46.16%	-14.20%
2001	-12.39%	-14.05%	-29.40%	15.93%	-33.73%	—
2002	-23.09%	-15.23%	-10.28%	—	-35.83%	—
2003	28.41%	32.06%	35.91%	—	125.30%	114.41%
2004	10.14%	19.57%	15.86%	48.32%	—	—
2005	5.14%	7.35%	25.52%	49.11%	—	56.45%
2006	14.67%	30.61%	6.24%	41.44%	-7.21%	45.30%
2007	5.44%	8.36%	-4.23%	—	74.09%	79.56%
均值	11.12%	11.12%	4.05%	34.99%	36.82%	45.91%
标准差	17.51%	16.04%	25.70%	27.36%	108.06%	41.36%

资料来源：LAZARD 资产管理公司网站，www.lazardnet.com。

14.3.2 流动性风险

流动性风险（liquidity risk）是股票很难买入或卖出所带来的潜在损失。这个问题在国外股票市场要比在美国严重得多，而且在新兴市场更是如此。与美国相比，国外市场的每日交易活动不算大。在一些国家，只有少于 200 只的股票能够引起国外投资者的兴趣。在许多新兴市场，交易活动被少数投资机会支配。因为新兴市场国家通常只容许外国人购买某些公司的特定类型的股票，所以全球投资机会匮乏的问题就更加凸显了。有时，这类股票的数量被严格限制。在这些情况下，投资机会的缺乏导致交易量稀少，增加了市场波动性，并造成这些受追捧的股票价格高估。

国外发达市场和新兴市场交易活动稀少常常导致更高的**市场冲击成本**（market impact costs）。高买卖差价是低流动性和高市场冲击成本的最明显的标志。在美国，在纽约股票交易所挂牌的流动性好的大盘股的买卖差价通常不高于 10 到 15 个基点（0.1% 到 0.15%），而在纳斯达克交易的小型的、流动性较差的美国证券，买卖价差很容易达到 0.5% 到 1%，比前者高出 5 倍至 8 倍。在国外市场，不仅买卖价差可能高于在纳斯达克交易的股票，而且买卖量大的买家和卖家经常不能够在当前价格按自己的股票数量成交。例如，大量国外证券的购买者经常以比报出的买价高的价格完成一个购买交易。大量国外证券的卖者经常收到一个比报出的卖价低的价格。

流动性风险在新兴市场特别高。新兴市场的规模一般都很小，挂牌的股票数量少，交易活动也比通常的发达市场少。新兴市场的市值可能小于一家大的美国公司，如英特尔，而且新兴市场中的许多公司接近于家族企业。例如，仅有几百家公司的股票每日在欧洲国家，如意大利、瑞典和瑞士进行交易；一些重要的新兴市场的投资机会少于 100 家。这与美国的情况相反，美国有超过 8 000 家公司和大约 20 亿股票每日进行交易。新兴市场的低交易量经常意味着机构投资者不能得到公平和及时的交易活动。在金融危机期间，新兴市场也可能会暂时关闭股票交易。例如，印度的孟买股票交易所在1995年3月关闭了三天。一些国家（如中国）也限制非国内投资者投资于某些类别的股票。在智利，非国内投资者必须等待至少一年才能从市场撤离资金。所有这些限制都降低了国际投资者的市场流动性。

投资于发达市场和新兴市场的特定流动性风险伴随而来的是高额的证券交易费用。新兴市场的经纪人手续费、交易费用、货币转换成本和保管费等要明显高于美国和欧洲等发达市场。外国政府也对买卖交易的总价值征税。例如，经纪人手续费和交易费用在美国通常是证券买卖交易总额的5到15个基点（0.05%到0.15%）。巴西是最大且流动性最好的新兴市场之一，但是其经纪人手续费、交易费用和货币兑换成本平均为0.60%，明显高于在美国的费用。在亚洲新兴市场的非国内证券投资者也会遇到类似的高交易成本，如印度尼西亚（0.60%）、马来西亚（0.55%）、菲律宾（0.75%）。把这些费用与市场冲击成本加在一起，购买一篮子新兴市场股票的总交易成本会超过每年2%。如果这些基准指数的历史收益率没有考虑这些成本的话，那么考虑成本后，很可能对投资者收益产生很明显的拖累。

14.3.3　政治风险

许多全球市场是不成熟的，容易发生丑闻，受到政治力量的操纵，并且缺乏很好的投资者保护。对于那些收益率稳定性容易受到政治事件威胁的新兴市场尤其如此。许多新兴市场国家容易发生源于突发事件、暗杀或者内乱等的**政治风险**（political risk），增加了市场波动性，降低了投资者收益。一些新兴市场国家处于秘密和不确定情况下的独裁者统治。但是，很多新兴市场国家的政府也愿意推动民主政治，并与长期存在的政治和社会问题作斗争。

新兴市场的经济增长可能会减速，因为不可预期的贸易赤字有时破坏了货币的稳定。例如，在1997年至1998年，一场货币危机使得马来西亚的经济剧烈波动，该国政府很快限制外国投资者的投资资金撤回本国。**政府政策风险**（government policy risk）是全球投资者需要重点考虑的一个因素。国外投资者必须经常注意政治气氛的变化。这样的变化包括货币管制、垄断专营权协议的改变和国外投资税收政策的修改。在最坏的情况下，投资者必须注意国际投资者的投资被征用的可能。如今，投资者可能会忘掉在1960年至1970年间全球投资者资产的**征用风险**（expropriation risk）。那是一个错误。

14.3.4　货币风险

货币风险（currency risk）是投资者在全球投资时要面对的很普遍的风险。所有货币的价值都随时间波动。同其他商品一样，美元的价值根据供求规律而上升和下降。**强势美元**（strong dollar）意味着1美元可以购买的外国货币数额增加。**弱势美元**（weak dollar）意味着1美元可以购买的外国货币数额减少。当美元处于强势时，从国外购买的商品和服务的美元价格下降。当美元处于弱势时,从国外购买的商品和服务的美元价格上升。

美元价值的改变对全球投资者也有重要的含义。如果日本股票价格上升10%,但是美元相对日元升值3%,则美国投资者在其持有的日本股票上的净收益大约下降6.8%($=1.1/1.03$)。但是,如果日本股票价格上升10%且美元相对日元贬值3%,则美国投资者的净收益率大约上升13.4%($=1.1/0.97$)。

图14-6显示了人民币兑美元汇率走势,从中可以清楚地看到人民币升值而美元贬值的走势。在2005年7月21日,1美元可以兑换8.1100元人民币,但是到了2008年3月21日,1美元只可以兑换7.0500元人民币。如果某人在2005年7月21日以当天的汇率买入100万美元,需要花费811万元人民币。想在2008年3月21日使得自己的资产仍然保持在811万元人民币,则需要到期时为115.03万美元,那么在美国市场的投资至少要有15.03%的收益率才能保持投资资本不亏损!可见货币风险有多大!外汇市场的大变动会对国际投资收益产生很大的影响。

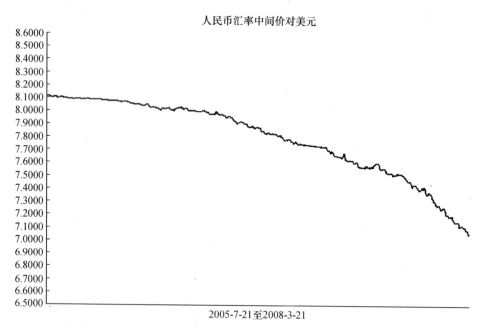

图14-6 人民币兑美元的汇率走势图

资料来源:中国人民银行网站,www.pbc.gov.cn。

例14-1 一个投资者将1 000美元投资于日本股票,每股价格500日元。汇率为1美元=111.66日元。该投资者可以购买的日本股票有多少股?一年后,如果日本股票增加到550日元,且汇率变为1美元=119.55日元,该投资者的收益是多少?

解答

美元转换为日元:1 000美元×111.66=111 660日元

购买的股票数为:111 660日元/500日元=223股,剩下160日元。

一年后价值为:223×550日元+160日元=122 810日元

以美元计的价值为：122 810 日元/119.55 = 1 027.27 美元

收益率为：(1 027.27 美元 − 1 000 美元)/1 000 美元 = 2.73%

日本股票的收益率为 10%，但是由于美元相对日元处于弱势，所以美国投资者的收益率只有 2.73%。

14.3.5 投资者保护

股份持有者有时需要受到保护，以免被不道德的管理者窃取财富。投资者保护来自董事会、审计师、银行、信用机构、分析师和管理者。监管强度在不同国家有很大的不同。会计披露准则、法律系统和监管条例的质量都很重要。

法律环境的不同造成了全球范围内上市公司治理结构的巨大差异。在发达国家的企业中，意大利的公司最倾向于保持私人拥有。在德国，银行是重要的资金和监管来源。股权在美国和英国最为分散。泰国的上市公司倾向于被个别家族共同拥有。这些差异源于不同国家在股东权利和保护方面的差异。例如，美国和英国的会计披露标准很高；相比之下，拉丁美洲的会计披露则相当少。在斯堪的纳维亚国家的丹麦、芬兰、挪威和瑞典，政府官员腐败的现象非常少见；而在印度、印度尼西亚、墨西哥和菲律宾等国家，这些所谓的"关系费用"却是经商的成本之一。

14.4 本土偏见

14.4.1 熟悉程度的影响

虽然全球化分散策略有很明显的风险，但仍然有益处。研究表明，全球化分散策略可以在给定的预期收益率水平下降低组合风险。类似地，全球化分散策略也可以在给定的组合风险水平下提高收益率。

尽管大量证据都表明了全球化分散策略的益处，但行为金融的研究却表明，大多数投资者把他们的投资组合放在本国的证券上。投资者非理性地将投资集中在国内证券的现象通常称为**本土偏见**（home bias），如图 14-7 所示。该图显示了公司总部在美国、日本、英国、德国、法国和加拿大的股票的市值。美国股票市场占全球市场的 47%。日本、英国、德国、法国和加拿大的股票市场分别占全球股票市场的 12%、8%、4% 和 3.6%。全球化分散策略股票组合可能配置 47% 在美国股票，12% 在日本股票，8% 在英国股票，以此类推。

图 14-7 也显示了国内投资者组合中投资在国内证券的百分比。平均来说，美国投资者的股票组合投资在美国公司的比例为 92%，而不是传统组合理论预测的 47%。他们的股票组合只留了 8% 的资金给外国公司。日本投资者则将接近 96% 的投资比例放在日本股票上。相似地，英国、德国、法国和加拿大的投资者则分别将 92%、79%、89% 和 93% 投

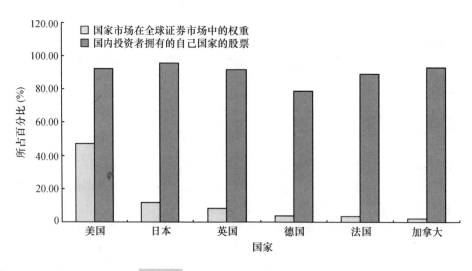

图14-7 各国投资者拥有的国内股票

资在本国的股票上。他们也给国外公司留下很小的比例。

为什么一些投资者表现出非理性的本土偏见？答案可能在于"熟悉"这一行为原理。熟悉偏见使得投资者相信，他们熟悉的东西比不熟悉的东西要好。投资者一般不熟悉外国公司，并且一些投资者相信，自己国家公司的股票比外国公司股票的预期收益率更高而风险更低。投资者可能需要花费更多的时间研究外国市场和外国公司才能使自己更加熟悉这些公司，从而才能在国际分散化投资上更加自信。

14.4.2 外国偏见

当投资者进行国际化时，有时也会遇到非理性的**外国偏见**（foreign bias）。就是说，一个国家的投资者对他们投资的其他国家有偏见，他们会在一些国家过度投资而在另一些国家投资不足。传统组合理论建议，投资者应当试图拥有一个国际市场组合。最大的资本市场依次应该是美国、日本、英国和法国。因此，据此推测，一般的德国投资者应该在美国投资最多，其次是日本，等等。实际上，德国人在美国投资最多，但是对法国的投资也相差不远。德国投资者对日本的投资仅排在第五位，在荷兰之后。相对于日本，德国更偏好投资于法国。新加坡投资者则偏好投资于日本而不是美国；奥地利投资者更偏好投资于德国，而不是日本和英国。

外国吸引国际投资者的特性是什么？首先，国外投资者倾向于投资于股票市场发达的国家，如美国、英国和日本。其次，投资者似乎更偏好看起来熟悉的国家。具体来说，他们在距离较近，并且有相同或相似的语言和文化的国家投资更多。其他因素在国外投资的分配上起的作用很小。这些影响较小的因素包括经济发展、资本管制的存在、交易成本和投资者保护方面的法律。

全世界范围内的投资者不会等比例地投资于外国。国际投资者的行为看起来更能用行为偏见（如熟悉性偏误）来解释，而不是用现代组合理论来解释。

14.5 全球化的投资机会

14.5.1 跨国投资策略

在一个投资组合中持有国际头寸的有效方法是购买拥有全球业务的公司的股票。美国的跨国巨头在航天、汽车、通信、计算机软件和工程以及相关领域引领技术革新。可以这样说,在这些高科技领域,美国巨头是迎合消费者对新奇产品需求的急先锋。

全球经济融合毫无疑问地降低了对投资者本土偏好倾向的惩罚。例如,虽然可口可乐公司的总部设在佐治亚州的亚特兰大,但是它在全世界 200 多个国家都有业务。可口可乐的运作结构包括在北美洲、非洲、亚洲、欧洲、欧亚大陆和中东、拉丁美洲的战略运营单元。北美洲区域占到总收入和运营利润的大约 30%。其余 70% 的收益和运营利润是在北美以外产生的。从经济的角度看,可以说可口可乐 70% 以上的价值是通过在北美洲以外的运营产生的。再如丰田汽车公司,其总部设在日本东京,但是有 37 000 员工在北美,丰田在美国卖出的汽车与在日本卖出的数量差不多(每年大约 250 万辆)。可口可乐、丰田和大多数世界上最大的公司都是真正全球性的。顶级美国公司在非美国地区运营产生的利润占到总利润的 30% 到 45%。随着全球市场更好地融合,这个份额还在快速上升。

这对全球投资者的寓意是很明显的。成功实现全球化分散投资策略的途径之一是购买那些总部在国外的公司的股票。另一种方法则是购买拥有全球化商业运作的跨国公司的股票。聪明的美国投资者可以通过对经营广泛的跨国巨头的参与,来避免对国内市场的非理性关注("本土偏见")。

14.5.2 美国存托凭证

美国是世界上最大的经济体,有世界上最大的资本市场。它同时具有最多的寻找盈利机会的资本。大多数国外公司都在美国挂牌交易它们的股票,以使用美国投资者的资金。它们经常使用**美国存托凭证**(American depository receipts,ADRs)来实现这一想法。ADRs 由美国商业银行发行,由 J. P. 摩根等金融机构作为保管机构。每个在美国交易所交易的 ADR 必须用被保管银行持有的一定数额的外国股票做抵押。每份 ADR 表示的标的股票的数量称为 **ADR 比率**(ADR ratio)。这个比率可以是 1∶3,即每 3 股标的股票兑换 1 份 ADR。每份 ADR 证书有一个账户号码,注明注册所有者的姓名、交易或发行日期、证书表示的股份数额。ADR 证书是可转让的文件,在出售或者所有权变换时签署交易。

ADRs 可以在 NYSE 或者 Amex 挂牌,也可以在纳斯达克交易报价。ADR 的概念已经以全球信托凭证(GDRs)、国际信托凭证(IDRs)和欧洲信托凭证(EDRs)的形式扩展到了其他地区市场,这些凭证在一个或多个全球市场进行交易。ADRs 的交易与美国公司的股票一样。股份的买卖使用美元,红利用美元支付,年报使用英语发布。投资者可以通过任何注册的经纪人或交易商买卖 ADRs。所有的 ADRs 必须在美国证券交易委员会(SEC)登记注册。

初级 **ADRs**(level I ADRs)是发起 ADR 项目的最基本形式。当发行者最初不是为了在美国筹集资金或者在交易所或纳斯达克挂牌的时候,一般使用初级形式。初级 ADR 项目为发行者提供一个相对廉价的方式来吸引投资者,从而在美国证券市场树立一个形象。初级 ADRs 在 OTC 市场交易,每日公布买卖价格或者将其发布在 OTC 公告栏(OTCBB)上。**二级 ADRs**(level II ADRs)会在美国交易所挂牌,或者在纳斯达克报价,在美国市场的知名度更高,交易更活跃,流动性更好。**三级 ADRs**(level III ADRs)是发起 ADR 项目的最高形式。在三级 ADR 项目中,发行者在美国公开发行 ADRs 并且在一家主要的美国交易所或纳斯达克挂牌。近年来,三级 ADRs 投资资金数额已经从大约 50 亿美元上升到了每年 150 亿美元。二级和三级的 ADR 项目必须遵守 SEC 的规定和信息披露要求。年度报告和中期财务声明必须定期提交给 SEC 和所有注册的公开持股者。

在 2005 年,NYSE 有来自 48 个国家和地区的 459 家非国内公司的 ADRs 挂牌。纳斯达克有 130 家 ADRs 挂牌。表 14-6 列出了在 NYSE 挂牌的较流行的 ADRs,它们来自不同的国家和地区。

表 14-6 一些在 NYSE 挂牌的流行 ADRs

公司名称	报价名	比率	国家和地区	行业
ABB Ltd.	ABB	1:1	瑞士	工程建筑业
Advanced Semiconductor Engineering Inc.	ASX	1:5	中国台湾	半导体业
Air France	AKH	1:1	法国	航空业
Allied Irish Banks Plc.	AIB	1:2	爱尔兰	银行业
Aluminum Corp. of China Ltd.	ACH	1:100	中国内地	采掘业
Amvescap Plc.	AVZ	1:2	英国	金融服务业
Bancolombia SA	CIB	1:4	哥伦比亚	银行业
Bank of Ireland	IRE	1:4	爱尔兰	银行业
BASF Ag.	Bf	1:1	德国	化学业
Brasil Telecom SA	BTM	1:3 000	巴西	电信业
British Airways Plc.	BAB	1:10	英国	航空业
British Sky Broadcasting Plc.	BSY	1:4	英国	传媒业
Chilesat Corp. SA	CSA	1:10	智利	电信业
CNOOC Ltd.	CEO	1:100	中国香港	油气业
Deutsche Telekom Ag.	DT	1:1	德国	电信业
Endesa SA	ELE	1:1	西班牙	电力工业
Gold Fields Ltd.	GFI	1:1	南非	采掘业
Gruma SA De Cv.	GMK	1:4	墨西哥	食品加工与服务
Hanson Plc.	HAN	1:5	英国	建筑产品与材料

(续表)

公司名称	报价名	比率	国家和地区	行业
Honda Motor Co. Ltd	HMC	1:0.5	日本	汽车制造业
Koor Industries Ltd.	KOR	1:0.2	以色列	投资控股公司
Luxottica Group Spa.	LUX	1:1	意大利	卫生护理产品与服务
Madeco SA	MAD	1:100	智利	金属加工
Matav Rt.	MTA	1:5	匈牙利	电信业
Metrogas SA	MGS	1:10	阿根廷	天然气生产与服务
Nokia Oyj.	NOK	1:1	芬兰	电信业
Nomura Holding Inc.	NMR	1:1	日本	金融服务
Norsk Hydro Asa.	NHY	1:1	挪威	油气业
Novo-Nordisk A/S	NVO	1:1	丹麦	制药业
Philippine Long Distance Telephone	PHI	1:1	菲律宾	电信业
Prudential Plc.	PUK	1:2	英国	保险业
Repsol Ypf. SA	REP	1:1	西班牙	油气业
Schering Ag.	SHR	1:1	德国	制药业
Sony Corp.	SNE	1:1	日本	电子业
Tenaris SA	TS	1:10	卢森堡	油气相关服务
Tenon Ltd.	FFS	1:10	新西兰	建筑产品与材料
Tomkins Plc.	TKS	1:4	英国	投资控股公司
Total SA	TOT	1:0.5	法国	油气业
Toyota Motor Corp.	TM	1:2	日本	汽车制造业
Turkcell lletisim Hizmet As.	TKC	1:2 500	土耳其	电信业
Unilever Nv.	UN	1:1	荷兰	食品制造与服务
Veolia Environnement	VE	1:1	法国	水产品与服务
Videsh Sanchar Nigam Ltd.	VSL	1:2	印度	电信业
Vimpel-Communications	VIP	1:0.75	俄罗斯	电信业
YPF SA	YPF	1:1	阿根廷	油气业

资料来源：www.adr.com。

14.5.3 外国债券

全世界的政府和公司都是以银行贷款和债券的形式借款的。发达资本市场的公司和国家政府可以发行**本国债券**（domestic bonds）给国内投资者。欧洲公司可以发行欧元面值的债券给国内投资者。小的国外投资者买卖这些欧洲债券很困难，因为他们必须兑换货币，而且要开一个可以在欧洲交易的经纪账户。

另外，许多公司还在除本国之外的其他国家发行债券，被称为**外国债券**（foreign bonds）。许多国家不存在公司债券市场。因为在美国有数量巨大的可用资本，故全世界的公司在美国都发行美元面值的债券，称为**扬基债券**（Yankee bonds）。AstraZeneca（英国公司）、Canadian Pacific、Kowloon-Canton 铁路（香港公司）、可口可乐 FEMSA（墨西哥公司)、那不勒斯(意大利城市)和新西兰(政府)发行的债券都在 NYSE 交易。因为这些债券用美元支付利息和本金,故美国投资者不承担扬基债券的货币兑换风险。像 ADRs 一样,扬基债券也要在 SEC 注册登记,并接受 SEC 的监管。类似地,国外公司在日本发行日元面值的债券(称为"武士债券"),在英国发行英镑面值的债券(称为"猛犬债券")。

14.5.4　全球共同基金

最近几年,美国投资者投入了大约 1 000 亿美元在国际股票基金上,国际股票基金的资产接近 5 000 亿美元。国际股票和债券共同基金为个人投资者参与国外证券市场提供了一种节省成本的途径。对于小的个人投资者,通过共同基金进行国际化投资在节约成本的同时还获得了更好的分散性和更高的收益。一个具有国际视角的共同基金可以把资产分散到许多不同国家的证券上。小型国外股票交易的经纪费用会高出几个百分点,尤其是当交易量很小的时候。因为共同基金经理通常处理大额的买卖交易,所以他们通常比国外市场的小投资者更具有成本优势。当然,共同基金支付的管理费用和市场成本可能会抵消这些成本优势。

世界股权基金主要投资于国外公司的股票。**新兴市场基金**(emerging-market fund)主要投资于发展中国家公司的股票。投资于新兴市场风险较大,因为许多这类国家从农业国或计划经济转变为一个工业化的自由市场经历了很大的困难。在 20 世纪 90 年代经历了新生之痛的国家包括阿根廷、印度、印度尼西亚和土耳其。当然,作为对更大风险的补偿,新兴市场基金的经济增长率也比美国、西欧和日本等成熟国家和地区的经济增长率高得多。

投资于国内和国外股票的共同基金叫做**全球股权基金**(global equity fund),或者世界股权基金。像国际股票基金一样,全球基金寻求长期增长。因为全球基金可以通过广泛分散化的股票为美国国内投资者复制国内股权,故一些投资者更喜欢那些仅投资于国外股票的基金。全球股权基金投资于在世界范围内交易的股票,包括美国公司的股票。**国际股权基金**(international equity fund),或者国外基金,投资于那些位于美国以外的公司的股票,通常禁止投资于美国股票。最流行和被广泛持有的国际股权基金投资于发达欧洲市场的股票,如英国、德国、法国以及环太平洋国家和地区(如日本、中国香港和澳大利亚)。大多数广泛分散的国际股票基金的投资目标是长期增长,虽然一些价值型投资基金把部分注意力放在获取当前收入上。

国际基金的投资策略多种多样。一些基金强调投资于特定国家而不是个股,以期通过投资于那些具有未来最高的经济增长率的国家而获利。其他的基金使用基本投资方法,关注那些最有前途的公司,很少考虑这些公司所在的国家。指数化正成为国际股票基金越来越流行的投资策略。当采取指数化策略时,大多数共同基金会使一组证券的表现与一个熟识的全球市场指数,如 EAFE 指数相匹配。

国外区域基金(foreign regional fund)投资于一个特定地域(如欧洲或太平洋地区)的公司。通过集中在单一区域,这些基金希望获得与政治变化、贸易或人口趋势有关的爆炸式经济增长带来的投资收益。区域基金的股票价格波动大于广泛分散化的国际股票基金。波动更大的是**单一国家基金**（single-country fund），该基金只投资于单一国家或地区，如墨西哥或者意大利。许多单一国家基金是封闭式基金，它以很大的折价或溢价进行交易。单一国家基金由于关注点比较窄，风险非常大。

大多数国际基金对购买或赎回收取销售费用。初次购买的前端费用从4%到6%不等，它们在投资者的钱投入到基金之前就扣除了。后端费用从2%到5%不等，在投资者赎回他们的股份时进行支付。销售费用、运作费用和交易成本都降低了投资者收益，因此必须要将这些费用最小化，以获得一个有竞争力的收益率。

在资本账户没有完全开放的情况下，为了方便境外的投资者投资于境内市场和境内投资者走向国际，我国推出了QFII和QDII产品。QFII，即Qualified Foreign Institutional Investor，指合格的境外机构投资者。QDII和QFII的最大区别在于投资主体和参与资金的对立。站在中国的立场来说，在中国境外发行，并以合法的渠道参与投资中国境内资本、债券或外汇等市场的资金管理人就是QFII；而在中国境内发行，并以合法的渠道参与投资中国境外的资本、债券或外汇等市场的资金管理人就是QDII。QDII制度由我国香港政府部门最早提出，与CDR（预托证券）、QFII一样，是在外汇管制下内地资本市场对外开放的权宜之计，以容许在资本账户未完全开放的情况下，境内投资者在海外资本市场进行投资。

2002年11月5日，我国《合格境外机构投资者境内证券投资管理暂行办法》正式出台。2003年7月9日，QFII第一单指令买入，标志着备受瞩目的QFII正式登上中国证券市场的舞台。截至2008年4月，已有52家海外机构获准作为QFII进入中国证券市场，总投资额度是102.95亿美元。

总结

◎ 投资者投资于国外市场时，有许多机会获得高收益。另外，投资者通过全球化分散投资策略可以降低组合风险。当投资的国外市场与美国市场相关性很小时，把这些国家的资产加入组合可以达到**分散化**的目的。

◎ 每个国家的股票市场都有一个或多个指数来衡量该国证券的表现。这些本地指数的一个问题是它们一般不是在国家之间进行比较的。每个指数都以本地货币计算，而且每个指数的计算方法也不同。为了给投资者提供一致的信息和基准服务，**摩根士丹利资本国际公司**应用相同的公司选择标准和计算方法对所有市场的所有指数重新计算。所有MSCI证券指数都是用市值权重（价格乘以发行股票数额）来计算的。

◎ 当国家经济处于分割的情况下时，国家间的分散化意义很大，购买**分割市场**的股票是投资这些地区的唯一途径。国家分散化的一种替代是**全球行业分散化**。

◎ 投资于国外市场会面临许多投资风险，最明显的风险就是**市场波动风险**。**流动性风险**是股票很难买入或卖出带来的潜在损失。这个问题在国外股票市场比在美国要严重得多，而且在新兴市场更是如此。投资于发达市场和新兴市场特定的流动性风险伴随而来的是高额的证券交易费用。新兴市场的经纪人手续费、交易费用、货币转换成本和托管费等要明显高于美国和欧洲等发达市场。

◎ 许多新兴市场国家容易遭受源于突发事件、暗杀或者内乱等的**政治风险**,这增加了市场波动性并降低了投资者收益。国外投资者必须经常注意政治气氛的变化。在最坏的情况下,投资者必须注意国际投资者的投资被**征用**的可能。**货币风险**是投资者在全球投资时要面对的很普遍的风险。**强势美元**意味着一美元可以购买的外国货币数额增加。**弱势美元**意味着一美元可以购买的外国货币数额减少。

◎ 公司治理、会计准则、法律以及监管条例在不同国家存在巨大差异。在一些国家,政府腐败是一个问题。

◎ 尽管大量证据都表明了**全球化分散策略**的益处,但行为金融的研究却表明大多数投资者把他们的投资组合放在本国的证券上。投资者非理性地将投资集中在国内证券的现象通常称为**本土偏见**。当投资者投资国外时,有时也会遇到非理性的**外国偏见**。就是说,一个国家的投资者对他们投资的其他国家有偏见,他们会在一些国家过度投资而在另一些国家投资不足。

◎ 成功实现全球化分散投资策略的途径是购买跨国公司总部在国外的公司的股票。另一种方法则是购买拥有全球商业运作的跨国公司的股票。聪明的美国投资者可以通过对经营广泛的跨国巨头的参与,来避免对国内市场的非理性关注("本土偏见")。

◎ **美国存托凭证**(ADRs)代表对非美国公司股票权益的所有权。每份 ADR 表示的标的股票的数量称为 **ADR 比率**。当发行者最初不是为了在美国筹集资金或者在交易所或纳斯达克挂牌的时候,可以使用**初级 ADRs**。**二级 ADRs** 会在美国交易所挂牌,或者在纳斯达克报价,在美国市场的知名度更高,交易更活跃,流动性更好。**三级 ADRs** 是发起 ADR 项目的最高形式,发行者在美国公开发行 ADRs 并且在一家主要的美国交易所或纳斯达克挂牌。二级和三级的 ADR 项目必须遵守 SEC 的规定和信息披露要求。

◎ 投资者可以购买国外市场的国内债券。一个更容易的方法是购买**外国债券**,这些债券可以在本地购买并且利息和本金也都是用本国货币支付。在美国发行的外国债券称为**扬基债券**。

◎ **新兴市场基金**主要投资于发展中国家公司的股票。**国际股权基金**主要投资于国外公司的股票,一般不允许投资于国内股票市场。投资于国内和国外股票的共同基金叫做**全球股权基金**,或者世界股权基金。像国际股票基金一样,全球基金寻求长期增长。**国外区域基金**投资于一个特定地域的公司,如欧洲或太平洋地区。波动更大的是**单一国家基金**,该基金只投资于单一国家或地区,单一国家基金由于关注点比较窄,所以风险非常大。

习题

14.1
(原书 17.2) 请列出新兴市场普遍共有的三个经济特征。

14.2
(原书 17.3) 什么是美国存托凭证？它是如何使得美国投资者对外国股票的投资变得简单的？

14.3
(原书 17.5) 请解释国家间不同的会计标准是如何影响估值技术的？

14.4
(原书 17.13) 什么是本土偏见？它会如何影响组合的收益率？

14.5
(原书 17.18) 假设一个投资者持有 10 000 美元，按照 1 美元兑 0.718 澳元的比率，将其兑换成澳元。利用持有的澳元，投资者以每股 25 澳元的价格购入 Aussie 公司的股票。一年后，该公司的股价上升到每股 30 澳元且汇率变为 1 美元兑 0.726 澳元。该投资者的总收益是多少？总收益中股票的收益占多少？汇率波动引起的收益又占多少？

14.6
(原书 17.19) 假设有一个资产组合，其 75% 的资金投资于国内股票，25% 的资金投资于外国股票。假设国内组合的预期收益率为 11%，标准差为 25%。而外国组合的预期收益率为 14%，标准差为 40%。两个组合的协方差为 175%。根据以上信息计算该资产组合的总的预期收益率和标准差。

14.7
(原书 17.20) 一个美国的投资者购买了日本债券。如果以下哪种情况发生，他将最大化其回报？

a. 利率下降，美元相对日元贬值
b. 利率下降，日元相对美元贬值
c. 利率上升，美元相对日元贬值
d. 利率上升，日元相对美元贬值

第 15 章
期权、期货、房地产与有形资产

本章学习目标
- 了解期权市场
- 了解期货市场
- 了解房地产市场
- 了解有形资产市场

本章将介绍几种新兴金融产品：期权、期货、房地产、有形资产和艺术品。这些产品可以为投资者提供丰富的投资工具，并满足投资者各种各样的投资需求。

通过期权，投资者可以利用自身对市场的判断获利。2005 年 7 月，在线拍卖行 eBay 公司报告了令人吃惊的重大盈余，导致股价暴涨；而互联网服务供应商 Yahoo! 公司则报告了令人失望的盈余，导致股价暴跌。James Stewart，*Smart Money* 杂志的编辑兼受人尊敬的作者，认为市场对这两则公告做出了过度反应，于是他卖出 eBay 看涨期权，同时买入同等数量的 Yahoo! 看涨期权。做空 eBay 看涨期权意味着 Stewart 将从 eBay 股票价格不变或下跌中获利，做多 Yahoo! 看涨期权意味着 Stewart 将从 Yahoo! 股价上涨中获利。

期货则为投资者提供了一个利用市场变化获利的投资工具。当低卡路里运动席卷美国时，对猪腹肉期货交易的投机性需求变得十分明了。消费者会购买较多的肉类和乳酪，较少的面粉、糖类和番茄。这对牛肉、猪肉和鸡肉制造商是好消息。当发现华盛顿的一头奶牛患上疯牛病时，期货交易者知道该怎么做！随着肉类需求的急剧上升和人们对牛肉安全性担忧的增长，期货交易者将其赌注放在冷冻猪腹肉上。期货交易者赌低卡路里节食者会转向购买猪肉从而令培根需求量大增。事实正是如此。仅仅五个月，冷冻猪腹肉就从每磅 86 美分上升到 1.25 美元，上涨了 45 美分。此次价格上涨导致了交易多头方的大额盈利，以及交易空头方的大额损失。

房地产市场则与宏观经济密切相关。房地产开发商 Donald Trump 经历了房地产业的起落曲折。在20世纪80年代Trump建立起房地产帝国后,90年代的市场不景气使其无法偿还债务,Trump陷入了破产的边缘。十年后,市场又是另一番景象了,Trump现在拥有和经营着遍布美国的大厦、公寓、旅馆、高尔夫球场和赌场。

15.1 期权市场

15.1.1 期权市场的起源及发展

1973年4月26日,**芝加哥期权交易所**(Chicago Board Options Exchange, CBOE)首先提出了在标准化管理的市场上交易标准化上市期权的概念。**期权合约**(option contract)是指以约定的价格在指定到期日前买卖固定数量标的资产的权利。**看涨期权**(call option)赋予持有者购买标的资产的权利;**看跌期权**(put option)赋予持有者出售标的资产的权利。由于期权的经济价值取决于其他资产价值的变化,因此它是一种**衍生证券**(derivative securities)。CBOE在第一天有16种基于普通股的看涨期权上市,仅成交了911份合约。看跌期权在1977年引入(见www.cboe.com)。

今天,几乎所有活跃交易的股票都有期权合约,交易量也稳定增长。正如图15-1所示,交易的大部分是股票期权,同时非股票期权也在增长。在过去的几年中,股票期权作为能满足单个投资者各种需求的投资工具被广泛接受。大约2 700种以股票为标的物的期权和100多种以非股票证券为标的物的期权在活跃交易。

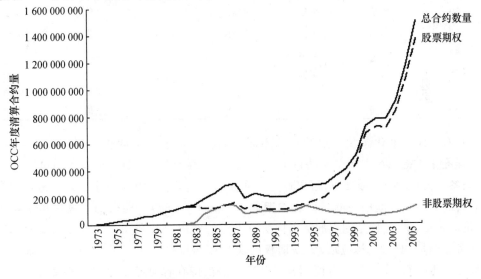

图 15-1 股票期权的交易量迅速增长

资料来源:The Option Clearing Corporation。

15.1.2 期权合约及期权类型

1. 期权合约

目前交易活跃的交易所上市期权主要基于四种标的资产:股票、股票指数、政府债券以及外币。

交易活跃的期权具有标准化的条款,如标的资产的属性和数量、到期日、执行价格、期权类型和合约履行(或清算)的方式。期权市场的交易完全取决于供求力量,并且具有灵活性。综合交易量是五大期权交易所日交易量之和。尚未行使的期权通常被称为**未平仓合约**(open interest),其数量取决于买卖双方的数量。

当标的证券的价格与执行价格相等时,称为**平价期权**(at-the-money)。当执行价格小于标的证券的市场价格时,看涨期权被称为**实值期权**(in-the-money)(见表15-1);而当执行价格大于标的证券的市场价格时,看跌期权被称为实值期权。当执行价格大于标的证券的市场价格时,看涨期权被称为**虚值期权**(out-of-the-money);而看跌期权则是在执行价格小于标的证券的市场价格时被称为虚值期权。

表15-1 看涨看跌期权

股票价格(美元)	看涨期权的执行价格			看跌期权的执行价格		
	45美元	50美元	55美元	45美元	50美元	55美元
45	平价	虚值	虚值	平价	实值	实值
47	实值	虚值	虚值	虚值	实值	实值
49	实值	虚值	虚值	虚值	实值	实值
50	实值	平价	虚值	虚值	平价	实值
51	实值	实值	虚值	虚值	虚值	实值
53	实值	实值	虚值	虚值	虚值	实值
55	实值	实值	平价	虚值	虚值	平价
57	实值	实值	实值	虚值	虚值	虚值
59	实值	实值	实值	虚值	虚值	虚值

具有相同标准化条款但执行价格不同的期权构成了一个**期权系列**(option series)。合约标准化使得二级市场交易的可能性增大,在二级市场上,期权**持有人**(holders)或买方,与**签写人**(writers)或卖方,可以通过对冲性的买卖交易对其头寸平仓。一份期权合约签署日和到期日之间的时期叫做**合约期间**(contract period)。期权的市场价格是**期权费**(option premium)。这是期权的买方向卖方支付的费用。看涨期权的卖方在期权执行时有义务交割标的证券;相应地,看跌期权的卖方在期权执行时有义务购买标的证券。无论期权是否执行,卖方都将保留期权费。这是期权持有者向期权卖方为期权所包含的权利支付的一笔不可返还的费用。期权费在供给和需求的经济力量的作用下不断变化,此外还受到标的资产当前价值、执行价格、相关资产价值、期望波动率等因素的影响。

交易最活跃的期权是快要到期的看涨期权。投资者的兴趣集中在短期看涨期权上,是因为相对于长期看涨期权而言,它们对标的股票近期的价格变动更为敏感。为了扩展金融衍生品的潜在市场,期权交易所开发出了叫做 **LEAPS**(long-term equity anticipation securities)的长期股票和指数期权。与短期期权一样,LEAPS 有两种类型——看涨期权与看跌期权。其特别之处在于 LEAPS 的到期日是初始发行日的三年以后。所有的 LEAPS 期权在 1 月份的第三个星期五到期。这类期权为那些同时喜欢期权的杠杆效用和股票的长期投资期限的投资者提供了机会。

期权市场的快速增长可以由两个重要的根本原因来解释。首先,期权是在相互联系且不稳定的全球市场中转移风险的一个重要工具。如果没有这个基本经济价值,将不会有对期权交易的需求。其次,标准化期权合约的引入提供了有序、有效且透明的期权市场。如果没有期权市场提供的制度框架,对期权的需求也会受到制约。

由于其特有的风险-收益特征,期权可以和其他金融工具一起创建**套期保值头寸**(hedged position)或**投机头寸**(speculative position)。当期权合约被用于补偿其他投资的固有风险时就创建了套期保值头寸,保值者用期权限制风险。当期权合约被用于从某种标的资产的固有波动中获利时就创建了投机头寸,投机者通过持有未保值头寸来承担风险并从预期价格变动中获利。期权有投机吸引力是因为它的杠杆效应,这个杠杆效应源自期权费仅为标的资产价格的几分之一。当然,杠杆不仅放大了有利的标的资产价格变动带来的盈利,也放大了不利的价格变动带来的损失。

如果不考虑佣金和其他费用,期权合约是买卖双方的一个**零和游戏**(zero-sum game)。当标的资产价格意外上升时,看涨期权买方的收益恰好等于卖方的损失;当标的资产价格意外下跌时,看涨期权买方的损失恰好等于卖方的收益。对看跌期权也是如此,看跌期权买卖双方的得失在绝对值上相等。股票期权合约是买卖双方对股票价格短期走向的一个赌博。对公司自身来说没有任何的收入或损失。只有期权市场的参与者受到了影响。

2. 交易类型和期权样式

期权持有者被称为"做多期权头寸",卖方被称为"做空期权头寸"。假设一个投资者 8 月购买了一份 12 月的福特 50 看涨期权,合约价格为 500 美元。到了 10 月,假设合约价格升至 800 美元,多头投资者可以指示经纪人卖出一份相应的 12 月的福特 50 看涨期权以实现 300 美元的盈利。如果到了 10 月,期权的市场价格降到 300 美元,多头投资者可能决定在平仓交易中卖出期权从而锁定 200 美元的损失。

对于**美式期权**(American-style options),期权合约可以在购买日至到期日之间的任何时刻执行。所有在美国交易的公司股票期权都是美式的。**欧式期权**(European-style options)是只能在**到期日**(expiration date)执行的期权。大部分指数期权是欧式期权。到期日是美式期权的最后一个执行日,也是欧式期权的唯一一个执行日。

3. 期权类型

(1) 股票期权

期权与普通股有很多共同点。它们都是上市证券,买卖期权的指令与买卖股票一样,都是通过经纪人进行的。上市期权指令在受监管的交易所交易大厅里执行,所有交易都在一个开放竞争的拍卖市场进行。像股票一样,期权交易也是买家问价、卖家应答。像股票投资者一样,期权投资者具有每天甚至每分钟跟踪价格变动、交易量和其他相关信息的能力。

尽管存在上述相似点,但股票期权和普通股之间还存在重要的不同。与普通股不同,期权的寿命有限。如果期权没有在到期日前平仓或执行,它作为金融工具将不复存在。与股票所有权包含所有权、投票权和股息不同,期权所有权只拥有从股票价格变动中获得潜在利益的权利。

股票期权一般包含100股标的证券,这个股数可能因为特定事件而调整。这些事件包括股票分红、配股、股票分割、重组、再融资或合并。作为通用的规则,常规现金分红或配股的情况下不作调整。大部分发行者做出的现金分红或配股一般被认为是正常的,除非它超过了标的证券总市值的10%。

(2) 指数期权

所有指数期权都用固定现金数目支付结算,以现金结算的指数期权并不与特定数量的股票相联系。指数期权的期权费是用点数或点数的分数表示的,其中每一点代表了与1美元相等的金额。指数期权的合约规模由乘数决定,用美元表示。美国交易最活跃的指数期权是标准普尔100指数(OEX)。OEX是上市的指数期权中的特例,美式的OEX期权可以在到期日前的任何工作日执行。而几乎其他所有上市期权都是欧式期权,这意味着它们只能在到期日执行。表15-2给出了一些流行的指数期权。

表 15-2 指数期权示例:2006年3月4日

指数	指数价格	看涨	收盘价	交易量	未平仓合约	看跌	收盘价	交易量	未平仓合约
标准普尔100	583.92	Mar 585.0	3.80	3 706	6 991	Mar 585.0	5.40	10 109	6 663
DJIA	110.22	Mar 110.0	1.05	5 999	24 876	Mar 110.0	0.75	1 843	25 919
纳斯达克100	1 684.32	Mar 1 700.0	14.10	461	14 208	Mar 1 700.0	15.50	142	9 975
罗素2000	738.40	Mar 730.0	17.00	1 000	8 566	Mar 730.0	6.30	1 111	8 330

资料来源:www.cboe.com。

例如,假设一个投资者以3.80美元的价格购买了3月的585份OEX看涨期权,OEX指数期权的乘数是100美元,意味着单份看涨合约期权费的美元价值是380美元(=3.80×100美元)。100美元的乘数是指数期权价值计算的惯例,被许多指数期权所采用,如道琼斯工业平均指数(DJX)和纳斯达克100指数(NDX)。

(3) 债券期权

有两种债券期权被允许进行交易。以实物交割的**价格期权**(price-based options)赋予持有者购买特定债券的权利。以现金结算的价格期权赋予持有者收到标的债券价值的现金的权利。**收益率期权**(yield-based options)是以现金结算的债券期权,由执行价格和标的收益率价值之间的差额决定。目前只有收益率期权在交易。

为了理解债券期权,投资者必须领会到期收益率和债券价格之间的关系。利率的下降导致债券价格的上升,利率的上升导致债券价格的下降。如果 30 年期国债支付 7% 的息票率,在到期日前投资者会支付 100 的价格(或面值的 100%)的唯一时刻是当这种长期国债的当前到期收益率恰好为 7% 时。如果利率上升到 8.5%,30 年期 7% 的债券的价格将下降到大约 83⅛以获得 8.5% 的收益率。如果这种债券的利率随后下降到 6%,30 年期 7% 息票债券的价格将大大超过面值,达到大约 113⅓,从而获得 6% 的收益率。

收益率期权的执行价值依赖于标的收益率的价值与期权执行价格的差额。因为收益率期权的标的收益率随着利率的上升而上升,因此,当利率上升时,基于收益率的看涨期权变得更有价值;同样,当利率下降时,基于收益率的看跌期权变得更有价值。

利率期权的标的债务工具是国库券,包括短期国库券、5 年期和 10 年期国债以及 30 年期国债,这些全部都是美国政府的直接债务。国库券不付利息,以面值折价出售。国库券的收益通常用折扣率表示。国债支付固定的半年期利率。所有收益率期权都是欧式期权且要求现金结算。这些期权的标的收益率都是最近发行的特定期限国债的年化到期收益率。如果指定的债券是国库券,标的收益率就是新发行的国库券的年化折扣率。标的收益率是用收益率指示因子表示的,也就是年化的收益率乘以 10。例如,如果收益率是基于年化折扣率为 6.125% 的国库券,则收益率指示因子就是 61.25。

收益率期权的卖者有义务向执行期权的持有人支付的总现金结算金额是期权的执行价格和结算价格的差乘以期权乘数。不同的收益率期权有不同的乘数。例如,63.50 的执行价格代表了 6.35% 的收益率。每一点的期权费对应收益率的 0.1%。单份收益率期权的期权费的美元价值等于期权费报价乘以期权乘数。因此,3.50 美元的期权费报价等于一个乘数为 100 的期权 350 美元(=3.50 美元×100)的期权费或一个乘数为 200 的期权 700 美元(=3.50 美元×200)的期权费。

15.1.3 期权策略

1. 看涨策略

对于看涨的投资者,买入看涨期权是一个简单且流行的期权策略。买入看涨期权赋予持有者在限定时间内按照特定的执行价格买入标的股票的权利而不是义务。当标的股票价格上升时,以固定价格购买股票的权利变得更加有价值。对于看涨期权的买方,风险仅限于期权费,即为看涨期权支付的费用,再加上佣金。而当看涨期权价格上升到超过持平价格(break-even price)时其潜在收益是无限的。当标的股票的市场价格在合约期内上升至执行价格加期权费和佣金的水平时,看涨期权买方就达到了持平点。

例如,图 15-2(A)显示了一个看涨期权多头的盈余情况。他以每股 2 美元的期权费买入一个执行价格为 50 美元的看涨期权。为了简单起见,这个例子假设看涨头寸一直维持到期末,且佣金为零。在现实中,看涨期权买方经常在到期前清算他们的头寸,并且支付给期权交易者佣金的费用可能非常可观。

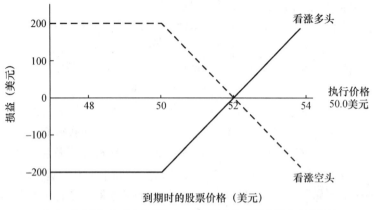

(A) 对股市极度看涨的投资者买入看涨期权来放大潜在上涨收益

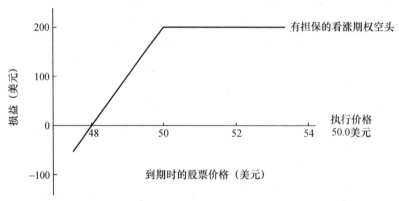

(B) 对股市中等程度看涨的投资者买入股票并卖出看涨期权来增加收入

图 15-2 看涨期权在看涨投资者中流行

看涨期权的买方直到股票价格升到 50 美元执行价格加 2 美元每股期权费后的 52 美元时才开始摆脱亏损。当股票价格高于 52 美元时,看涨期权买方的每股盈利会随股票价格的上升而同等幅度地上升。如果到期时股票价格低于 52 美元,看涨期权的买方会损失期权费。但是他的损失不会超过每股 2 美元。看涨期权的买方具有有限的潜在损失和无限的潜在收益。

当投资者预计股价会很快上升时可能想要购买看涨期权,而看涨期权的卖方期望从股价下跌中获利。看涨期权的卖方有义务在期权买方要求执行时按约定的价格出售标的股票。期权交易是个零和游戏,看涨期权买方的收益来自期权卖方的支出。同样地,看涨期权卖方的收益来自期权买方的支出。如图 15-2 所示,图(A)中看涨期权卖方(或做空)的盈亏图是看涨期权买方盈亏图的镜像。看涨期权的卖方直到股票价格升到 50 美元执行价格加 2 美元每股期权费的 52 美元之前都在盈利。当股票价格高于 52 美元时,看涨期权卖方的每股损失会随股票价格的上升而同等幅度地上升。如果到期时股票价格低于52美元,看涨期权的卖方会得到期权费。但是他的收益不会超过每股2美元。看涨期权的卖方具有有限的潜在收益和无限的潜在损失。

买入看涨期权是投机者中流行的期权策略,因为股价经常上升,而看涨期权赋予持有者在股票价格急剧上升中获得巨大收益的可能。单个投资者也发现了看涨期权赋予持有者以有限的损失换取大量回报的事实,这非常有吸引力。但是,投资者必须记住,只有在标的股票价格充分且迅速地上升,并超过执行价格加期权费和佣金时,看涨期权的买方才会获利。看涨期权的卖方也期望获利,从而期权费的数量必须足够大,以给予看涨期权卖方和买方创造利润的机会。

图15-2(B)显示了**抛补的看涨期权**(covered-call)策略的潜在收益。抛补的看涨期权策略就是出售自有股票的看涨期权。抛补的看涨期权的卖方因为同意以执行价格出售标的股票而收到看涨期权的期权费。因为抛补的看涨期权的卖方拥有标的股票,投资者的期权头寸针对股票价格的向上移动被保值。对卖方来说风险是有限的,因为投资者可以在标的股票价格出现急剧上升时交割之前购买股票。对中性或略微看多的投资者,以及对某家公司看多而对整个市场担心的投资者来说,抛补的看涨期权策略具有吸引力。抛补的看涨期权策略的缺点是它只具有有限的潜在收益。对于抛补的看涨期权的卖方,价格上涨的股票被买走,而表现不佳或下跌的股票留了下来。此外,高佣金和其他交易费用可能大幅度降低期权费收入。

2. 看跌策略

对于看跌的投机者,买入看跌期权是一个简单且流行的期权策略。买入看跌期权赋予持有者在规定时间内按照特定的执行价格卖出标的股票的权利而非义务。当标的股票价格下降时,以约定的执行价格出售股票的权利变得更有价值。对于看跌期权的买方,风险仅限于期权费,即为看跌期权支付的费用,再加上佣金。而在标的股票的价格不会低于零的情况下其潜在的收益有限。当标的股票的市场价格在合约期内下降至执行价格减期权费和佣金的水平时,看跌期权的买方就达到了持平点。

例如,图15-3(A)显示了一个看跌期权买方的盈亏情况,其以每股2美元的期权费做多一个执行价格为50美元的看跌期权。为简单起见,这个例子假设看跌头寸一直持有到期末,且佣金为零。在现实中,看跌期权的买方经常在到期日前清算他们的头寸,并且期权交易者的佣金和费用可能非常可观。

看跌期权的买方直到股票价格降到50美元执行价格减每股2美元期权费的48美元时才开始摆脱亏损。当股票价格低于48美元时,看跌期权买家的每股盈利会随股票价格的下降而同等幅度地上升。如果到期时股票价格高于48美元,看跌期权的买方会损失期权费。但是他的损失不会超过每股2美元。看跌期权的买方具有有限的潜在收益。

当投资者预计股价会迅速下降时可能想要购买看跌期权,而看跌期权的卖方期望从股价上升中获利。看跌期权的卖方有义务在期权的买方要求时按约定的价格购买标的股票。与看涨期权一样,看跌期权买方的收益来自期权卖方的支出。同样地,看跌期权卖方的收益来自期权买方的支出。如图15-3(A)所示,卖出看跌期权(或做空)的投资者

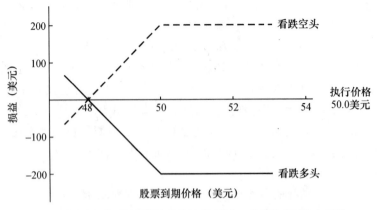

(A) 对股市极度看跌的投资者购买看跌期权,从股价的下跌中获利

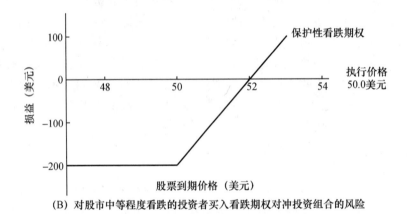

(B) 对股市中等程度看跌的投资者买入看跌期权对冲投资组合的风险

图 15-3 看跌期权在看跌投资者中流行

的盈亏图是看跌期权买方盈亏图的镜像。看跌期权的卖方直到股票价格降到 50 美元执行价格减 2 美元每股期权费的 48 美元之前都在盈利。当股票价格低于 48 美元时,看跌期权卖方的每股损失会随股票价格的下降而同等幅度地增加。如果到期时股票价格高于 48 美元,看跌期权的卖方会得到期权费。但是他的收益不会超过每股 2 美元。看跌期权的卖方具有有限的潜在收益和有限的潜在损失,因为其标的股票的价格不会低于零。

在看涨的市场条件下,买入看跌期权会遭受损失。但是,卖出未保护的看跌期权也不是无风险的投资策略。在 1987 年股票市场崩盘以及其他市场急剧下跌时期,看跌期权的卖方遭受了巨大的损失。尽管卖出未保护的看跌期权具有小而常规的潜在收益,但罕见而巨大的损失可能降低卖出看跌期权策略的吸引力。

看跌期权经常被用来应对整体市场发生迅速调整的风险。图 15-3(B)显示了**保护性看跌期权**(protective put)策略的潜在收益。保护性看跌期权策略就是在购买某种股票的同时,购买基于相同证券的看跌期权。保护性看跌期权的买方为看跌期权支付现金,但是标的股票的潜在风险被严格地限制了。对保护性看跌期权的买方来说风险是有限的,因为持有者可以在标的股票价格出现急剧下降时按照看跌期权的执行价格交割标的股票。因为保护性看跌期权的买方拥有标的股票,对于标的股票价格的猛烈上涨,投资者拥有无限的潜在收益。购买保护性看跌期权是一种保守的期权策略,有时被持有大量普通股头寸的养老金和指数基金使用。然而,保护性看跌期权策略的缺点是这种投资组合保险很昂贵,特别是在市场暴跌(turbulent markets)时。

比较图 15-2 中抛补的看涨期权空头和图 15-3 中看跌期权空头的盈亏图。两张盈亏图看起来很相似。事实上,抛补的看涨期权与看跌期权非常相似。你可以通过做空一份股票同时买入一份看涨期权来创建看跌期权的回报,这称为看跌期权的**合成**(synthetic)。图 15-3 中保护性看跌期权与图 15-2 中看涨期权多头的盈亏图很相似,这称为看涨期权的**合成**。

例 15-1 投资者拥有现价为每股 40 美元的股票 200 份。投资者卖出 2 份执行价为 45 美元的看涨期权,4 个月后到期,期权费为 1.5 美元/股。每份合约标的股票数量为 100 股。忽略交易成本,当股票到期价格为 38 美元、42 美元和 47 美元时,这份抛补的看涨期权收益如何?

解答

收益来自股票和期权的头寸。

股票价格为 38 美元时:收益 = $(38-40) \times 200 + 1.5 \times 100 \times 2$
$$= -400 + 300 = 100(美元)$$

股票价格为 42 美元时:收益 = $(42-40) \times 200 + 1.5 \times 100 \times 2$
$$= 400 + 300 = 700(美元)$$

股票价格为 47 美元时:收益 = $(47-40) \times 200 + 1.5 \times 100 \times 2$
$$- (47-45) \times 100 \times 2$$
$$= 1\,400 + 300 - 400 = 1\,300(美元)$$

3. 期权组合

在同一时间持有包括不止一个期权头寸的期权策略叫做组合。价差组合和跨式期权组合是组合的两种具体类型。**价差组合**(spread)是同时作为同一种标的资产的同一种期权(看涨或看跌)的买方和卖方。虽然买卖期权的种类相同,价差组合用期权构造了部分互相抵消的头寸。**价格价差**(price spread)是同时购买和出售具有相同标的资产、相同执行期限但是不同执行价格的期权。**时间价差**(time spread)是同时购买具有相同标的资产、相同执行价格但不同到期日期的期权。价差被用来构建给定资产的看多或看空头寸,它们也能组成复杂的策略。

两种流行的价格价差策略是**牛市看涨价差**(bull call spreads)和**牛市看跌价差**(bull put spreads),它们都是保守期权策略,因为投资者的风险暴露是已知且有限的。当投资者的预期是略微看多时它们最为适用。牛市看涨价差是买入低执行价格看涨期权的同时卖出另一个相同标的证券、相同到期日的高执行价格看涨期权。为低执行价格的看涨期权支付的费用比做空高执行价格看涨期权得到的费用高。牛市看跌价差是卖出高执行价格看跌期权的同时买入另一个相同标的证券、相同到期日的低执行价格看跌期权。做空高执行价格看跌期权得到的费用比为低执行价格看跌期权支付的费用高。

跨式期权组合(straddle)是指同时买入看涨期权并卖出看跌期权,这两份期权具有相同的标的资产、相同的执行价格、相同的到期日。当投机者预计标的股票波动率上升但是不确定价格会往哪个方向变动时构造跨式组合。例如,假如一家公司将要宣布是否在其刚刚完成的大型钻井工程中发现了石油。如果发现了石油,可以预计公司股票将飙升;如果没有发现石油,公司股票将下跌。在这种情况下,买入跨式期权头寸可能会获利。

15.2 期货市场

15.2.1 期货合约及期货种类

1. 期货合约

期货合约指买卖双方约定在未来一个确定日期或之前以固定的价格买卖规定数量和等级的商品、货币、证券、指数或者其他特定物品的标准化协议。所有的期货合约都要求在合约期间进行每日盈亏结算。对直到交易终止仍然开放的期货合约,合约规定了标的资产的实物交割或基于现货市场价格和商定合约价格之间价差的最终现金支付。

期货合约的买方,通常被称为**多头**(long),同意买入标的资产。期货合约的卖方,或称为**空头**(short),则同意卖出标的资产。期货合约是在交易所交易的,通过在特定区域公开喊价交易或者通过计算机网络进行电子交易。在**公开喊价交易**(open-outcry trading)中,交易所成员站在**交易区**(trading pit)通过声音和手势向其他交易者报出买价和卖价。客户指令被传递给**大厅经纪人**(floor broker)或**双重交易者**(dual trader),他们根据指令的指示执行操作。经纪人和双重交易者通常承担输入复杂的买卖指令的责任。所有的期货合约按照它们的每日收盘结算价格盯市。这意味着每天的收益和损失会立即反映到对应账户上。任何期货合约都可以用**反向交易**(offsetting transaction)终止。反向交易是与未平仓期货头寸的交易数量相等但方向相反的交易,它可以在期货合约到期前的任意时刻执行。实际上,全部期货市场交易中只有1%到2%最后发生了标的资产的交割。

标准化的期货合约具体包括五项合约条款:

- **标的资产**:合约的标的商品、货币、金融工具指数或其他项目必须指明。
- **标的资产的数量和质量**:精确指出合约覆盖的标的资产的数量和质量(等级)。
- **交割周期**:必须指明期货合约能交易的月份。
- **到期日**:表明期货合约终止的时间。
- **结算机制和交割地点**(如果可用):期货合约规定了如何进行标的资产的实物交割或现金支付。

期货合约唯一未指明的项目是标的单位的价格。这个数字是在交易所决定的。

期货交易的机制很简单。买方和卖方都要在商品经纪公司存入一笔资金,叫做**保证金**(margin)。保证金可以用来保证合约执行。这笔金额通常是合约标的总价格的很小比例，只有5%到10%。因此，标的资产价格1%的微小变动可能带来期货合约买方或卖方20%的损益。标的资产价格5%的微小变动可能令买方或卖方的初始投资翻倍或将他们中的一个平仓出局。因为期货合约代表了以约定价格买卖约定数量和质量标的资产的法定义务，买方或卖方的实际损益并不受保证金金额的限制。在不稳定且变化迅速的市场上，标的商品的价格在一个交易日的改变有时可能会远远超过5%。这意味着最小要求保证金可能在不到一个交易日就全部损失掉，如果没有及时补足，可能导致追加保证金通知和强制清仓。投机者和保值者常常在账户中放入比最小保证金要求多的金额。

如图15-4(A)所示，如果投资者买入（做多）期货合约，当价格上升时，投资者获得价格上升幅度乘以期货规模的收益。当价格下降时，投资者承担价格下跌幅度乘以期货规模的损失。图15-4(B)反映了期货空头头寸可能的损益。如果投资者卖出（做空）期货合约，当价格下降时，投资者获得价格下跌幅度乘以期货规模的收益。当价格上升时，投资者承担价格上升幅度乘以期货规模的损失。就像期权合约一样，期货合约代表了买卖双方的零和游戏。除去佣金和其他交易费用，买方所得恰好等于卖方的损失，反之亦然。

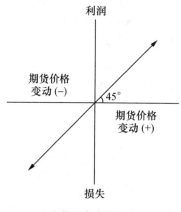

(A) 期货多头的回报

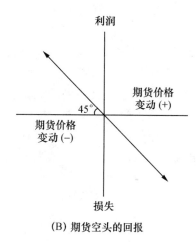

(B) 期货空头的回报

图15-4　期货合约是买卖双方的零和游戏

2. 期货种类

(1) 股票期货

20世纪90年代股票交易变得非常普遍。在线经纪公司、日交易和高折扣经纪费用的兴起使投资者能在股票上投机。股票交易量高涨并且投资行业日渐繁荣。期货市场也想参与其中。期货市场最近的创新之一是OneChicago引入的针对个别公司股票的期货合约。现在已经有超过200种单股期货(single-stock futures, SSFs)，像IBM、微软、迪士尼。它们用公司股票的代号跟上1C来标记(即IBM1C代表IBM)。除SSFs之外，也有基于道琼斯工业平均指数交易所交易基金(ETFs)的期货。

一份SSFs合约是在未来指定时间交割100股特定股票的协议。到2006年2月，美国SSFs的平均日交易量为20 800份合约，或每年470万份合约。由交易量计算，最受欢迎的合约是Johnson & Johnson、Conoco Phillips、Altria Group和Merck的。由未平仓合约计算，最受欢迎的合约是通用电气的，具有171 026份未平仓合约。

SSFs可以令投机和保值不那么昂贵。为了买入股票，投资者可以支付股票的全部价格，也可以支付价格的50%而向经纪人借款支付剩下的50%。对于SSFs，交易者通常被要求存入合约现金价值的仅20%作为保证金，而当投资者还持有某种抵补头寸时，要求的保证金还会更少。SSFs合约的持有者用只相当于头寸总价值20%的存款控制了相当于100股特定股票的头寸。当然，仅仅用20%的保证金就能建立头寸的能力意味着投机者的杠杆率非常高。高杠杆率增加了潜在收益的大小，但也增加了发生重大损失的风险。

(2) 期货期权

因为期货合约包含了以给定价格买卖特定商品的义务，在不利的市场条件下，买卖双方都有遭受无限损失的可能。相比之下，期权只代表了在特定时间段内以约定价格买卖特定项目的权利，而非义务。看涨期权(买入的权利)和看跌期权(卖出的权利)买方的潜在损失完全被期权费限定了。因为深奥复杂的期权保值技术经常超出了小投资者的能力或对他们来说过于昂贵，故很多小投资者避免卖出期权。因为同样的原因，很多小投资者开始回避期货市场。

很多投资者都在寻找具有有限潜在损失的金融衍生品，许多期货市场已经开始引入基于期货的期权，以便增加期货合约对他们的吸引力。**期货期权**(futures option)赋予投资者在限定时间内以确定的价格买卖某些特定期货合约的权利，而非义务。与股票或股票指数的看涨看跌期权一样，只有期货期权的卖方有按照期权合约的规定执行的义务。看涨期权和看跌期权买方的潜在损失被限定为期权费。作为对期权费的回报，期货期权的卖方有义务在买方要求的时候履行期权合约。与股票或股票指数期权一样，期货期权的卖方具有无限的潜在损失。

15.2.2 期货交易机制

1. 清算机制

每家期货交易所都使用会员公司的**清算公司**(clearinghouse)来保证期货和期权合约的履行。清算公司保证期货和期货期权合约买卖数量的平衡,为合约的履行提供担保。期货清算公司通过消除**对手风险**(counterparty risk)促进了陌生人之间的交易。在美国,每家期货交易所都拥有自己的清算公司,这些公司作为独立实体或交易所的一部分而存在。最近,一些美国期货交易所在考察成立公共清算公司的可能性,就像在股票和股票指数期权市场上**期权清算公司**(Options Clearing Corporation, OCC)所做的那样。

2. 保证金要求

保证金要求是由交易所规定的,其水平应足以保证清算公司能够应付每日个别期货或期权合约的最大价格变动。对于大部分合约,**初始保证金**(initial margin)(即开始交易所需要的保证金)和**维持保证金**(maintenance margin)(即在合约期间客户必须提供的最低保证金)是不一样的。在易变的市场上,额外保证金可能要在一天内缴纳,清算会员有时需要在收到追加保证金通知的一个小时内补足资金。盯市的过程保证了期货买方和卖方的账户都有足够保证合约履行的价值。如果有单日收益,这个金额可以支付给客户。如果有单日损失,客户必须支付这个全额。

15.2.3 期货市场策略

历史上,期货市场参与者被分为两类。**套期保值者**(hedgers)寻求降低与标的商品或证券的交易相关的风险。**投机者**(speculators),包括专业的场内交易者,寻求从价格变动中获利。对投机者来说,期货市场的吸引力包括能利用杠杆效应,以及能轻易建立空头和多头头寸。投机者和做市商承担了套期保值者转移的风险,赋予了期货市场高度的流动性。与套期保值者不同,很多投机者并不以使用商品为目的。大部分投机者完全以获得盈利为目的进行交易。通过密切关注市场,投机者有时能利用期货价格的微小变动获利。

套期保值通常包含一个与现金市场头寸相反的期货头寸。玉米农场主可以通过卖出与预期产量相应的玉米期货来保值。日本汽车的进口商可以通过买进与预期日元债务相应的日元期货来保值。贵金属商人可以通过购买与固定价格的黄金销售合约相应的黄金期货来保值。养老基金经理可以通过卖出与基金的投资组合证券相对应的股票指数期货来避免市场下跌从而保值。

在期货市场,商品现货价格与期货价格的差值叫做**基差**(basis),如图15-4所示。虽然期货套期保值策略能够消除**价格风险**(price risk),但它不能消除**基差风险**(basis risk)。

价格风险是证券或投资组合价值随时间下降的几率。基差风险是标的基差在保值期间无法预料且不利的变化。基差风险源自套期保值者在保值时对基差的不确定。套期保值实际上是用基差风险替代价格风险。

现金期货基差受到季节因素、天气情况、商品的暂时余缺、运输设备的利用、利率和仓储费用的影响。在特定的金融市场上,基差反映了长期利率和短期利率之间的差别。如图15-5所示,现金-期货基差,即现货价格和期货价格的差额,随着期货合约接近到期日而收敛为零。然而,在到期前,现金价格和期货价格的差额可能由于难以预测的原因扩大或缩小。当交易者交叉保值时,即用一种商品的期货为另一种不同但是相关的商品风险保值时,基差风险会普遍存在。例如,交易者可能用燃油期货为航空柴油需求保值,或用欧元为欧洲投资保值。两种相关燃料或两种相关货币的价格变动可能在过去的时间里密切相关,但不能保证这种价格关系会一直持续。

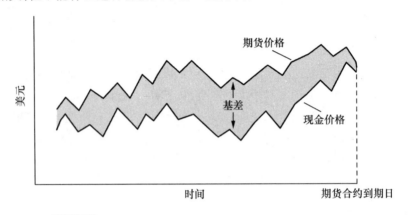

图 15-5 现金价格和期货价格间的差额是现金-期货基差

价差头寸是同时购买和出售两个相关的期货或期权头寸。当投机者认为相关期货或期权合约的价格与历史经验不相符时,他们会持有价差头寸。**市场内价差**(intramarket spread),也叫时间价差,由同一个交易所相同期货的某个合约月份的多头头寸和另一个合约月份的空头头寸组成。例如,CSCE 的 3 月糖类期货多头和 7 月糖类期货空头。不同交割月份期货的市场内价差反映了供给、需求和持有成本方面的因素。仓储费用和原料持有成本通常随着时间的推移而增加,所以每一个后续交割月份的商品期货价格通常比前一个交割月份要高。

市场间价差(intermarket spread)由一个市场的多头头寸和另一个市场的空头头寸组成,它们交易的是相同或密切相关的商品。例如,"TED 价差"是 CME 交易的美国国库券期货合约和欧洲美元定期存款期货合约的价差。TED 价差随着私人和政府短期借债利率的关系变化而变化。另一种市场间价差是"NOB 价差",即芝加哥商品交易所中美国中期国债与长期国债的价差。这种价差反映了美国不同到期日国债利率的差别。

15.2.4 中国的期货市场

我国期货市场产生于 20 世纪 80 年代末。随着改革开放的逐步深化,价格体制逐步放开。这时,不解决价格调控的滞后性问题,就难以满足供求双方对远期价格信息的需要。1988 年 5 月,国务院决定进行期货市场试点。1990 年 10 月 12 日,中国郑州粮食批发市场经国务院批准,以现货交易为基础,正式引入期货交易机制,从而成为我国第一家商品期货市场,迈出了中国期货市场发展的第一步。

我国期货交易所主要有上海期货交易所、郑州商品交易所、大连商品交易所和中国金融期货交易所。

(1) 上海期货交易所

上海期货交易所是在中国证监会集中统一监管下,依照有关法规设立、履行有关法规规定的职能、按其章程实行自律性管理的法人。上海期货交易所目前上市交易的有铜、铝、锌、天然橡胶、燃料油等 5 个品种的标准合约。

上海期货交易所现有会员 200 多家,其中期货经纪公司占 80% 以上,并已在全国各地开通远程交易终端逾 300 个。

(2) 郑州商品交易所

郑州商品交易所成立于 1990 年 10 月 12 日,是经中国国务院批准的首家期货市场试点单位,在现货远期交易成功运行两年以后,于 1993 年 5 月 28 日正式推出期货交易。1998 年 8 月,郑州商品交易所被中国国务院确定为全国三家期货交易所之一,隶属于中国证监会垂直管理。

郑州商品交易所实行会员制,是为期货合约集中竞价交易提供场所、设施及相关服务,不以营利为目的的自律性管理法人。会员大会是郑州商品交易所的权力机构,由全体会员组成。郑州商品交易所现有分布在中国 26 个省、市、自治区的会员 200 多家。理事会是会员大会的常设机构,下设 7 个专门委员会。总经理为法定代表人,根据工作需要设置内部职能部门。

目前,经中国证券监督管理委员会批准,郑州商品交易所上市交易的期货合约有小麦、棉花、白糖、精对苯二甲酸(PTA)、绿豆等,其中小麦包括优质强筋小麦和硬冬白(新国标普通)小麦。小麦、棉花、白糖和 PTA 期货为国民经济服务的市场功能日益显现,在国际市场上的影响力逐渐增强。

(3) 大连商品交易所

大连商品交易所成立于 1993 年 2 月 28 日,是经国务院批准的四家期货交易所之一,是实行自律性管理的法人。成立以来,大连商品交易所始终坚持规范管理、依法治市,保持了持续稳健的发展,成为中国最大的农产品期货交易所。

经中国证监会批准,大连商品交易所目前的交易品种有玉米、黄大豆 1 号、黄大豆 2 号、豆粕、豆油、啤酒大麦,正式挂牌交易的品种是玉米、黄大豆 1 号、黄大豆 2 号、豆粕和豆油。自开业至 2006 年年底,大连商品交易所累计成交期货合约 11.5 亿手,累计成交额 27.8 万亿元,总交割量为 807 万吨,已发展成世界第二大玉米期货市场。

近年来,大连商品交易所国际交流与合作不断拓展,成为美国期货业协会(FIA)和英国期货与期权协会(FOA)成员,与芝加哥商业交易所(CME)等十多家境外期货交易所签署了合作谅解备忘录和合作意向书,在信息共享、市场开发等方面积极与国际期货机构展开全方位合作。

(4) 中国金融期货交易所

中国金融期货交易所是经国务院同意、中国证监会批准,由上海期货交易所、郑州商品交易所、大连商品交易所、上海证券交易所和深圳证券交易所共同发起设立的交易所,于2006年9月8日在上海成立。中国金融期货交易所的成立,对于深化资本市场改革、完善资本市场体系、发挥资本市场功能,具有重要的战略意义。

15.3 房地产市场

15.3.1 房地产的特征

房地产(real estate)这个术语通常被用来指土地和建筑投资。它也被用来表示与土地使用有关的很多权利,比如森林砍伐权、采矿和采油权,等等。最后,房地产业务还指围绕土地和建筑产权的开发和运营而成长起来的行业。

投资者通常通过购买**收入性地产**(income property)或**原始土地**(raw land)在房地产市场上获得头寸。收入性地产可以包括单户住宅、公寓大厦、商用或零售地产。租赁地产的盈利有两种形式,一是源自当前租户的租金收入,二是租赁地产的资本增值。原始土地是指尚未开发的地产。原始土地的投资盈利来自增值。

房地产投资的特征与很多金融资产的特征有很大的不同。房地产是异质的、不变的、当地的、不可分割的以及缺乏流动性的。房地产具有异质性是因为每一块房地产地段都有唯一的重要特征。每一块土地有不同的大小、形状和当地经济环境。甚至在给定区域,房地产的建筑质量特征也可能因设计、年龄、材料和维护水平的不同而不同。在许多地方性的房地产市场上,很难从密切可比物的实地考察中获得定价信息。与之相反,对于普通股和债券来说,常常存在很多的密切可比物。由于存在广泛可得的关于股票和债券的标准化信息,也就有了足够大的潜在投资者市场,用以买卖特定证券。相比较而言,关于房地产的标准化数据的缺乏意味着信息障碍限制了买家和卖家的可能数量。在很多情况下,由于对与当地政府区域政策、交通状况、当地经济实力等方面的差异相联系的风险和机遇不熟悉,因此房地产市场通常是地方性的或区域性的。

房地产投资也是"大宗"的,可能包含小投资者不能跨越的10万美元、50万美元或100万美元的最小投资门槛。这与普通股投资者面临的情况形成了对比。例如,在2006年中期,投资者可以以不到2 800美元买入100股微软(代码MSFT)的股票。债券通常以1 000美元的面值上市发行,共同基金的最小值可能低至25美元。因为房地产投资是大宗的,并且常常要求买家有使用杠杆的资格,因此投资房地产对很多小投资者来说是很困难的。

房地产市场的另一个重要特征是房地产是一个拥有高交易费用并可能发生实质延迟的**低流动性市场**(illiquid market)。房地产买卖是一个涉及经纪人、贷款人、律师、会计人员、产权公司的烦琐的过程。**房地产代理商**(real estate agent)吸引有兴趣并有资格的买家,并通常收取最后卖价的6%。因为房地产市场流动性的普遍缺乏,无论在什么地方,出售过程通常都会花费数个星期或数个月来完成。想象一下卖出价值10万美元的Google(谷歌)普通股,支付6000美元的佣金,还不得不等待6个月或更长的时间来得到出售的净收益!没有多少普通股投资者会签署这样一份"协议"。投资者在涉足这个资产类别之前,必须仔细考虑房地产特殊的风险特征、高额的交易成本以及流动性缺乏的问题。

15.3.2 房地产证券

购买、建造和管理房地产需要大量的时间、技术和资本。对时间和技术有限的投资者来说,一种最简单且最有前景的投资房地产的方法是通过公开交易的**房地产投资信托**(real estate investment trust, REITs)。目前通过REITs持有的房地产股票和债务超过3000亿美元。房地产投资信托与**交易所交易基金**(ETFs)很相似,区别在于REITs集中于房地产投资而不是普通股。对于REITs来说,投资组合由房地产资产构成。为了取得REIT的资格,信托必须每年将其应税收入的至少90%以股息的形式分配给股东。一个例子是卡姆登地产信托公司(Camden Property Trust, www.camdenliving.com),一家从事多户公寓社区的所有权、开发、获得、管理和处置的房地产公司。它以代码CPT在NYSE交易。到2005年6月,它持股或经营着从佛罗里达州到加利福尼亚州的阳光地带(Sunbelt)和中西部市场的191处多户地产,包括65 992个公寓单元。REITs相对于直接房地产所有权的一大优势是流动性。它们可以像股票一样以最小的交易成本简单快速地买卖。例如,在2006年3月9日,卡姆登地产信托公司的428 300股股票以每股超过65美元的价格在交易。

REITs随时间的价格变化也为判断房地产投资绩效提供了一个良好的基准。全国房地产投资信托协会(National Association of Real Estate Investment Trusts, NAREIT)是REIT的行业协会(见www.nareit.com)。其成员是REITs和其他拥有、经营和为房地产融资的商业公司。该协会引入和跟踪了REIT指数。表15-3显示了全REITs指数(All REITs Index)和标准普尔500指数整体收益率的比较。

表15-3 REIT和普通股的收益特征

	全REITs指数	标准普尔500指数
1972	11.19%	18.98%
1973	-27.22	-14.66
1974	-42.23	-26.47
1975	36.34	37.20
1976	48.97	23.84

（续表）

	全 REITs 指数	标准普尔 500 指数
1977	19.08	-7.18
1978	-1.64	6.56
1979	30.53	18.44
1980	28.02	32.42
1981	8.58	-4.91
1982	31.64	21.41
1983	25.47	22.51
1984	14.82	6.27
1985	5.92	32.16
1986	19.18	18.47
1987	-10.67	5.23
1988	11.36	16.81
1989	-1.81	31.49
1990	-17.35	-3.17
1991	35.68	30.55
1992	12.18	7.67
1993	18.55	9.99
1994	0.81	1.31
1995	18.31	37.43
1996	35.75	23.07
1997	18.86	33.36
1998	-18.82	28.58
1999	-6.48	21.04
2000	25.89	-9.10
2001	15.50	-11.90
2002	5.22	-22.10
2003	38.47	28.70
2004	30.41	10.90
2005	8.29	4.91
算术平均	12.61%	12.64%
中位数	15.16%	17.63%
标准差	20.21%	17.47%
变异系数	1.60	1.38
相关系数	0.507	

然而，表15-3显示REITs的年收益相当不稳定。在1974年，该指数下跌到令人失望的-42.2%。但是，在1976年，REITs获得了引人注目的49.0%的收益。在整个时期，

REITs 平均盈利 12.6%，这与股票市场的平均收益相同。REIT 指数的较高波动率（标准差为 20%，高于标准普尔 500 指数的 17%）令股票市场的风险报酬关系略好一些。这一点可以从较低的变异系数（标准差除以平均收益）看出来，普通股为 1.4，而 REITs 为 1.6。两种资产类型 0.51 的相关系数意味着结合了 REITs 和股票的投资组合可以消除一部分风险。

如图 15-6 所示，REITs 拥有和经营着包括从高尔夫球场、娱乐场所到自储存设施和医院大厦在内的所有地产。REITs 通常按照拥有的房地产资产类型和关注的股票或债务工具分类。**产权 REITs**（equity REITs）拥有房地产，其价值是由其持有的房地产和产生的现金流决定的。公开交易的 REITs 中 90% 以上是产权 REITs。**抵押 REITs**（mortgage REITs）向房地产所有者和开发商放贷，也可以购买现有的抵押按揭贷款和抵押担保证券。抵押 REITs 的价格由其贷款投资组合产生的净利息和信用质量决定。**混合型 REITs**（hybrid REITs）组合了产权 REITs 和抵押 REITs 的投资策略，既投资地产也投资抵押按揭贷款。

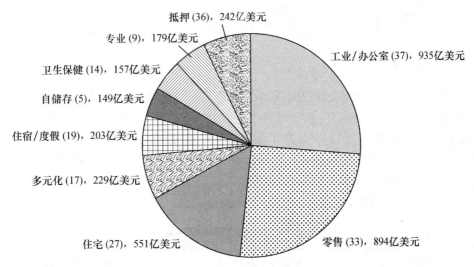

图 15-6 房地产投资信托的价值（每类房地产投资信托的数量在括号中标明）

资料来源：National Association of Real Estate Investment Trusts，www.nareit.com，February 28，2006。

产权 REITs 和抵押 REITs 有着非常不同的收益特征。表 15-4 显示了在 1972—2005 年间产权 REITs 获得了平均每年 14.7% 的收益，而抵押 REITs 只获得了年均 11.0% 的收益。抵押 REITs 的收益较低，但是波动率高很多。这有助于解释为什么在过去的 30 年里产权 REITs 相对于抵押 REITs 处于支配地位。正如所料，混合型 REITs 的收益和风险特征处于产权 REITs 和抵押 REITs 之间。因为所有的 REITs 都必须分配其应税收入的 90%，所以 REITs 通常提供标准普尔 500 指数两到三倍的股息收益率。

表 15-4　分类 REIT 的收益特征，1972—2005

	产权 REITs	抵押 REITs	混合型 REITs
平均年收益	14.66%	10.95%	12.06%
标准差	16.72	30.43	26.84
最小值	-21.4	-45.32	-52.22
中位数	17.18	13.36	16.92
最大值	47.59	77.34	56.19

资料来源：www.nareit.com。

15.4　有形资产

15.4.1　贵金属

1. 黄金投资

表 15-5 显示了黄金的收益特征，以及与标准普尔 500 指数的比较。黄金管制取消后黄金的平均年收益率是 6.2%，低于股票市场的 14.6%。另外，黄金价格具有高得多的波动性。虽然黄金价格在 1979 年上升了超过 126%，但它也在 1981 年下降了超过 32%。相比之下，标准普尔 500 指数的最高和最低收益率仅仅是 37%（1995 年）和 -22%（2002年）。因为黄金的收益率相对较低而波动率较高，其变异系数相比股票市场来说较差（前者为 4.46，后者为 1.09）。

表 15-5　黄金收益和股票不相关

年份	黄金年收益率	标准普尔 500 年收益率
1975	-19.86%	37.2%
1976	-4.10	23.8
1977	22.64	-7.2
1978	37.01	6.6
1979	126.55	18.4
1980	15.19	32.4
1981	-32.60	-4.9
1982	14.94	21.4
1983	-16.31	22.5
1984	-19.19	6.3
1985	5.68	32.2
1986	21.31	18.5
1987	22.21	5.2
1988	-15.26	16.8

(续表)

年份	黄金年收益率	标准普尔500年收益率
1989	-2.84	31.5
1990	-1.47	-3.2
1991	-10.07	30.6
1992	-5.75	7.7
1993	17.68	10.0
1994	-2.17	1.3
1995	0.98	37.4
1996	-4.59	23.1
1997	-21.41	33.4
1998	-0.83	28.6
1999	0.85	21.0
2000	-5.44	-9.1
2001	0.75	-11.9
2002	25.57	-22.1
2003	19.89	28.7
2004	4.65	10.9
2005	17.77	4.9
平均	6.2%	14.6%
标准差	27.60%	15.96%
变异系数	4.46	1.09
相关系数	-0.089	

资料来源：www2.standardandpoors.com。

黄金较差的投资表现意味着大部分投资者应当避免投资于黄金，但一些投资者可能被黄金和普通股的投资收益大体上不相关这一事实所吸引。这意味着投资者可以通过向普通股投资组合中添加一些黄金来降低风险。持有黄金的三种通常形式是金币或金条、黄金矿业股票和关注黄金的共同基金。

2．其他贵金属

有时投资者也会对其他贵金属产生兴趣。虽然黄金统治了贵金属市场，但铂金和白银也很流行并使得贵金属持有多样化。想投资白银或铂金的人可以购买每种金属的铸币或金属条。因为白银的价格通常比黄金低很多，故投资者买入成袋的而不是单个的银币。铂金的价格大约是黄金价格的两倍，可以以铂币或铂条的形式购买。

15.4.2 艺术品和收藏品

艺术品和其他收藏品的投资价值是建立在艺术家的声望、训练、教育和销售纪录上的。展览历史和艺术家的出身也是重要的因素。例如，著名的后期印象派大师梵高的《自画像》(*Self Portrait*)和其他作品在拍卖会上拍出了令人震惊的价格。梵高的声望、背景和多产的绘画生涯组合在一起，产生了对梵高收藏家来说高价值的作品。另一方面，收藏家长久地表现出对古董、邮票、珍贵硬币、东亚小地毯、运动纪念品和很多不同的其他物品的兴趣。与艺术品一样，收藏品很难被估值，因此成为有见识的收藏家需要很长时间。

一般来说,艺术品和其他收藏品的投资价值简单地由供给和需求的相互作用决定。对于已故的艺术家,其真实艺术品的供给是固定的。伦勃朗(Rembrandt)和梵高不再绘画了。虽然艺术家的声望和特定作品的质量是最重要的,但其他一些小的因素也能影响投资价值。作品是否被修复过、被谁修复的也很重要。谁先前拥有这幅作品、它先前在哪里展出也可能影响需求。如果艺术家在一名绘画或雕刻大师门下学习工作过,其艺术品和其他收藏品通常具有更高价值。著名教师的声望和技巧常常使他们的无名学生的创作增值。

对于各种艺术品和收藏品,特征和质量方面难以描绘的差别使得对其投资价值的评估变得困难。例如,绘画可以按照其方法分为素描、油画或者水彩,也可以按照风景、肖像、漫画分类,还可以按照派别、运动、风格分组。艺术历史学家将这些绘画风格归类为文艺复兴风格、印象主义、象征主义、立体主义、极简主义、抽象主义、现代主义,等等。雕塑和其他形式的艺术品则有其自己的类型。

15.4.3 拍卖

艺术品和收藏品市场以**拍卖**(auction)为主导。世界上最大的两个拍卖行是克里斯蒂(Christie's,www.christies.com)和索斯比(Sotheby's,www.sothebys.com)。两者管理着全世界的拍卖。表15-6显示了2006年4月克里斯蒂举办的一部分拍卖。一天之内,在纽约卖出了将近1.43亿美元印象派和现代艺术品,在日内瓦卖出了将近100万美元的酒和香烟,在伦敦卖出了超过600万美元的运动艺术品。

表15-6　克里斯蒂在2006年4月的部分拍卖品

拍卖日期	拍卖项目	拍卖地点
4月4日	修道院古董收藏品	南肯辛顿
4月4日	内部装饰品	巴黎
4月4日	伊斯兰教和印度教艺术品	景街
4月5日	印象主义和现代艺术	南肯辛顿
4月6日	重要古代大师绘画	洛克菲勒广场
4月6日	战后和当代艺术品	南肯辛顿
4月6日	东方文化地毯	景街
4月7日	重要英国家具	洛克菲勒广场
4月8日	酒	洛克菲勒广场
4月11日	珠宝	洛克菲勒广场
4月11日	新艺术和装饰艺术品	南肯辛顿
4月12日	表	洛克菲勒广场
4月13日	英式和大陆式瓷器	南肯辛顿
4月19日	19世纪艺术品	洛克菲勒广场
4月20日	葡萄酒	景街
4月21日	19世纪家具	洛克菲勒广场
4月24日	俄罗斯绘画及艺术品	洛克菲勒广场
4月24日	银器	洛克菲勒广场
4月25日	摄影作品	洛克菲勒广场
4月26日	亚洲艺术品	南肯辛顿

资料来源:Christie's, www.christies.com。

拍卖对买家和卖家来说同样具有高风险和高成本。一般来说，卖家佣金为：头10万美元10%，接下来的15万美元8%，接下来的25万美元7%，接下来的50万美元5%，等等。买家也要支付费用。20%的**买家酬金**（buyer's premium）通常被加在拍卖价格里，以支付当地销售税和拍卖行的额外佣金。

近几年中，还出现了许多互联网拍卖站点。在线拍卖行的领导者是eBay。eBay（www.ebay.com）创建于1995年，已经成长为一个有力且流行的交易平台，每天有几百万件商品出售。2005年eBay实现了443亿美元的销售额。eBay流行的一个原因是因为交易费用低。卖家只需支付不超过5美元的费用就可以将其物品上架拍卖，每卖出一件物品再交一个最终价值费。最终价值费是销售价格的递增百分比：头25美元5.25%，随后975美元加2.75%，剩余的任何价值加1.5%。这与克里斯蒂和索斯比收取的标准费用相比实在是非常便宜。

虽然投资艺术品和其他收藏品可以获得利润，但投资新手必须注意艺术品容易受到潮流、时尚、骗局的影响。一个十年中人人想要的高价艺术品可能在另一个十年几乎没人理会。令人望而却步的交易费用，加上高昂的储藏、维护和保险成本，使得艺术品和收藏品投资即使对最老练且经验丰富的投资者也充满挑战。

总结

◎ **期权合约**是在给定到期日之前以固定的价格买卖给定数目或价格的特定资产的权利。**看涨期权**赋予持有者买入的权利，**看跌期权**赋予持有者卖出的权利。期权属于**衍生证券**，因为其经济价值取决于某些其他资产价值的变化。

◎ 在外流通的期权的数目通常被称为**未平仓合约**，其数量取决于买卖双方的数量。当**执行价格**或**执行价格**接近标的普通股当前的市场价格时，股票期权的活跃程度最高。期权的执行价格或执行价格，是看涨期权买方可以购买股票或看跌期权买家可以出售股票的指定价格。当标的证券的价格等于执行价格时，期权价格称为**平价期权**。看涨期权当执行价格小于标的证券市场价格时是**实值期权**，看跌期权当执行价格大于标的证券市场价格时是实值的。看涨期权当执行价格大于标的证券市场价格时是**虚值期权**，看跌期权当执行价格小于标的证券市场价格时是虚值的。

◎ 具有相同标准化规格但是不同执行价格的期权构成了一个**期权系列**。合约标准化使二级市场交易的可能性增大，在二级市场上期权**持有人**或买家，与**签写人**或卖家，可以通过对冲性的买卖交易对其头寸平仓。期权合约签署日和到期日之间的时间长短是**合约期间**。为期权支付的金额是**期权费**。**LEAPS**是长期看涨看跌期权。

◎ 当期权合约被用来补偿其他投资的固有风险时就创建了**套期保值头寸**。当期权合约被用来从某种标的资产的固有波动中获利时就创建了**投机头寸**。如果不考虑佣金和其他费用，期权合约是买家和卖家之间的一个**零和游戏**。

◎ **美式期权**是期权合约可以在购买日至到期日之间的任何时间被执行的期权。在

- 美国,所有股票期权和大部分交易所交易的期权都是美式的。**欧式期权**是只能在到期日执行的期权。**到期日**是美式期权的最后一个执行日,也是欧式期权的唯一一个执行日。
- 以实物交割的**价格期权**给予持有人购买特定债务证券的权利。以现金结算的**价格期权**给予持有人收到基于标的债务证券价值的现金支付的权利。收益率期权是以现金结算的债务期权,由执行价格和标的收益率价值之间的差额决定。
- **抛补的看涨期权**策略是同时购买股票和出售相同证券的看涨期权。**保护性看跌期权**策略是同时购买股票和购买相同证券的看跌期权。与看涨和看跌期权策略相关的回报可以通过持有其他证券的头寸来模仿,这被叫做**合成期权**。
- **差价组合**和**跨式期权组合**是组合头寸的两个特殊类型。差价组合是同时作为同一种标的资产的同一种期权(看涨或看跌)的买方和卖方。**价格差价**是同时购买和出售具有相同标的资产但不同执行价格的期权。**时间差价**是同时购买具有相同标的资产但不同到期日期的期权。**牛市看涨差价**是买入低执行价格看涨期权的同时卖出另一个相同标的证券、相同到期日的高执行价格看涨期权。**牛市看跌差价**是卖出高执行价格看跌期权的同时买入另一个相同标的证券、相同到期日的低执行价格看跌期权。
- 期货合约的买家,通常被称为**多头**,同意买入标的资产。期货合约的卖家,或**空头**,则同意卖出标的资产。期货合约是在交易所交易的,通过在叫做**交易区**的特定交易区域公开喊价交易或者通过计算机网络进行电子交易。在**公开喊价交易**中,交易所成员站在交易区通过声音和手势报出买价和卖价。客户指令被传递给**大厅经纪人**或**双重交易者**执行。任何的期货合约都可以用**反向交易**(即数量相等但方向相反的交易)来终止。
- **期货期权**赋予投资者在限定的时间段内以确定的价格买卖某些特定期货合约的权利,而非义务。
- **清算公司**是保证期货和期货期权合约买卖数量的平衡并提供履行担保的机构。期货清算公司通过消除**对手风险**促进了陌生人之间的交易。对于大部分合约,**初始保证金**(即开始交易所需要的保证金)和**维持保证金**(即在全部时间客户必须保持的最低保证金)是不一样的。
- **套期保值者**寻求减少与标的商品或证券的交易相关的风险。**投机者**,包括专业的场内交易者,寻求从价格变动中获利。在期货市场,商品的现货价格与期货价格的差值叫做**基差**。虽然期货套期保值策略能够消除**价格风险**,但它不能消除**基差风险**。**市场内差价**由同一个交易所相同期货的某个合约月份的多头头寸和另一个合约月份的空头头寸组成。**市场间差价**由一个市场的多头头寸和另一个市场的空头头寸组成,它们交易的是相同或密切相关的商品。
- **收入性地产**包括单户住宅和公寓大厦,也包括具有像仓库、厂房或餐厅等出租给他人经营的其他**附着物**的土地。租赁地产的盈利来自地产的增值和租金收入。**原始土地**是以资本增值为目的而持有的未开发土地。
- 房地产是异质的、不变的、当地的、不可分割的以及缺乏流动性的。在**低流动性**

市场中,交易费用很高且需要很长时间执行交易。买卖土地是一个涉及经纪人、律师和产权公司的烦琐的过程。大部分投资地产通过**房地产代理商**出售,代理商的服务费用通常是最后卖价的6%。出售过程可能会花费数个星期或数个月完成。

◎ 某种最有前景的房地产投资工具是公开交易的**房地产投资信托**。房地产投资信托与ETFs很相似,但REITs反映了房地产资产的所有权。它们通常按照拥有的房地产资产类型或所关注的股权或债务分类。**产权 REITs**拥有地产。公开交易的REITs中超过90%是产权 REITs。**抵押 REITs**经营抵押。最后,**混合型REITs**组合了产权 REITs 和抵押 REITs。

的投资策略。如果投资者持有与房地产高度相关的常规公司或关注房地产的共同基金的股票,也会在其投资组合中获得某些房地产敞口。

◎ 黄金和其他贵金属的投资收益与普通股的投资收益大体上不相关,这吸引了一部分投资者。

◎ 艺术品因人们对它的需求而得到价值。影响需求的重要因素是艺术家的声望、作品的质量和状况、作品是否以及被谁修复过、先前被谁拥有和被放在哪里展示。艺术品和收藏品的市场主要以**拍卖**为主导,对于买家和卖家来说拍卖市场都是非常昂贵的市场。卖家支付佣金而**买家酬金**通常加在拍卖价格里,用来支付当地销售税和额外佣金。

习题

15.1
(原书 18.2)
考虑下面哪种期权是实值、虚值、平值。标的股票的价格是每股 15 美元。

a. 执行价格为 12.5 美元的看涨期权,期权费 3.60 美元

b. 执行价格为 12.5 美元的看跌期权,期权费 0.80 美元

c. 执行价格为 15 美元的看涨期权,期权费 1.20 美元

d. 执行价格为 15 美元的看跌期权,期权费 1.00 美元

e. 执行价格为 17.5 美元的看涨期权,期权费 0.60 美元

f. 执行价格为 17.5 美元的看跌期权,期权费 3.40 美元

15.2
(原书 18.12)
某投资者拥有 100 股某股票,并以每股 50 美元卖出。这位投资者同时也以 1.30 美元购买了执行价格为 45 美元的看跌期权。计算并比较只有股票的收益和保护性看跌期权的收益,分别假设在期权到期时的股票价格为 42 美元和 55 美元。

15.3
(原书 19.6)
假设一位农民收获了大量小麦,将在两个月后交割。现在的即期价格为 3.75 美元/蒲式耳。这位农民想把价格锁定在这个水平,并以 384 美分/蒲式耳的价格卖出了两个月后到期的期货合约。两个月后,即期价格和远期价格都是 3.79 美元/蒲式耳。由于该远期合约,会产生怎样的现金流?

15.4
(原书 19.16)
某投机者以 2005 年 4 月 14 日的收盘价卖出了一份 100 盎司的黄金期货。该合约要求初始保证金 1 013 美元,维持保证金 750 美元。考虑下面的每日价格,计算每天的现金流和投机者的保证金账户差额。

日期	黄金远期价格（美元）
2005-4-14	423.45
2005-4-15	424.60
2005-4-18	425.75
2005-4-19	427.45
2005-4-20	433.20
2005-4-21	433.20
2005-4-22	433.20
2005-4-25	432.90
2005-4-26	432.90
2005-4-27	434.35
2005-4-28	432.50
2005-4-29	435.70
2005-5-3	427.90
2005-5-4	428.80
2005-5-5	429.15
2005-5-6	425.15
2005-5-9	425.50
2005-5-10	427.40
2005-5-11	426.10
2005-5-12	424.25
2005-5-13	420.00
2005-5-16	419.25
2005-5-17	420.00
2005-5-18	419.75
2005-5-19	420.80
2005-5-20	418.00
2005-5-23	418.00

15.5 （原书19.19） 一份银期货合约要求空方交割5 000盎司银。投资者以每盎司8美元的价格卖出了一份7月份的银期货合约，初始保证金为2 025美元。如果要求的维持保证金为1 500美元，那么当每盎司期货银的价格大约是多少时，投资者会第一次收到追加保证金通知？

a. 5.92美元

b. 7.89美元

c. 8.11美元

d. 10.80美元

15.6 （原书20.1） 解释金融资产和房地产之间的差异。

术 语 表

1/n 简单分配法(1/n heuristic) 雇员简单地对保险计划中提供的投资选择等比例进行投资。

10K 报告(10K report) 向 SEC 提交的年度会计信息。

10Q 报告(10Q report) 向 SEC 提交的季度会计信息。

12b-1 费用(12b-1 fees) 基金的营销费用。

13D 当企业购买其他公司5%以上的股份时在10天之内对 SEC 所做的备案。

ADR 比率(ADR ratio) 一份美国存托凭证代表的标的资产份数。

重编财务报表(Accounting restatements) 对以前公布的资产负债表、现金流量表、利润表所列数据的修正。

监管员(Administrator) 监管其他公司所提供服务的人员。

熟人骗局(Affinity fraud) 欺骗诸如宗教与种族群体、老年人或专业集团的投资诈骗。

代理商竞价市场(Agency auction market) 经纪人代表买方与卖方并且价格由供需决定的市场。

阿尔法(Alpha) 用 CAPM 模型衡量的超额收益率。

美国存托凭证(American depositary receipts,ADRs) 代表外国股票份额所有权的证券;代表非美国公司股本证券所有权的可转让票据。

全美股票交易所(American stock exchange,Amex) 美国第二大股票交易所。

美式期权(American-style option) 在到期日之前都可以执行的期权合约。

锚定(Anchoring) 对特定价格的心理依赖。

公告日(Announcement date) 新闻发布日。

公告期(Announcement period) 经济事件发生的时间期。

反托拉斯政策(Antitrust policy) 促进竞争的法律法规。

估价(Appraisal) 市场价值的专业意见。

套利(Arbitrage) 在不同时间买卖相同资产,利用市场的错误定价以获得价差利润。

套利定价理论(Arbitrage pricing theory,APT) 允许市场贝塔系数只代表公司众多风险之一的多因素资产定价模型。

算术平均收益率(Arithmetic average return) 投资收益率的和除以证券或者投资期的数量。

卖价(Ask) 投资者可以接受出售的最低价格。

卖量(Ask size) 空方准备出售的股票数量。

评估价值(Assessed value) 为了纳税而计算的财产价值。

资产配置(Asset allocation) 将投资组合配置到各种不同资产(比如股票、债券和现金)的过程。

指定执行(Assigned execution) 期权卖方履行其义务。

平价期权(At-the-money) 期权标的资产的市场价格与期权的执行价格相等。

拍卖(Auction) 通过公开招标进行出售的行为。

审计师(Auditors) 核实公司财务状况的会计员。

平均存续期(Average life) 债券从发行到赎回的平均年限。

婴儿潮一代(Baby-boom generation) 出生在1946年到1964年之间的人群。

后端费用(Back-end load) 基金赎回时支付的费用。

事后检验(Back testing) 事情发生后的检验。

现货溢价(Backwardation) 远端月份交割的期货价格更低的反向市场。

资产负债表(Balance sheet) 反映某一特定时间企业财务状况的会计报表。

银行承兑汇票(Bankers' acceptances) 银行签收和接受的定期汇票。

杠铃策略(Barbell strategy) 集中于长期和短期债券的投资组合。

每股基本收益(Basic earning per share) 公司收益除以流通股股本。

基差(Basis) 期货价格与现货价格之间的差额。

基点(Basis points) 百分之一的百分之一(例如,0.5%对应50个基点)。

基差风险(Basis risk) 期货价格与现货价格之间关系的不利变动。

无记名债券(Bearer bonds) 持有债券即拥有所有权的债券。

行为金融(Behavioral finance) 研究认知偏差和情绪对金融决策的影响。

行为资产组合(Behavioral portfolios) 为个人目标而建立投资组合的过程。

投资级以下的债券(Below-investment-grade bonds) 垃圾债券。

基准(Benchmark) 用作对比标准的具有相似风险或投资风格的分散化投资组合。

基准利率(Benchmark interest rate) 利率标准。

贝塔(Beta) 证券收益对市场系统性风险的敏感性。

买价(Bid) 买家愿意出的最高价。

买卖差价(Bid-ask spread) 交易商的买方报价与卖方报价之差,反映了投资者的成本。

二叉树期权定价模型(Binomial option pricing model) 一种计算期权价值的模型,其基础假设是估值期间的时间步数给定,标的股价的变化只能有两种可能。

布莱克-舒尔斯期权定价模型(Black-Scholes option pricing model) 用于计算期权经济价值的公式,假设连续时间条件和收益率服从一定的过程。

大宗交易(Block Trades) 至少买卖10 000股股票的大量交易。

大宗交易(Block transactions) 通常在拍卖程序之外交易并通过交易所清算的超过10 000股股票的大量交易。

董事会(Board of directors) 股东选举的用以管理和监管公司的人员。

债券息票率(Bond coupon rate) 以票面价格百分比形式表示的债券利率。

债券中介(Bond dealers) 作为债券发行人和投资者之间金融中介的证券公司和银行。

债券基金(Bond funds) 购买债务工具的基金。

债券投资者(Bond investors) 个人和机构购买债券以获得利息收入和长期资本利得的个人和机构投资者。

债券发行人(Bond issuers) 提供新债券的实体。

债券评级(Bond rating) 信用质量的衡量。

债券偿还价值(Bond redemption value) 到期日从发行人处获得的金额。

债券互换(Bond swap) 同时买卖固定收益证券以达到一定的投资目的。

债券恶意收购(Bond tender offer) 收购所有在外流通的证券。

债券(Bonds) 附息的债务责任。

记账形式(Book-entry form) 债券所有权的电子记录。

保本期(Break-even time) 转换溢价被高等级证券和低等级证券之间的收入差别抵消所需要的时间。

经纪人佣金(Brokerage commissions) 销售费用。

看涨期权的牛市差价组合(Bull call spread) 买入一个较低执行价格看涨期权,同时出售一个相同标的资产和到期时间的较高执行价格的看涨期权。

看跌期权的熊市差价组合(Bull put spread) 卖出一个较高执行价格的看跌期权,同时买入一个相同标的资产和到期时间的较低执行价格的看跌期权。

商业周期（Business cycle） 经济紧缩与扩张的交替变化。

停买订单（Buy stop order） 当市价上升到某个指定的价格才停止的买入指令。

买家酬金（Buyer's premium） 买方支付的额外费用。

CUSIP 识别证券的唯一号码。

看涨期权（Call option） 买入证券的权利。

赎回溢价（Call premium） 当可赎回债券被发行人赎回时，支付给持有人的超过票面价值的金额。

赎回保护期（Call protection） 指最初的保护期，在此期限内可赎回债券的发行人不得赎回债券。

可赎回条款（Call provisions） 允许发行人在债券到期之前赎回债券的条款。

资本资产定价模型（Capital asset pricing model，CAPM） 在有效市场中如何决定投资收益的模型。

资本利得分配（Capital gains distribution） 已实现资本利得的支付。

资本市场线（Capital market line，CML） 所有投资组合的线性的风险-收益平衡关系。

资本支出（Capital spending） 公司购买资产以提高效率或扩张规模。

资本化率（Capitalization rate） 用财产收入除以财产价值计算的收益率。

利率顶（Caps） 浮动利率票据或者可调利率抵押贷款支付的利率上限。

现金流量表（Cash flow statement） 公司现金流在一段时间内变动情况的报告。

现金储备（Cash reserves） 短期货币市场工具。

现金结算期权（Cash-settled option） 承诺以现金支付来结算市场价格与执行价格之差的期权。

注册理财规划师（Certified financial planner，CFP） 帮助个人投资者建立理财计划的金融专业人士。

作图（Charting） 用价格和成交量的二维图来分析市场行为和预期未来的股价运动。

芝加哥交易所（Chicago Board of Trade） 全球第一个且是最大的商品交易所。

芝加哥期权交易所（Chicago Board Options Exchange，CBOE） 美国期权市场的先行者。

芝加哥气候交易所（Chicago climate exchange） 美国专门进行温室效应气体合约交易的期货交易所。

芝加哥商品交易所（Chicago mercantile exchange，CME） 美国最大的期货交易所。

选项过载假说（Choice overload hypothesis） 由于决策者偏好于适度的选项数目，过多的选择反而会限制预期。

反复买卖（Churning） 经纪人非法对客户账户进行过多买卖从而增加自己佣金收入的行为。

熔断机制（Circuit breakers） 在市场剧烈波动时暂停证券交易的规则。

清算所（Clearinghouses） 保证期货和期货期权合约的数目平衡并担保合约履行的机构。

封闭式基金（Closed-end funds） 在某个特定时间发行固定数目证券的投资公司。

变异系数（Coefficient of variation） 常用的风险-收益度量指标。

认知失调（Cognitive dissonance） 当记忆与自身感觉相冲突时的心理矛盾。

抛硬币竞赛（Coin-flipping contest） 将投资比喻成赌博的一种说法。

利率区间（Collars） 浮动利率票据或者可调利率抵押贷款支付的利率上下限。

商业票据（Commercial paper） 由私人企业发行的货币市场工具。

商品期货交易委员会（Commodity futures trading commission，CFTC） 拥有期货交易管辖权的独立联邦机构。

普通股（Common stock） 对某家公司的一定比例的所有权。

等值普通股（Common stock equivalent value） 债券如果在当前转换为普通股的数量。

可比交易法（Comparable-transactions approach） 依据类似性质的交易来对房地产进行估价。

竞争优势（Competitive advantage） 生产、物流或者服务方面独一无二的能力。

计算机选股(Computer stock screen) 根据一些财务指标利用计算机对股票进行筛选。

市场集中度(Concentration ratios, CRs) 领头公司持有的市场份额百分比。

信心指数(Confidence index) 根据债券收益率提取投资者信心的指标。

保守主义(Conservatism) 当获得新信息时,投资意见的缓慢更新。

不变增长模型(Constant-growth model) 建立在未来股息率和风险不变基础上的股票估值方法。

期货溢价(Contango) 交割月份较远的期货的价格较高。

合约期间(Contract period) 期权合约建立到期满之间的时期。

合约规模(Contract size) 一单位合约交易的标的资产的数量。

紧缩(Contraction) 经济持续下滑的时期。

转换价格(Conversion price) 公司愿意接受的与债券交换的低等级证券的价格。

转换率(Conversion ratio) 每只债券转换之后可获得的低等级证券的数量。

转换价值(Conversion value) 债券如果转换成低等级证券所得到的价值。

可转换债券(Convertible bond) 可以被转换为其他证券的债务。

凸性(Convexity) 修正久期对到期收益率变化的敏感性。

公司管理(Corporate governance) 帮助公司有效管理经济资源的控制系统。

相关系数(Correlation) 衡量变动协同性的一个标准化指标,取值范围是-1到1。

资本成本(Cost of capital) 公司债券和股权持有者要求的成本。

对手风险(Counterparty risk) 期货合约的对手方可能不履行义务的风险。

息票债券(Coupon bonds) 附有利息支付的债券。

息票(Coupons) 利息凭单。

协方差(Covariance) 衡量变动协同性的绝对指标,变动范围从负无穷到正无穷。

抛补的看涨期权(Covered call) 某种股票的多头与基于该股票的看涨期权空头的资产组合。

信用风险(Credit risk) 由于发行人违约从而导致损失的可能性。

信用质量风险(Credit-quality risk) 发行者不能及时支付利息和本金而导致损失的可能性。

信用评级机构(Credit-rating agencies) 对债务质量进行评级的公司。

累计超额收益(Cumulative abnormal returns) 某个事件期间(一般是一天、两天或者三天)的超额收益的累计。

汇率风险(Currency risk) 由于世界汇率改变导致的损失。

货币兑换费用(Currency translation costs) 将本国货币转换为别国货币所支付的费用。

现时成本(Current cost) 在目前市场条件下所需支付的成本。

流动比率(Current ratio) 用流动资产除以流动负债表示的企业流动性。

当前收益率(Current yield) 债券的年利息除以债券价格所得到的收益率。

托管费(Custodial fees) 保管费用。

托管人(Custodian) 保管证券投资组合的银行。

DIAMONDS 追踪道琼斯工业指数价格表现和分红收益率的ETF基金。

道指除数(DJIA divisor) 用于调整股票分割的调整除数。

数据挖掘问题(Data-snooping problem) 将历史数据作为未来投资决策的指导带来的依赖问题。

天数计算基准(Day-count basis) 一种计算利息的方法,通常每月按30天计,每年按360天计。

信用债券(Debenture) 无担保债券。

资产负债率(Debt-to-asset ratio) 长期负债除以总资产。

违约风险(Default risk) 不支付利息或者本金的可能性。

确定给付的退休计划(Defined-benefit retirement plan) 一种养老金计划,雇主根据雇员的历史工资水平和雇用时间支付给雇员的固定养老金。

确定供款的退休计划（Defined-contribution retirement plan） 雇员在职期间自行缴纳养老基金计划，退休后的收入来自之前的投资。

交割日（Delivery date） 期货的买卖双方进行抵补或履行义务的日期。

交割月（Deliver month） 预设的交割周期。

交割通知（Delivery notice） 交割的书面通知。

德尔塔（Delta） 一美元的标的资产价格变动引起的期权价格变动比例，也叫做对冲比率。

衍生证券（Derivative securities） 价值取决于其他资产的金融工具。

发达市场（Developed markets） 发达国家的证券市场。

摊薄后每股收益（Diluted earnings per share） 考虑了期权和可转换证券稀释效应后的净利润除以发行在外的股票数。

直接资本化（Direct capitalization） 利用NOI除以资本化率得出的资产价值估计。

基金折价（Discount） 每份封闭式基金的市场价格低于净资产价值的百分比。

再贴现率（Discount rate） 联邦储备局对成员银行索要的利率。

折价（Discount to par） 市场价格小于面值。

现金流贴现法（Discount cash flow approach） 基于现值的房地产估值方法。

离差（Dispersion） 偏离均值的大小。

处置效应（Disposition effect） 卖出盈利的股票持有亏损的股票的行为。

负效用（Disutility） 精神损失。

可分散风险（Diversifiable risk） 非系统性风险。

剥离（Divest） 出售一部分的业务或者生产线。

股利贴现模型（Dividend discount model） 基于预期股利收入和风险考虑的股票估值方法。

股利支付率（Dividend payout ratio） 以股利方式派发的收入比例。

股息收益率（Dividend yield） 用股票价格的一个比例来表示的股利收入。

股利增长型投资者（Dividend-growth investors） 以获得股票红利为主要投资目标的投资者。

本国债券（Domestic bonds） 在国内发行并以本国货币标识的债券。

道琼斯工业平均指数（Dow Jones Industrial Average，DJIA） 30家美国工业领先股票的价格加权指数。

道琼斯Wilshire 4500指数（Dow Jones Wilshire 4500 Composite Index） 由道琼斯威尔希尔5000指数的公司扣除标准普尔500指数的公司得出的指数。

道琼斯Wilshire 5000指数（Dow Jones Wilshire 5000 Composite Index） 美国股票市场的总价值。

双重交易者（Dual trader） 期货市场上同时进行自营交易和代客经纪交易的投资者。

久期（Duration） 通过对债券的利息和本金支付时间的加权平均计算的债券平均到期时间。

EBITDA 未考虑利息、税收、折旧、摊销的收入。

EDGAR SEC档案的电子检索分析系统。

EPS增长（EPS growth） 每股收益的增长。可以通过增加公司盈利或者减少在外发行股票数来实现。

每股收益（Earnings per share） 净利润除以发行在外的普通股股数。

盈利惊喜（Earnings surprise） 预期收益之外获得的收益。

盈利率（Earnings yield） 每股收益除以每股价格。

经济事件（Economic event） 投资者感受到的经济变化。

经济指标（Economic indicators） 用于描述计划的、当前的以及过去经济活动的一系列数据。

经济价值（Economic value） 用商业期望度量的价值。

经济增加值（Economic value added，EVA） 经营利润减去资本成本，是公司剩余财富的度量。

有效日期(Efficient date) 证券出售给机构投资者和社会大众的日期。

有效边界(Efficient frontier) 有效组合的集合。

有效市场(Efficient market) 股票市场上任意给定股票价格都有效反映了所有未来收益的预期净现值。

有效组合(Efficient portfolio) 给定风险水平下获得最大预期收益或者给定预期收益下风险最小的组合。

有效市场假说(Efficient-Market Hypothesis, EMH) 阐述证券价格完全反映市场所有可用信息的理论,说明每个证券都被正确定价,不存在高估和低估。

新兴市场(Emerging markets) 经济快速发展国家的证券市场。

新兴市场基金(Emerging-market fund) 主要投资于发展中国家公司股票的共同基金。

收盘效应(End-of-day effect) 在交易日快结束时股票价格的上升趋势效应。

设备信托凭证(Equipment trust certificate) 由特定的设备留置权担保的债务。

股票基准(Equity benchmark) 用于估值的标准。

产权房地产投资信托(Equity REIT) 拥有产权的房地产投资信托。

权益收入型投资者(Equity-income investors) 以收入为主、长期资本利得为辅的投资者。

欧洲美元(Eurodollar) 欧洲银行的美元存款。

欧洲、澳大利亚与远东指数(Europe, Australasia, Far East(EAFE)) 由21个国家的股票组成的全球领先股票指数。

欧式期权(European-style option) 只能在到期日执行的期权合约。

事件研究(Event studies) 对一个重要新闻事件前后的异常回报所进行的研究,这类新闻事件通常会给公司带来重要的经济后果。

超额收益(Excess return) 证券或组合回报减去无风险利率。

转换费用(Exchange fee) 当投资者将股份从一只基金转移到同一个基金家族下面不同基金时承担的费用。译作"交易费用"时指交易所征收的交易费用。

交易所交易基金(Exchange-traded funds, ETFs) 代表一篮子股票组合份额的可交易股份。

管理者股票期权(Executive stock option) 一项薪酬计划,对管理层支付的报酬随股价上升而增加。

执行(Exercise) 期权持有者执行其权利。

执行价格(Exercise price) 执行期权合约时买卖股票的价格。

经济扩张(Expansion) 经济持续上升的发展趋势。

预期收益(Expected return) 通过分析金融资产得到的未来收益预测,与持有期相关的预期利润。

期望价值(Expected values) 预期总价值。

到期日(Expiration date) 美式期权执行的最后一天或欧式期权的唯一执行日。

出口(Export) 在国际市场上交易的国内生产的产品和服务的金额。

征用风险(Expropriation risk) 因政府征用资产的潜在损失。

除权日(Ex-split date) 股票开始以新的拆分价格交易的日期。

富时100(FTSE-100) 由伦敦股票交易所上市的100家最大公司市值加权的指数。

面值(Face amount) 债券的本金。

公平赌局(Fair game) 公平赌博,输赢概率相等。

熟悉性偏误(Familiarity bias) 投资者倾向于相信他们更熟悉的事物会比他们不熟悉的更好。

联邦基金利率(Federal funds rate) 银行间隔夜拆借利率。

金融资产(Financial assets) 由公司、政府或其他机构发行的债务或股权投资工具。

财务杠杆(Financial leverage) 即公司的总债务量。财务杠杆的使用放大了利润和损失,同时增大了公司风险。

公司特定风险(Firm-specific risk) 单个公司出现的问题导致公司投资价值降低。

固定收益证券(Fixed-income securities) 由优先股股票和债券构成的一组证券。

大厅经纪人(Floor broker) 期货市场上为客户执行指令的专业人员。

附注(Footnotes) 对公司的业务活动额外的披露和细节。

外国偏见(Foreign bias) 投资者增加熟悉国家的投资、减持不熟悉国家的投资的倾向。

外国债券(Foreign bond) 在国外发行并以本国货币标识的债券。

国外区域基金(Foreign regional fund) 在某个特定的全球区域内投资的国际基金。

144表格(Form 144) 限制股股东出售股票时向美国证券交易委员会提交的文件。

远期合约(Forward contract) 在预定时间和协议价格下买卖规定质量和数量商品的合约。

远期市盈率(Forward P/E ratio) 当前价格除以下一年的预期每股收益。

自由现金流(Free cash flow) 公司在扣除保持或者扩张资本后能使用的现金;等于扣除折旧、税收、摊销前的收益减去必要的资本扩张。

自由指数(Free index) 所有投资者都可持有的证券的价格指数。

前端费用(Front-end loads) 购买基金时支付的佣金。

整个市场的市值权重(Full-market-capitalization weight) 股价乘以在外发行股票数。

基金族(Fund family) 提供多种组合选择的共同基金公司。

基本价值(Fundamental value) 基于公司资本和潜在利润的价值。

期货合约(Futures contract) 有担保的在预定未来时间和协议价格下买卖规定质量和数量商品的合约。

期货期权(Futures option) 有权利而非义务在约定时期内以约定价格买卖一份期货合约的合约。

赌徒谬论(Gambler's fallacy) 认为短期对公平赌局的偏离能够影响下一次赌局的结果;认为在随机事件中存在自我修正过程。

伽玛(Gamma) 衡量德尔塔变动一单位对资产价格的影响。

一般责任债券(General-obligation bond) 一种美国市政债券,由发行者信用担保。

几何平均收益率(Geometric mean return) 投资的复合收益率。

全球化分散策略(Global diversification) 在组合中加入境外投资,从而降低风险。

全球股权基金(Global equity funds) 投资于全球股市的共同基金。

金本位制(Gold standard) 以黄金作为货币担保的货币体系。

政府政策风险(Government policy risk) 与政府政策和规章改变相关的潜在损失。

政府资助企业(Government-sponsored enterprises) 公共目的的私营企业。

增长-收入型投资者(Growth-and-income investors) 以寻找稳定高收益和长期资本增长平衡为目标的投资者。

合理价格增长型投资者(Growth-at-a-reasonable-price (GARP) investor) 很少购买PEG大于1的股票的投资者。

成长型股票投资(Growth stock investing) 关注未来销售和盈利收益高出平均水平的公司的投资策略。

恒生指数(Hang Seng Index) 以市值权重加权的香港股市指数。

对冲基金(Hedge funds) 一种利用高杠杆和卖空等共同基金禁止使用的高风险投机技术的投资基金,通常风险较大。

对冲比率(Hedge ratio) 抵消一份期权合约的价格风险所需要的股票数量;等于标的资产波动率除以期货价格波动率。

对冲头寸(Hedge position) 用期权抵消其他投资的内在风险。

套期保值者(Hedgers) 寻求对冲标的商品或证券风险的投资者。

HHI指数(Herfindahl Hirschmann Index, HHI) 反映竞争者规模不平等程度的指数。

启发式简化(Heuristic simplification) 使大脑能够在不确定的情况下,对行为路径做出较快估计而产生的心理错觉。

高收益债券(High-yield bonds)　低于投资级的债券。

历史成本(Historical cost)　资产的实际购买成本。

持有人(Holders)　期权的购买者。

持有期风险(Holding-period risk)　持有期债券价格反向变动导致的损失可能性。

节日效应(Holiday effects)　在节日闭市的前一天，股票的表现会异常的好。

本土偏见(Home bias)　投资者购买国内证券为主的不合理的倾向，是熟悉性偏误的结果。

私房钱效应(House money effect)　在赢钱之后会冒险赌博的倾向；无法将新盈利与个人财富有效整合的心理行为。

房屋价格指数(House Price Index, HPI)　不同地理位置的房屋价格趋势的指标。

混合型不动产投资信托(Hybrid REIT)　收入来自房地产债券和股权的不动产投资信托。

非流动市场(Illiquid market)　高交易费用的低效市场。

隐含波动率(Implied volatility)　利用期权市场价格和BS期权定价公式得出的证券波动率估计。

进口(Import)　国内购买的国外商品和服务。

(对生地的)改造(Improvements)　建筑物。

实值(In-the-money)　看涨期权协议价格小于标的证券市场价格，或者看跌期权协议价格高于标的证券市场价格。

激励薪酬(Incentive pay)　根据业绩支付的薪酬。

激励(Incentives)　行为的财务动力。

收益债券(Income bonds)　仅当有盈利时才派发利息的债券。

收入分配(Income distribution)　利息和红利分配。

收入性地产(Income property)　以租金收入为目的的地产。

利润表(Income statement)　固定期间的商业资金流入流出报告。

契约协议(Indenture agreement)　债券合约。

契约(Indenture)　债券合约的法定条款。

独立董事(Independent directors)　与投资顾问无关的董事。

独立公共会计师(Independent public accountant)　审核共同基金财务报表的个人或公司。

指数套利(Index arbitrage)　利用期货实际价格和理论价格的背离进行交易的策略。

指数效应(Index effect)　当股票被编入标准普尔指数时股票价格会发生跳跃的趋势。

指数基金(Index fund)　试图模拟主要市场基准表现的共同基金策略。

工业收入债券(Industrial revenue bonds)　用于发展工业和商业并获得收益的债券。

通货膨胀(Inflation)　商品和服务价格持续上涨。

初始保证金(Initial margin)　交易初期需要缴纳的最低费用。

首次公开发行(Initial public offering, IPO)　普通股在初级市场上的首次发行。

内部股权(Inside equity)　由管理层及其他雇员持有的普通股。

内部市场(Inside market)　出价最高和报价最低的市场。

内幕信息(Insider information)　公司内部的私有数据。

机构股权(Institutional equity)　由养老基金、共同基金和其他大型独立机构持有的普通股。

机构投资者(Institutional investors)　共同基金、养老基金、保险公司等。

利息偿付比率(Interest coverage)　对公司支付利息能力的一种度量。

利率风险(Interest rate risk)　固定收益证券在利率上涨时面临的可能损失。

利息再投资风险(Interest reinvestment risk)　再投资利息收入时面临的可能损失。

市场间价差(Intermarket spread)　在相关商品上相互抵消的头寸。

跨市场监察组(Intermarket Surveillance Group)　通过跨市场合作以监视人为操纵的交易。

内含可持续增长率(Internally sustainable growth) 指公司可以不用外部融资而获得的增长率。

国际股权基金(International equity fund) 投资于本国以外的股票市场的共同基金。

国际指数型基金(International iShares) 追踪某一标的国际基准指数表现的单位资产组合信托基金。

市场内价差(Intramarket spread) 在期货市场上,同一标的物在不同交割月份的期货合约的价格差异。

存货周转率(Inventory turnover) 衡量公司销售额与存货平均余额之比的指标。

投资顾问(Investment advisor) 专门负责管理基金组合的公司。

投资银行(Investment bank) 通过在一级市场向投资者出售证券来为其他公司筹集资金的金融公司;或者通过发行证券为客户公司融资的银行。

投资银行家(Investment banker) 通过发行金融资产为公司和政府机构融资的金融专家。

投资基准(Investment benchmark) 用于衡量投资组合业绩的投资标准。

投资俱乐部(Investment clubs) 出于学习和投资目的而组成的团体,成员会向俱乐部贡献出一些资金和投资建议。

投资期限(Investment horizon) 即持有投资组合的时期。

投资资讯(Investment newsletters) 定期发送投资建议的一种订阅服务。

投资组合(Investment portfolio) 在风险和收益权衡之下为投资者提供的证券集合。

黄金投资法则(Investment rule of thumb) 已经经受住时间考验的简单投资估值法则;或者帮助投资者提前做出合理决策的简单过程。

投资者信心(Investor confidence) 即投资大众对于公司信息和投资行业建议的信任程度。

羊群效应(Investor herding) 一群投资者一起进入或者退出某一只股票或者某一行业的公司股票的集体行动。

投资者情绪(Investor mood/ Investor sentiment) 衡量投资者乐观或者悲观的程度。

投资者心理(Investor psychology) 与投资有关的藏在人们脑中的缘由、情绪和感觉。

非理性泡沫(Irrational bubbles) 与经济基本面变化无关的金融资产价值的极端变化。

指数基金(iShares) 巴克莱全球投资集团开发的指数股票型基金。

一月效应(January effect) 在一年的最初几个交易日股票收益率大部分表现为正数的现象。

联合检验问题(Joint test problem) 越来越多的异象表明市场无效率或者市场模型不准确的情形。

垃圾债券(Junk bonds) 高度投机级的债券。

KCBOT 堪萨斯城交易所(Kansas City Board of Trade) 硬红冬麦的主要交易市场。

梯形配置(Laddering) 由一系列逐步到期的债券组成的资产组合配置。

滞后指标(Lagging indicators) 当经济已经开始出现特定趋势时才发生变化的经济指数。

一价定律(Law of one price) 即同种资产应该具有相同的价值。

先行指标(Leading indicators) 在经济开始出现特定趋势以前就已经发生变化的经济指数。

初级美国存托凭证(Level I ADRs) 是指 ADRs 的发行最初不是为了在美国筹集资金或者将 ADRs 在交易所或 NASD 挂牌上市。

二级美国存托凭证(Level II ADRs) 是指发行公司没有即刻的融资需求但可以将 ADRs 在美国交易所或 NASD 挂牌上市。

三级美国存托凭证(Level III ADRs) 是指在美国公开发售并且在一家主要的交易所或者 NASD 挂牌上市的 ADRs。

杠杆水平(Leverage) 即总资产除以股东权益,反映的是除了普通股融资外债务融资和优先股融资的水平。

流动性偏好假说(Liquidity preference hypothesis) 向上倾斜的收益率曲线给予长期债券投资者一个持有期风险溢价的理论假设。

流动性风险(Liquidity risk) 与股票可能变得难买或者难卖相关的潜在损失。

销售费用(Load charges) 销售佣金。

伦敦银行间同业拆借利率(London Interbank Offered Rates, LIBOR) 伦敦联邦基金利率。

多头(Long) 买方;或者表示拥有权。

LEAPS长期股权预期证券(Long-term equity anticipation securities) 一种远期选择权,包括长期看涨期权和看跌期权。

低费率基金(Low-load funds) 指销售费用在1%和3%之间的基金。

宏观经济学(Macroeconomics) 研究总体经济活动的总量指标的学问。

保管费用(Maintenance fees) 即因管理而产生的费用。

维持保证金(Maintenance margin) 指每日结算时为维持现有市场头寸必备的最低保证金额度。

保证金(Margin) 即履约保证金,用以保证其履约能力的资金。

保证金账户(Margin account) 通过自有资金和借入资金购买的证券存放的账户。

追加保证金(Margin call) 当净值低于最低保证金维持标准时,经纪人就会要求其客户存入额外的资金或股票作为抵押。

每日盯市(Mark-to-market) 根据现货市场价格对期货合约的盈亏进行每日清算。

市场泡沫(Market bubble) 在股票市场上严重超过经济基本面的高估情况。

市值(Market cap) 即公司的市场价值。

市场冲击成本(Market impact costs) 由于改变市场买卖价格而产生的成本。

市场指数偏差(Market index bias) 由于市场指数不能完美替代整个市场而导致的 β 估计值扭曲。

市场利率(Market interest rate) 适用于同类证券的现行利率。

做市商价差(Market maker spread) 即买入价和卖出价之间的差额。

做市商(Market makers) 运用自有资本从事证券买卖并持有一定数额的NASD股票的会员公司;或者在一个有序的市场作为供给方的交易者。

缝隙市场(Market niche) 能够被既定企业通过专门技能成功开发的一部分市场。

市场峰值(Market peak) 市场价格的极高点。

市场组合(Market portfolio) 所有资产的当前市值。

市场结构(Market structure) 即公司所处的竞争环境。

市场择时(Market timing) 即在大牛市开始时提前买入股票并且在熊市来临时率先卖出股票的投资风格。

市场低谷(Market trough) 市场价格的极低点。

市场波动率(Market volatility) 证券价格的波动水平,通常用收益率的标准差或者方差来表示。

市场调整异常收益(Market-adjusted abnormal returns) 扣除市场收益后的收益水平。

市场模型异常收益(Market-model abnormal returns) 无法用CAPM模型解释的收益部分。

到期(Maturity) 即债券的本金加利息必须悉数支付的时刻。

到期日(Maturity date) 即证券到期或者停止应计利息计算的日期。

均值调整异常收益(Mean-adjusted abnormal returns) 即超过平均收益水平的收益部分。

心理账户(Mental accounting) 在实际决策中,投资者会根据自己的分类而不是统一标准来考虑是否投资。

并购风险(Merger risk) 由于没有取得并购利益而产生的经济损失。

小市值股票(Microcap stocks) 即那些市场价值很小的公司股票。

微观经济学(Microeconomics) 基于行业、公司、企业和产品的层面对经济数据所做的研究。

明尼阿波利斯谷物交易所(Minneapolis Grain Exchange) 美国专门从事谷物期货的交易所。

错误认定偏差(Misattribution bias) 即将

不相关的感情掺和到即将作出的决策中的倾向。

模型设定偏差(Model specification bias) 由于证券特征线(SCL)没有包含其他重要的系统性因素对股市波动率的影响而造成的 β 估计值的偏差。

修正久期(Modified duration) 即市场利率变化一个百分比所引起的债券价格变化的百分比。

惯性效应(Momentum) 即变化率、速率或者价格变化率。也称为惯性趋势，即人们通常认为过去收益率高的股票未来也会取得高收益；而低收益股票将持续低收益。

星期一效应(Monday effect) 在一周当中，星期一是平均收益率为负的唯一一个交易日。

货币市场基金(Money market mutual funds) 专门投资于现金储备或者短期信用借据的基金。

垄断(Monopoly) 指一个行业中只有一个卖方或者生产者的情形。

抵押房地产投资信托(Mortgage REIT) 专门投资于房地产类债务的房地产投资基金。

抵押债券(Mortgage bond) 由特定的财产抵押权支持而发行的债券。

抵押贷款证券化(Mortgage securitization) 首先创造出多样化的贷款组合，然后将适当的股份卖给投资者的过程。

多因素资本资产定价模型(Multifactor CAPM) 假设组合风险与市场风险和其他因素（如公司规模和市净率）等相关的资产定价模型。

跨国公司(Multinational) 即在多个国家都有业务的公司。

市政债券(Municipal bonds) 即由地方政府发行的债券。

共同基金(Mutual fund) 即开放式的投资公司。

共同基金持有者(Mutual fund shareholders) 投资于共同基金组合的投资者。

共同基金竞赛(Mutual fund tournament) 一种刺激基金经理提高组合风险以获取尽可能多收益的方式。

短视(Myopic) 即只关注短期利益的行为。

短视性损失厌恶(Myopic loss aversion) 非理性地避免短期损失。

纳斯达克100指数(Nasdaq 100 Index) 由纳斯达克上市的100家最大的公司组成的市值加权指数。

纳斯达克综合指数(Nasdaq Composite Index) 由纳斯达克所有5 000多家上市公司组成的市值加权指数。

纳斯达克小市值市场(Nasdaq SmallCap Market) 为在纳斯达克全国市场上市之前的小公司股票提供交易的市场。

纳斯达克股票市场(Nasdaq Stock Market) 从交易量和上市公司数量来看全球最大的股票市场。

NASD 全美证券交易商协会(National Association of Securities Dealers, Inc.) 一个自发组织的严格自律的证券行业协会。

NFA 全美期货协会(National Futures Association) 即期货行业的一个自律组织。

负的异常收益(Negative abnormal returns) 无法用低市场风险解释的低于平均水平的收益。

可转让存单(Negotiable certificates of deposit) 商业银行开发的一种定期存单。

议价市场(Negotiated market) 通过讨价还价来定价的市场。

净资产价值(Net asset value) 每份共同基金持有的股票、债券和现金准备的价值。

净利润(Net income) 即收入与费用的差额，通常用税后值来计算。

净经营收益(Net operating income, NOI) 在扣除收入税和财务成本之前，收入减去经营费用所得的净值。

净利润率(Net profit margin) 即每单位销售收入赚取的利润。

NYBOT 纽约期货交易所(New York Board of Trade) 即纽约棉花交易所和咖啡、白糖与可可交易所的母公司。

NYME 纽约商品交易所(New York Mercantile Exchange) 全美第三大期货市场和世界第一大实物期货交易所。

NYSE 纽约证交所(New York Stock Exchange) 按市值计量全球最大的股票市场。

日经225指数(Nikkei 225 Index) 日本股

票市场的主要指标。

免佣金的基金（No-load funds） 发售时不收取佣金的基金。

噪声交易者（Noise traders） 即在评估公司特征和股票预期收益时犯系统性偏误的投资者。

名义收益率（Nominal return） 以百分数表示的投资毛利润率。

名义无风险利率（Nominal risk-free rate） 即推迟消费而获得的货币报酬；或者是短期国库券的收益。

不可分散风险（Nondiversifiable risk） 即系统性风险的另一种说法。

非自由指数（Nonfree index） 国内投资者可以优先获取的证券的价格表现指数。

非公开信息（Nonpublic information） 即一些专有资料或私有数据。

贝塔的时变问题（Nonstationary beta problem） 由贝塔内在的不稳定性带来的困难。

正态分布（Normal distribution） 即一条钟形的概率分布曲线。

规范（Normative） 即要求人们应该怎样做的一系列准则。

NAICS 北美行业分类系统（North American Industry Classification System） 根据人们所从事的经济活动进行划分的一套分类标准。

通知日（Notice day） 对到期准备实物交割的期货合约持有者发出交割书面通知的最后日期。

OTCBB 柜台间公告栏（OTC Bulletin Board） 对小规模场外交易的股票提供的系统报价服务。

反向交易（Offsetting transaction） 或称冲销交易，即数量相等但方向相反的交易。

寡头垄断（Oligopoly） 即在一个行业中只有少数几个卖方的情形。

未平仓合约（Open interest） 即当前未平仓的期权合约数量。

开放式基金（Open-end funds） 指基金的股份总数可以随时根据市场的供应情况发行新份额或被投资者赎回的投资基金。

公开喊价交易（Open-outcry trading） 依赖场内交易员公开喊价的交易市场。

运营费用率（Operating expense ratio） 即交易费用占基金资产总额的百分比。

经营杠杆（Operating leverage） 通过使用固定成本产量法衡量企业风险的指标。

最优投资组合（Optimal portfolio） 即能为投资者带来最大化预期效用的证券集合。

期权合约（Option contract） 即在既定到期日之前，有权以固定价格买入或卖出一定数量或者价值的标的资产的合约。

期权费（Option premium） 即期权的价格。

期权系列（Option series） 执行价不同但其他条款都相同的一系列标准化期权合约。

OCC 期权结算公司（Options Clearing Corporation） 所有上市证券期权的发行机构。

虚值期权（Out-of-the-money） 执行价低于标的证券市场价格的看涨期权；或者执行价高于标的证券市场价的看跌期权。

开放指令（Open order） 指已经被执行的限价单。

过度自信（Overconfidence） 表现为人们高估自己的知识与能力。

市盈增长比率（PEG ratio） 即市盈率除以预期每股收益增长率的比值。

票面价值（Par value） 即面值，通常为1 000美元。

付款日（Pay date） 付款要求或拆股声明生效的日期。

仙股（Penny stocks） 面值在5美元以下的股票。

实物交割期权（Physical-delivery option） 到期时需要用实际资产交割的期权。

粉单（Pink sheets） 为在场外交易的小市值股票提供交易报价的服务。

政治风险（Political risk） 和政府相关的潜在损失，通常源于政变、暗杀或者社会动荡。

政治周期效应（Political-cycle effect） 通常在总统任期的第三年或者最后一年，市场表现出较高的异常年收益率的一种模式。

庞氏骗局（Ponzi scheme） 用新投资者的钱来偿付旧投资者的钱，从而制造出盈利的假象。

资产池（Pools） 即分散化的贷款组合。

资产组合（Portfolio） 由股票、债券和其他资产组成的多样化集合。

资产组合经理（Portfolio manager） 专门负责资产组合的买入、卖出以及持有决策的金融专家。

组合调整（Portfolio rebalancing） 调整资产组合以达到目标的资产配置。

投资组合理论（Portfolio theory） 基于组合预期收益与风险而作出的证券选择的理论。

实证（Positive） 反映人们已经做的一系列事实。

正的异常收益（Positive abnormal returns） 无法用额外风险补偿来解释的超过平均水平的收益。

收益公告后漂移（Post-earnings announcement drift） 与收益公告相关的股价变动在公告发布后持续的一种情形。

公告后漂移（Postannouncement drift） 在一次公告之后的一段时期内可预测的收益率。

优先股（Preferred stock） 固定股利分配的一类股票。

溢价（Premium） 每份封闭式基金市场价格超过净资产价值的百分比。

转换溢价（Premium to conversion） 可转换债券的市场价格超过转换价值的百分比。

溢价（Premium to par） 市场价格超过面值。

差价组合（Price spread） 同时买入和卖出相同标的不同行权价的期权合约。

价格期权（Price-based options） 买入或者卖出某一特定债务证券的权利。

市净率（Price-book（P/B）ratio） 当前股价与账面净值的比值。

市盈率（Price-earnings（P/E）ratio） 股价除以每股收益。

一级债券市场（Primary bond market） 新债券发行市场；发行人直接面对投资人的市场。

一级自营商（Primary dealers） 购买新发行国库券的投资银行。

一级市场（Primary market） 发行者首次发行证券筹集资金的市场。

本金金额（Principal amount） 面值。

主承销商（Principal underwriter） 向公众发售基金股份的公司

概率分布（Probability distribution） 各种可能发生的结果的概率规律。

前景理论（Prospect theory） 是对人们面对不确定时，如何构想和评估决策的实证性描述。

招股说明说（Prospectus） 发行说明书。

保护性看跌期权（Protective put） 在购买一个看跌期权的同时买入该看跌期权的标的股票。

公告书（Proxy statement） 年会的公告和股东投票的信息。

心理偏误（Psychological biases） 由认知错误导致的可预知趋势。

公众持股（Public float） 独立的机构和个人投资者持有的普通股。

公开信息（Public information） 可自由分享的信息。

炒股诈骗（Pump-and-dump scheme） 通过人为地拉升股票价格将股票卖给不知情投资者的违法行为。

看跌期权（Put option） 卖股票的权利。

回售条款（Put provision） 允许投资者在到期前将债券卖还给发行人的合约条款。

QQQQs 一种追踪纳斯达克100指数的交易所交易基金。

追求合理价格的投资者（Quality-at-a-reasonable-price investors） 很少买入净资产回报率低于1的价值股票的投资者

速动比率（Quick ratio） 现金和近现金资产对流动负债的比率。

随机游走（Random walk） 数字无规律不可预测的变动形式。

随机游走理论（Random walk theory） 股价变动不遵循任何形式和趋势的一种概念。

带漂移的随机游走（Random walk with drift） 带有微小向上偏差的随机游走。

理性泡沫（Rational bubbles） 由于经济基本面变动导致的金融资产价值的极端变化。

原始土地（Raw land） 未经开发的土地。

房地产（Real estate） 不动产以及密切相关的行业。

房地产经纪人（Real estate agent） 有执照的房地产销售员或代理

房地产投资信托（Real estate investment

trust） 管理不动产和/或抵押贷款的上市公司。

不动产（Real property） 土地和永久附属于土地的建筑或者其他物体。

实际收益率（Real return） 经过通货膨胀调整的投资回报率。

实际无风险利率（Real risk-free rate of return） 没有违约和变动可能性的回报率。

实时报价（Real time） 最新的当前股票报价。

应收账款周转率（Receivable turnover） 度量应收账款回收速度的一种指标。

衰退（Recession） 严重的经济紧缩。

登记日（Record date） 为了获得相应的股东利益，股东必须进行注册登记的日期。

参照点（Reference points） 投资者用来和当前价格比较的参考价格。

记名债券（Registered bond） 以登记在册的方式发行的债券。

均值回归（Regression to mean） 利润率趋于行业和经济平均水平的趋势；超常回报和失常回报在未来都会趋向于平均的概念。

作为后悔（Regret of Commission） 由于所采取的行动导致了不好的后果而带来的失望感。

不作为后悔（Regret of omission） 由于不采取行动错失了受益的机会而带来的失望感。

监管（Regulation） 政府的控制或者影响。

相对市盈率（Relative P/E ratio） 一个公司的市盈率除以一个指数的市盈率。

代表性偏误（Representative bias） 一种心理错觉，认为已知特征代表其他的未知特征；历史将会在未来重现。

要求的风险溢价（Required risk premium） 承担风险的必要补偿。

留存收益率（Retention rate） 收益中留存下来用于再投资的比例。

收益异象（Return anomaly） 股市不可解释的异常收益形式。

资产收益率（Return on asset） 净收益除以总资产的账面价值。

股本回报率（Return on equity） 账面净收入除以股东权益。

股东净资产收益率（Return on stockholders' equity） 净收益除以股东权益的账面价值。

收入债券（Revenue bonds） 以政府机关或者公共企业的收益作为利息和本金来源的债券。

股票逆拆分（Reverse stock split） 减少流通股数量的股票拆分。

均值回归（Reversion to the mean） 股票和债券收益收敛于长期平均的趋势。

Rho值（Rho） 期权价值对利率变化的敏感性。

风险（Risk） 财富损失或者不能达成投资目标的可能性；通常用标准差来度量。

风险厌恶（Risk averse） 规避风险的愿望。

风险免疫（Risk immunization） 通过匹配金融资产和负债的久期来消除利率风险。

风险调整的贴现率（Risk-adjusted discount rate） 投资者要求的收益率。

一手股票（Round lot） 一百股的股票；或者在债券市场上，100万美元的面值。

罗素2000指数（Russell 2000 Index） 由罗素3000指数中2000个最小的公司计算出来的小公司股价指数。

标准普尔500指数（S&P 500 Index） 流行的市值加权指数。

标准普尔中等市值400指数（S&P MidCap 400 Index） 基于400只中等规模美国国内股票的市值指数。

标准普尔小市值600指数（S&P SmallCap 600 Index） 基于600只小市值公司的市值权重指数。

《萨班斯-奥克斯利法案》（Sarbanes-Oxley Act） 将公共会计改革和投资者保护加以制度化的法律。

既有债券（Seasoned bond） 在投资者之间交易的债券。

增发（Seasoned Issue） 在现有的公开市场之外发行证券筹集额外的资金。

二级债券市场（Secondary bond market） 已发行债券的交易市场。

二级市场（Secondary market） 投资者之间交易股票的股票交易所。

二级发售（Secondary offerings） 公开销售原先由大投资者、公司和机构投资者持有的已发行股发票。

证券交易委员会（Securities and Exchange

Commission，SEC） 监管公司和投资行业的美国联邦司法机构。

证券仲裁（Securities arbitration） 争端的私下解决方式,通常能产生具有约束力的结果。

证券分析师（Security analyst） 在有关股票以及其他金融资产方面做研究以及提供建议的金融专业人士。

证券特征线（Security characteristic line） 在每个时点上,个股回报与市场总体回报的线性关系。

证券市场线（Security market line） 基于单只股票的风险和收益的关系。

分割市场（Segmented markets） 不同市场间相互不存在投资的流动。

分割市场假说（Segmented-market hypothesis） 认为收益率曲线反映了机构投资者套保和到期需求的理论。

特定部门指数存托凭证（Select sector SPDRs） 追踪某些特定行业的交易所交易基金。

择券能力（Selectivity） 能够挑选出表现优于大市的股票的能力。

自律组织（Self-regulatory organizations） 被证管会授予监督权的行业组织。

半年复利（Semiannual interest） 每年支付两次同等金额的利息。

半强有效市场假说（Semistrong-form hypothesis） 股价反映了所有公开信息的前提假说。

高级债券（Senior bond） 指具有优先索取权的债券,一旦公司破产清算时,先偿还高级债券,然后才偿还其他低级债券。

情绪（Sentiment） 乐观和悲观的一般水平。

分期还本债券（Serial bonds） 这类债券有许多到期日,每个到期日只有一部分债券到期。

结算日（Settlement date） 购买者获得证券实际所有权的日期。

夏普比率（Sharpe Ratio） 风险溢酬与总风险的比值。

空头（Short） 卖出方。

卖空（Short sale） 卖出借来的股票,以期望从下跌的股价中获利。

单一国家基金（Single-country fund） 全部投资于单一国家的共同基金。

小盘股效应（Small-cap effect） 小市值股票表现得比市场平均好的倾向。

社会规范（Social norms） 一个团体非正式的观点、规则和行为规范。

股票专家（Specialist） 由纽约证券交易所上市公司所雇用的,用来管理某只股票的人员。

投机性头寸（Speculative position） 使用期权从标的资产的内在风险获利。

投机商（Speculator） 利用股价变动来获利的人。

分拆上市异象（Spin-off anomaly） 小公司从较大的组织剥离出来时,通常会导致股价上升的趋势。

拆分率（Split ratio） 流通股增加的比例。

现价（Spot price） 当前的付现价格。

差价组合（Spread） 同时买入和卖出基于同一标的资产的同种类型(看涨或看跌)期权。

标准普尔存托凭证（Standard & Poor's Depository Receipts） 追踪标准普尔指数的交易所交易基金。

标准差（Standard deviation） 一种常用的风险测度。

现状（Status quo） 保持不变的趋势。

股票基金（Stock funds） 进行股权投资的基金。

股市信息（Stock market information） 股票价格和交易量信息。

股市投资（Stock market investment） 购买并持有股票以获得红利和长期资本升值收益。

股市投机（Stock market speculation） 买卖证券并期望从股价的短期波动中获利。

股市波动（Stock market volatility） 股价一段时间内的大幅上涨和下跌。

股价趋势（Stock-price trend） 正在上涨的股票继续上升或正在下跌的股票继续下跌的趋势,直至新的需求和供给力量开始起作用。

股票报价（Stock quotes） 以特定价格买卖股票的报价。

股票监控（Stock Watch） 记录交易量和价格的异常变化的电脑程序。

股票经纪商（Stockbroker） 帮助投资者买卖金融资产的金融机构。

跨式期权组合（Straddle） 购买同一证券的看跌期权和出售看涨期权。

行权价（Strike price） 执行价格。

强势美元（Strong dollar） 一美元能购买的外国货币增加。

强有效市场假说（Strong-form hypothesis） 假设股票价格能反映所有公开市场信息和非公开信息。

投资风格箱（Style box） 根据市值和价值-成长倾向来区分资产组合风险的方法。晨星公司根据上述特征将基金组合分为九种。

次级（Subordinated） 不重要的等级。

互换（Swaps） 两个公司相互借入不同形式的款项。

互换期权（Swaptions） 在某个时间或者之前以特定利率进行互换的期权。

银团牵头行（Syndicate manager） 在银团中牵头的投资银行。

合成期权（Synthetic option） 利用非期权证券构造与期权策略完全相同回报的组合。

系统性风险（Systematic risk） 与整个市场相关的收益波动。

国库券（T-bills） 一年内到期的国债。

长期国债（T-bonds） 10—30年到期的国债。

中期国债（T-notes） 1—10年到期的国债。

股市交易指数比率（TRIN（trading index）ratio） 衡量市场不平衡的常用指标。

TSE-35 35个加拿大蓝筹公司的市场篮子。

税率（Tax rate） 财产价值中用以支付给政府维持政府服务的比例。

利率期限结构（Term structure of interest rate） 不同到期期限同样信用等级的债券利率之间的关系。

Theta值（Theta） 期权价值对时间的敏感性。

交易代码（Ticker symbols） 由五个字母组成的用来识别某只股票的唯一代码。

频度偏误（Time interval bias） 由选择的数据频度所引起的贝塔估计值问题。

时间序列（Time Series） 一段时间的数据值。

差期组合（Time spread） 同时买入和卖出基于同一标的资产但到期日不同的期权。

时间价值（Time value） 随着时间的推移而消失的投机机会。

销售收入增长（Top-line growth） 收入的增长（列在利润表的第一行）。

总资产周转率（Total asset turnover） 销售收入除以总资产的账面价值。

总收益（Total return） 红利收入、利息收入以及资本利得之和。

贸易赤字（Trade deficit） 进口超过出口的数量。

交易区（Trading pit） 期货市场交易区。

交易单位（Trading unit） 合约规模。

过户代理人（Transfer agent） 执行股东交易、保存记录并发布会计报表的公司或个人。

国库券（Treasury Bills） 到期时间小于等于1年的财政部债务。

长期国债（Treasury bonds） 到期时间大于等于10年的财政部债务。

通货膨胀保值国债（Treasury inflation protected securities, TIPS） 每半年根据CPI调整面值的国债。

中期国债（Treasury notes） 到期时间长于一年短于十年的财政部债务。

特雷诺指数（Treynor index） 风险溢酬与系统性风险的比率。

周转率（Turnover rate） 衡量共同基金交易活动的一个常用指标。

低估（Undervalued） 股价低于其真实的经济价值。

承销商（Underwriter） 负责承销某一公司新股的投资银行。

未实现的资本利得（Unrealized capital gains） 由于资产价值提高带来的基金价值的增加。

无担保公司债券（Unsecured corporate bond） 仅以公司信誉、信用记录以及财务稳定性做担保的债务。

非系统性风险（Unsystematic risk） 个别公司的收益波动。

效用（Utility） 正的获利。

估价风险（Valuation risk） 由于过高的股

价可能产生的损失。

价值效应（Value effect） 价值股表现较优的趋势。

价值投资（Value investing） 只关注短期被低估或不受欢迎的股票的投资策略。

价值投资者（Value investors） 寻找相对整个市场价格较低的不受偏爱的股票的投资者。

股东权益收益率价值（Value of ROE） 股东权益收益率百分比除以市盈率。

可变增长率（Variable growth rate） 预期到短期增长率在长期中不可持续时使用的模型。

Vega值（Vega） 期权价值对波动率变动的敏感性。

弱势美元（Weak dollar） 1美元能购买的外国货币数量下降。

弱有效市场假说（Weak-form hypothesis） 假设当前股票价格能够反映所有股票市场信息。

销售商（Writers） 有义务应持有者的要求执行期权的出售者。

扬基债券（Yankee bond） 非美国借款人在美国发行的以美元计价的外国债券。

收益率曲线（Yield curve） 将具有相同风险但不同到期期限的债券的收益率连接起来的曲线。

收益率价差（Yield spread） 具有相同期限但不同信用风险的债券的收益率之差。

赎回收益率（Yield to call） 从结算日到被债券发行者赎回之日的投资者收益。

到期收益率（Yield to maturity） 从结算日至到期日投资者的收益。

收益率期权（Yield-based options） 基于行权价和标的收益率之差的以现金结算的债务期权。

零息票债券（Zero-coupon bonds） 零息票利率的贴现债券。

零风险组合（Zero-risk portfolio） 回报不变的资产组合。

零和游戏（Zero-sum game） 买方的收益等于卖方损失的交易，反之亦然。

影印版教材可供书目

经济与金融经典入门教材 · 英文影印版

	书号	英文书名	中文书名	版次	编著者	定价
1	08961	Public Finance: A Contemporary Application of Theory to Policy	财政学：理论在政策中的当代应用	第8版	David N. Hyman/著	59.00元
2	08132	Fundamentals of Investments: Valuation and Management	投资学基础：估值与管理	第3版	Charles J. Corrado 等/著	58.00元
3	08126	Microeconomics for Today	今日微观经济学	第3版	Irvin Tucker/著	45.00元
4	08125	Macroeconomics for Today	今日宏观经济学	第3版	Irvin Tucker/著	48.00元

管理学经典入门教材 · 英文影印版

	书号	英文书名	中文书名	版次	编著者	定价
5	08129	Management: Skills and Application	管理学：技能与应用	第11版	Leslie W. Rue 等/著	45.00元
6	08128	Information Technology and Management	信息技术与管理	第2版	Ronald L. Thompson 等/著	45.00元
7	08665	Marketing: An Introduction	营销学导论	第1版	Rosalind Masterson 等/著	45.00元
8	09061	Communicating at Work: Principles and Practices for Business and the Professions	商务沟通：原则与实践	第8版	Ronald B. Adler 等/著	54.00元

经济学精选教材 · 英文影印版

	书号	英文书名	中文书名	版次	编著者	定价
9	12633	World Trade and Payments: An Introduction	国际贸易与国际收支	第10版	Richard E. Caves, Jeffrey A. Frankel 等/著	68.00元
10	08130	Economics: Principles and Policy	经济学：原理与政策	第9版	William J. Baumol 等/著	79.00元
11	08127	Microeconomic Theory: Basic Principles and Extensions	微观经济理论：基本原理与扩展	第9版	Walter Nicholson/著	59.00元
12	09693	Macroeconomics: Theories and Policies	宏观经济学：理论与政策	第8版	Richard T. Froyen/著	48.00元
13	14529	Econometrics: A Modern Introduction	计量经济学：现代方法（上）	第1版	Michael P. Murray/著	54.00元
14	14530	Econometrics: A Modern Introduction	计量经济学：现代方法（下）	第1版	Michael P. Murray/著	41.00元

管理学精选教材 · 英文影印版

	书号	英文书名	中文书名	版次	编著者	定价
15	12091	Operations Management: Goods, Services and Value Chains	运营管理：产品、服务和价值链	第2版	David A. Collier 等/著	86.00元
16		Management Fundamentals: Concepts, Applications, Skill Development	管理学基础：概念、应用与技能提高	第4版	Robert N. Lussier/著	68.00元
17	06380	E-Commerce Management: Text and Cases	电子商务管理：课文和案例	第1版	Sandeep Krishnamurthy/著	47.00元

金融学精选教材 · 英文影印版

	书号	英文书名	中文书名	版次	编著者	定价
18	12306	Fundamentals of Futures and Options Markets	期货与期权市场导论	第5版	John C. Hull/著	55.00元
19	12040	Financial Theory and Corporate Policy	金融理论与公司决策	第4版	Thomas E. Copeland 等/著	79.00元
20	09657	Bond Markets: Analysis and Strategies	债券市场：分析和策略	第5版	Frank J. Fabozzi/著	62.00元
21	09984	Money, Banking and Financial Markets	货币、银行与金融市场	第1版	Stephen G. Cecchetti/著	65.00元

	书号	英文书名	中文书名	版次	编著者	定价
22	09767	Takeovers, Restructuring and Corporate Governance	接管、重组与公司治理	第4版	J. Fred Weston 等/著	69.00元
23	13206	Management of Banking	银行管理	第6版	S. Scott MacDonald 等/著	66.00元
24	10933	International Corporate Finance	国际财务管理	第8版	Jeff Madura/著	69.00元
25	13204	Financial Markets and Institutions	金融市场和金融机构	第7版	Jeff Madura/著	78.00元
26	05966	International Finance	国际金融	第2版	Ephraim Clark/著	66.00元
27	05965	Principles of Finance	金融学原理(含CD-ROM)	第2版	Scott Besley 等/著	82.00元
28	10916	Risk Management and Insurance	风险管理和保险	第12版	James S. Trieschmann 等/著	65.00元
29	05963	Fixed Income Markets and Their Derivatives	固定收入证券市场及其衍生产品	第2版	Suresh M. Sundaresan/著	72.00元

会计学精选教材 · 英文影印版

	书号	英文书名	中文书名	版次	编著者	定价
30	17348	Advanced Accounting	高级会计学	第10版	Paul M. Fischer 等/著	79.00元
31	14752	Advanced Accounting	高级会计学	第9版	Joe Ben Hoyle 等/著	56.00元
32	17344	Management Decisions and Financial Accounting Reports	中级会计：管理决策与财务会计报告	第2版	Stephen P. Baginski 等/著	56.00元
33	13200	Financial Accounting: Concepts & Applications	财务会计:概念与应用	第10版	W. Steve Albrecht 等/著	75.00元
34	13201	Management Accounting: Concepts & Applications	管理会计:概念与应用	第10版	W. Steve Albrecht 等/著	55.00元
35	13202	Financial Accounting: A Reporting and Analysis Perspective	财务会计：报告与分析	第7版	Earl K. Stice 等/著	85.00元
36	12309	Financial Statement Analysis and Security Valuation	财务报表分析与证券价值评估	第3版	Stephen H. Penman/著	69.00元
37	12310	Accounting for Decision Making and Control	决策与控制会计	第5版	Jerold L. Zimmerman/著	69.00元
38	05416	International Accounting	国际会计学	第4版	Frederick D. S. Choi 等/著	50.00元
39	14536	Managerial Accounting	管理会计	第8版	Don R. Hansen 等/著	79.00元

营销学精选教材 · 英文影印版

	书号	英文书名	中文书名	版次	编著者	定价
40	13205	Services Marketing: Concepts, Strategies, & Cases	服务营销精要：概念、战略与案例	第3版	K. Douglas Hoffman 等/著	63.00元
41	13203	Basic Marketing Research	营销调研基础	第6版	Gilbert A. Churchill, Jr. 等/著	66.00元
42	12305	Selling Today: Creating Customer Value	销售学:创造顾客价值	第10版	Gerald L. Manning, Barry L. Reece/著	52.00元
43	11213	Analysis for Marketing Planning	营销策划分析	第6版	Donald R. Lehmann 等/著	32.00元
44	09654	Market-based Management: Strategies for Growing Customer Value and Profitability	营销管理：提升顾客价值和利润增长的战略	第4版	Roger J. Best/著	48.00元
45	09655	Customer Equity Management	顾客资产管理	第1版	Roland T. Rust 等/著	55.00元
46	09662	Business Market Management: Understanding, Creating and Delivering Value	组织市场管理：理解、创造和传递价值	第2版	James C. Anderson 等/著	45.00元
47	10013	Marketing Strategy: A Decision Focused Approach	营销战略：以决策为导向的方法	第5版	Orville C. Walker, Jr. 等/著	38.00元
48	05971	Marketing	市场营销学(含CD-ROM)	第6版	Charles W. Lamb Jr. 等/著	80.00元
49	10983	Principles of Marketing	市场营销学	第12版	Louis E. Boone 等/著	66.00元
50	11108	Advertising, Promotion, & Supplemental Aspects of Integrated Marketing Communication	整合营销传播：广告、促销与拓展	第7版	Terence A. Shimp/著	62.00元

51	11251	Sales Management: Analysis and Decision Making	销售管理：分析与决策	第6版	Thomas N. Ingram 等/著	42.00元
52	11212	Marketing Research: Methodological Foundations	营销调研:方法论基础	第9版	Gilbert A. Churchill, Jr. 等/著	68.00元

人力资源管理精选教材 · 英文影印版

	书号	英文书名	中文书名	版次	编著者	定价
53	08536	Human Relations in Organizations: Applications and Skill Building	组织中的人际关系：技能与应用	第6版	Robert N. Lussier/著	58.00元
54	08131	Managerial Communication: Strategies and Applications	管理沟通：策略与应用	第3版	Geraldine E. Hynes/著	38.00元
55	07408	Human Resource Management	人力资源管理	第10版	Robert L. Mathis 等/著	60.00元
56	07407	Organizational Behavior	组织行为学	第10版	Don Hellriegel 等/著	48.00元

国际商务精选教材 · 英文影印版

	书号	英文书名	中文书名	版次	编著者	定价
57	14176	International Business	国际商务	第4版	John J. Wild 等/著	49.00元
58	12886	International Marketing	国际营销	第8版	Michael R. Czinkota 等/著	65.00元
59	06522	Fundamentals of International Business	国际商务基础	第1版	Michael R. Czinkota 等/著	45.00元
60	11674	International Economics: A Policy Approach	国际经济学：一种政策方法	第10版	Mordechai E. Kreinin/著	38.00元
61	06521	International Accounting: A User Perspective	国际会计：使用者视角	第2版	Shahrokh M. Saudagaran/著	26.00元

MBA精选教材 · 英文影印版

	书号	英文书名	中文书名	版次	编著者	定价
62	12838	Quantitative Analysis for Management	面向管理的数量分析	第9版	Barry Render 等/著	65.00元
63	12675	The Economics of Money, Banking, and Financial Markets	货币、银行和金融市场经济学	第7版	Frederic S. Mishkin/著	75.00元
64	11221	Analysis for Financial Management	财务管理分析	第8版	Robert C. Higgins/著	42.00元
65	12302	A Framework for Marketing Management	营销管理架构	第3版	Philip Kotler/著	42.00元
66	14216	Excellence in Business Communication	卓越的商务沟通	第7版	John V. Thill 等/著	73.00元
67	12304	Understanding Financial Statements	财务报表解析	第8版	Lyn M. Fraser 等/著	34.00元
68	10620	Principles of Operations Management	运作管理原理	第6版	Jay Heizer 等/著	72.00元
69	05429	Introduction to Financial Accounting and Cisco Report Package	财务会计	第8版	Charles T. Horngren 等/著	75.00元
70	16407	Introduction to Management Accounting	管理会计	第14版	Charles T. Horngren 等/著	79.00元
71	11451	Management Communication: A Case-Analysis Approach	管理沟通：案例分析法	第2版	James S. O'Rourke/著	39.00元
72	10614	Management Information Systems	管理信息系统	第9版	Raymond McLeod 等/著	45.00元
73	10615	Fundamentals of Management	管理学基础:核心概念与应用	第4版	Stephen P. Robbins 等/著	49.00元
74	10874	Understanding and Managing Organizational Behavior	组织行为学	第4版	Jennifer M. George 等/著	65.00元
75	15177	Essentials of Entrepreneurship and Small Business Management	小企业管理与企业家精神精要	第5版	Thomas W. Zimmerer 等/著	68.00元
76	11224	Business	商务学	第7版	Ricky W. Griffin 等/著	68.00元
77	11452	Strategy and the Business Landscape: Core Concepts	战略管理	第2版	Pankaj Ghemawat/著	18.00元
78	13817	Managing Human Resources	人力资源管理	第5版	Luis R. Gomez-Mejia 等/著	60.00元
79	09663	Financial Statement Analysis	财务报表分析	第8版	John J. Wild 等/著	56.00元

经济学前沿影印丛书

	书号	英文书名	中文书名	版次	编著者	定价
80	09218	Analysis of Panel Data	面板数据分析	第2版	Cheng Hsiao/著	48.00元
81	09236	Economics, Value and Organization	经济学、价值和组织	第1版	Avner Ben-Ner 等/著	59.00元
82	09217	A Companion to Theoretical Econometrics	理论计量经济学精粹	第1版	Badi H. Baltagi/著	79.00元
83	09680	Financial Derivatives: Pricing, Applications, and Mathematics	金融衍生工具:定价、应用与数学	第1版	Jamil Baz 等/著	45.00元

翻译版教材可供书目

重点推荐

	书号	英文书名	中文书名	版次	编著者	定价
1	14749	A Monetary History of The United States, 1867—1960	美国货币史(1867—1960)	第1版	米尔顿·弗里德曼(Milton Friedman)等/著	78.00元
2	06693	The World Economy: A Millennial Perspective	世界经济千年史	第1版	安格斯·麦迪森(Angus Maddison)/著	58.00元
3	14751	The World Economy: Historical Statistics	世界经济千年统计	第1版	安格斯·麦迪森(Angus Maddison)/著	45.00元
3	10004	Fundamental Methods of Mathematical Economics	数理经济学的基本方法	第4版	蒋中一(Alpha C. Chiang)等/著	52.00元
4	08088	Fundamentals of Economics	经济学基础	第5版	曼昆(N. Gregory Mankiw)/著	65.00元
5	15089	Principles of Economics	经济学原理(微观经济学分册)	第5版	曼昆(N. Gregory Mankiw)/著	54.00元
6	15090	Principles of Economics	经济学原理(宏观经济学分册)	第5版	曼昆(N. Gregory Mankiw)/著	42.00元
7	15088	Study Guide for Principles of Economics	曼昆《经济学原理》学习指南	第5版	大卫·R.哈克斯(David R. Hakes)/著	48.00元

经济与金融经典入门教材译丛

	书号	英文书名	中文书名	版次	编著者	定价
8	11274	Fundamentals of Investments: Valuation and Management	投资学基础:估值与管理	第3版	Charles J. Corrado 等/著	76.00元
9	09320	Public Finance: A Contemporary Application of Theory to Policy	财政学:理论在政策中的当代应用	第8版	David N. Hyman/著	78.00元
10	09847	Microeconomics for Today	今日微观经济学	第3版	Irvin Tucker/著	58.00元
11	09750	Macroeconomics for Today	今日宏观经济学	第3版	Irvin Tucker/著	66.00元

管理学经典入门教材译丛

	书号	英文书名	中文书名	版次	编著者	定价
12	10006	Marketing: An Introduction	营销学导论	第1版	Rosalind Masterson 等/著	58.00元
13	10003	Information Technology and Management	信息技术与管理	第2版	Ronald L. Thompson 等/著	68.00元
14	11152	Management: Skills and Application	管理学:技能与应用	第11版	Leslie W. Rue 等/著	55.00元

经济学精选教材译丛

	书号	英文书名	中文书名	版次	编著者	定价
15	15917	Microeconomics	微观经济学	第1版	B. Douglas Bernheim 等/著	89.00元
16	13812	Macroeconomics: Theories and Policies	宏观经济学:理论与政策	第8版	Richard T. Froyen/著	49.00元
17	13815	World Trade and Payments: An Introduction	国际贸易与国际收支	第10版	Richard E. Caves 等/著	69.00元
18	13814	Macroeconomics	宏观经济学	第2版	Roger E. A. Farmer/著	46.00元
19	12289	Microeconomic Theory: Basic Principles and Extensions	微观经济理论:基本原理与扩展	第9版	Walter Nicholson/著	75.00元
20	11222	Economics: Principles and Policy	经济学:原理与政策(上、下册)	第9版	William J. Baumol 等/著	96.00元

21	18236	American Economic History	美国经济史	第7版	Jonathan Hughes 等/著	89.00元
22	10992	The History of Economic Thought	经济思想史	第7版	Stanley L. Brue 等/著	59.00元
23	13800	Urban Economics	城市经济学	第6版	Arthur O'Sullivan/著	49.00元

管理学精选教材译丛

	书号	英文书名	中文书名	版次	编著者	定价
24	14519	Operations Management: Goods, Services and Value Chains	运营管理:产品、服务和价值链	第2版	David A. Collier 等/著	79.00元
25	11210	Strategic Management of E-business	电子商务战略管理	第2版	Stephen Chen/著	39.00元
26	10005	Management Fundamentals: Concepts, Applications, Skill Development	管理学基础:概念、应用与技能提高	第4版	Robert N. Lussier/著	82.00元
27	16772	Applied Multivariate Statistical Analysis	应用多元统计分析	第2版	Wolfgang Härdel 等/著	65.00元

会计学精选教材译丛

	书号	英文书名	中文书名	版次	编著者	定价
28	14531	Fundamentals of Financial Accounting	财务会计学原理	第2版	Fred Phillips 等/著	82.00元
29	14532	Managerial Accounting	管理会计	第8版	Don R. Hansen 等/著	99.00元

金融学精选教材译丛

	书号	英文书名	中文书名	版次	编著者	定价
30	16298	International Corporate Finance	国际财务管理	第9版	Jeff Madura/著	82.00元
31	13806	Principles of Finance	金融学原理	第3版	Scott Besley 等/著	69.00元
32	12317	Management of Banking	银行管理	第6版	S. Scott MacDonald 等/著	78.00元
33	12316	Multinational Business Finance	跨国金融与财务	第11版	David K. Eiteman 等/著	78.00元
34	10007	Capital Budgeting and Long-Term Financing Decisions	资本预算与长期融资决策	第3版	Neil Seitz 等/著	79.00元
35	10609	Money, Banking, and Financial Markets	货币、银行与金融市场	第1版	Stephen G. Cecchetti/著	75.00元
36	11463	Bond Markets, Analysis and Strategies	债券市场:分析和策略	第5版	Frank J. Fabozzi/著	76.00元
37	10624	Fundamentals of Futures and Options Markets	期货与期权市场导论	第5版	John C. Hull/著	62.00元
38	09768	Takeovers, Restructuring and Corporate Governance	接管、重组与公司治理	第4版	J. Fred Weston 等/著	79.00元

营销学精选教材译丛

	书号	英文书名	中文书名	版次	编著者	定价
39	13808	Basic Marketing Research	营销调研基础	第6版	Gilbert A. Churchill, Jr. 等/著	82.00元
40	12301	Principles of Marketing	市场营销学	第12版	Dave L. Kurtz 等/著	65.00元
41	15716	Selling Today: Creating Customer Value	销售学:创造顾客价值	第10版	Gerald L. Manning/著	62.00元
42	13795	Analysis for Marketing Planning	营销策划分析	第6版	Donald R. Lehmann/著	35.00元
43	13811	Services Marketing: Concepts, Strategies, & Cases	服务营销精要:概念、战略与案例	第2版	K. Douglas Hoffman 等/著	68.00元
44	12312	Customer Equity Management	顾客资产管理	第1版	Roland T. Rust 等/著	65.00元
45	16316	Marketing Research: Methodological Foundations	营销调研:方法论基础	第9版	Gilbert A. Churchill, Jr. 等/著	62.00元
46	11229	Market-based Management: Strategies for Growing Customer Value and Profitability	营销管理:提升顾客价值和利润增长的战略	第4版	Roger J. Best/著	58.00元
47	10010	Marketing Strategy: A Decision-Focused Approach	营销战略:以决策为导向的方法	第5版	Orville C. Walker, Jr. 等/著	49.00元
48	11226	Business Market Management: Understanding, Creating and Delivering Value	组织市场管理:理解、创造和传递价值	第2版	James C. Anderson 等/著	52.00元

人力资源管理精选教材译丛

	书号	英文书名	中文书名	版次	编著者	定价
49	16619	Human Relations in Organizations: Applications and Skill Building	组织中的人际关系:技能与应用	第6版	Robert N. Lussier/著	75.00元
50	10276	Human Resource Management	人力资源管理	第10版	Robert L. Mathis/著	68.00元
51	15982	Fundamentals of Organizational Behavior	组织行为学	第11版	Don Hellriegel 等/著	56.00元
52	09274	Managerial Communication: Strategies and Applications	管理沟通:策略与应用	第3版	Geraldine E. Hynes/著	45.00元
53	10275	Supervision: Key Link to Productivity	员工监管:提高生产力的有效途径	第8版	Leslie W. Rue 等/著	59.00元

国际商务精选教材译丛

	书号	英文书名	中文书名	版次	编著者	定价
54	16334	International Economics: A Policy Approach	国际经济学:政策视角	第10版	Mordechai E. Kreinin/著	45.00元
55	14525	International Business	国际商务	第4版	John J. Wild 等/著	62.00元
56	10001	Fundamentals of International Business	国际商务基础	第1版	Michael R. Czinkota 等/著	58.00元

全美最新工商管理权威教材译丛

	书号	英文书名	中文书名	版次	编著者	定价
57	16318	Essentials of Managerial Finance	财务管理精要	第14版	John V. Thill 等/著	88.00元
58	16319	Understanding and Managing Organizational Behavior	组织行为学	第5版	Jennifer M. George 等/著	75.00元
59	13810	Crafting and Executing Strategy: Concepts and Cases	战略管理:概念与案例	第14版	Arthur A. Thompson 等/著	48.00元
60	14518	Management Communication: A Case-Analysis Approach	管理沟通:案例分析法	第3版	James S. O'Rourke/著	44.00元
61	16549	Quantitative Analysis for Management	面向管理的数量分析	第9版	Barry Render 等/著	85.00元
62	13790	Case Problems in Finance	财务案例	第12版	W. Carl Kester 等/著	88.00元
63	13807	Analysis for Financial Management	财务管理分析	第8版	Robert C. Higgins/著	42.00元
64	14515	Understanding Financial Statements	财务报表解析	第8版	Lyn M. Fraser 等/著	34.00元
65	13809	Strategy and the Business Landscape	战略管理	第2版	Pankaj Ghemawat/著	25.00元
66	16171	Principles of Operations Management	运作管理原理	第6版	Jay Heizer 等/著	86.00元
67	13500	Managerial Economics	管理经济学	第3版	方博亮、武常岐、孟昭莉/著	80.00元
68	16011	Managerial Economics: A Problem Solving Approach	管理经济学:一种问题解决方式	第1版	Luke M. Froeb 等/著	35.00元
69	11609	Management: The New Competitive Landscape	管理学:新竞争格局	第6版	Thomas S. Bateman 等/著	76.00元
70	09690	Product Management	产品管理	第4版	Donald R. Lehmann 等/著	58.00元
71	12885	Entrepreneurial Small Business	小企业创业管理	第1版	Jerome A. Katz 等/著	86.00元
72	16780	Introduction to Management Accounting	管理会计	第14版	Charles T. Horngren 等/著	99.00元

经济与管理经典教材译丛

	书号	英文书名	中文书名	版次	编著者	定价
73	06415	Business Economics	企业经济学	第2版	Maria Moschandreas/著	47.00元
74	08651	International Finance	国际金融	第2版	Ephraim Clark/著	68.00元
75	07048	Fundamentals of Investment Appraisal	投资评估基础	第1版	Steve Lumby 等/著	28.00元
76	07047	Electronic Commerce and the Revolution in Financial Markets	金融市场中的电子商务与革新	第1版	Ming Fan 等/著	36.00元
77	06455	Management Accounting	管理会计	第3版	Robert S. Kaplan 等/著	52.00元
78	08621	Advertising, Promotion, & Supplemental Aspects of Integrated Marketing Communications	整合营销传播:广告、促销与拓展	第6版	Terence A. Shimp/著	58.00元

| 79 | 08101 | International Accounting: A User Perspective | 国际会计：使用者视角 | 第2版 | Shahrokh M. Saudagaran/著 | 32.00元 |
| 80 | 08323 | E-Commerce Management: Text and Cases | 电子商务管理：课文和案例 | 第1版 | Sandeep Krishnamurthy/著 | 45.00元 |

增长与发展经济学译丛

	书号	英文书名	中文书名	版次	编著者	定价
81	05742	Introduction to Economic Growth	经济增长导论	第1版	Charles I. Jones/著	28.00元
82	05744	Development Microeconomics	发展微观经济学	第1版	Pranab Bardhan 等/著	35.00元
83	05743	Development Economics	发展经济学	第1版	Debraj Rag/著	79.00元
84	06905	Endogenous Growth Theory	内生增长理论	第1版	Philippe Aghion 等/著	75.00元

国际经典教材中国版系列

	书号	英文书名	中文书名	版次	编著者	定价
85	14516	Investments: Analysis and Behavior	投资学：分析与行为	第1版	Mark Hirschey, John Nofsinger, 林海/著	58.00元
86	11227	International Financial Management	国际金融管理	第1版	Michael B. Connolly, 杨胜刚/著	38.00元

教师反馈及课件申请表

McGraw-Hill Education，麦格劳-希尔教育出版公司，美国著名图书出版与教育服务机构，以出版经典、高质量的理工科、经济管理、计算机、生命科学以及人文社科类高校教材享誉全球，更以丰富的网络化、数字化教学辅助资源深受高校教师的欢迎。

为了更好地服务于中国教育发展，提升教学质量，2003 年**麦格劳-希尔教师服务中心**在北京成立。在您确认将本书作为指定教材后，请您填好以下表格并经系主任签字盖章后寄回，**麦格劳-希尔教师服务中心**将免费向您提供相应教学课件或网络化课程管理资源。如果您需要订购或参阅本书的英文原版，我们也会竭诚为您服务。

书号/书名：	
所需要的教学资料：	□英文教辅　　　□中文 PPT
您的姓名：	
系：	
院/校：	
您所讲授的课程名称：	
每学期学生人数：	＿＿＿＿人　＿＿＿＿年级　　学时：
您目前采用的教材：	作者：＿＿＿＿＿＿＿　出版社：＿＿＿＿＿＿＿ 书名：＿＿＿＿＿＿＿＿＿＿＿＿＿＿＿＿＿＿
您准备何时用此书授课：	
您的联系地址：	
邮政编码：	联系电话（必填）
E-mail：（必填）	
您对本书的建议：	系主任签字 盖章

我们的联系方式：

PEKING UNIVERSITY PRESS

经济与管理图书事业部
北京市海淀区成府路 205 号 100871
联系人：徐　冰　张　燕
电话：010-62767312 / 62767348
传真：010-62556201
电子邮件：em@pup.cn
　　　　　xubingjn@yahoo.com.cn
网址：http://www.pup.cn

麦格劳-希尔教育出版公司教师服务中心
北京市海淀区清华科技园科技大厦 A 座 906 室
北京 100084
传真：010-62790292
教师服务热线：800-810-1936
教师服务信箱：instructor_cn@mcgraw-hill.com
网址：http://www.mcgraw-hill.com.cn